MARY CONTINI

Liebe Francesca

Italienisch Kochen in der Fremde

Aus dem Englischen
von Christine Wiesmeier
und Gudrun Wolfrath

Europa Verlag
Hamburg · Wien

Ai nostri nonni, un'abbraccio d'amore

Cesidio hinter der Theke seines Ladens in Cockenzie

Originalausgabe:
»Dear Francesca. A cookbook with love«
Ebury Press, London 2002

Deutsche Erstausgabe

Umschlaggestaltung: Frauke Weise, Hamburg
Lektorat: Imke Sörensen, Timmersiek
Satz: Frank Wagner, Hamburg
Druck und Bindung: Uhl, Radolfzell
ISBN 3-203-76002-9

Informationen über unser Programm erhalten Sie beim
Europa Verlag, Neuer Wall 10, 20354 Hamburg,
oder unter www.europaverlag.de

INHALT

GUT ESSEN 27

ANTIPASTI 58

SUPPEN 79

NUDELN UND NUDELSAUCEN 107

RISOTTO 167

LEBT EIN LANGES LEBEN, ESST EUER GEMÜSE 173

WO IST MEINE MAMA, WENN ICH SIE MAL BRAUCHE? 207

HEUTE IM ANGEBOT: FRITTIERTES 225

GESCHMORTE GERICHTE 236

BRATEN 248

SALATE 271

TRADITIONEN, FESTE UND FASTENZEITEN 276

OBST 299

KUCHEN UND ANDERE LECKEREIEN 305

DAS SPIEL NACH TISCH 326

REZEPTVERZEICHNIS 332

DANK 334

CESIDIO DI CIACCA 1891–1940 Sposi MARIETTA DI CIACCA 1895–1980

HUGH HILLEY 1899–1988 Sposi FLORA DI MASCI 1902–198

Carmela | Johnny (Giovanni) Di Ciacca | Anna | Alessandro

Mary | Gertrude Hilley | Patricia

Sposi

Cesidio | Anita | Mary Di Ciacca | Kevin | Joanna | Paul | John Mark | Carina

Sposi

Francesca Contini | Olivia Contin

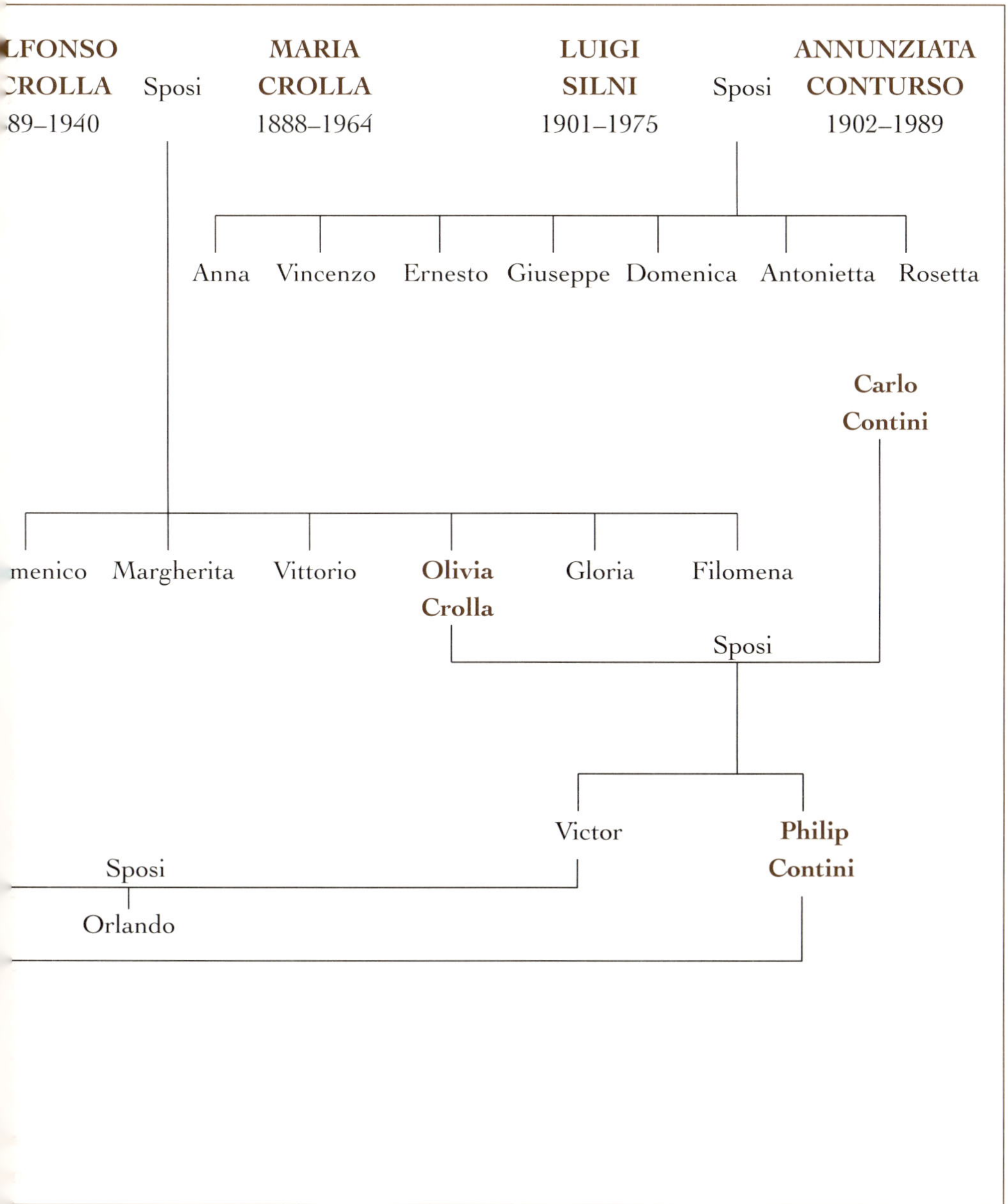
LFONSO
CROLLA
89–1940
Sposi
MARIA
CROLLA
1888–1964
LUIGI
SILNI
1901–1975
Sposi
ANNUNZIATA
CONTURSO
1902–1989
Anna
Vincenzo
Ernesto
Giuseppe
Domenica
Antonietta
Rosetta
Carlo
Contini
menico
Margherita
Vittorio
Olivia
Crolla
Gloria
Filomena
Sposi
Victor
Philip
Contini
Sposi
Orlando

NORTH
ROMA
LA META
FONTITUNE
PICINISCO
NAPOLI
POZZUOLI
ISCHIA
CAPRI

Liebe Francesca

als ich noch jung war, hatte ich das Gefühl, kein Erbe zu besitzen. Unsere Familie hatte keine Wurzeln. Als Tochter eines italienischen Einwanderers in einer kleinen schottischen Gemeinschaft war ich anders als meine Freunde. Als Kind hast Du Dich genauso gefühlt. Im zarten Alter von sechs Jahren wurdest Du gefragt, ob Du Italienerin oder Schottin seiest, und Deine kluge Antwort darauf lautete: »Wenn ich in Schottland bin, fühle ich mich wie eine Italienerin, und wenn ich in Italien bin, wie eine Schottin.«
In Wirklichkeit, Francesca, hast Du wahrhaft ehrbare Wurzeln. Deine Urgroßeltern wanderten aus, um der Armut und dem Elend zu entfliehen, und sie arbeiteten schwer und unablässig, um Dir eine bessere Zukunft zu ermöglichen. Sie haben mir keine materiellen Dinge hinterlassen, die ich an Dich weitergeben könnte, keine Möbel, Schmuckstücke oder Gemälde, die von einer Generation auf die nächste vererbt werden. Nach Schottland brachten sie gerade nur so viel mit, wie sie tragen konnten. Was sie Dir jedoch mitgeben konnten, ist ein sicheres Gespür für eine gesunde Lebensweise und gutes Essen und, was am wertvollsten ist, eine hohe Achtung vor Gott, der Familie und den Mitmenschen. Auf diesen Seiten, liebe Francesca, findest Du nun das Erbe Deiner Familie, das mir mündlich hinterlassen wurde. Es steckt voller Humor und Liebe.
Halte es in Ehren, denn es ist kostbarer als jedes Schmuckstück.

Mit aller Liebe
Mami

Letter 5 LaC 7

presso Orazio Cervi

Picinisco

Prov. di Caserta

16 Dec. 1919

Dear Rosalind

Rome being vile, we came on here. It is a bit staggeringly primitive. You cross a great stony river bed, then an icy river on a plank, then climb unfootable paths, while the ass struggles behind with your luggage. The house contains a rather cave-like kitchen downstairs – the other rooms are a wine-press and a wine-storing place & corn bin: upstairs are three bedrooms, and a semi-barn for maize-cobs: beds & bare floor. There is one tea-spoon – one saucer – two cups – one plate – two glasses – the whole supply of crockery. Everything must be cooked gipsy-fashion in the chimney over a wood fire. The chickens wander in, the ass is tied to the doorpost & makes his droppings on the doorstep, & brays his head off. The natives are "in costume" – brigands with skin sandals

and white-swathed strapped legs, women in sort of swiss bodices & white shirts with full, full sleeves – very handsome – speaking a perfectly unintelligible dialect & no Italian – The village 2 miles away, a sheer scramble – no road whatever – The Market at Atina, 5 miles away – perfectly wonderful to look at, costume & colour – there you buy your weeks provisions. We went yesterday.

The brigand men are by no means fierce: the women are the fierce half of the breed.

Brief von D. H. Lawrence an Rosalind Baynes, 16. Dezember 1919 in Picinisco

Liebe Francesca

I CIACCA, PICINISCO, ITALIEN, 1910–1920

Francesca, meine Großmutter Marietta Di Ciacca war eine Cousine von Orazio Cervi, und mein Vater Johnny (Giovanni) Di Ciacca wurde am 23. Dezember 1919 geboren, in derselben Woche, in der D. H. Lawrence den nebenstehenden Brief schrieb.

Mariettas Familie lebte in I Ciacca, einer Handvoll kärglicher Bauernhäuser, nur einen Steinwurf von dem Haus in Picinisco entfernt, das Lawrence damals besuchte. Picinisco liegt 725 Meter über dem Meeresspiegel, hoch oben in den Abruzzen, südlich von Rom. Wie in vielen entlegenen Dörfern lebte auch hier die Bevölkerung jahrhundertelang sehr abgeschieden. Die reine Abstammungslinie hatte für ein ungewöhnliches Erbgut gesorgt. Einige der Dorfbewohner hatten große Ähnlichkeit mit ihren römischen Vorfahren. Ihr Beruf war ihnen buchstäblich ins Gesicht geschrieben, denn bis zum Ende des 19. Jahrhunderts war Picinisco für seine gutaussehenden jungen Männer bekannt, die vielen Künstlern Modell standen. Ihre Gesichtszüge waren wie geschaffen für die damalige Mode, das Malen und Modellieren von römischen Christen. Berühmte Künstler wie Holman Hunt beschäftigten junge Burschen aus Picinisco als Modelle, und andere Künstler aus Paris und London machten die beschwerliche Reise in die Berge, um die Knaben von dort in ihre Ateliers holen zu lassen. Um die Jahrhundertwende arbeiteten bereits über hundert junge Männer in Großbritannien. Zum ersten Mal hofften die Dorfbewohner, ihr karges und schlichtes Leben verbessern zu können. Eine Gelegenheit, Geld zu verdienen, hatte es bislang in Picinisco nicht gegeben, der Tauschhandel war jahrhundertelang die einzige Art des Geschäftemachens gewesen. Die Familien im Dorf waren nun in der Lage, Land zu erwerben, Arztrechnungen zu bezahlen oder ihren Kindern eine Ausbildung zu finanzieren.

Marietta wurde 1895 in London geboren. Die Armut und Not, die Lawrence in seinem Brief so eindringlich beschreibt, hatten bereits ihren Vater gezwungen, anderswo nach einem besseren Leben zu suchen, zunächst in Paris und dann in London. Bedauerlicherweise war Mariettas Mutter gestorben, als sie noch sehr klein war, und ihr Vater hatte mit seiner Familie nach Italien zurückkehren müssen. In den Augen der Dorfbewohner war Marietta ein weltgewandtes junges Mädchen, da sie in der Hauptstadt Großbritanniens aufgewachsen war. Wahrscheinlich hatte sie in den Elendsvierteln von Little Italy in Clerkenwell in noch größerer Armut und Not gelebt, aber für diejenigen, die über den örtlichen Markt in Atina nie hinausgekommen waren, hatte sie bereits eine bewegte Vergangenheit hinter sich. Sie war auf einem Schiff gereist. Sie konnte schreiben. Sie konnte Englisch sprechen, wenn auch mit Cockney-Akzent.

Marietta liebte Italien leidenschaftlich, allerdings fühlte sie sich durch die Härte der altmodischen Lebensweise erdrückt. Sie war an den strengen Sittenkodex der Gemeinde gebunden. Sie durfte sich nicht alleine an öffentlichen Orten aufhalten. Sie mußte ihren Kopf bedeckt halten und den Wünschen ihres Vaters nachkommen. Auf dem Bauernhof hütete sie die Ziegen, bemutterte ihre Brüder und Schwestern, kochte und führte den Haushalt. Sie trug die regionale Tracht, lange, grobe Wollröcke mit einer langärmeligen, schlichten, weißen Bluse, darüber ein Mieder mit Trägern. Die schwarze Schürze reichte ihr bis zu den Füßen. Wie alle Frauen trug sie keine Unterwäsche, die ohnehin unzweckmäßig gewesen wäre, da es keine sanitären Anlagen oder Toiletten gab. Ihre Füße steckten in traditionellen, derben Ledersandalen, »ciocie«, die von mehrfach über dem Bein gekreuzten Riemen gehalten wurden.

Die Familie war arm und schlug sich von Ernte zu Ernte durch. Die Kinder in ihrer Nachbarschaft waren schmuddelige Gassenkinder und konnten bestenfalls als Schmutzfinken bezeichnet werden. Es gab kein Badezimmer, lediglich eine mühsam mit Wasser zu füllende Wanne, die einmal wöchentlich über dem Feuer erhitzt wurde. Alle kleinen Kinder trugen grobe Kleider und liefen barfuß, denn für Schuhe gab es kein Geld.

Alessandro war Mariettas achtjähriger Bruder. Als seine erste heilige Kommunion näherrückte, wurde er den Berg hinuntergeschickt, um sich seine ersten »ciocie« zu besorgen. Er hatte etwas Pecorino bei sich, in Weinblätter und Musselin gewickelt und verschnürt. Den Käse konnte er auf dem Markt gegen Sandalen eintauschen. Da er sich bei Tagesanbruch auf den Weg gemacht hatte, wurde er am frühen Abend zurückerwartet. Die Nacht brach herein – und keine Spur von dem Jungen. Wo war er? Was in Gottes Namen mochte wohl geschehen sein? Marietta und ihre ganze Familie ängstigten sich zu Tode. Was, wenn er von Banditen entführt, oder, schrecklicher noch, von Wölfen oder Wildschweinen angefallen worden war, die in den Bergen umherstreiften? Mit Holzfackeln ausgerüstet, machten sich Mariettas Vater und ihre anderen Brüder auf die Suche. Von Alessandro war immer noch nichts zu sehen. Sie riefen und schrien, jedoch ohne Erfolg. Am Morgen machten sie sich erneut auf die Suche, und nach einer weiteren bangen Nacht rechneten sie mit dem Schlimmsten. Er mußte umgekommen sein.

Liebe Francesca

Marietta im Alter von etwa einundzwanzig Jahren

Am darauffolgenden Tag tauchte Alessandro auf. Erschöpft und hungrig kam er an, er war erstaunlich aufgeregt und ahnte nicht, wie sehr sich seine Familie um ihn gesorgt hatte. Er war in seinem neuen Paar Sandalen, seinen allerersten »ciocie«, nach Hause gelaufen. Alessandro war dermaßen stolz, endlich wie seine älteren Brüder und Cousins zu sein und nicht mehr barfuß laufen zu müssen. Er war ganz versessen darauf gewesen, die Schuhe zu tragen und als erwachsen zu gelten. Daher hatte er gar nicht bemerkt, daß die Schnur, mit der das Paar Sandalen in der Marktbude zusammengebunden war, zuerst durchgeschnitten werden mußte. Er hatte sich nicht entmutigen lassen und zwei Tage gebraucht, um den Heimweg – acht Kilometer bergaufwärts – zu schaffen. Dabei konnte er nur so große Schritte machen, wie es die Schnur zwischen seinen Sandalen zuließ. Nachts schlief er unter Büschen, seine wunderbaren, neuen »ciocie« ans Herz gedrückt.

Marietta war neunzehn Jahre alt. Auch sie wollte erwachsen werden. Sie wünschte sich einen Ehemann und eine eigene Familie. Sie wollte nach London zurückkehren und ihr eigenes Leben führen. Traditionsgemäß mußte sie warten, bis ihr Vater einen Ehemann für sie fand. Er brauchte sie auf dem Bauernhof und hatte es keineswegs eilig mit der Suche nach einem Mann für seine Tochter. Aber Marietta hatte ganz andere Vorstellungen. Als äußerst unabhängiges Mädchen hatte sie sich längst entschieden. Cesidio Di Ciacca, ihr Cousin, hatte im Burenkrieg gekämpft und war als Held in sein Dorf zurückgekehrt. Auf der Suche nach einem besseren Leben hatte er sein Glück bereits in Schottland versucht und als Eisverkäufer in Edinburgh gearbeitet. Er war ein sanftmütiger, gutaussehender Bursche, dreiundzwanzig Jahre alt, mit einer geraden Römernase und verträumten, grünen Augen. Ganz im Gegensatz zu Marietta, die hitzköpfig und eigenwillig war, hatte er ein freundliches, ruhiges Naturell. Sie würden gut zusammenpassen.

Marietta war nur alleine unterwegs, wenn sie die Ziegen den Berg hinaufführte, um sie auf den saftigen Weiden grasen zu lassen. »Gewöhnlich traf ich Cesidio heimlich hinter einem Busch, wenn ich die Ziegen hütete«, erzählte sie mir. »Wir waren so verliebt.« Sie sagte, sie hätten lediglich miteinander geflüstert, sich umarmt und gemeinsam Zukunftspläne geschmiedet, allenfalls Händchen gehalten oder einen flüchtigen Kuß ausgetauscht. Cesidio schwor Marietta einen feierlichen Eid, und die beiden beschlossen zu heiraten und ein neues Leben anzufangen, frei von den erdrückenden Vorschriften ihrer Familien.

Die Anstandsregeln im Dorf waren sehr streng. Cesidio mußte Mariettas Vater demutsvoll um die Hand seiner Tochter bitten. Bis dahin war es dem Paar nicht gestattet, allein zu sein oder ohne Anstandsdame einen Spaziergang zu machen. Wenn sie auf einem Fest die »tarantella« oder die »ballarella« tanzten, durften sich noch nicht einmal ihre Hände berühren, daher mußten sie ein Taschentuch zwischen sich halten.

An ihrem Hochzeitsmorgen hüllte die Näherin des Dorfes die Braut in sauberes, weißes Leinen, wie es die Tradition verlangte. Dann wurde sie ihrer zukünftigen Schwiegermutter vorgestellt, die überprüfte, ob ihr Sohn auch eine »gute Frau bekam«. (Es wurde erwartet, daß Marietta am darauffolgenden Morgen ihrer Schwiegermutter das Leinen bringen würde, um zu beweisen, daß die Ehe vollzogen worden und die Braut als Jungfrau in die Ehe gegangen war.) Die Schwiegermutter befestigte Gold, ihr Geschenk, an Mariettas Leinen und half ihr, sich vollends anzukleiden. Sie steckte der Braut das Haar hoch und schmückte es mit schönen Kämmen und einem Kopftuch aus weißer Spitze. Dadurch gab sie der Öffentlichkeit zu verstehen, daß sie mit ihrer zukünftigen Schwiegertochter einverstanden war.

Marietta, gefolgt von ihrem Vater, ihren Brüdern und allen anderen Mitgliedern ihrer Familie, verließ ihr Haus und ging auf dem unbefestigten Weg zur Kirche in Picinisco. Die Kinder liefen lachend und schreiend um die Hochzeitsprozession herum und sprangen hoch, um die Zuckerkonfetti zu fangen, die vom Wegrand auf das Brautpaar geworfen wurden. Cesidio begleitete Marietta in die Kirche, dabei hielt er ein besticktes Taschentuch zwischen sich und seine Braut. Nach der Zeremonie kamen beide Familien, die Priester und alle Dorfbewohner zusammen und feierten ein wunderbares Fest.

Am Abend kehrten Braut und Bräutigam zum Haus ihres Vaters zurück, gefolgt von den ausgelassen feiernden Hochzeitsgästen. An der Tür zog Cesidio Marietta vom Haus ihrer Familie weg, wie es die Tradition vorschrieb. Vor der gesamten Menge erklärte er: »Du bist nicht länger deines Vaters Tochter. Du bist nun meine Frau.«

Die Menge stimmte jubelnd zu, klatschte Beifall und ließ das Hochzeitspaar hochleben: »Viva gli sposi!«

Rhythmisches Händeklatschen und immer lauter werdende Zurufe ermutigten Cesidio, Mariettas Hand zu nehmen. Der einstimmige Ruf der Menge »Baci! Baci! Baci!« war die Erlaubnis zum ersten öffentlichen Kuß. Was für ein gefühlvoller Augenblick für das unschuldige Paar …

Cesidio brachte seine Ehefrau in ihr neues Heim, wahrscheinlich das Haus seines Vaters. Er führte sie in ihr Schlafzimmer, während ihnen die Menge folgte. Das große, hohe Ehebett war mit dem Leinentuch und den Bettdecken drapiert, die Mariettas Mutter gesammelt hatte, als ihre Tochter noch ein kleines Mädchen war. Auf der schönen, handgenähten Decke waren Konfetti aus Zuckermandeln verstreut. Der Brauch sieht vor, daß die Hochzeitsgäste das Schlafzimmer betreten und dem jungen Brautpaar ein Geldgeschenk zurücklassen. Will man vor den anderen gut dastehen, als »bella figura«, so muß man ein großzügiges Geschenk machen. Dabei will jeder Gast den anderen gern übertrumpfen, um seinen Reichtum zu zeigen und seine Macht innerhalb der Gemeinschaft zu demonstrieren. Cesidio und Marietta konnten zufrieden sein. Es waren viele Lire zusammengekommen, die sie zur Verwirklichung ihrer Zukunftsträume verwenden wollten.

Innerhalb von vier Jahren würden sie ihr abgelegenes Bergdorf für immer verlassen haben.

FONTITUNE, ITALIEN, 1910–1920

Francesca, Alfonso und Maria Crolla, die Großeltern Deines Vaters, führten ein noch härteres Leben. Von Picinisco aus mußte man acht Kilometer zurücklegen, um zum Markt in Atina zu gelangen. Aber Fontitune, ein Weiler mit höchstens einem Dutzend Häusern, lag 275 Meter höher in den Bergen als Picinisco. Fontitune befand sich auf der Seite des Berges, der im Schatten des Monte Meta liegt. Es gab keine Straße, nur einen unbefestigten Weg, der sich durch das Gebirge schlängelte und nur mit Esel und Karren passierbar war. Der Weiler hatte etwa hundert Einwohner, die nahezu alle mit Nachnamen Crolla hießen. Ihr Dialekt unterschied sich von dem der Dorfbewohner, die weiter unten im Gebirge lebten, er leitete sich direkt von der römisch-lateinischen Sprache ab.

Die Crollas waren wirtschaftlich unabhängig. Auf dem kleinen Stück Land, das ihnen gehörte, züchteten sie Schafe und bauten Getreide an. Mühevoll pflanzten sie Reben auf der Bergseite an, ihre Wurzeln reichten tief in die karge Erde hinein. Im Herbst wurden die Weintrauben geerntet und in einem großen, runden Holzbottich gesammelt. Die Frauen stiegen hinein und zerdrückten die Trauben, wobei sie ihre Röcke verwegen bis über die Knie rafften, die Füße und Knöchel voller Saftspritzer. Der gekelterte Wein war granatrot, fruchtig und herb und hinterließ purpurrote Flecken auf den Lippen derer, die ihn gekostet hatten. Er wurde

Liebe Francesca

in spezielle, zum Teil bauchige Flaschen abgefüllt und für das kommende Jahr gelagert.

Die Tomaten von Fontitune wurden geerntet, gespült und in der Sonne getrocknet, bevor sie in einem großen Topf über dem Feuer zum Sieden gebracht und anschließend zur Aufbewahrung in leere Glasgefäße gefüllt wurden. In den Wintermonaten verwendete man sie zur Zubereitung von Saucen. Der Weizenanbau auf der niederschlagsarmen Bergseite gestaltete sich ziemlich schwierig. Das gesamte Getreide wurde grobkörnig gemahlen und geschält in dunklen Säcken gelagert. Mais, ein Getreide, das sich seit der Römerzeit ziemlich gut anpflanzen ließ, versprach dagegen mehr Erfolg. Einst war Mais als »römischer Weizen« bekannt. Er wurde zu Polenta gemahlen, der Kohlenhydratgrundlage der Ernährung. Brot und Teigwaren stellte man vermutlich mit Maisgrieß her.

Im November wurden die Oliven, die an den wenigen alten Bäumen wuchsen, von Hand gepflückt. Unter den Zweigen wurden alte Netze oder Stoffteile ausgebreitet, so daß auch zu Boden gefallene Oliven aufgesammelt werden konnten.

Fontitune, um 1890

Liebe Francesca

Nichts wurde vergeudet. Dann wurden die Oliven zur Gemeindepresse in Picinisco hinuntergetragen, wo sie zwischen riesigen Granitsteinrädern zermahlen wurden. Das daraus entstandene Olivenöl war gehaltvoll, grasgrün und süß. Die Blätter und das Fruchtfleisch, die nach der Pressung übrigblieben, benutzte man als Dünger, und die Olivensteine wurden getrocknet und im Winter als Brennstoff verwertet.

Das wichtigste Familienerzeugnis war der Pecorino, ein Käse aus der Frühlingsmilch der Schafe. Er wurde in Binsenkörbe gefüllt und auf Leisten gelegt, gewendet und kontrolliert, und mit dem Fortschreiten der Jahreszeit reifte er heran. Die übriggebliebene Molke wurde mit dem Lab aus Schafsmagen gemischt, damit das feste Eiweiß gerann. Auf diese Weise entstand Ricotta, ein Frischkäse. Bei den Dorfbewohnern, die weiter unten im Gebirge lebten, waren diese beiden Käsesorten sehr gefragt, sie galten im weiten Umkreis – sogar in Neapel und Rom – als die besten.

Die aneinandergebauten Häuser hatten meist nur ein einziges Zimmer. Es gab kein fließendes Wasser, keinen Ausguß und keine Toilette. Wasser mußte von einem Brunnen auf der Piazza geholt werden, wo es das ganze Jahr über unerschöpfliches, eiskaltes Quellwasser gab. Auch Strom gab es nicht, nachts mußten die Menschen ohne elektrisches Licht auskommen. Kein Gas, keine Wärme im Winter. Kein Telefon, kein Postamt, keine Geschäfte. Die einzige Art der Kommunikation war das gesprochene Wort. Es gab keinen Polizei- oder Steuerbeamten. Der einflußreichste Würdenträger war der Priester aus Picinisco.

Das Holz wurde gesammelt und, an die Häuserseiten gelehnt, gestapelt. So waren die Bewohner gegen die winterliche Kälte gewappnet. Außerdem wurden im Winter einige der wenigen Tiere, die die Familie besaß, hereingeholt, um im Haus Wärme zu spenden. Das große, hohe Bett wurde gegen die Wand geschoben, die dicke Matratze mit getrockneten Maisgarben gefüllt, die raschelten und sich stachelig und rauh anfühlten.

Alfonso, Maria und ihr erstgeborenes Kind Domenico schliefen zusammen in einem Bett, dicht zusammengedrängt, um sich in den eiskalten Nächten gegenseitig zu wärmen. (Domenico war als Säugling an einer Lungenentzündung erkrankt.) In der schwülen Sommerhitze schliefen sie draußen, wo ein kühler Luftzug oder zumindest eine leichte Brise wehte und die drückende Hitze besser zu ertragen war. Der große, ungehobelte Holztisch, umgeben von einigen einfachen Stühlen, bildete den Mittelpunkt des einzigen Zimmers, das die gesamte Familie beherbergte. Eine Feuerstelle, vor einer der Wände errichtet, bot Platz für einen großen Topf, der ungesichert hin- und herschwang. Er war mit dicker, wär-

Liebe Francesca

mender Wintersuppe gefüllt oder sprudelte vor goldgelber Polenta. »Sugo« oder Sauce wurde aus Tomaten und Würsten aus Schweinefleisch hergestellt. Im Raum verbreiteten sich herrliche Gerüche, die sich mit dem Gestank der Tiere vermischten.

Einmal in der Woche wurde Brot gebacken – riesige, feste Brotlaibe, eine Mischung aus grobgemahlener Polenta und Weizen, ohne Hefe oder Salz. Sie wurden im Gemeindeofen gebacken und als Hauptnahrungsmittel zu jeder Mahlzeit gereicht. Wenn das Brot hart und altbacken war, wurde Olivenöl darüber geträufelt. Häufiger jedoch wurde es einfach mit Wasser besprenkelt, um es aufzuweichen, bevor man es als Einlage in Suppen und Eintöpfen verwendete. Die Familie aß zweimal am Tag, gutes, herzhaftes Essen. Nichts wurde weggeworfen. Für alles gab es eine Verwendung.

Im Winter kamen Maria und die anderen Frauen kaum aus dem Weiler heraus. Gelegentlich gingen sie den Berg hinunter, um mit ihren mageren Vorräten Tauschhandel zu betreiben, in die Kirche zu gehen oder mit den Bewohnern von Picinisco zu plaudern. Alles in allem jedoch lebten sie sehr für sich, Fremden gegenüber waren sie eher argwöhnisch.

Nach dem trostlosen Winter war der Frühling im Gebirge einfach herrlich. Die Sonne, hell, klar und strahlend, tat der Seele gut und hob die Stimmung. Überall sprossen Kräuter und Blumen. Der süße, aromatische Duft der Kräuter, »odore fresce«, lag in der Luft: Jasmin, Kamille, Oregano, Rosmarin und Thymian. Maria pflückte Kräuter und Blätter, die sie später für ihre Salate oder als Heilmittel verwenden oder zum Würzen und Konservieren der Speisen trocknen wollte.

Nun zogen die Familien hinunter zur Küste, nach Formia, Mondragone und Gaeta. Die Schafe, Ziegen, Frauen und Kinder wurden auf klapprige Karren verfrachtet, die von Eseln gezogen wurden. Gemeinsam machten sie sich auf eine vier- bis fünftägige Reise. Die Schäfer schlugen ihr Lager auf und ließen die Tiere die salzigen Wildkräuter des sumpfigen Küstenstrichs abgrasen. Sie halfen den Schafen beim Lammen und melkten sie. Aus abgebrochenen Zweigen entfachten sie Feuer, um frischen Ricotta zuzubereiten (siehe Rezept Seite 115). Die Frauen füllten den warmen, fetthaltigen Frischkäse in kegelförmige Weidenkörbe, die sie auf den Eseln oder in umgehängten Bauchläden in die Stadt trugen. Die Kinder rannten barfuß nebenher und kündigten den Einheimischen ihre Ankunft an. Die Frauen am Ort ließen aus ihren Fenstern Körbe hinunter, wenn sie Vorräte gegen Ricotta eintauschen wollten.

Gegen Ende des Frühjahrs kehrten die Familien mit »baccalà«, in Salz eingelegtem Kabeljau, und eingesalzenen Anchovis, Mehl, Zucker, Kaffee, Nägeln und Eisenwaren zurück. Beim »tabaccaio« wurden Cherootzigarren, Salz und »scopa«, Spielkarten, gekauft.

Die Sommer waren drückend heiß. Das Wasser mußte vom Brunnen geholt werden, es schmeckte süß, köstlich und eiskalt. Der Boden war dünnschichtig, trocken und alles andere als ertragreich, aber es gab genug zu essen: Tomaten, Zucchini, Paprika, Mais und Weizen. Von knorrigen Bäumen konnten reichlich Feigen gepflückt und, noch warm von der Sonne und von süßem Saft triefend, genüßlich verzehrt werden. Bäume, kühn auf der Bergseite angepflanzt, trugen Pfirsiche, Birnen, Pflaumen und Aprikosen. Dicke, goldgelbe Zitronen, die so süß waren, daß man sie sogar roh essen konnte, hingen an den Bäumen.

Es gab zwar immer noch viel zu tun, aber die schwüle Hitze verlangsamte den Lebensrhythmus. Die heißen Nachmittage wurden ruhend im Schatten verbracht, und an den kühlen, langen Abenden saßen die Dorfbewohner draußen. Bis spät in die Nacht hinein tranken sie Wein, rauchten eine Cheroot und unterhielten sich. Die Männer, mit ihrer einzigen Jacke bekleidet, die sie über ihre Arbeitskleidung gezogen hatten, den Hut bequem auf den Hinterkopf zurückgeschoben, spielten »scopa« und beschwerten sich über ihre Frauen. Wahrscheinlich spielten sie auch ihre unvergeßlichen Melodien, von denen D. H. Lawrence spricht, auf ihren »zampogne«, ihren Dudelsäcken, und sangen alte Lieder. Auf der Mauer sitzend, die langen Röcke auf eine Seite geschoben, plauderten die Frauen miteinander, während die Kinder es sich auf ihrem Schoß gemütlich machten. »Cosa hai mangiato?« »Was hattet Ihr zu essen?« Sie erörterten den Geschmack jeder Speise, diskutierten, welche Art der Zubereitung sich am besten für ein bestimmtes Gericht eigne, und beglückwünschten und bewunderten die Frau, die darin einhellig als Expertin galt. Alle wußten, daß Giovanni Zwiebeln nur in geringer Menge mochte, Alfonso Polenta bevorzugte und das Kleine eine Vorliebe für Gnocchi hatte.

Es gab zwar zu essen, aber das Leben war sehr hart. Über Generationen hinweg war es nicht leichter geworden. Die Berge waren abgeschieden und gefährlich. Durch den Zuwachs der Familien blieb kein Land mehr übrig, das man den Kindern vermachen konnte. Anderswo war es bestimmt besser. Denn hier würde sich sicherlich nichts zum Besseren wenden. Sie mußten weg von hier!

Alfonso hatte im Burenkrieg gekämpft und Gespräche über die Möglichkeiten »all'estero«, im Ausland, gehört. Alfonsos Vater hatte es bereits in London ver-

Liebe Francesca

sucht, wo er auf der Straße Eiscreme verkauft hatte. Das unterschied sich kaum vom Ricottaverkauf in den Straßen von Mondragone. Er war durchaus erfolgreich gewesen und dennoch nach Hause zurückgekehrt. Alfonso und seine Brüder beschlossen, daß die Reihe nun an ihnen war, die Familie zu verlassen und anderswo ihr Glück zu machen. Sie wollten es in Edinburgh oder Glasgow versuchen. Von dort konnte man das Schiff nach Amerika nehmen.

Die jungen Burschen, stark, stramm und gutaussehend, kannten nur das harte Leben in den Bergen, sie waren gesund und zäh. Sie besaßen kein Transportmittel und hatten kaum Geld für Fahrkarten, waren jedoch ans Laufen gewöhnt. Die Brüder gingen den Berg hinunter, dann zur Küste und entlang der Via Appia nach Rom. Sie folgten der Route der römischen Soldaten, die möglicherweise ihre Vorfahren gewesen waren. Ihre Reise führte sie in Richtung Norden, an Genua vorbei, durch Frankreich bis nach Calais. Vielleicht haben sie auf ihrer Schäferpfeife gespielt, gegen Übernachtung und Brot Gelegenheitsarbeiten angenommen oder, wenn sich ihnen die Gelegenheit bot, vorbeifahrende Karren angehalten, um sich ein Stück mitnehmen zu lassen. In London trafen sie Cousins und Freunde aus Picinisco, ruhten sich bei ihnen aus und zogen dann weiter. Vermutlich trafen sie noch weitere Landsleute, die sich in Manchester niedergelassen hatten. Dort blieben sie ebenfalls, um ein wenig zu rasten, und zogen dann erneut weiter. Schließlich überschritten sie die Grenze zwischen England und Schottland und gingen nach Edinburgh.

Alfonso, rechts, und sein Bruder Emidio, um 1914

EDINBURGH, SCHOTTLAND, 1910–1934

Bereits um das Jahr 1860 lebten in Edinburgh Italiener. Gegen Ende des 19. Jahrhunderts hatte sich bereits eine kleine Gemeinschaft italienischer Einwanderer gebildet. Sie trafen sich jeden Sonntag in der St. Patrick's Church in der Cowgate zur Messe, danach saßen sie unter den belaubten Ulmen am Grassmarket zusammen, in Gedanken bei den Piazzas in Italien, die sie zurückgelassen hatten. Viele von ihnen kamen aus Atina oder Picinisco und kannten Alfonso und seine Brüder. Sie tauschten Neuigkeiten aus, machten Zimmer für sie ausfindig und boten ihnen Arbeit an. Seine erste Stelle als Eisverkäufer in Leith hatte Alfonso bei Verwandten.

Alfonso schrieb Maria einen Brief, den sie bereits sehnsüchtig erwartete. Maria bat den Priester, ihr den Brief vorzulesen, da sie weder lesen noch schreiben konnte. Alfonso hatte viele Entbehrungen, Wirrnisse und Schrecken erlebt, die er jedoch mit keinem Wort erwähnte. Vielmehr schrieb er von seinen Sehnsüchten: seiner Sehnsucht, sie wiederzusehen, seiner Sehnsucht, seinen Sohn in den Armen zu halten, und seinem Wunsch, sie bald in Schottland empfangen zu können. Er betete darum, daß sie alle binnen kurzem wieder sicher vereint sein mögen. Dem Brief legte er den Großteil seiner Ersparnisse bei, zwei Zehn-Schilling-Noten, die er sorgfältig gefaltet zwischen das purpurfarbene Silberpapier eines Cadbury-Schokoriegels steckte.

Alfonso schrieb Brief um Brief. Das in purpurfarbenes Silberpapier gewickelte Geld wuchs zu einer stattlichen Summe, die es Maria schließlich ermöglichte, mit Domenico aufzubrechen und Alfonsos neues Leben zu teilen.

Sie arbeiteten schwer, und der Erfolg blieb nicht aus. In der Easter Road eröffneten sie eine Eisdiele. Es gab viel zu tun, sie brauchten Hilfe. Alfonso ermutigte andere Bewohner von Fontitune, sich ihnen anzuschließen. Er ließ seinen Schwager kommen, der auf derselben Reiseroute wie er damals nach Schottland aufbrach. Von London aus fuhr er mit dem Zug, stets nach seiner Bahnstation Ausschau haltend. »Edimburgo, Edimburgo, Edimburgo«, murmelte er im Rhythmus des Zuges vor sich hin, um den Namen der Stadt nicht zu vergessen. Er sprach kein Wort Englisch. Schreiben konnte er auch nicht. »Edimburgo. Edimburgo. Edimburgo.« Der Zug fuhr in den Bahnhof Waverly Station ein und hielt an. Er war verwirrt. Das war doch nicht »Edimburgo«! Als der Zug auf demselben Weg den Bahnhof verließ, auf dem er eingefahren war, wurde ihm allmählich klar, daß er einen Fehler gemacht hatte. Er hatte seinen Zielbahnhof verpaßt. Doch der Wagemut des jungen Abenteurers war nicht zu erschüttern. Er wollte auf keinen Fall nach London zurückkehren, und so wartete er, bis der Zug seine Geschwindigkeit verlangsamte. Seine wenigen Habseligkeiten waren in ein Tuch geschlagen und mit einem Gürtel zusammengeschnürt. Er nahm das Bündel, warf es vom Zug, sprang, rollte den Bahndamm hinunter, überschlug sich und – landete in Schottland. Glücklicherweise hatte er sich nicht verletzt. Er rappelte sich hoch und sah sich um. Links zeichnete sich deutlich die Anhöhe von Arthur's Seat ab. Im Norden war der glänzendblaue Firth of Forth mit der majestätischen Brücke Forth Rail Bridge in der Ferne zu sehen. Es war herrlich. Schottland war herrlich. Er war wieder bester Stimmung. So machte er sich auf den Weg, hinunter zur Küste. Zunächst stolperte er vorwärts, dann begann er zu laufen. Er kam zu einer Hecke und einem unbefestigten Weg und ging weiter den Berg hinunter, bis er schließlich Cockenzie, ein malerisches altes Fischerdorf, erreichte. Irgendwie kam es ihm bekannt vor. Es erinnerte ihn an die Dörfer an der Küste in Italien. Das sollte ihm genügen. Mit Hilfe der Brüder in Edinburgh mietete er einen Laden an, der bereits einer Italienerin, nämlich Mary Coppola, gehörte, und gründete ein Geschäft in Cockenzie.

In I Ciacca hatte Marietta vom Erfolg der Brüder Crolla gehört. Sie sehnte sich danach, zurück nach Großbritannien zu gehen, um mehr aus ihrem Leben zu machen. Sie sprach mit Cesidio und ermutigte ihn, es nochmals zu versuchen. Er solle sich keine Sorgen machen. Sie würde mit den Kindern in Italien warten, bis er sie nachkommen ließe. Ihr würde es schon gutgehen.

Cesidio hatte noch etwas Geld von ihrer Hochzeit übrig, und so machte er sich auf den Weg nach Cassino und nahm den Zug nach Paris. Von Calais aus fuhr er mit der Fähre über den Ärmelkanal. Er kam in Newhaven an und ging zu »Crolla Newhaven«, einer Eisdiele, die inzwischen einem anderen Bruder Alfonsos gehörte. Nach einem herzlichen Empfang und einem Abendessen mit Maria sorgte Alfonso dafür, daß Cesidio mit seinem Schwager in Cockenzie zusammenarbeiten konnte. Cesidio lebte in einem Zimmer im rückwärtigen Teil des kleinen Ladens. Dieses Zimmer wurde zu seinem Zuhause, es hatte gerade genug Platz für ein Bett, einen Stuhl und einen kleinen Ofen. Zum Trocknen hängte er seine Kleider über das Bett. Da er nicht an das feuchte Wetter gewöhnt war, überraschte es ihn, wie lange die Kleider zum Trocknen brauchten. Das Zimmer hatte einen feuchtwarmen, keineswegs unangenehmen Geruch.

Er arbeitete den ganzen Tag und lernte, wie man Eiscreme und Fisch und Chips herstellt. Außerdem bemühte er sich, den unverwechselbaren Cockenzie-Dialekt zu verstehen. In dem Ort lebte eine kleine, schwer arbeitende Gemeinschaft, vergleichbar mit dem Dorf, aus dem er gekommen war. Nach und nach gewann er das

Liebe Francesca

Vertrauen der Leute. Stolz auf seine saubere, weiße Arbeitskleidung stand er hinter der Theke des Ladens und freundete sich mit den Einheimischen an. Seinen ungewöhnlichen Namen konnten sie nicht aussprechen, daher verpaßten sie ihm, wie es so ihre Art war, einen Spitznamen, sie nannten ihn »Sis«. Man schrieb das Jahr 1923. Inzwischen war Cesidio so zuversichtlich, was sein neues Zuhause und seine neuen Freunde anbelangte, daß er Marietta in einem Brief bat nachzukommen.

Marietta, Carmela und Giovanni (Johnny) als Säugling, kurz vor ihrer Abreise nach Schottland um 1920

Ängstlich, doch gespannt und aufgeregt, machte sie sich mit ihren zwei Kindern, Carmela und dem dreijährigen Giovanni, meinem Vater, auf den Weg. Sie packte Brot, Salami und Käse zusammen und hüllte alles in ein Tuch. Sie zog ihre einzigen »guten Sachen« an, lange Röcke mit den traditionellen roten Petticoats, die sie sonst nur an Fest- und Feiertagen trug. Ihre restlichen Habseligkeiten schnürte sie in ein Stoffbündel, das sie auf dem Kopf trug. Englisch konnte sie bereits sprechen, und Cesidio hatte ihr genug Geld für eine Zugfahrkarte geschickt. Nach einer viertägigen Reise, allein mit ihren kleinen Kindern, kam sie in Waverly Station an, erschöpft und vollkommen mittellos. Ein diensthabender Wachmann nahm sich der eigenartig aussehenden und ungepflegt wirkenden jungen Frau mit den schreienden, schmutzigen Kindern an. Er gab ihr so viel Geld, daß sie den Bus nehmen konnte, der die Küste hinunter nach Portobello fuhr. Von dort aus begann sie zu laufen.

Auf seinem Nachhauseweg wurde ein Dorfbewohner auf eine fremdländisch aussehende, dunkelhäutige Frau aufmerksam, die ein Stoffbündel auf dem Kopf balancierte. Ihre langen, weiten Röcke schwangen aufregend hin und her, bisweilen einen kurzen, gewagten Blick auf rote Petticoats freigebend. Sie hatte ein Kleinkind an ihre Brust gebunden und führte ein erschöpftes kleines Mädchen, das sie neben sich herzog, fest an der Hand. Der Mann wußte, daß die Ehefrau von »Sis« auf dem Weg war. Das mußte sie sein. Er hielt an und nahm sie in seinem Karren mit nach Cockenzie.

Liebe Francesca

Cesidio hatte sich sehr um sie gesorgt. Dementsprechend erleichtert war er, als er sie sicher und wohlbehalten ankommen sah. Er nahm sie in die Arme, küßte sie fest auf die Lippen und drückte sie so lange an sich, bis das Baby zu schreien begann und Carmela ihn wegstieß. Freudestrahlend und aufgeregt zeigte er ihnen stolz ihr neues Zuhause: das an die Eisdiele angrenzende Hinterzimmer mit dem Bett.

Mit ihrem geliebten Cesidio wäre Marietta überallhin gegangen. Sie hatte Gott gegenüber das Gelübde abgelegt, sich hier niederzulassen, schwer zu arbeiten und dafür zu sorgen, daß es ihre Kinder einmal besser haben würden. Eines Tages würde sie nach Picinisco zurückkehren, aber niemals mehr in Armut leben.

Einige Jahre lang arbeiteten die zwei Männer in dem Laden zusammen. Bald wurden die zwei Familien zu groß für die beengten Wohnverhältnisse. Eine der Familien mußte umziehen. Sie beschlossen, eine Münze zu werfen. Der Gewinner sollte entscheiden, ob er mit seiner Familie bleiben oder wegziehen wollte.

Cesidio gewann. Er entschloß sich zu bleiben. Er übernahm die Miete für den Laden und das Hinterzimmer und schrieb stolz seinen Namen – C. Di Ciacca – über die Tür.

Die Familien Di Ciacca und Crolla blieben in Verbindung und unterstützten sich gegenseitig. Sie versuchten, ihre italienischen Traditionen am Leben zu halten: den Glauben an Gott, Ehrlichkeit, Freundschaft und schwere Arbeit. Maria besuchte Marietta mit ihren kleinen Kindern. Sie bewahrten ihren großen, vielfältigen Reichtum an italienischen Rezepten. In ihrer Heimat hatten sie ihre Lebensmittel selbst angebaut. Nun mußten sie zum erstenmal in ihrem Leben Nahrungsmittel einkaufen. Sie erstanden Olivenöl, Teigwaren und Tomatenkonserven von einem Großhändler, der in St. John's Hill, nicht weit vom Grassmarket entfernt, italienische Produkte verkaufte. Ralph Valvona aus Atina hatte bereits in den sechziger Jahren des 19. Jahrhunderts sein Geschäft aufgebaut, er lieferte importierte Lebensmittel an die anwachsende italienische Gemeinschaft in ganz Schottland.

Die Frauen stellten schnell fest, daß Schottland seine eigene Fülle wunderbarer Zutaten zu bieten hatte: Rindfleisch, Berglamm und Wildbret. Cockenzie hatte eine Fischereiflotte, und Marietta kaufte den Fisch für ihren Laden und ihre Familie direkt von den Fischern, sobald sie ihren Fang einbrachten. Sie ließen sich Milch vom Bauernhof am Ort liefern, um Eiscreme herzustellen. Auch Ricotta erzeugten sie noch selbst. Es gab reichlich Mehl zur Brot- und Teigwarenherstellung und grünes Gemüse und Salate, anders als ihre Waren, aber gute Produkte. Aus Italien erhielten sie höchst willkommene Pakete mit Würsten und Pecorino, und allmählich gewöhnten sie sich daran, in einer neuen Umgebung zu kochen.

Die Frauen behielten ihre Art zu kochen bei. Sie bereiteten lediglich die Speisen zu, für die sie Zutaten hatten. Mit der Zeit lernten sie auch, die einheimischen Gerichte zu kochen, sie bevorzugten jedoch die ihnen vertraute italienische Küche. Aufgrund ihrer Armut konnten sie zwangsläufig nicht sehr aufwendig kochen. Sie hatten kein Kühlsystem zur Verfügung, wußten aber, wie wichtig Hygiene ist. Sie waren darauf angewiesen, schnell und einfach zu kochen, so daß sie jeden Tag frische Kost hatten. Sie wußten, daß das schmackhafteste Essen auf einfachste Art zubereitet wird, allerdings nur mit den besten Zutaten. Sie verwendeten weder Rezepte noch Waagen, sondern verließen sich beim Abschmecken ausschließlich auf ihren Gaumen. Selbst Kuchen und Gebäck wurden ohne Waage gebacken, allenfalls verwendeten sie eine Tasse als Meßgerät.

Beide Frauen waren geborene Mütter, die keine Mühe scheuten, ihre Familien nach bestem Wissen zu ernähren. Sie bereiteten täglich einen Festschmaus zu und verwöhnten alle Familienmitglieder mit ihren Lieblingsspeisen. Stets nahmen sie sich selbst zuletzt, glücklich, wenn ihre Kinder und Ehemänner zufrieden waren.

Francesca, ich frage mich, ob heute wirklich alles besser ist. Ich frage mich, ob die berufstätigen Mütter heutzutage nicht – trotz aller modernen Annehmlichkeiten – unter weitaus größerem Druck stehen. Ich wünsche Dir, daß Du noch die Zeit findest, gute, frische, einfache Gerichte für Dich und Deine Familie zuzubereiten. Vielleicht werden Dir diese unkomplizierten Rezepte dabei helfen.

GUT ESSEN

»Così si mangia bene.«
»So ißt man gut.«

Cesidio hinter der Theke seines Ladens in Cockenzie

Francesca, bevor Du Dich mit dem Kochen befaßt, mußt Du Dich im Einkaufen üben.

Fleisch, Geflügel und Fisch erstehe ich nur bei den besten Metzgern und Fischhändlern. Ansonsten genieße ich es, auf Wochenmärkten einzukaufen, die im ganzen Land erfreulicherweise einen großen Zulauf haben. Nutze all Deine Sinne beim Einkauf. Ein guter Ladeninhaber wird Dich bereitwillig darüber aufklären, woher ein Nahrungsmittel kommt, wie man es am besten kocht und welches Stück sich am besten für ein bestimmtes Gericht eignet.

Meist entscheide ich mich erst beim Einkauf der Nahrungsmittel für ein bestimmtes Menü. Beim Fleisch- oder Fischkauf wähle ich das Produkt, das besonders frisch oder gut aussieht. Heute ist es üblich, Lebensmittel abzupacken, daher sind wir in der Kunst des Einkaufens nicht mehr sehr bewandert. Der Einkauf sollte bereits ein Teil des Kochvergnügens sein. Ich selbst genieße den Besuch in kleinen Fachgeschäften. Meist arbeiten in solchen Läden Feinschmecker, die der Kundschaft gerne mit Rat und Tat zur Seite stehen. Aufgrund ihres ausgezeichneten Fachwissens und Erfahrungsschatzes findet man dort die besten Zutaten.

Gute Früchte und Gemüse müssen ebenso sorgsam ausgesucht werden. Auch diese Produkte kaufe ich gerne in den örtlichen kleinen Läden, obwohl ich glaube, daß einige Supermärkte einwandfreie Obst- und Gemüseabteilungen haben. Ich versuche, auf das Herkunftsland zu achten. Dabei bevorzuge ich Produkte aus regionalem Anbau oder – ich gebe zu, daß ich da vorbelastet bin – italienische Erzeugnisse, sofern sie erhältlich sind.

Kaufe mindestens zweimal wöchentlich frische Nahrungsmittel ein. Der Einfachheit halber besorgst Du Teigwaren, Käse und Salat oder Suppen und Grillgerichte, um die ganze Woche über gut versorgt zu sein. An den Wochenenden wird gerne mehr gegessen. Allerdings gehört das ganztägige sonntägliche Mittagessen im Kreis der Familie leider der Vergangenheit an.

Natürlich müssen wir alle auch in Supermärkten einkaufen. Es ist einfach unvermeidlich. Allerdings solltest Du dabei besondere Einkaufskriterien beachten. Im Supermarkt werden die Produkte gerne so plaziert, daß der Käufer ermutigt wird, sie zu kaufen. Tritt einen Schritt zurück, und nimm Dir Zeit, um zu sehen, was es sonst noch zu kaufen gibt. Heutzutage gibt es ausgezeichnete rohe Zutaten, die sich in den Verkaufsregalen verstecken. Ich überprüfe stets das Verfallsdatum, denn die frischesten Produkte stehen ganz hinten in den Regalen, die älteren dagegen vorne. Nimm nur die frischeste Ware. Und achte auf das Herkunftsland, da es Aufschluß über die Qualität des Produktes gibt. Leider sind die hochwertigeren Rohzutaten teurer. Allerdings kann das Kochen mit guten Zutaten ebenso wirtschaftlich sein, wenn man bedenkt, wie viel man bereits für Fertiggerichte bezahlt.

Nach dem Einkauf geht es ans Kochen. Ich bevorzuge die einfache, schnelle Küche. Ich würze die meisten Speisen lediglich mit Olivenöl extra vergine, Knoblauch und frischen Kräutern. Zum Abschmecken verwende ich Meersalz und Pfeffer. Süßspeisen bereite ich kaum noch zu, statt dessen reiche ich frisches Obst oder wirklich guten Käse zum Nachtisch.

Und der Abwasch? Die Geschirrspülmaschine läuft ununterbrochen. Das Füllen der Maschine ist zwar keine mühsame Arbeit, aber das sollte meiner Meinung nach nicht die Aufgabe der Köchin sein.

Liebe Francesca

MEINE BEVORZUGTEN ZUTATEN

Anchovis
ACCIUGHE

Ich benutze Anchovis als Geschmacksverstärker. Am besten verwendest Du Sardellen, die entweder in Salz oder in Öl eingelegt sind. Für welche Sorte Du Dich auch entscheidest, kaufe stets die beste Qualität, die Du finden kannst. Eingesalzene Anchovis müssen gespült, enthäutet und entgrätet werden, in Öl eingelegte dagegen sind bereits gebrauchsfertig.

Ein oder zwei Anchovis, in Olivenöl aufgelöst, unterstreichen die verschiedenen Geschmacksnuancen eines Gerichts auf feine und dennoch wirkungsvolle Art. Anchovis solltest Du stets sparsam verwenden, damit sie nicht vorschmecken.

In Salz eingelegte Anchovis sind eine althergebrachte Art, Speisen zu würzen, heute so gelungen wie damals. Die Römer verwendeten eine Zutat, »garum« genannt, die im Grunde in Salz eingelegten Sardellen entsprach. Die dabei abfallende Flüssigkeit wurde ebenfalls verwertet, Plinius der Ältere prägte dafür den unappetitlichen Begriff »die Flüssigkeit von verdorbenem Fisch«.

Butter
BURRO

Butter ist eine wunderbare Sache. Gute Butter ist noch besser. Suche nach einer Butter, deren Geschmack Dir wirklich zusagt. Ich verwende ungesalzene Butter, da sie süßer schmeckt. Landbutter ist vorzüglich, sie hat einen volleren Geschmack und eine festere Konsistenz. Koste italienische Butter, wenn Du eine Bezugsquelle findest. Sie schmeckt sahnig und unverwechselbar, zudem eignet sie sich hervorragend zum Kochen.

Ich verwende weder Margarine noch Olivenölaufstriche. Trotz gegenteiliger Behauptungen in der Werbung verzichten italienische Großmütter ebenfalls auf beides, obwohl sie sogar, wie ihnen nachgesagt wird, einst den jungen Burschen nachgelaufen sind! Ich für meinen Teil halte es für das Gesündeste, naturbelassene Butter zum Kochen zu verwenden, wenn auch nur in geringen Mengen. Fettarme Aufstriche mögen zwar kalorienärmer sein, aber sie enthalten oft künstliche Zusatzstoffe.

Kaufe oder backe knuspriges Brot, und stelle keine Butter oder andere Aufstriche zu den Gerichten auf den Tisch. Wir servieren auch kein Öl zum Brot, sondern tunken es einfach in all die köstlichen Säfte auf dem Teller.

Olivenöl extra vergine
OLIO EXTRA VIRGINE DI OLIVA

In bezug auf Olivenöl herrscht inzwischen heillose Verwirrung. Das »kaltgepreßte« Olivenöl extra vergine wird heute noch nach denselben traditionellen Methoden hergestellt, die bereits meine Großeltern anwendeten. Die Oliven werden sortiert und dann einfach zwischen zwei riesigen Steinrädern gepreßt, um die Öle und Säfte herauszuquetschen. So, wie sich frische Obstsäfte in Geschmack und Qualität unterscheiden, schmecken auch kaltgepreßte Öle unterschiedlich.

Die besten Öle stammen von gut bewirtschafteten Olivenhainen, die manchmal viele hundert Jahre alt sind. Die Oliven werden vorsichtig von Hand geerntet, eine mühselige und anstrengende Arbeit. (Die Qualität des Öls wird durch Druckstellen auf den Früchten und mechanisches Abernten beeinträchtigt.) Etwaige Steine, Blätter und Zweiglein werden entfernt, und die Oliven werden nach dem Ernten so bald wie möglich zwischen den gewaltigen Steinen gepreßt. (Bei den modernen Methoden werden hydraulische Pressen aus rostfreiem Stahl verwendet.) Es handelt sich hierbei um einen natürlichen Vorgang, der bei normaler Raumtemperatur abläuft, daher der Ausdruck »kaltgepreßt«. Die so gewonnene Mischung aus Öl und Wasser wird in einer Zentrifuge geschleudert und getrennt, wobei das Wasser mit Hilfe eines Siphons entleert und als Dünger verwertet wird.

Ein Öl wird als Olivenöl extra vergine klassifiziert, wenn es einen niedrigen Säuregrad – zwischen einem halben und einem Prozent – aufweist. Je niedriger der Säuregehalt, desto haltbarer das Öl. (Das Etikett »Olivenöl extra vergine« bedeutet nicht zwangsläufig, daß das Öl auf natürliche Art kaltgepreßt wurde. Bei modernen Produktionsmethoden können Chemikalien eingesetzt werden, um den Säuregehalt zu verringern und das Öl als »natives Olivenöl extra« einzustufen.) Nach dem Pressen wird das Öl zwölf bis achtzehn Monate in einem kühlen, dunklen Schrank gelagert. Sein Geschmack hängt von der verwendeten Olivenart und vom Anbaugebiet ab. Der Geschmack des Öls wird sich mit der Zeit ändern und reifen wie bei erlesenem Wein. Und auch der Preis kann sich entsprechend ändern.

Olivenöl extra vergine, das direkt vom Erzeuger stammt, ist teurer, da die Herstellung sehr arbeitsintensiv ist. Auf einem guten Anwesen werden die Olivenbäume ausreichend beschnitten, was den Früchten einen äußerst ausgeprägten Geschmack verleiht, die Produktion jedoch entsprechend verringert. Wenn Du Olivenöl von einem einzigen Gut beziehen möchtest, dann solltest Du Dir eins aussuchen, dessen Erntesaison auf dem Etikett vermerkt ist.

In der Regel sind toskanische Öle sehr aromatisch, scharf und pfeffrig. Kurz nach der Ernte verursachen sie zunächst ein Brennen im Hals, diese charakteristische, feurige Schärfe schwächt sich jedoch mit zunehmender Reife ab, und das Öl wird milder. Olivenöle aus den Abruzzen und Apulien sind lieblicher und milder, aber dennoch sehr fruchtig. Ligurische Öle sind sehr leicht und fein und schmecken köstlich zu Salaten, außerdem eignen sie sich hervorragend für die Zubereitung von Pesto. Sizilianisches Öl ist sehr aromatisch und außergewöhnlich schmackhaft.

Vergiß nicht, daß Öl ranzig wird und an einem kühlen, dunklen Ort gelagert werden sollte. Du brauchst also keine besonders originellen Flaschen zu besorgen, die sich gut auf dem Küchenregal machen.

Am anderen Ende des Spektrums finden sich in Massenherstellung produzierte und die neuen »leichten« Olivenöle. Diese wurden wahrscheinlich chemisch raffiniert, um ein Produkt zu schaffen, das über die Jahre dickflüssig und unverändert bleibt und sich billig als Massenware absetzen läßt. Vermutlich werden für diese Öle Oliven verarbeitet, die von verschiedenen Landsitzen und Regionen Italiens stammen, sofern sie nicht sogar aus anderen Ländern importiert werden.

Für Salate, zum Beträufeln von Grillgerichten und für Suppen bevorzuge ich kaltgepreßtes, Olivenöl extra vergine, ein Erzeugerprodukt von einem Gut. Zum Kochen verwende ich meist Olivenöl extra vergine aus Apulien, das »Fior' Fiore«. Es ist fruchtig, aromatisch und mild im Geschmack.

Francesca, zerbrich Dir darüber nicht den Kopf. Ich rate Dir, in beides zu investieren. Verwende Öl einer handelsüblichen Marke zum Kochen und – wenn Du es Dir leisten kannst – kaltgepreßtes, Olivenöl extra vergine, vom Erzeuger abgefüllt, um Salate, Grillgerichte und Vorspeisen zuzubereiten. Es verfeinert den Geschmack der Speisen ganz erheblich.

»Leichtes« Olivenöl (das heißt handelsübliches, geschmacksneutrales Olivenöl), Pflanzenöl und Maisöl eignen sich für Mayonnaise oder zum Fritieren. Auch Mandel-, Haselnuß- oder Erdnußöl können schmackhaft sein, aber für mich lohnt es sich nicht, eine Flasche davon zu kaufen, da ich sie kaum verwende.

Wenn Du diese Ölsorten kaufst, solltest Du sie innerhalb weniger Monate nach dem Öffnen aufbrauchen, da sie schnell ranzig werden.

Wurst à la Fonteluna
SALSICCIA FONTELUNA

Francesca, unsere Vorfahren konnten die Winter nur überleben, indem sie haltbar gemachte Nahrungsmittel einlagerten. Die warmen Monate im Frühjahr, Sommer und Herbst mit all ihrer Fülle würden – wie jedes Jahr – verstreichen, und das Leben konnte nur weitergehen, wenn man genug Nahrung und Brennstoff »gehamstert« hatte.

Jede Familie, sofern sie nicht furchtbar arm war, hielt sich ein Schwein. Das Tier wurde gehegt und gepflegt und mit Fallobst, Mais und Speiseabfällen gemästet. Die Kinder sammelten Nüsse und Wildkräuter, um es zu füttern. Für sie war das Schwein ein Haustier, das sie gerne verwöhnten.

Im Herbst wurde es geschlachtet. Prosciutto und Salami wurden hergestellt und zum Dörren an den Dachbalken gehängt. Reste vom Schwein, mit magerem Fleisch gemischt, wurden gemahlen, mit Fett vermengt und dann mit Salz, Pfefferkörnern und Gewürzen verfeinert. Das gewürzte Fleisch wurde in Wurstdärme gefüllt, die zuvor aus dem Darm des geschlachteten Schweins gefertigt worden waren. Schließlich wurden die Enden der Wurstdärme zusammengedreht. Die derart hergestellten »salsiccie« wurden im großen Zimmer des Hauses aufgehängt, wo sie in der leichten Hitze der ersten Herbstabende, an denen im Herd das Feuer brannte, trocknen konnten. Einige wurden in ein Gefäß mit ganz weißem, weichem Speck, aus dem Fett des Schweins gewonnen, getunkt. Die Wurst wurde für Suppen, Saucen, Pizza und »pastone«, Pasteten, verwendet. Auch roh wurde die durch Trocknen haltbar gemachte Wurst, in dünne Scheiben geschnitten, zu Brot gegessen.

Natürlich setzten die Frauen auch in Schottland die Tradition fort, diese Wurst beim Kochen zu verwenden. Zunächst ließen sie sie sich von ihren Eltern, die noch in Fontitune lebten, schicken. Dort hatte sich die Lebensart nicht gewandelt. Da es nun weniger Mäuler zu stopfen gab und gelegentlich etwas Geld aus Schottland kam, war es ein Leichtes, den im Ausland lebenden Kindern »salsiccie« und Pecorino zu senden.

Heute wird Salsiccia Fonteluna eigens für Valvona & Crolla hergestellt. Dabei wird immer noch nach demselben alten Rezept verfahren. Natürlich kannst Du sie durch getrocknete kalabrische oder neapolitanische Wurst ersetzen, aber beide Wurstsorten sind mit mehr Chili gewürzt und wesentlich schärfer. Du kannst auch gewürfelten, geräucherten »pancetta« verwenden, den durchwachsenen Speck aus Italien.

Salz
SALE

Vor noch nicht allzu langer Zeit mußte man in Süditalien noch zum »sali e tabacchi«, einem Salz- und Tabakwarenladen, gehen, wenn man Salz kaufen wollte. Dort wurde es neben Zigaretten auf hohen Regalen gelagert. Von jeher war Salz ein grundlegendes Würz- und Konservierungsmittel für Speisen.

Eine Ernährung, die größtenteils aus Fertiggerichten, Chips und Fastfood besteht, beinhaltet einen hohen, versteckten Salzgehalt – einer der Gründe für die erschreckenden Statistiken über Bluthochdruck in unserer modernen Zivilisation. Leider wird für Fertiggerichte besonders viel Salz verwendet, um die Geschmacksstoffe, die bei der Verarbeitung der Lebensmittel verlorengehen, zu ersetzen.

Ich bevorzuge Salz, vorzugsweise grobes Meersalz aus England, als natürlichen Geschmacksverstärker für meine Gerichte. Die flockenartigen Salzkristalle lassen sich einfach mit der Hand und ganz nach Geschmack ins Essen streuen. Es ist rein, geschmacksintensiv und hinterläßt keinen metallischen oder bitteren Nachgeschmack. Meersalz ist ein vollständiges Naturprodukt, ohne Zusatz von Chemikalien oder Konservierungsstoffen.

Natürlich wird gutes Meersalz von verschiedenen Herstellern angeboten. Auch unter den französischen und italienischen Erzeugnissen finden sich wohlschmeckende Salzsorten, mit einem jeweils unterschiedlichen Salzgehalt. In der Regel kannst Du mit Meersalz sparsamer umgehen als mit Tafelsalz. Normales Tafelsalz nehme ich zum Salzen von Nudelwasser und zum Kochen von Kartoffeln und Gemüse.

Liebe Francesca

Pfeffer
PEPE

Meine Gerichte würze ich nicht automatisch mit Pfeffer, oft schmecke ich auch mit »peperoncino«, getrockneten roten Chilischoten ab, um einer Speise zusätzliche Schärfe zu verleihen. Wenn ich mit Pfeffer verfeinere, um ein pikantes, feurig-scharfes Aroma zu erzielen, verwende ich Parameswaran's Special Wynad Pepper, entweder frisch gemahlen oder grob zerstoßen. (Inzwischen kannst Du ihn auch über das Internet beziehen.) Dieser außergewöhnlich aromatische Pfeffer wird auf der Hochebene des Keralagebirges in Indien angebaut. Er ist der beste in ganz Indien. Im Gegensatz zu anderen handelsüblichen Pfeffersorten läßt Parameswaran die Früchte sehr lange an den Pfeffersträuchern reifen, bis sie eine rötliche Farbe annehmen. Zwischen Januar und März wird mühsam von Hand geerntet, damit die empfindlichen beerenartigen Pfefferfrüchte nicht beschädigt werden. Manchmal sind vier bis fünf Nachlesen vonnöten, bis ein Strauch vollkommen abgeerntet ist. Danach werden die Beeren auf Matten ausgelegt und in der Sonne getrocknet.

Das Ergebnis ist ein Pfefferkorn mit einem vollen und reichhaltigen Aroma. In Massen produzierter schwarzer Pfeffer schmeckt oftmals sehr scharf und hat zuweilen einen metallischen Nachgeschmack. Dagegen mundet der Pfeffer von Parameswaran durch seine milde, ausgewogene Schärfe und seinen leichten Beigeschmack von würzigen Aromen wie Zimt und Nelke. Er unterstreicht und verfeinert den Geschmack der Speisen, statt ihnen nur zusätzliche Schärfe zu verleihen.

Parameswaran erzeugt auch weiße Pfefferkörner. Die reifen Beeren werden von Hand gepflückt und sieben bis neun Tage in Wasser eingeweicht. Danach wird die äußere Hülle vollständig entfernt. Dieser weiße Pfeffer schmeckt etwas herber als der schwarze. Er ist auch nicht ganz so fein im Geschmack wie der schwarze Pfeffer, aber ebenso scharf. Weißen Saucen und Suppen verleihe ich Schärfe, indem ich sie mit weißem Pfeffer abschmecke. In Butter zubereiteter, gekochter Kohl beispielsweise läßt sich derart auch wunderbar verfeinern. Weißer Pfeffer kann im Notfall immer durch schwarzen ersetzt werden.

Parameswaran's Special Wynad Pepper wird jedes Jahr geerntet und verkauft. Viele handelsübliche Pfeffersorten dagegen werden aus den Ernten mehrerer Jahre zusammengemischt. Parameswaran verwendet bei der Herstellung seines Pfeffers keine künstlichen Chemikalien oder Konservierungsstoffe.

Liebe Francesca

Getrocknete rote Chilischoten
PEPERONCINO

Francesca, mache es doch so wie meine Großmutter: Kaufe einige frische rote Chilischoten, ziehe sie hintereinander auf eine Schnur und hänge sie zum Trocknen in der Küche auf. Beim Trocknen werden sie feurig-scharf und beißend. Schmecke damit Saucen, Eintöpfe und Suppen ab, wenn Du sie etwas schärfer und würziger machen möchtest, aber gehe sparsam mit ihnen um. Kleinere Chilischoten sind meist schärfer, die Samenkerne ganz besonders, daher solltest Du sie herausklopfen, indem Du die Schote vor der Zubereitung schüttelst. (Und denke daran: Fasse Dir niemals an die Augen oder Lippen, wenn Du Chilischoten in der Hand hattest.) Du kannst auch bereits getrocknete rote Chilischoten besorgen, im allgemeinen sind sie jedoch äußerst trocken und alt und womöglich auch extrem scharf.

Gelegentlich bereite ich auch frische grüne Chilischoten zu, wenn ich Speisen eine klare, reine Schärfe zufügen möchte, ganz besonders in Verbindung mit frischem Koriander.

Parmesan
PARMIGIANO REGGIANO

Parmigiano Reggiano wurde jahrtausendelang in der italienischen Region Emilia-Romagna aus nichtpasteurisierter Kuhmilch hergestellt, wobei die Produktion einer strengen Gesetzgebung unterlag. Einige Aufzeichnungen über die Herstellung dieses Käses gehen bis auf das zwölfte Jahrhundert zurück. Die Kühe werden ausschließlich mit Gras und Heu gefüttert.

In die Rinde des Parmigiano Reggiano ist ein spezieller Schriftzug eingebrannt, der angibt, auf welchem Gut die Milch erzeugt und an welchem Tag der Käse hergestellt wurde. Der Käse schmeckt am besten, wenn er frisch, unbeschädigt und mindestens achtzehn Monate lang gereift ist. Parmigiano Reggiano lasse ich mir stets frisch von einem ganzen Käselaib, der zwanzig Kilogramm wiegt, abschneiden.

Bewahre den Käse, in Folie oder Butterbrotpapier gewickelt, unten im Kühlschrank auf. Am besten schmeckt er, wenn Du ihn frisch reibst. Die frischen, weichen, saftigen Käseraspel lassen Dir das Wasser im Mund zusammenlaufen –

ein echter Gaumenkitzel. Da der Parmigiano in einem Salzbad gewaschen wird, schmeckt er ziemlich salzig. Dadurch und durch sein starkes natürliches Aroma verfeinert er den Geschmack zahlreicher Speisen.

Parmigiano, der gerieben oder geschabt abgepackt wird, ist weniger geschmacksintensiv und auch teurer als frischgeriebener Parmesan. Marietta und Maria, die keine Verschwendung kannten, rieben auch die Käserinde ab, um damit Suppe zu verfeinern. Die weichen, kaubaren Käsebrocken machten die Suppen nicht nur gehaltvoller, sondern auch schmackhafter.

Parmigiano Reggiano schmeckt auch vorzüglich als Tafelkäse. Frischgeschnitten und gut erhalten kannst Du ihn zu reifen Birnen und schwerem Rotwein servieren.

Käse aus Schafsmilch
PECORINO

Unsere Großeltern aus Picinisco waren Schäfer. Im Frühjahr stellten sie aus der Milch ihrer Schafe Pecorino her, den sie dann haltbar machten, um für den Winter Vorräte anzulegen. Aus der Molke, die von der Käseverarbeitung übriggeblieben war, erzeugten die Frauen Ricotta. Zum Kochen nahmen sie stets Pecorino, Parmigiano Reggiano verwendeten sie erst, als sie nach Schottland kamen.

Im Handel sind zahlreiche Sorten von Pecorino erhältlich. Pecorino Romano ist typisch für Latium, die Gegend um Rom. Er ist ausgereift, herb und ziemlich salzig, daher eignet er sich besonders gut zum Reiben. Als Tafelkäse wird er nur selten gegessen. Heute wird er vielfach auf Sardinien erzeugt. Pecorino Pienza wird im Frühling hergestellt, am besten ißt man ihn jung, wenn er frisch und sahnig süß ist. Zu frischem Obst schmeckt er einfach vorzüglich. Nach der traditionellen Herstellungsmethode wurde er mit Schafsblut eingerieben, um ihm seine charakteristische rote Rinde zu verleihen – ein alter Verkaufstrick. Heutzutage, wo man es mit der Hygiene sehr genau nimmt, wird die Käserinde mit Tomatenpaste eingerieben.

Leichter erhältlich ist Pecorino Sardo aus Sardinien. Jung schmeckt dieser Käse einfach köstlich, er wird aber auch nach einer drei- bis viermonatigen Reifung als Reibkäse verwendet. Heute wird er gewöhnlich in einem unverwechselbar gelben, gerillten Wachsüberzug verkauft. Er hat ein leicht süßliches, salziges und herbes Aroma, eine günstige Alternative zum Parmigiano Reggiano.

Als ich ein Kleinkind war, erhielt meine Großmutter noch Pakete aus Italien, die jungen, frischen Pecorino enthielten. Ich erinnere mich genau daran. Der Käse war in mehrere Lagen Leinen gewickelt und verschnürt. Er lag in einer braunen, mit rotem Wachs versiegelten Pappschachtel. Die Pappe war voller Fettflecken, und der heranreifende Käse, der mehrere Tage lang ungekühlt unterwegs gewesen war, verströmte einen überwältigenden Gestank. Gelegentlich stellte sich nach dem Auspacken heraus, daß er innen nur so von Maden wimmelte. Für Großmutter war dies ein besonderes Qualitätsmerkmal. Und ich konnte sie beim besten Willen nicht vom Gegenteil überzeugen.

Für Menschen, die empfindlich auf Kuhmilch reagieren, ist Pecorino, zu hundert Prozent aus Schafsmilch hergestellt, eine gute Alternative zum Parmigiano. Frischer Pecorino, über Teigwaren gerieben, zerfließt langsam zu appetitlichen Ringen, eine echte Augenweide. Wir nannten ihn deshalb auch »Fadenkäse«.

Brühe und Brühwürfel
BRODO E DADI

Für Suppen und Eintöpfe verwende ich nur selten Brühe, da die Zutaten selbst das nötige Aroma liefern. Einen wirklich vollkommenen Risotto allerdings kann man ohne den aromatischen Grundstoff, den eine gute, hausgemachte Brühe liefert, gar nicht zubereiten.

Wenn ich schon Brühe verwende, dann muß es unbedingt Hühnerbrühe sein. Einmal wöchentlich bereite ich etwa einen Liter davon zu. Die Zubereitung ist wirklich einfach, und da sich die Brühe gut einfrieren läßt, habe ich stets eine gewisse Menge davon vorrätig (siehe Seite 84 unter »Hühnerbrühe«). Eine andere Brühe bereite ich äußerst selten zu. Wenn man allerdings das Endstück eines Schinkens über Nacht zum Entsalzen einweicht und mit einer kleinen Zwiebel, einer Karotte und einer Stange Sellerie in einigen Litern Wasser sieden läßt, erhält man eine schmackhafte Brühe mit Schinkenaroma, die sich gut für Suppen oder Tomatenrisotto eignet (siehe Seite 172 unter »Tomatenrisotto«).

Wenn Du für Suppen statt Brühe heißes Wasser verwendest, mußt Du mehr Salz als gewöhnlich zugeben, um das in Brühen und Brühwürfeln enthaltene Salz zu ersetzen. Ich bin wahrlich kein Snob, was Brühwürfel anbelangt, aber ich verwende sie nur ungern. Es gibt gute Instantbrühen ohne künstliche Zusätze, ich bevorzuge jedoch Hühnerbrühwürfel, beispielsweise von Knorr. Heimlich bröselt so manche Italienerin eine kleine Menge davon ins Essen, wenn sie gerade keine konzentrierte Hühnerbrühe zur Hand hat.

Es lohnt sich, einige der handelsüblichen Brühen auszuprobieren, die es in Supermärkten zu kaufen gibt.

Um Dir die Wahrheit zu sagen, Francesca: Deine Lieblingshühnersuppe, die Du als Kind so gerne gegessen hast, war nichts anderes als eine aus Hühnerbrühwürfeln zubereitete Buchstabennudelsuppe, mit gehackter, frischer Petersilie verfeinert. Großmutter sollte besser nichts davon erfahren!

SOFFRITTO

Für viele unserer Suppen und Eintöpfe ist Soffritto die wichtigste aromatische Grundlage. Er erinnert an den Geschmack und die Konsistenz feingehackter Zwiebeln, die in Olivenöl oder Butter sautiert werden, bis sie weich und glasig sind. Gelegentlich werden auch feingehackte Schalotten, Selleriestangen oder Karotten verwendet, denen vorsichtig das Aroma entlockt wird, um es für den Fond des Gerichts einzufangen. Dazu bedarf es keiner besonderen Kochkünste, alles, was man dazu braucht, ist Geduld. Die Geduld, die Zutaten fein genug zu hacken, und die Geduld, sie bei sehr geringer Hitzezufuhr zu kochen, ohne sie dabei anbrennen zu lassen.

Ist diese Aromabasis erst einmal hergestellt, so ist die übrige Zubereitung einfach und unkompliziert. Versuche nicht, den Kochvorgang zu beschleunigen, indem Du Salz zugibst. Dadurch wird nur Wasser freigesetzt, und die Zwiebeln werden nicht sautiert, sondern geschmort. Außerdem würde Salz später den Zwiebelgeschmack in der fertigen Speise hervorheben – ein unerwünschtes Resultat. Ein Soffritto sollte lediglich eine aromatische Grundlage sein.

Knoblauch
AGLIO

Wenn Du beim Kochen auf diese Knolle verzichtest, um den damit verbundenen Mundgeruch zu vermeiden, dann hast Du bisher entweder alten Knoblauch genommen oder einfach zuviel davon verwendet. Je älter Knoblauch wird, desto schärfer schmeckt er. Er kann sogar eine extrem beißende Schärfe entwickeln. In zahlreichen Rezepten sind einfach zu große Knoblauchmengen angegeben. Entgegen der landläufigen Meinung wird Knoblauch in Italien nur sparsam verwendet, von Neapel einmal abgesehen, wo man mit nichts sparsam umgeht.

In diesem Land haben wir noch nicht begriffen, daß Knoblauch ein Saisongemüse ist. Frischer, junger Knoblauch hat gegen Ende März Saison. Die Knollen sind glatt, weiß und schwer zu schälen, da die äußere Schale noch sehr elastisch ist. Sie haben ein leicht süßliches und dennoch scharfes Aroma, geröstet schmecken sie einfach vorzüglich. Mit zunehmender Reife entwickelt der Knoblauch das ihm eigene, typische Aroma, und sein Geschmack wird intensiver.

Gehe nicht zu verschwenderisch mit Knoblauch um. Je mehr er gepreßt oder zerdrückt wird, desto mehr setzt er von seinen aromatischen Ölen frei. Dadurch schmeckt er noch schärfer und beißender. Feingehackten Knoblauch verwende ich kaum, meist schneide ich ihn in Scheiben, wodurch nur ein Teil seines Aromas freigesetzt wird. Der Geschmack hängt aber auch von der Art seiner Zubereitung ab. Wenn Du ihn anbräunen läßt, nimmt er einen leicht herben und säuerlichen Geschmack an. Besonders in Apulien, im Süden Italiens, bereitet man ihn gerne auf diese Art zu, um einen ganz unverkennbaren Geschmack zu erzielen. Knoblauch, mit frischgehackter Petersilie sautiert, wie im Rezept für Muschelsuppe (siehe Seite 105 unter »Muscheln«) beschrieben, ergibt dagegen ein vollkommen anderes Aroma, mild und fein. Petersilie, *das* Kraut, das Du kauen mußt, wenn Du auch nach dem Genuß von Knoblauch nicht auf das Küssen verzichten willst, mildert das Aroma – und den Mundgeruch.

Wenn Du Knoblauchzöpfe kaufst, solltest Du sie an einem kühlen, dunklen Ort aufbewahren, sonst keimen sie und verderben. Ich kaufe Knoblauch nur in geringen Mengen, je nach Bedarf, aber ich habe immer welchen vorrätig. Im Spätsommer kommen die großen, purpurroten Knoblauchzwiebeln aus der Bretagne auf den Markt. Sie haben einen scharfen, ansonsten aber neutralen Geschmack und eignen sich hervorragend für schnelle Grillgerichte und zum Braten sommerlicher Speisen.

Eines noch, Francesca, lege Dir bitte keine Knoblauchpresse zu und auch kein Knoblauchpulver oder Knoblauchgranulat.

Zwiebeln und Schalotten
CIPOLLE E SCALOGNE

Mit Zwiebeln verleihe ich Saucen und Eintöpfen, die bei geringer Hitzezufuhr gekocht werden, Geschmack und Konsistenz. Kaufe milde Zwiebeln und Schalotten. Spanische oder französische Zwiebeln sind besonders schmackhaft. Rote Zwiebeln sind milder und sehen äußerst appetitlich aus. Schalotten dagegen haben ein feineres Aroma.

Hacke die Zwiebeln und Schalotten immer sehr fein, damit sie sich vollkommen in der Sauce auflösen. Das ist ganz besonders wichtig, wenn Du Zwiebeln für eine Sugo- oder Risottogrundlage zubereitest. Im fertig zubereiteten Gericht sollten sie nicht mehr auszumachen sein. Übrigens solltest Du Zwiebeln nur für den sofortigen Gebrauch zubereiten, da sie bereits nach einem Tag einen äußerst faden Geschmack annehmen, der an Hamburgerbuden erinnert.

Wenn Du gerne Zwiebeln im Salat ißt und dennoch einen frischen Atem behalten möchtest, solltest Du sie sehr dünn schneiden und in kaltes Wasser legen, das Du zwei- bis dreimal erneuerst. Etwa eine halbe Stunde genügt. Dadurch bleibt ihr feines, mildes Aroma erhalten, und sie schmecken dennoch frisch und knackig.

Wenn Du einen ganzen Bund Zwiebeln kaufst, solltest Du ihn kühl lagern, damit die Zwiebeln nicht austreiben und verderben. Kaufe sie zum Kochen, nicht nur zu Dekorationszwecken.

Kräutergarten
ERBE

Kleine Kunststoffbehälter mit frischen Kräutern sind teuer und für die Köchin am heimischen Herd außerdem unpraktisch. Im Vergleich zu früher kann man heute aus einem umfangreicheren Kräutersortiment wählen, aber es ist immer noch wesentlich einfacher und wirtschaftlicher, Kräuter selbst zu ziehen.

Wenn Du einen Garten hast, werden alle möglichen Kräuter problemlos gedeihen. Ich pflanze die meisten meiner Kräuter in Terrakottatöpfen an, direkt bei der Küchentür, so daß ich bei jedem Wetter schnell hinauslaufen und abpflücken kann, was ich gerade brauche. Wenn Du keinen Garten hast, dann kannst Du ebensogut Blumenkästen nehmen.

Von den winterfesten, holzigeren Kräutern halte ich mir Thymian, Salbei, Lorbeer und Rosmarin, die alle gut wachsen und eine wahre Zierde sind. Außerdem macht es mir Spaß, sie nach Lust und Laune zum Kochen zu verwenden, ohne im Kühlschrank nachsehen zu müssen, ob im Gemüsefach noch ein Bund mehr oder weniger verwelkter Kräuter zu finden ist. Sie brauchen keine besondere Pflege, sondern müssen nur ab und zu etwas zurückgeschnitten werden. Selbstgepflanzte Kräuter machen sich innerhalb weniger Wochen bezahlt, da kunststoffverpackte Kräuter nicht gerade günstig sind.

Johnny mit einer alten Tante in Picinisco, um 1930

Frischer Oregano ist weich, fein behaart und geschmacklos. Er sieht ausgesprochen schön aus, wenn er heranwächst. Kurz bevor er blüht, im Juni oder Juli, nimmst Du einen Bund und hängst ihn in der Küche auf. Dort läßt Du ihn ein bis zwei Wochen lang trocknen, und danach schmeckt er wunderbar aromatisch. Er läßt sich etwa sechs Monate lang in einem festverschlossenen Behälter aufbewahren. Dieser »frisch getrocknete« Oregano duftet und schmeckt sehr intensiv und eignet sich hervorragend für Pizza, Tomaten und griechische Lammgerichte. Von spanischen und italienischen Händlern kannst Du guten, getrockneten Oregano bundweise kaufen. Handelsübliche Sorten des getrockneten Krauts, in Gewürzdosen oder Tüten verpackt, haben oft keinen Geschmack. (Sei tapfer, Francesca. Wirf sämtliche Gewürze und Kräuter, die sich jahrelang im Gewürzregal versteckt haben, einfach weg.)

Mit seinen purpurroten, ballförmigen Blüten ist Schnittlauch im Frühsommer eine echte Augenweide. Er zählt ebenfalls zu den Küchenkräutern, die schön wachsen. Ich verwende Schnittlauch für Kartoffelsalat und Omeletts.

Von den einjährigen Pflanzen ist Basilikum mein absolutes Lieblingskraut. Du kannst es jedes Jahr aus Samen ziehen oder einen Setzling aus der Gärtnerei kaufen. In Schottland müssen wir Basilikum im Haus halten, so wechselhaft ist das Sommerwetter hier. Im Spätsommer wirkt es äußerst anziehend auf die Weiße Fliege, daher sollte es nicht mit anderen Zimmerpflanzen in Berührung kommen.

Einige Nonnen in Ligurien senden meiner Tante jeden Herbst frisch getrocknetes Basilikum, hübsch verpackt in einem dekorativen Musselinsäckchen. Die großen, zerdrückten Blätter sind aromatisch und herrlich schmackhaft, geradezu ideal für den Winter. Wenn Du sehr süßes, aromatisches Basilikum gezogen hast, solltest Du es zu Hause trocknen. Hänge einige Zweige, die Blattspitzen nach unten gerichtet, an einem warmen Ort auf. Wenn die Blätter vollkommen durchgetrocknet sind, bewahrst Du sie in einem luftdicht verschlossenen Behälter für den Winter auf. Frisches Basilikum wird im Winter aus Israel importiert und ist leicht erhältlich.

Ich verwende so viel glatte Petersilie, daß ich nie genug davon anpflanzen kann, deshalb muß ich meine Vorräte beim Obst- und Gemüsehändler aufstocken. Krause Petersilie eignet sich genauso gut für Brühen und Eintöpfe, wenn Du nichts anderes zur Hand hast, aber glatte Petersilie schmeckt besser zu Salat und Gemüse.

Rauke, »rughetta«, ist ein wildes Kraut, hat ein intensiv-würziges, pfeffriges Aroma und wächst wie Unkraut. Heute wird dieses Kraut auch gezüchtet, man bezeichnet es dann als »rucola«. Im Geschmack ist es deutlich weniger pfefferig. In Amerika ist es als »arugula« bekannt. Für Rauke aus dem Laden muß man mitunter astronomisch hohe Preise bezahlen, und in der Regel fehlt ihr die Schärfe der Wilden Rauke. Sähe den Samen in ein Fleckchen Erde aus, und schon innerhalb weniger Wochen wirst Du pfeffrige, würzige Blätter haben. Inzwischen findet dieses Kraut bei uns reißenden Absatz. Ich habe es das erstemal vor zwanzig Jahren probiert, als Renzo, mein Cousin, mich auf den Monte Meta, den Berg über Picinisco, mitnahm, um nach wilden Kräutern zu suchen und bei den Schäfern frischen Ricotta zu besorgen. Er hat uns echte Wilde Rauke gezeigt, die sehr schmale Blätter und ein extrem pfeffriges, scharfes Aroma hat. Die gezüchtete Wilde Rauke, die hier angeboten wird, ist nicht so scharf und aromatisch, aber trotzdem sehr gut. Ich ziehe den Geschmack der Frühlings- und Sommerrauke vor. Im Spätherbst und Winter wird das Kraut wahrscheinlich rasch hochgezüchtet und kann einen faden, langweiligen Geschmack haben. Wenn Du mit Rauke kochst, solltest Du sie erst in allerletzter Minute zugeben, so daß sie gerade noch warm wird, da sie bei Hitze ihr Aroma verliert.

Frischer Koriander ist das Kraut, das meinem Geschmacksnerv einen Schock versetzt. Aus Gewohnheit kommt beim Kochen mein mediterraner Gaumen zum Einsatz, und Koriander ist nicht gerade ein Kraut, das zu unserer traditionellen Küche gehört. Seltsamerweise verwenden wir zwar Koriandersamen zum Konservieren von Fleisch und zum Würzen von Schwein, aber nicht das frische Korianderkraut. Einige Korianderblätter im Salat können mich jedoch von meinem Dünkel kurieren, und Koriander, den man mit grüner Chilischote einer Brühe beigibt, verfeinert die Geschmacksnuancen eines Gerichts vortrefflich. Koriander paßt zu gegrilltem Fisch und würzigen Saucen. Er verträgt sich gut mit Zitrone und frischem grünem Chili.

Dosentomaten
POMODORI IN SCATOLA

Im Winter greife ich gern auf die neapolitanischen San-Marzano-Eiertomaten in Dosen zurück. San-Marzano-Tomaten sind lang, fest und leuchtendrot. Sie sollten in einem dickflüssigen Saft schwimmen. Auf dem fruchtbaren Schwemmland um Neapel und Kampanien wachsen diese Tomaten in verschwenderischer Fülle. Die äußerst süßen und saftigen Früchte eignen sich hervorragend für Saucen. Gute Dosentomaten wirken sich ganz entscheidend auf den Geschmack eines Sugos aus. Ich persönlich bevorzuge Cirio, Vitale oder Lupa. Wenn Du eine Marke, die Dir zusagt, gefunden hast, dann bleibe ihr treu.

Bei einigen Sorten werden Kräuter oder Knoblauch hinzugefügt. So vorgewürzte Produkte verwende ich nicht, da ich lieber nach meinem eigenen Geschmack würze. Tomatenpüree benutze ich nie, und »passata«, eine aus passierten Tomaten hergestellte Sauce, verwende ich nur für Suppen.

Der Schutzpatron von Neapel ist San Gennaro. Ein Überrest seines Blutes wird in einem reich mit Edelsteinen verzierten Fläschchen in der Kathedrale von Neapel aufbewahrt. Am ersten Sonntag im Mai und am 19. September, seinem Festtag, drängen sich Tausende Neapolitaner in die Kathedrale. Dann hält der Kardinal die Phiole vor der Menschenmenge in die Luft, um das Wunder, die Verflüssigung des Blutes, zu zeigen. Aus dem Jubel der Menge sind auch einzelne Schreie und Bitten herauszuhören: Der Schutzheilige wird inständig angefleht, Wunder zu vollbringen und Kranke zu heilen. Wenn sich das getrocknete Blut verflüssigt, geht ein hörbarer Seufzer der Erleichterung durch die Menge, da dieses Wunder für das kommende Jahr Glück verheißt. (Viele Leute glauben, daß dieses »Wunder« auch eine gute Saison für das Fußballteam von Neapel verspricht.) Ein neapolitanischer Betrieb, keine Gelegenheit auslassend, die Werbetrommel zu rühren, verkauft

Dosentomaten, die er sinnträchtig »Il Miracolo di San Gennaro« nennt. Tatsächlich sind diese Tomaten so gut, daß es einem Wunder gleichkommt!

(Francesca, nicht weit von der Kathedrale befindet sich eine Kirche, die Santa Patrizia geweiht ist. Sie lebte im siebzehnten Jahrhundert und war eine geschändete, jungfräuliche Märtyrerin. Ihr wurde ein hoher Rang verliehen, sie ist die Schutzpatronin der werdenden Mütter. Ihr Blut wird ebenfalls in einem Fläschchen aufbewahrt, das der Phiole von San Gennaro ähnelt. Auch ihr Blut verflüssigt sich, und zwar jeden Dienstag um elf Uhr. Dennoch versammelt sich dort keine Menschenmasse, um sie zu preisen. Von dem vollen Terminkalender Santa Patrizias wird nicht viel Aufhebens gemacht. In Neapel spielt eben selbst eine Heilige neben Männern nur die zweite Geige!)

Frische Tomaten
POMODORI FRESCHI

Erfreulicherweise ist das Angebot an frischen Tomaten in den letzten Jahren wesentlich besser geworden. An dieser Stelle muß ich zugeben, daß ich wirklich voreingenommen bin. Nur selten habe ich Tomaten gegessen, die mir besser schmeckten als die aus dem Süden Italiens. Ursprünglich kommen Tomaten aus Südamerika, bereits ein Hinweis darauf, daß sie viel Sonne brauchen. In Italien werden diverse Sorten angepflanzt, die für verschiedene Arten der Verwendung und unterschiedliche Jahreszeiten gedacht sind.

Die bekanntesten sind die San-Marzano-Eiertomaten, die vorwiegend zu Dosentomaten verarbeitet werden. Wenn Du im Sommer frische Eiertomaten auftreiben kannst, dann bereitest Du daraus einen feinen Tomatensugo (siehe Seite 148) zu. Ich habe Eiertomaten gekostet, direkt unter dem Krater des Vesuvs angebaut und noch vom schwarzen, rauchigen Staub bedeckt. Sie schmeckten ausgesprochen intensiv, beinahe wie konzentrierte, in Asche eingelegte Tomate. Einfach himmlisch!

Reife Strauchtomaten sind leider nicht immer aromatisch. Wie bei allen frischen Waren, die zum Verkauf angeboten werden, sieht auch hier manches besser aus, als es schmeckt. Wenn die Tomaten süß sind, ergeben sie eine leckere Sommersuppe. Koche den Stiel mit und passiere sie erst anschließend, dann wird die Suppe aromatischer. Und vergiß nicht: Basilikum ist der ideale Begleiter für Tomaten, aber auch Minze wirkt sehr erfrischend.

Während der Wintermonate werden in Sizilien, wo warme Brisen aus Afrika den Frost fernhalten, Pachino-Kirschtomaten angepflanzt. Sie haben einen sehr ausgeprägten, süßen Geschmack, eine echte Gaumenfreude im Winter, da mich dann alles, was mich auch nur im entferntesten an sonnigere Zeiten erinnert, aufmuntert. Sie schmecken ausgezeichnet, wenn sie angebraten oder, einfach in Olivenöl gedrückt, zu frischem Sugo verarbeitet werden. Gegenwärtig werden viele Sorten Kirschtomaten auf dem Markt angeboten. Nimm die süßesten, die Du bekommen kannst. Denke daran, daß die Kerne der Kirschtomaten beim Kochen bitter werden können. Deshalb entkerne ich die Tomaten manchmal, indem ich sie einfach mit der Hand zusammendrücke und so einen Teil der Kerne herausquetsche.

Im Spätwinter und zu Beginn des Frühjahrs baut man in Sardinien eine interessante Tomatensorte an, sie heißt Camone und schmeckt besonders gut, wenn sie roh im Salat gegessen wird. Wider Erwarten schmeckt sie am besten, wenn man sie ißt, solange sie noch etwas grün ist. Sie ist süß und hat eine dicke, knackige Haut, die ausgezeichnet zu sardischem Pecorino und Olivenöl paßt. Im Sommer werden auf der Insel auch Nerino-Eiertomaten angebaut. Sie schmecken ähnlich und werden als Zutat zu Salaten gegessen, die nur mit Olivenöl extra vergine, grobem Meersalz und frisch getrocknetem Oregano angemacht werden. Vergleichbar damit sind hierzulande nur die süßen, selbstgezogenen Tomaten, die begeisterte Gärtner in ganz Schottland in ihren Gewächshäusern anpflanzen.

Ich kann Dir nur den Rat geben, Dich auf Deinen Gaumen zu verlassen. Suche nach einer Tomatensorte mit gutem Aroma. Sobald Du sie entdeckt hast, merkst Du Dir den Namen dieser Sorte. Der Rest ist Genießen.

Unterstreiche den Geschmack von Tomaten mit Salz, frischem Basilikum und Olivenöl. In Öl getauchte Kirschtomaten, bei starker Hitzezufuhr gebraten, nehmen einen wesentlich intensiveren Geschmack an, der dann gut zu Pizza oder Teigwaren paßt.

Zitronen
LIMONI

Frisch gepreßter Zitronensaft ist ein wahres Wundermittel. Seine natürliche Säure ergänzt und verfeinert das Aroma aller fetthaltigen Speisen. Er verbessert den Geschmack von gegrilltem Steak, Schwein, Fisch und Lamm. Außerdem veredelt er das Aroma von Salat, und in Nachspeisen, Eiscremes und Sahnesaucen wirkt er wie ein natürlicher Geschmacksverstärker.

Bedenke, daß die meisten Zitronen zur Konservierung mit einem Wachsüberzug versehen sind. Vor dem Kochen sollte er mit Seifenwasser abgewaschen und weggespült werden, besonders, wenn die Schale verwendet wird. Kaufe, falls möglich, nur unbehandelte und ungewachste Zitronen. Oft erhitze ich Zitronen, bevor ich sie verwende, um mehr Saft aus ihnen herauszuholen.

Die besten Zitronen, die ich jemals probiert habe, waren Amalfi-Zitronen aus Süditalien, groß, beinahe von der Größe Deiner Hand, köstlich süß und saftig. Gelegentlich werden sie als Salat serviert, der – ob Du es glaubst oder nicht – mit Olivenöl und Zitronensaft abgeschmeckt wird.

Weinessig
ACETO DI VINO

Bevor der Markt mit Balsamessig überschwemmt wurde, verwendeten wir für unsere Salatsaucen ausschließlich Rot- oder Weißweinessig. Er hat ein säuerliches, bisweilen auch leicht herbes Aroma, eignet sich jedoch bestens zum Konservieren und mindert den öligen, fetten Geschmack in warmen Speisen. Einigen Gerichten wird er beigemischt, um ein für eine bestimmte Region typisches Aroma zu erzeugen. Im Süden Italiens haben die meisten Köche noch nie etwas von Balsamessig gehört, und sie kochen nur mit den üblichen, massenweise produzierten Rot- und Weißweinessigen.

Traditioneller Balsamessig
ACETO BALSAMICO TRADIZIONALE DI MODENA

Der traditionelle Balsamessig aus Modena hat absolut nichts gemein mit der übermäßig verwendeten Massenware, die im Laufe der letzten Jahre alle anderen Essigsorten aus unseren Küchenschränken verdrängt hat. »Aceto balsamico tradizionale« ist ein einzigartiges Erzeugnis, das in Modena seit Jahrhunderten in sehr begrenzten Mengen und immer nach der gleichen Methode hergestellt wird. Die wenigen Familien, die ihn herstellen dürfen und die zum »Consorzio« gehören, betrachten ihn mit Recht als ein Familienerbe. Stolz schützen sie mit gesetzlichen Mitteln seine Produktion. Der traditionelle Balsamessig wird ausschließlich aus Trebbiano-Trauben hergestellt, deren ungegorener Most durch Erhitzen eingedickt wird und mindestens zehn Jahre lang reifen muß. Die Flüssigkeit wird jährlich mit einer geringen Menge Most der neuen Saison vermengt und dann mehrmals in Fässer umgefüllt, die aus jeweils unterschiedlichem Holz gefertigt sind: Eiche, Kirsche, Kastanie, Maulbeerbaum und Esche. Während seiner langen Reifezeit nimmt der Essig von jedem Holzfaß einen leichten Beigeschmack an und entwickelt so sein reichhaltiges Aroma. Dieses Verfahren belohnt den geduldigen Hersteller mit einer dicken, sirupartigen, süß-sauren, unbeschreiblich guten Flüssigkeit. Einige Tropfen davon genügen, um das Aroma eines Gerichts zu veredeln. Der Essig wird in bezeichneten 500-ml-Flakons verkauft. Jeder einzelne Flakon ist mit rotem Wachs versiegelt und trägt das offizielle Gütesiegel des Konsortiums. Jedes Fläschchen Balsamessig ist numeriert und registriert. Der Preis kann bei 60 Euro für eine kleine Flasche liegen – für eins der köstlichsten Geschmackserlebnisse der Welt.

Wenn Du Dir den Luxus eines »Aceto balsamico tradizionale« gönnst, dann verwende diese kostbare Flüssigkeit nur sehr dosiert. Schon wenige Tropfen, über gebratenes Fleisch oder gegrillten Fisch getröpfelt, sind ein wahrer Hochgenuß für den Gaumen. Gib einen Teelöffel davon zum Risotto oder über Erdbeeren, oder verfeinere selbstgemachte Vanilleeiscreme mit einem Dessertlöffel Balsamessig.

Balsamessig
ACETO BALSAMICO

Wenn der »Aceto balsamico tradizionale« das »Parfum« unter den Essigen ist, dann ist der massenhaft verwendete, handelsübliche Balsamessig, der plötzlich in unzähligen Rezepten auftaucht, nur das »Eau de Toilette«. Diese Billigessige, von denen es gute und schlechte Sorten gibt, schmecken unserem trendgeprägten Gaumen durch ihre Süße, die durch Zucker, Karamel und süßen Traubenmost entsteht.

Besonders günstige, in Massen produzierte Balsamessige können sehr säurehaltig und übelschmeckend sein. Die traditionellen Balsamerzeuger haben ein breites Sortiment von Produkten geschaffen, die in der mittleren Preisklasse liegen. Auch diese Essige werden aus Trebbiano-Trauben hergestellt, allerdings mit wirtschaftlicheren und weniger langwierigen Reifungsverfahren, und anschließend werden sie mit Weißweinessig versetzt. Die besten Sorten sind süß, haben einen niedrigen Säuregehalt und ein frisches, reines Aroma. Ich verwende sie, um Fett von der Bratpfanne abzulösen. Außerdem mache ich damit meinen Salat an.

BROT

Das Wort »Kumpan« ist vom lateinischen Ausdruck »con pane« abgeleitet, das »mit Brot« bedeutet. Miteinander Brot zu brechen und mit Kumpanen oder der Familie zu essen, das ist reine Freude für Körper und Seele.

Auf unserem Tisch steht immer frisch gebackenes, krustiges, knuspriges Brot. Es wird zerteilt und so gegessen, wie es ist, ohne Butter oder Öl. Sämtliche Öle, Fleisch- und Gemüsesäfte auf dem Teller werden mit Brot aufgesaugt, wie man es auch in Indien mit dem Naan-Brot macht. In Italien ist es durchaus üblich, die Teller mit Brot sauberzuwischen – ein großes Kompliment für die Köchin.

Für meine Großeltern war es Luxus, Brot mit Weizen zu backen. Ihr Brot haben sie wohl mit einer Mischung aus unraffiniertem Getreide gebacken: gemahlenem Mais, Gerste, Roggen und Weizen. Dieses »pane nero« oder schwarze Brot war kräftig und schwer und hielt sich eine Woche lang. Es war kein Salz darin, da Salz eine unerschwingliche Luxusware war, die man nicht für Brot verschwenden wollte. Wahrscheinlich wurde das Brot im Gemeindeofen gebacken, der einmal wöchentlich angeheizt wurde. Alle Frauen benutzten den Ofen der Reihe nach, um ihr Brot zu backen. Sie stellten große Laibe her, jeder einzelne zwei bis drei Kilogramm schwer. Um das Brot in Stücke zu teilen, steckten sie den Brotlaib einfach unter einen Arm und sägten eine Scheibe ab, das Brot fest gegen die Brust gedrückt. Übriggebliebene Stücke wurden aufbewahrt und für die Suppe verwendet oder am Feuer geröstet. Trockenes Brot wurde gerieben, um damit Gemüse, vor allem Paprika und Zucchini, zu füllen. Außerdem panierten die Frauen damit dünne Fleischscheiben, bevor sie gebraten wurden.

Am Tag vor dem nächsten Backtag war das Brot steinhart. Dann wurde es mit kaltem Wasser besprenkelt, das nach einer Weile aufgesaugt war. Das derart weichgemachte Brot wurde mit gehacktem Knoblauch gewürzt und mit grünem

Olivenöl beträufelt. Als zusätzliche Würze wurden noch einige Scheiben reifer, duftender Tomaten, mit getrocknetem Oregano bestreut, auf das Brot gelegt. So wurde aus der Not eine Tugend gemacht.

In den meisten europäischen Ländern gibt es in jeder Stadt und in jedem Dorf Bäcker, die allnächtlich ihr Brot auf traditionelle Art backen. Allerdings stellen inzwischen fast alle Supermärkte »frisch gebackenes« Brot her, dessen Qualität niemals an die von natürlich aufgegangenem, von Hand gebackenem Brot heranreichen wird. Wenn Du also einen Bäcker in Deiner Nähe hast, solltest Du ihn unbedingt unterstützen.

Italienisches Landweißbrot
PANE CAMPAGNA D'ALBERTO

Statt Dir einen guten Bäcker zu suchen, kannst Du Dein Brot natürlich auch zu Hause backen. Nimm dazu unbehandeltes, backstarkes Weißbrotmehl. Es ist entscheidend für den Geschmack und die Konsistenz des Brotes.

Alberto, der beste Bäcker, den ich kenne, brachte mir bei, wie man dieses Brot backt. Wenn Du es zu Hause machen willst, brauchst Du eine warme Umgebung und etwas Geduld. Fünf Schritte mußt Du ausführen. Mit der Zubereitung beginnst Du drei Stunden vor dem Untermengen des Vorteigs, »biga« genannt. Das Brot geht langsam auf und nimmt einige weitere Stunden in Anspruch. Richte Dich also darauf ein, daß Du insgesamt mehrere Stunden lang immer wieder in der Küche zu tun haben wirst. Ansonsten beschränkt sich die tatsächlich zu leistende Arbeit auf ein Minimum, und das Ergebnis ist es wert, daß man darauf wartet. Wiege die Zutaten und das Wasser genau ab. Der Malzsirup ist in Supermärkten leicht zu bekommen. (Ich erinnere mich, daß ich als Kind einen Löffel »Virol« bekommen habe. Das kann nur Malzsirup gewesen sein.) Das Rezept ergibt zwei Brotlaibe.

1 kg unbehandeltes backstarkes Weißbrotmehl
575 ml handwarmes Wasser
30 g frische Hefe
25 g feines Meersalz, wahlweise grobes Meersalz, zerstoßen
25 ml Malzsirup

Schritt 1: Zubereitung des Vorteiges

Zunächst bereitest Du den »biga« zu. Gib 100 g des Mehls in eine Schüssel. Gieße 100 ml des handwarmen Wassers hinzu, und streue 10 g der frischen Hefe hinein. Vermenge alles mit einem Löffel, bis die Mischung wie ein dünner Eierkuchenteig aussieht. Decke ihn mit Frischhaltefolie ab und laß ihn drei Stunden lang in einem warmen Raum ruhen. Der »biga« wird Blasen werfen und sein Volumen verdoppeln.

Schritt 2: Zubereitung des Brotteiges

Wärme die restlichen 900 g Mehl ungefähr. zehn Minuten bei schwacher Hitze (160° C/Stufe 3) an. Dadurch soll nur die Kühle reduziert werden. Gib das Meersalz hinzu, bröckle den Rest der Hefe hinein und gieße den Malzsirup dazu. Kippe den aufgegangenen Vorteig hinein. Schütte die restlichen 475 ml des handwarmen Wassers hinzu. Mit dem Knethaken des Mixers knetest Du den Teig zunächst vier Minuten bei niedriger Geschwindigkeit, um alles zu vermengen, dann weitere acht Minuten bei höherer Geschwindigkeit. Es soll ein geschmeidiger, aber fester Teig entstehen, der sich gut verarbeiten läßt. Natürlich kannst Du ihn auch mit den Händen kneten, das macht mehr Spaß.

Forme den Teig zu einer Kugel und lege ihn in die Schüssel. Decke ihn sorgfältig mit Frischhaltefolie und dann das Ganze mit einem feuchten Geschirrtuch ab. Laß den Teig 30 bis 40 Minuten ruhen. Alberto empfahl mir, den Teig in einen Schrank zu stellen, wenn möglich in einen warmen Schrank. Brot verträgt Zugluft noch schlechter als Kälte. Ideal wäre ein Trocken- oder Wärmeschrank.

Schritt 3: Formen des Brotteiges

Nimm den Teig aus der Schüssel und schlage ihn mehrmals auf eine saubere, mit Mehl bestäubte Arbeitsfläche. So klopfst Du die Luft aus dem Teig. Teile den Teig gleichmäßig in zwei 800-g-Stücke auf, und forme die Stücke zu Kugeln. Lege die Kugeln auf ein Tablett, decke sie wiederum mit einem feuchten Geschirrtuch ab, und laß sie weitere 25 Minuten in Deinem warmen Schrank ruhen.

Schritt 4: Formen der Brotlaibe

Forme beide Teigkugeln zu Brotlaiben. (Die Luft mußt Du nicht mehr aus dem Teig klopfen.) Lege sie auf ein zuvor eingefettetes Backblech. Bestäube sie mit Mehl, und laß sie 40 bis 60 Minuten an einem warmen Ort aufgehen, der keinesfalls zugig sein darf.

Liebe Francesca

Schritt 5: Backen des Brotes
Heize den Backofen auf mittlere Temperatur (180° C/Stufe 4) vor.

Schneide mit einem scharfen Messer drei Kerben in jeden Laib. Lege eine gute Handvoll Eiswürfel auf ein Backblech, und schiebe das Blech auf der unteren Schiene in den Backofen. Dadurch wird Dampf erzeugt, also ein handelsüblicher Dampfbackofen simuliert. Backe die Brotlaibe 40 bis 50 Minuten auf der mittleren Schiene. Die Laibe sind fertig, wenn sie eine goldene bis dunkelbraune Farbe haben. Außerdem sollten sie hohl klingen, wenn Du sie auf der Unterseite leicht antippst.

Laß die Brotlaibe auf einem Gitterrost wenigstens zwei Stunden lang auskühlen. Sie halten sich mindestens zwei Tage. Das Brot läßt sich wunderbar im Toaster rösten.

Brotbacken erfordert zunächst eine Portion Mut. Aber wenn Du den Dreh erst einmal heraushast, ist es so einfach wie Radfahren. Und es ist durchaus der Mühe wert. Ich möchte Dich anregen, es zu versuchen: Schließe die Augen, und denke an den Duft von selbstgebackenem Brot, noch warm vom Backofen, und stelle Dir vor, wie Du in eine Scheibe beißt, dick mit frischer Butter und hausgemachter Erdbeermarmelade bestrichen!

SAISONERZEUGNISSE UND UNBEHANDELTE LEBENSMITTEL

Als Köchin, die regelmäßig frische Nahrungsmittel einkauft, suche ich nach Saisonerzeugnissen aus dem einheimischen Anbau. Wenn ich die Wahl habe, kaufe ich unbehandeltes Gemüse, ganz besonders, wenn ich es roh servieren möchte. Es beruhigt mich zu wissen, daß das Gemüse garantiert nicht mit Rückständen von Konservierungsstoffen belastet ist, die schädlich sein könnten. In meiner Küche gibt es viel Obst und Gemüse, und mir ist klar, daß deren gesundheitliche Vorzüge womöglich zunichte gemacht werden, wenn mit dem Essen unabsichtlich größere Mengen Restchemikalien verzehrt werden. Da unbehandeltes Gemüse keine Chemikalien enthält, die ein schnelleres Wachstum bewirken, entwickelt sich sein Zellgewebe langsamer. Infolgedessen nimmt es Wasser nicht so rasch auf, was wiederum zu einer höheren Konzentration natürlicher Zucker führt. Solange das Erzeugnis frisch ist, ist es wahrscheinlich knackiger und aromatischer.

Obst und Gemüse wasche ich immer sehr sorgfältig, besonders leicht verderbliche Waren wie Salat und Kräuter, da sie mit höherer Wahrscheinlichkeit mit Konservierungsstoffen besprüht sind. Weiche sie in Wasser ein, das Du mehrmals erneuerst. Dadurch werden unerwünschte Ingredienzien verwässert und weggewaschen. Übrigens, Francesca, bei unbehandelten Erzeugnissen nistet sich leichter Ungeziefer ein, grüne Blattläuse, Raupen und ähnliche Tiere. Ich erinnere mich daran, daß meine Mutter stets etwas Salz in das Wasser streute, bevor sie den Salat wusch. Ein guter Trick, um unerwünschte Fleischbeilagen zu entfernen.

Kindern biete ich häufig frische Beeren an. Zum einen essen sie sie immer gerne, zum anderen enthalten Beeren reichlich gesundes Vitamin C und sind daher sehr gut für ihr Immunsystem. Zumindest sollten sie das sein! Einige Beeren halten sich verdächtig lange im Kühlschrank, und ich frage mich, womit sie besprüht werden, damit sie nicht so schnell verderben. Im allgemeinen waschen wir Beeren nicht sehr gründlich, da sie besser schmecken, wenn sie nicht mit Wasser vollgesogen sind. Daher kaufe ich inzwischen nur noch unbehandelte Beeren, die jedoch wesentlich teurer sind. Haben wir nicht das Recht zu wissen, welche schädlichen Rückstände sich in unseren Lebensmitteln verstecken?

Die ökologische Bewegung hat unser Ernährungsbewußtsein geweckt und Fragen über die Qualität unserer Nahrungsmittel und die Art unserer Viehzucht aufgeworfen. Wir sollten sie nach Kräften unterstützen. Allerdings droht sie von Marketingleuten großer Unternehmen vereinnahmt zu werden: Sie soll für Produkte werben, die nicht uneingeschränkt empfehlenswert sind.

GESCHMACK

Francesca, wenn es wirklich darauf ankommt, ist Dein eigener Geschmackssinn das wertvollste Kapital beim Kochen. Eine erfahrene Köchin wird beim Zubereiten eines Gerichts ganz bei der Sache sein und seinen Geschmack fortwährend prüfen. Probieren ist alles. Es macht Spaß, am Essen zu nippen, während es kocht, und die Menge der Zutaten zu bestimmen, die Du nach und nach zugibst. Das Geheimnis jedes Rezepts liegt im »Abschmecken« der Speisen. Laß Dich am besten von Deinem Gaumen leiten.

Bei diesen Rezepten sind zwar genaue Mengen angegeben, dennoch habe ich sie mir auf andere Weise angeeignet. Das Kochen habe ich gelernt, indem ich in der Küche half und von früh an gutes, reichhaltiges Essen genoß. Mein Geschmackssinn wurde bereits von Kindesbeinen an trainiert. Denn am einfachsten hält man Kinder dazu an, gut zu essen, indem man sie so früh wie möglich in der Küche helfen läßt.

Francesca, nutze all Deine Sinne beim Kochen. Schaue, rieche, höre, taste und schmecke. Achte auf alles, was vor sich geht, und stimme nach und nach alles aufeinander ab. Die angegebenen Mengen sollen dabei nur als Richtschnur dienen. Rohe Zutaten sind immer verschieden, und gleichgültig, wie oft Du ein Gericht schon zubereitet hast, es wird jedesmal anders schmecken. Ich hoffe, daß die Anregungen in diesem Buch Dich dazu inspirieren werden, ohne Anleitung zu kochen. Das Buch soll lediglich Fähigkeiten vermitteln und ein Verständnis für die Grundlagen meiner Kochkunst wecken. Den Rest überlasse ich Deiner Kreativität und Geschicklichkeit.

Und was dabei am wichtigsten ist: Laß den Spaß nicht zu kurz kommen! »Buon appetito.«

ANMERKUNG

Sofern nichts anderes angegeben ist, sind die Rezepte für jeweils vier Personen gedacht. Die Nudelrezepte reichen, als Vorspeise serviert, für vier Personen, als Hauptgang nur für drei. Dem kann ich nur eins hinzufügen: Ich habe festgestellt, daß nur selten etwas übrigbleibt, unabhängig von der Menge, die ich zubereitet habe. Die Rezepte sind ohnehin äußerst unkompliziert. Sobald Du mit meiner Kochweise vertraut bist, solltest Du in der Lage sein, die Mengen – je nach Appetit – problemlos anzupassen.

AUSSTEUER

Francesca, es hat keinen Wert, sich unzählige Küchengeräte anzuschaffen. In der Küche entsteht dadurch nur Chaos, und am Ende findet man nichts mehr, oder die Sachen sind kaputt. Es folgt eine Liste der Küchenutensilien, die ich keinesfalls missen möchte. Aber Du wirst keinen einzigen meiner Küchenhelfer in Deine neue Wohnung mitnehmen! Setze sie einfach auf Deine Wunschliste.

Gute **Töpfe aus rostfreiem Stahl** in verschiedenen Größen. Einige kleine Töpfe, jeweils mit einem Fassungsvermögen von 1 Liter, einige 3-Liter-Töpfe und mindestens ein großer 4-Liter-Topf zum Kochen von Teigwaren. Mein größter Topf faßt acht Liter, darin koche ich am ersten Weihnachtsfeiertag die Nudeln.

Oft bereite ich schnell eine Kleinigkeit für eine Person zu. Einige **flache Kasserollen aus rostfreiem Stahl** sind dafür wirklich praktisch. Ich habe feuerfeste 20-cm-Kasserollen, mit je zwei Griffen ausgestattet, die ich ständig benutze. Gußeiserne Auflaufformen sind genauso nützlich.

Ein **Butterschmelztiegel aus rostfreiem Stahl** erweist sich oft als große Hilfe.

Ein **großes Sieb**, in dem Du Teigwaren abtropfen läßt. Einige Seiher. Ein Teesieb aus rostfreiem Stahl eignet sich gut, um Brühe abzuschöpfen. (Mein Teesieb aus Kunststoff ist geschmolzen!)

Eine **große emaillierte Kasserolle aus rostfreiem Stahl mit schwerem Boden** für Sugo und Eintöpfe, die bei geringer Hitzezufuhr gekocht werden. Praktisch finde ich Kasserollen, die zwei, drei und vier Liter fassen. Diese Töpfe kannst Du sowohl auf dem Herd als auch im Backofen verwenden. Sie halten ein Leben lang. Vergiß nicht, daß die Griffe und Deckel heiß werden!

Auf **schwere Bratpfannen** kannst Du keinesfalls verzichten. Ich habe eine kleine 18-cm-Pfanne mit Antihaftbeschichtung für Frittata, alles andere brate ich meist in einer großen, tieferen Bratpfanne aus Gußeisen.

Eine **gußeiserne Grillpfanne** ist ein hervorragendes Utensil, um Speisen schnell, gesund and äußerst schmackhaft zuzubereiten. Allerdings neigen diese Pfannen zu extremer Rauchentwicklung. Wenn Deine Küche gut durchlüftet oder mit einem starken Abzugsgebläse ausgestattet ist, kannst Du Dir getrost eine Grillpfanne zulegen.

Messer sind sehr persönliche Gegenstände. Lege Dir Messer zu, die gut in der Hand liegen. Du brauchst ein schweres, großes Messer und einige kleine, scharfe Messer zum Hacken. Wenn ich in Italien Urlaub mache, kaufe ich dort jedesmal einige gezackte Steakmesser aus Kunststoff. Sie kosten nicht viel und eignen sich dennoch für alle Küchenarbeiten.

Ein **Wetzstahl** ist beinahe ebenso wichtig wie die Messer selbst. (Laß Dir von einem Metzger zeigen, wie man damit Messer schleift.)

Ein altmodischer **Wärmeverteiler** ist praktisch, wenn Du Sugo oder Soffritto bei schwacher Hitze kochst. Wenn Du ihn unter dem Topf anbringst, kann der Inhalt nicht anbrennen.

Ich besitze einen alten **Kenwood-Mixer** zum Kuchen- und Brotbacken. Dazu gehört ein Pürieraufsatz, ein äußerst praktisches Zubehörteil. Francesca, ich besorge Dir einen elektrischen Handmixer. Damit bist Du genauso gut ausgestattet.

Ich verwende einen **elektrischen Pürierstab** zum Pürieren von Suppen und Dosentomaten. Ein äußerst nützliches Gerät.

Marietta und Cesidio halten Hochzeit in Picinisco, um 1916

Ich besitze einen altmodischen **Stößel und Mörser aus Porzellan**, um Pesto zuzubereiten. Der Mörser sollte mindestens 450 ml fassen, sonst kannst Du nicht gut damit arbeiten. Außerdem habe ich einen **kleinen Stößel und Mörser**, der 110 Gramm faßt. Damit mahle ich ausschließlich Gewürze. Davon abgesehen sieht er einfach schön aus.

Ich besitze weder eine Küchenmaschine noch eine Mikrowelle. Ich koche schon mein ganzes Leben lang so und habe noch keines dieser Geräte jemals vermißt.

Wenn Du hausgemachte Teigwaren herstellen möchtest, wirst Du eine **Imperia-Nudelmaschine** brauchen.

Mit einer Eismaschine gelingt Eiscreme besser. Ich bevorzuge den Typ mit Behälter, der 24 Stunden im Tiefkühlgerät aufbewahrt wird. Danach wird die Eiscreme außerhalb des Kühlgeräts etwa 20 Minuten gerührt. Der Nachteil besteht darin, daß man damit nur etwa 1 Liter herstellen kann, nicht gerade von großem Nutzen für meinen Haushalt. Ich ziehe die Zubereitung von »semifreddo« und Sorbet vor, da sie kein Rühren erfordern. Lege Dir keine Eismaschine zu, wenn Du nicht vorhast, sie häufig zu benutzen. (Statt dessen könntest Du Dich in Musselburgh niederlassen, direkt neben Lucas Eisdiele.)

Zum Schmelzen von Schokolade und Zubereiten von Eiercreme hätte ich gerne einen **Turmtopf**. Bisher habe ich mich mit einer Schüssel begnügt, die ich ins Wasserbad stelle.

Zum Reiben von Parmigiano und Gemüse verwende ich eine einfache **kegelförmige Reibe**. Das Reibeisen sollte eine Auswahl an großen und kleinen Auszackungen aufweisen. Mit der nötigen Kraft in den Armen und einem guten, feuchten Parmigiano wird das Käsereiben zum Vergnügen.

Ein gutes, **stabiles Hackbrett aus Holz** ist mir am liebsten. Für Brot habe ich ein eigenes Holzbrett, das sich gut auf dem Küchentisch macht.

Ein **Wellenschliffmesser** zum Brotschneiden.

Zum Fritieren brauchst Du eine **Friteuse und einen Fritierkorb**. Es gibt großartige Elektrofriteusen, die zwar den Fettgeruch absorbieren, aber nur eine ziemlich kleine Menge Öl fassen. Ich liebe »fritto«, auf den Geruch von Fett, der sich dann im ganzen Haus ausbreitet, kann ich allerdings gut verzichten.

Bei **Backblechen, Ofenblechen und Backformen** solltest Du keinesfalls an der Qualität sparen. Backutensilien aus hochwertigem Material halten nicht nur länger, sondern leiten auch die Wärme besser. Stopfe Deine Küchenschränke nicht mit einer Unzahl verschiedener Größen voll. Ich bin bisher mit nur wenigen Größen ausgekommen.

Beinahe hätte ich es vergessen: Natürlich brauchst Du noch **einen Schöpflöffel, einen normalen Löffel, einen Schlitzlöffel und einen Kartoffelstampfer, alles aus rostfreiem Stahl**.

Kleine, aber sehr nützliche Küchenhelfer sind **ein Teigschneider für Ravioli, ein Backpinsel, ein Kartoffelschäler, ein Nudelholz (aus Holz, keinesfalls aus Kunststoff), eine hochwertige Pfeffermühle und ein Salzfaß für Meersalz. Ein guter, robuster Dosenöffner für Tomaten, einige Holzlöffel und eine Nudelzange** dürfen ebenso wenig fehlen.

Für Backrezepte benötigst Du eine gute **Waage**, eine Investition, die sich auszahlen wird. Ich ziehe elektronische Waagen vor.

Es geht nichts über einen guten Kaffee zu Hause. Dazu nur zwei Empfehlungen: Verwende entweder eine altmodische **Mokka-Espresso-Maschine** oder gleich eine sündhaft teure, mit allen Schikanen ausgestattete **Baby Gaggia**. Setze Sie auf Deine Aussteuerliste. Vielleicht hast Du ja eine begüterte und großherzige Tante.

ANTIPASTI

»Mangiando, mangiando, viene l'appetito.«
«Der Appetit kommt mit dem Essen.«

Annunziata, vordere Reihe, zweite von links, und Luigi, außen rechts, mit ihrer Familie

'NGOPPA 'A TERRA, POZZUOLI, ITALIEN, 1934

Die Gegend um Pozzuoli, nördlich der Stadt Neapel und des Vesuvs, blickt auf eine dramatische Geschichte zurück. Pozzuoli, inmitten von Fumarolen und heißen Quellen gelegen, ist ein Erdbebenzentrum. »'Ngoppa 'a terra« ist ein Begriff aus dem in Pozzuoli gesprochenen Dialekt und bedeutet »rione terra«, »Erdviertel«. Dort wurde die altertümliche Stadt Pozzuoli erbaut. Etwa im 7. Jahrhundert v. Chr. wurde an dieser Stelle, von der man den Hafen gut überblicken konnte, die griechische Kolonie Dicearchia gegründet. Bis zum Jahr 194 v. Chr. hatte sich das Erdviertel zu einem blühenden Handelszentrum und einer wichtigen römischen Festung entwickelt. Etwa zehn Jahrhunderte später wurde das Viertel »rione terra«

Liebe Francesca

oder »'ngoppa 'a terra« auf einem Stück Land erbaut, das ins Meer hineinragt. Hohe, altertümliche Mauern umschlossen ein mittelalterliches Dorf und boten ihm Schutz. Der einzige Zugang bestand aus einer Brücke und einem Tor. Zu Beginn des zwanzigsten Jahrhunderts bewohnten die Armen von Pozzuoli das »rione terra«. Sie lebten in überfüllten, verfallenen Häusern und Zimmern, hoch übereinandergetürmt, an den Hügel gelehnt und nur über Hunderte von Treppen erreichbar, die sich zwischen den Häusern nach oben wanden.

In einer Wohnung, hoch oben im »'ngoppa 'a terra«, mit Ausblick auf Ischia und Capri, saß Luigi Silni gewöhnlich am Kopfende des Tisches. Carlo, sein Erstgeborener, saß links von ihm. Seine anderen sieben Kinder scharten sich um den Rest des Tisches. Luigi hatte ein offenes Haus. Seine Mutter, sein Vater, einige seiner Brüder und Schwestern, wenn nicht gar all seine Geschwister, ihre Ehefrauen und Ehemänner, Nichten, Neffen, Freunde und Freundinnen waren stets willkommen. Priester, Ärzte oder Polizisten, die gerade vorbeigingen, erhielten den Ehrenplatz.

Annunziata, Luigis Frau, kochte, was für sie gerade erschwinglich war. Jeder, der hereinkam, bekam einen Teller voll davon serviert. Es gab immer mehr als genug, wie bei der Speisung der Fünftausend. Wer sich aus Höflichkeit weigerte teilzunehmen und vorgab, nicht hungrig zu sein, wurde erst recht zum Mitessen überredet. Luigi begann dann, ein amüsantes Ritual zu vollziehen. Er hatte ein intuitives Verständnis für die menschliche Natur. Für ihn war es einfach klar, daß jeder Mensch, ob Mann, Frau oder Kind, mehrmals am Tag Hunger hatte. Und selbstverständlich hatte jeder Mensch dasselbe Recht auf Verköstigung.

»Mangiando, mangiando, viene l'appetito!« Luigi gestikulierte, als wäre der rücksichtsvolle Gast verrückt. Was für eine Energieverschwendung, gutes Essen zurückzuweisen und seinen Hunger zu verneinen. »Der Appetit kommt mit dem Essen.«

Der folgende Ablauf war so sicher wie das Amen in der Kirche: Wenn Luigi den Besucher erst einmal mit einer kleinen Scheibe Prosciutto, etwas dicker als gewöhnlich vom Schinken abgeschnitten, geködert hatte, fühlte sich der widerstrebende Gast schon wohler. Als Gaumenkitzler bot Luigi ein paar würzige, eingelegte Zucchinistücke an, salzig und herb, jedoch mit einer guten Prise Chili gewürzt. Danach räumte der Gast meist ein, daß er doch ein wenig Appetit habe. Noch ein Löffel geröstete Paprika, von reichlich mit Kapern verfeinertem Olivenöl triefend, und der zunächst abgeneigte Tischgenosse war restlos bekehrt und genoß alles mit größtem Appetit.

Alle anderen, die um den Tisch saßen, hatten bis zu diesem Zeitpunkt warten müssen. Inzwischen waren sie heißhungrig und ungeduldig geworden. Sie hatten diesem Überredungsritual beigewohnt, und nur mit äußerster Selbstbeherrschung war es ihnen gelungen, dem Gast nicht zuzurufen: »Mangia, e stai zitto!« »Iß und halte den Mund!«

Endlich machte Luigi das Kreuzzeichen und sprach das Tischgebet, die Aufforderung an alle, mit dem Mahl zu beginnen.

Luigi schnitt etwas Mozzarella in Scheiben, streute eine Prise Salz darüber und bot die mundgerechten Stücke ringsherum an. Danach wurden stillschweigend weitere kleine Platten mit Essen herumgereicht. Jeder nahm sich etwas, jedoch nur so viel, daß es auch für alle anderen reichte. Es gab Artischockenherzen, Happen frischen Pecorinos, rahmig-süßen Ricotta aus Büffelmilch, silbrigglänzende, in Olivenöl marinierte Anchovis, gesalzenen Kabeljau (Klippfisch oder »baccalà«), in dünne Lagen zerteilt und mit Knoblauch, Chili und Olivenöl scharf zubereitet, und dicke, kugelförmige Kraken- und Tintenfischtentakel.

Zu Hause bereiten wir Vorspeisen selten auf diese Weise zu. Nur an Fest- und Feiertagen wird eine Ausnahme gemacht. Dann werden viele verschiedene Delikatessen auf dem Tisch angerichtet. Meist wird jedoch eine Art Antipasto zubereitet und als Vorspeise verzehrt, bevor die Teigwaren serviert werden. Einige Happen und Bissen auf dem Tisch, mit viel gutem Brot gereicht, während man Platz nimmt, ist eine gepflegte Art, sich zu entspannen und geruhsam das Essen zu beginnen.

Francesca, ich kann mich daran erinnern, daß Dir diese Speisen als Kind sehr geschmeckt haben. Die Kinder an Luigis Tisch – und es waren niemals wenige – lernten schnell, daß es sich lohnt, Dinge zu probieren, die unbekannt oder ungewohnt aussehen. Meist schmecken sie lecker, und falls doch nicht, kann man zumindest am Alltag der Erwachsenen teilnehmen. Kinder fühlen sich weniger unter Druck, wenn sie kleine Kostproben nehmen dürfen. Dann greifen sie bei den Gerichten zu, die ihnen schmecken, und halten sich bei den anderen zurück. Mit jedem Mal werden sie wagemutiger, stets geneigt, neue Speisen zu versuchen. Wenn Du sie beobachtest, zeichnet sich ein interessantes Verhaltensmuster ab. Ihr Gedächtnis arbeitet selektiv. Solange Kostproben keine nachteiligen Folgen haben, sind sie nicht mehr ungewöhnlich, wenn sie das nächste Mal auf den Tisch kommen. Und innerhalb weniger Tage oder Wochen ist das neuartige Gericht unbemerkt zu ihrer Leibspeise geworden.

Was mich am meisten an einer Ernährung, die nur auf Fertiggerichten basiert, beunruhigt, ist der Gedanke, daß Kindern die Experimentierfreude verleidet wird. Natürlich sind Fertiggerichte immer gleich. Daher wird ein Kind nur wenige Geschmacksrichtungen kennenlernen, und es wird davon ausgehen, daß Essen stets gleich schmeckt. Dadurch verkümmert der Geschmackssinn des Kindes und damit auch die Lust, neue Speisen zu probieren. Das gleiche gilt für das Stillen. Die Milch einer Mutter schmeckt jeden Tag etwas anders, je nachdem, was sie gegessen und getrunken hat. Dagegen schmeckt Formelmilch bei jeder Mahlzeit genau gleich, möglicherweise einer der Gründe, warum Kinder für neue Geschmackserlebnisse nicht sonderlich aufgeschlossen sind. Je unterschiedlicher die Nahrung schmeckt, die ein Säugling im Alter von vier bis neun Monaten zu sich nimmt, desto weiter wird sich sein Geschmackssinn entwickeln.

Halte Kinder so früh wie möglich zu einer vielseitigen Ernährung an, und ihr Appetit wird sich schon einstellen. »Mangiando. Viene l'appetito.«

Selleriestangen und Olivenöl extra vergine
SEDANO E OLIO EXTRA VERGINE

Als wir noch klein waren, stellte meine Mutter oft ein hohes Glas mit Selleriestangen auf den Tisch, daneben eine kleine Schale mit feinem Olivenöl extra vergine. Hinzu kamen noch zwei Schüsseln, eine davon mit Salz gefüllt, die andere mit gemahlenem schwarzem Pfeffer. Wir tunkten die Stangen in das Öl, das Salz und – sofern wir uns getrauten – in den Pfeffer. Während wir auf das Essen warteten, zerkauten wir knirschend die Selleriestangen. Das Ganze machte uns riesigen Spaß.

Kaufe, wenn möglich, unbehandelten Sellerie. Auf jeden Fall aber sollte er frisch und knackig sein. Brich den Sellerie unten ab und wasche jede Stange sorgfältig in kaltem Wasser. Schneide die Enden ab. Wenn der Sellerie faserig ist, ziehst Du die äußere Haut des gerillten Stengels mit einem Kartoffelschäler ab. Bei wirklich frischem Sellerie ist das normalerweise nicht notwendig. Eventuell vorhandene Blätter bleiben am Stengel.

Zum Essen tunkst Du die Selleriestangen einfach in Salz, Pfeffer und Olivenöl. Die Kinder haben ihren Spaß daran, und diese Kleinigkeit kannst Du gut als Zwischenmahlzeit nach der Schule servieren. Das Rezept läßt sich auch variieren.

Statt Sellerie nimmst Du Karotten, Chicorée oder Fenchel. Selbst Artischocken eignen sich für dieses Rezept, sofern sie wirklich ganz frisch und jung sind. Man ißt dann den hellen, fleischigen Teil am Blattansatz.

Artischocken
CARCIOFI

Artischocken sind eine verlockende Delikatesse, allerdings gehören sie zu den Distelgewächsen und sind daher etwas stachlig. In Großbritannien gedeihen sie sehr gut, es werden jedoch meistens italienische oder französische Artischocken angeboten, wenn überhaupt welche erhältlich sind. Am ehesten bekommst Du sie in speziellen Obst- und Gemüseläden und auf Wochenmärkten. Römische Artischocken, die zu Beginn des Frühjahrs auf den Markt kommen, sind erstklassig und leicht zuzubereiten. Mit fortschreitender Jahreszeit werden die Artischocken größer und fleischiger. Im Herbst findest Du womöglich die wunderbaren Artischocken aus Frankreich. Kaufe sie nur, wenn der Stiel hart und der Kopf fest geschlossen ist. Die Zubereitung nimmt zwar etwas Zeit in Anspruch, aber das Ergebnis ist es wert, wie alles, was eine gewisse Mühe kostet.

Arbeite am Ausgußbecken und spüle die Artischocke beständig unter fließendem kalten Wasser. Vorher stellst Du eine Schüssel mit kaltem Wasser bereit, in der einige Zitronenhälften schwimmen. Die Zitronensäure bewirkt, daß sich die vorbereiteten Artischocken nicht verfärben.

Schneide den Stiel bis auf 4 cm ab. Mit einem kleinen, scharfen Messer stutzt Du den Stiel außen etwas zurecht, indem Du einige der äußeren Fasern abschneidest. Etwaige Schnittflächen reibst Du sofort mit einem Stück Zitrone ab. Nun nimmst Du Dir den Kopf vor. Arbeite Dich um die Artischocke herum, wobei Du alle äußeren Blätter so weit abbrichst, wie sie von selbst nachgeben. Auf diese Weise werden etwa zwei Drittel des Blattes entfernt. Arbeite Dich weiter vor, brich Blätter ab, bis alle dunkelgrünen Blätter verschwunden sind und die helleren, gelben Innenblätter zum Vorschein kommen. Lege die Artischocke auf ein Hackbrett und schneide die stachligen Blätter ab, die immer noch herausschauen. Inzwischen dürfte sich eine beängstigend große Menge entfernter Blätter angesammelt haben. Keines davon ist eßbar. Du mußt keinesfalls befürchten, daß Du zuviel wegwirfst. Wenn Du die Artischocken erst gekocht hast, wirst Du sehr schnell feststellen, daß alle dunkelgrünen Teile, die Du nicht abgebrochen hast, ungenießbar sind. Dann wirst Du Dir wünschen, Du hättest sie weggeschnitten.

Nun mußt Du nur noch die stachligen, faserigen Blütenfäden im Inneren der Artischocke, das sogenannte Heu, entfernen. Am einfachsten ist es, wenn Du den Artischockenkopf der Länge nach zunächst halbierst und dann viertelst. Reibe die geschnittenen Artischockenhälften mit der Zitronenhälfte ab, da sich die Schnittflächen sehr schnell verfärben. In der Mitte der Artischocke erkennst Du die spitzen, haarartigen Stacheln, das Heu. Mit einem scharfen Messer löst Du es vom Boden ab. Damit hast Du den weißen, festen Boden des Gemüses freigelegt. Soll der Artischockenkopf ganz bleiben, legst Du ihn auf ein Hackbrett und spreizt die Blätter auseinander. Das Heu kann dann mit dem Ende eines robusten Teelöffels herausgekratzt werden. Offen gesagt finde ich das mühsamer, daher erspare ich es mir gewöhnlich. Spüle die Artischocke während der Zubereitung, reibe sie wiederholt mit Zitrone ab und gib sie in die mit kaltem Wasser gefüllte Schüssel.

Das Ganze ist wirklich ein Lernprozeß. Die ersten Male wirst Du Dich damit abplagen. Aber wenn Du erst einmal herausgefunden hast, welche Teile gekocht gut schmecken, dann vereinfacht sich der gesamte Vorgang. Wenn Du viele Artischocken zubereiten willst, mußt Du damit rechnen, daß Deine Finger und Nägel schmutzig werden. Nun zum Kochen.

4 große oder 6 kleine Artischocken,
wie oben beschrieben zubereitet, entweder im Ganzen oder zerteilt,
je nach Belieben
1 Knoblauchzehe, geschält und feingehackt
1 Handvoll glatte Petersilie, gewaschen und feingehackt
etwa 1 Teelöffel Meersalz
etwa 4–5 Eßlöffel Olivenöl extra vergine
etwa 4–5 Eßlöffel kaltes Wasser
6–8 frische Minzeblätter

Vermenge den gehackten Knoblauch, die Petersilie und das Salz zu einer groben Masse. Fülle die Mischung in den Boden und zwischen die Blätter der zubereiteten Artischocken. Gib das Gemüse in eine ausreichend große Kasserolle. Gieße das Olivenöl und das kalte Wasser hinzu. Bringe die Flüssigkeit zum Sieden, decke die Kasserolle mit einem Deckel ab und laß alles etwa 15 bis 20 Minuten bei schwacher Hitze köcheln. Die Minzeblätter werden erst ganz am Ende dazugegeben.

Stich mit einem scharfen Messer in den dicksten Teil des Gemüses, um zu prüfen, ob es gar ist.

Die Artischocken werden mit der saftigen Flüssigkeit aus der Kasserolle warm serviert. Meistens ißt man sie mit den Fingern. Mit den Zähnen streift man von jedem Blatt den besten Teil des saftigen Fleisches ab. Und die köstlichen Säfte werden mit viel krustigem Brot aufgesaugt.

Frische Anchovis, in Olivenöl mariniert
ACCIUGHE MARINATE

Dieses Rezept ist nur dann zu empfehlen, wenn Du wirklich frische Anchovis auftreiben kannst. Der Fischhändler führt sie wahrscheinlich im Frühjahr. Es kann jedoch sein, daß Du sie nur auf Bestellung bekommst.

500 g ganz frische Anchovis oder kleine Sardinen
Meersalz
Peperoncino (getrocknete rote Chilischote) je nach Belieben, zerstoßen
Saft von 2 Zitronen
Olivenöl extra vergine, möglichst leicht aromatisch
1 Handvoll glatte Petersilie, sehr feingehackt

Bitte den Fischhändler, die Anchovis für Dich abzuschuppen und auszunehmen. Wenn Du ihm schöne Augen machst, ist er wahrscheinlich gerne bereit, die Fische für Dich zu filetieren, aufzuschlitzen und flach aufzuklappen. Aber natürlich kannst Du das auch zu Hause machen.

Wenn Du das vorhast, brauchst Du ein kleines, sehr scharfes Messer.

Unter fließendem kalten Wasser kratzt Du die Schuppen mit dem Messer ab. Halte den Fisch fest in der linken Hand, dann ziehst Du den Kopf und die Mittelgräte mit einem Ruck von ihm weg. Anschließend schneidest Du den Schwanz und die Flossen ab. Das Fleisch ist so weich, daß sich die Gräten und der Kopf leicht ablösen lassen. Nun hast Du ein flach aufgeklapptes Filet vor Dir liegen.

Breite es ganz flach auf einem Hackbrett aus und überprüfe mit den Fingern, ob auch wirklich alle Gräten entfernt sind. Wasche jedes einzelne Filet nochmals in kaltem Wasser, bevor Du es zum Trocknen auf ein Küchenpapier legst.

Lege die Filets mit der Hautseite nach unten in einer Lage auf einen Teller. Bestreue sie mit dem Meersalz und dem zerstoßenen Chili, übergieße sie ganz mit dem Zitronensaft und beträufle sie großzügig mit Olivenöl. Allein durch den Zitronensaft werden die Filets gar. Laß sie über Nacht abgedeckt im Kühlschrank stehen, damit sich die Aromen gemeinsam entfalten können.

Vor dem Servieren bestreust Du die Filets mit gehackter Petersilie. Dazu reichst Du Zitronenviertel und reichlich krustiges Brot.

Salat »Buona Salute«
INSALATA BUONA SALUTE

Die Spanier verstehen es, marinierte Anchovis schmackhaft zuzubereiten, so gut wie hausgemacht. Diese »boquerones« werden in Olivenöl und Essig mariniert und sind wirklich saftig, süß und delikat. Mit viel krustigem Brot serviert, eignen sie sich bestens als Vorspeise, die ohne weitere Beilage aufgetischt wird. Du kannst sie aber auch als Salatzutat verwenden. Die hier angegebenen Mengen reichen für eine Person.

2–3 Scheiben geräucherter Pancetta oder Speck
ein dünnes Baguette oder »sfilatini«, diagonal in Crostini geschnitten
einige Kopfsalatblätter und etwas belgischer Endiviensalat, großzügig bemessen
Meersalz und schwarzer Pfeffer
Olivenöl extra vergine
Rotweinessig oder Zitronensaft
6 »boquerones« (in Öl eingelegte Anchovis)
frisch geriebener Parmigiano Reggiano

Brate den Pancetta kurz an und laß ihn etwas abkühlen. Mit dem würzigen Bratensaft vom Pancetta bestreichst Du das Brot, das dann geröstet wird, so daß Du warme Crostini erhältst.

Wasche und trockne die Salatblätter. Salze sie nur leicht, da der Pancetta und die Anchovis ohnehin schon sehr salzig sind. Mische zwei bis drei Eßlöffel Olivenöl unter die Salatblätter. Beträufle sie mit ein paar Tropfen Rotweinessig oder Zitronensaft. Auf dem Boden eines tiefen Tellers verteilst Du die Crostini. Darauf ordnest Du die angemachten Salatblätter an, die dann mit dem Pancetta und den Anchovis garniert werden. Schließlich reibst Du den Parmigiano Reggiano darüber, und ganz zuletzt gibst Du noch einen Schuß Olivenöl hinzu. Ich schmecke das Ganze gerne mit viel frisch gemahlenem schwarzen Pfeffer ab. Der Salat wird gegessen, solange die Crostini und der Pancetta noch warm sind, dann schmeckt er nämlich am besten.

Puntarelle mit römischer Anchovis-Sauce
PUNTARELLE CON SALSA DI ACCIUGHE

In Rom zu essen ist für uns der reinste Hochgenuß. Die Gerichte sind seit Jahrhunderten unverändert geblieben, und ihr Geschmack ist unserem Gaumen wohlvertraut. In den »osterie« und »trattorie«, weitab von den Touristenpfaden, essen wir sehr gut. Es ist dasselbe Essen, das schon unsere Ururgroßmütter gekocht haben. Der Sugo könnte direkt aus dem Kochtopf von Maria stammen. Im Salat finden sich gehackte Karotten und Selleriestücke – meine Großmutter Marietta hätte ihn nicht besser servieren können.

Das erstemal probierte ich dieses Gericht in Testaccio, dem jüdischen Ghetto von Rom, das am Westufer des Tibers liegt. An den hiesigen Rezepten hat sich seit den alten Römern nichts geändert. Der spiralförmig gewundene, knackige, leicht bitter schmeckende Salat wurde mit einer raffinierten Sauce serviert, die sahnig, leicht und köstlich schmeckte. Obwohl der Salat mit Anchovis und Knoblauch zubereitet war, schmeckte keine der Zutaten vor.

Puntarelle ist eine alte Chicorée-Art und typisch für Rom. Diese wunderbare Pflanze hat lange, spitze grüne Blätter und einen dicken, runden Kopf. Natürlich wird auch bei Puntarelle nichts verschwendet. Die äußeren dunkelgrünen Blätter werden häufig blanchiert und in Knoblauchöl sautiert. Sie werden dann als Gemüse verzehrt. Die weißen Stiele und der Kopf müssen akribisch genau der Länge nach geschnitten, zurechtgestutzt, in Streifen unterteilt und spiralförmig gewunden werden. So sehr ich mich auch bemühte, ich fand damals einfach nicht heraus, wie man diese Spiralform herausarbeitet.

Vier Jahre später, bei einem neuerlichen Rombesuch, kam ich dahinter. An der

Piazza dei Fiori saß ein Großmütterchen mit Puntarelle, der in lange Streifen geschnitten war. Neben der alten Frau stand ein großer Bottich mit eisgekühltem Wasser. Auf ihrem Schoß hatte sie ein quadratisches Holzutensil. Es war mit über Kreuz verlaufenden Gitarrendrahtsaiten bespannt, ähnlich einem engmaschigen Netz. Langsam zog sie Streifen für Streifen durch das Drahtnetz, und jeder rollte sich einwandfrei zu einer Spirale zusammen. Genau so hatten die Streifen im Salat ausgesehen. Als wißbegieriger Mensch fragte ich sie, wie man das Gerät bezeichne und wo ich wohl eines bekommen könne, um es mit nach Hause zu nehmen. Mit einem wissenden Blick sah sie mich an und erwiderte: »E una macchina per le puntarelle.« »Das ist eine Puntarellemaschine.« Mit einem bedauernden Lächeln zuckte sie die Achseln. Wie einfältig ich doch war. Puntarelle wurde von jeher auf diese Weise zubereitet.

Ich bat sie, mir ihre Puntarellemaschine zu verkaufen, sie lehnte jedoch ab. Ich blieb in ihrer Nähe auf und beobachtete sie fasziniert bei der Arbeit. Ihr Ehemann hatte sich an der Unterhaltung beteiligt und rannte nun los, um mir so ein Ding zu besorgen. Ich fühlte mich geschmeichelt und fand ihn sehr aufmerksam. Er berechnete mir nur den bescheidenen Preis von 60 000 Lire, annähernd 30 Euro. Zum halben Preis erstanden, wirklich günstig, ein echter Freundschaftspreis.

Es ist äußerst unwahrscheinlich, daß Du in Großbritannien Puntarelle bekommst. Außerdem bezweifle ich, daß Du ein Gerät zum Spiralendrehen aufstöbern wirst. Meins steht jedenfalls nicht zum Verkauf! Aber keine Sorge: Bereite die Salatsauce zu, und serviere sie mit belgischem Endiviensalat, Chicorée, Sellerie oder auch Fenchel. Ein echter Gaumenschmaus.

2 Zehen frischer Knoblauch (oder weniger, wenn der Knoblauch sehr scharf ist), geschält
3-4 Anchovis, in Öl eingelegt, oder 2 eingesalzene Anchovis, entgrätet und gespült
Meersalz
4-5 Eßlöffel Olivenöl extra vergine
1 Eßlöffel Rotweinessig

Gib den Knoblauch und die Anchovis in einen Mörser. Zerdrücke sie mit einem Stößel zu einer glatten Masse. Der Knoblauch sollte am Ende weich sein und sich in der Masse vollkommen aufgelöst haben. Hier ist Deine Ausdauer gefragt. Füge eine Prise Salz hinzu, damit im Mörser eine gewisse Reibung entsteht. Nach und nach gießt Du vorsichtig das Olivenöl hinzu, bis die Sauce die Konsistenz von flüssigem Honig hat. Mit einem kleinen Schuß Rotweinessig verleihst Du dem Öl ein herberes Aroma. Schmecke die Masse ab. Eventuell mußt Du noch etwas nachsalzen.

Diese Sauce paßt ausgezeichnet zu bitter schmeckenden Salaten und, als Tunke serviert, zu rohem Gemüse.

GERÄUCHERTER SCHOTTISCHER WILDLACHS

Francesca, ich kann mich noch sehr gut an jenen vergnüglichen Silvesterabend erinnern, an dem wir nach dem Silvesterläuten ein Mitternachtsfest feierten. Wir wurden nicht wie üblich zu dritt oder viert pro Zimmer ins Bett verfrachtet. Statt dessen ließ uns mein praktisch denkender Vater lange aufbleiben. Wir wurden alle gebadet, abgetrocknet und in Schlafanzüge, Hausschuhe und Morgenmäntel gesteckt. Nach der Haarwäsche hatten sich die Mädchen Stoffreste in die Haare gedreht, um das glatte, schwarze Haar ein wenig mit Locken zu verschönern. Wir warteten aufgeregt und vermieden jeden Zank, um nicht ins Bett gesteckt zu werden. Schließlich wollten wir uns den Spaß nicht entgehen lassen.

Beim Schlag der ersten Mitternachtsglocke – dank der presbyterianischen Kirche nebenan unmittelbar zu vernehmen – mußten wir niederknien und ehrfurchtsvoll ein Gesätz des Rosenkranzes beten. So sollten wir Gott um seinen Segen für das kommende Jahr bitten.

Das Vorderzimmer war gewöhnlich mit mindestens zwanzig Personen bevölkert: ein Elternpaar, meine Mutter und mein Vater, acht Kinder, Onkel Alex, Tante Betty, Marietta, Laura, Großmutter Café, ein Hund, ein Priester, der Doktor und ein oder zwei Polizisten, die zufällig vorbeigekommen waren. Das Essen war jedes Jahr gleich: eine eigenwillige Mischung aus traditionellen schottischen und italienischen Festtagsgerichten. Wir Kinder waren immer aufgekratzt und angeheitert, da wir heimlich einige Schlucke Sekt, Spumante und Zitronenlimonade getrunken hatten. Zum Essen hatten wir Großmutters Pizza, »Schinken- und Eierpastete«, Garnelen-Cocktail, mit frischen Meeresfrüchten zubereitet, die uns die Fischer am Ort geschenkt hatten, schottischen Früchtekuchen und Mürbegebäck. Auf kleinen Tischen, die über den ganzen Raum verteilt waren, und auf dem Fernseher standen Schüsseln mit Oliven, »giardiniera« (eingelegtem Gemüse) und Prosciutto mit Melone.

Liebe Francesca

Am besten aber war die ganze Lage schottischer Wildlachs, den James Dickson, der hiesige Fischhändler, geräuchert hatte. Ein wahrer Hochgenuß. Jedes Jahr brachte Dickson am Silvestermorgen Lachs vorbei, ein Geschenk für meinen Vater für all die Arbeit, die er meinem Vater zu verdanken hatte.

Fischverkauf in Port Seton mit Marietta, unten rechts, in weißer Schürze, 1924

Wir durften alle die ganze Nacht aufbleiben, um mitzufeiern, solange wir uns nur unter dem Tisch versteckt hielten und keinen Laut von uns gaben, wenn die Türglocke zu hören war. Mein Vater wußte genau, daß die ersten Besucher des Neujahrsmorgens – waren sie erst einmal mit der obligatorischen Flasche Whisky und einem Stück Kohle als Glücksbringer über die Schwelle des Hauses getreten – bis in die frühen Morgenstunden bleiben würden. Alle zehn Minuten etwa kicherten und gluckstеn wir in einem Anfall von Heiterkeit. Wir versteckten uns alle hinter dem Sofa und unter dem Tisch, wir Kinder, der Hund, Tante Betty, Onkel Alex, Großmutter Café, Marietta, Laura, der Priester, der Arzt und der Polizist. Dort verharrten wir so lange, bis der unerwünschte Möchtegernbesucher aufhörte, an der Tür zu läuten, und weiterzog. Jegliches Schreien, Quietschen und Herumalbern wurde sofort mit einer unwirschen Drohung quittiert. Noch ein Ton von uns, und wir müßten alle zu Bett gehen! Wenn einem ausdauernden Neujahrsbesucher schließlich doch Einlaß gewährt wurde, mußte er mitspielen und sich mit uns verstecken, sobald das nächste Mal an der Tür geläutet wurde.

Mit seinem festen, aromatischen Fleisch ist geräucherter Wildlachs wesentlich ausgeprägter und feiner im Geschmack als Zuchtlachs. Außerdem war es für uns schon ein Luxus, überhaupt Lachs zu haben. Zuchtlachs ist inzwischen dermaßen verbreitet, daß Wildlachs auch heute noch als Delikatesse gilt. Für besondere Gelegenheiten solltest Du den Preis für Wildlachs nicht scheuen. Wenn die natürlichen Lachsbestände weiterhin abnehmen, werden wir in Zukunft vielleicht nicht mehr die Wahl haben.

Marinierter Wildlachs
CARPACCIO DI SALMONE

Bei diesem Rezept macht man sich dasselbe Prinzip zunutze wie bei den marinierten Anchovis auf Seite 64. Die Säure des Zitronensafts »gart« den Fisch und verleiht dem Fleisch eine rötlich-weiße Farbe.

8–10 Scheiben schottischer Wildlachs
3–4 Eßlöffel Zitronensaft
3–4 Eßlöffel leichtes Olivenöl extra vergine
1 Eßlöffel kleine, gesalzene Kapern, 30 Minuten eingeweicht und gespült
2–3 Eßlöffel sehr feingehackter Dill
Meersalz

Verwende keinen Räucherfisch, sondern rohen Lachs oder Lachsforelle. Bitte den Fischhändler (vergiß das Flirten nicht!), Dir Scheiben von einem Wildlachsfilet abzuschneiden, nicht dicker als 1 cm, als wären es dünne Räucherlachsscheiben. Mit seinem extrem scharfen Messer ist es wesentlich einfacher als für Dich zu Hause.

Die Scheiben legst Du auf ein Hackbrett. Überprüfe dann mit den Fingern, ob im Fleisch noch Gräten versteckt sind. (Falls Du noch welche findest, ziehst Du sie mit einer zuvor sterilisierten Pinzette heraus.) Spüle den Fisch in kaltem Wasser und trockne ihn mit Küchenpapier. Dann legst Du die Lachsscheiben auf einen flachen Teller. Sie sollten nicht überlappen. Begieße sie mit reichlich Zitronensaft.

Besprenkle den Fisch mit Olivenöl. Anschließend bestreust Du ihn mit den

Kapern und dem Großteil des Dills. Decke das Ganze mit Frischhaltefolie ab und stelle es zum Marinieren ein bis zwei Stunden in den Kühlschrank.

Probiere den Lachs und schmecke ihn mit Gewürzen ab, je nachdem, wie salzig die Kapern sind. Möglicherweise mußt Du noch etwas nachsalzen. Streue noch etwas frischen, gehackten Dill darüber.

Carpaccio di salmone schmeckt am besten zu Roggen- oder Sauerteigbrot, das in dünne Scheiben geschnitten und mit wenig Butter bestrichen wird.

Tintenfischsalat
INSALATA DI CALAMARI

Dieses Rezept ist wirklich einfach. Wenn es Dir widerstrebt, den Tintenfisch selbst zuzubereiten, dann bitte den Fischhändler, diese Arbeit für Dich zu übernehmen. Laß Dir von ihm versichern, daß der Fisch auch tatsächlich frisch ist. Vor dem Kochen mußt Du den Tintenfisch unbedingt waschen, um ihn von übelriechendem Wasser zu befreien.

500 g frischer Tintenfisch, in 1-cm-Ringe geschnitten, gewaschen
1 l Wasser
Zitronensaft
2 Zitronen, geviertelt

SALATSAUCE

2–3 Eßlöffel Olivenöl extra vergine
1 Knoblauchzehe, geschält und gehackt
Meersalz
1 Eßlöffel schwarze Oliven, entsteint
2 Eßlöffel feingehackte glatte Petersilie
1 rohe Karotte, geschält und dünn geschnitten
½ rote Paprikaschote, enthäutet und dünn geschnitten

Gieße das Wasser in eine große Kasserolle und gib einen großzügigen Spritzer Zitronensaft hinzu. Dann fügst Du die gewaschenen Tintenfischringe hinzu und bringst das Wasser zum Kochen. Sobald das Wasser den Siedepunkt erreicht hat, drosselst Du die Hitzezufuhr. So werden die Tintenfischringe gar. Prüfe mit einem

Messer, ob der Tintenfisch weich ist. Laß den Fisch abtropfen und schrecke ihn unter fließendem kalten Wasser ab. Danach läßt Du ihn nochmals abtropfen und abkühlen.

Sobald der Tintenfisch kalt ist, vermengst Du die Zutaten für die Salatsauce. Gieße die fertige Sauce über den Fisch, mische alles gut durch und schmecke nach Belieben ab.

Ich serviere diesen Salat gewöhnlich mit vielen Zitronenvierteln. So kann man ihn unmittelbar vor dem Essen mit einigen Spritzern Zitronensaft verfeinern. (Am besten ißt man den Salat am Tag der Zubereitung, da der Knoblauch tags darauf schärfer schmeckt.)

MOZZARELLA DI BUFALA

Luigi Silni mit seiner neuen Schwiegertochter Olivia, um 1955

Im Süden Italiens gibt es Büffel. Als ich zum erstenmal in diese Gegend kam, war ich überrascht, sie auf den schlammigen Feldern entlang der alten Via Appia, der Straße, die von Rom nach Neapel führt, weiden zu sehen. Inzwischen wurden sie von der Küste ins Landesinnere gebracht. Sie werden jedoch immer noch gezüchtet und produzieren große Mengen Milch. Frischer Mozzarella »di bufala« ist weich und rahmig, ein wahrhaft sinnlicher Genuß. Sein Aroma ist süß, leicht säuerlich und salzig.

Nunzia, Luigis Enkelin, wurde Chemikerin. Vielleicht hatte es damit zu tun, daß sie von ihrem Großvater gelernt hatte, Mozzarella so sehr zu lieben, wenn sie mit ihm zusammen am Tisch saß. Nunzia und ihr Ehemann haben die beneidenswerte Aufgabe, für die zahlreichen Molkereien, die in der Gegend Mozzarella herstellen, täglich Büffelmilch zu testen. Luigi kaufte seinen Mozzarella tagtäglich von der Meierei. Er kannte alle Molkereibetreiber mit Namen und suchte sie so häufig auf, daß sie ihn auf die beste Tagesproduktion hinwiesen, selbst wenn sie von der Konkurrenz stammte.

Luigi nahm den Mozzarella aus dem salzigen, milchigen Wasserbad und schnitt ihn in Scheiben. Dann beträufelte er ihn mit einigen Tropfen Olivenöl und bestreute ihn mit Salz. Nichts weiter. Jeden Tag. Als Luigi sich endlich einen Kühlschrank zugelegt hatte, kühlte er seinen Mozzarella nicht darin. Der Käse muß bei Zimmertemperatur verzehrt werden.

Wir haben wirklich Glück. Heute ist wirklich guter Mozzarella aus Büffelmilch leicht erhältlich. Sieh auf das Etikett. Je frischer der Käse ist, desto besser schmeckt er. Kaufe ausschließlich Mozzarella, der in seiner eigenen, milchigen Molke schwimmt. Dadurch wird er auf natürliche Weise konserviert, außerdem kann er in der Molke keine Rinde bilden.

»Bocconcini« sind kleine, kirschtomatengroße Mozzarellabällchen, die mit Tomaten oder in einem gemischten Salat besonders gut schmecken. Damit vergleichbar ist der »fior di latte«, zu hundert Prozent aus Kuhmilch hergestellt. Allerdings eignet sich dieser Käse besser zum Kochen, da er beim Erhitzen nicht nur zähflüssig wird, sondern wunderbar schmilzt.

PROSCIUTTO CRUDO

»Prosciutto crudo«, Rohschinken, ist die getrocknete Hinterkeule vom Schwein. Die Keule wird abgewaschen, geformt und bis zu achtzehn Monate eingesalzen. Auf diese Weise wird ein langsam gereifter, getrockneter Schinken hergestellt, der sich durch sein unverwechselbares, süßes und saftiges Aroma auszeichnet. Der hierzulande bekannteste Prosciutto ist der Parmaschinken. Für diese Delikatesse werden die Schweine mit der Molke gefüttert, die bei der Erzeugung von Parmigiano Reggiano abfällt. Der Schinken wird gekühlt, abgewaschen und durch Beschnitt in seine typische Form gebracht, bevor er eingesalzen und zum Reifen aufgehängt wird. Dieses Verfahren wird in ganz Italien angewendet, wobei sich die Schinken der einzelnen Regionen durch feine Geschmacksunterschiede voneinander abheben.

Die Vorspeise, die wohl am häufigsten in Italien und weltweit in italienischen Restaurants bestellt wird, ist »prosciutto e melone«, Parmaschinken und Melone. Wenn bei den Zutaten die Qualität stimmt, dann ist dieses Gericht wahrscheinlich die gelungenste Geschmackskombination, die man sich nur vorstellen kann. San-Daniele-Prosciutto und dunkelorange Charentais-Melonen mag ich am liebsten, vorzugsweise mit einer Prise frisch gemahlenem schwarzen Pfeffer serviert.

Am besten schmeckt der süße, saftige Prosciutto, wenn er von Hand frisch vom Schinken abgeschnitten wird. Den Schinken, noch am Knochen, solltest Du auf einem speziell entwickelten Halter ablegen. Mit einer rasiermesserscharfen Klinge schneidet sich der Schinken wie Butter, und schon hast Du eine perfekt geschnittene Scheibe, nicht zu dünn, mit dem weichen, glänzenden, weißen Fettstreifen am Rand. Der Schinken sollte bei Zimmertemperatur aufbewahrt werden. Ansonsten kaufst Du frisch geschnittenen Prosciutto, den Du noch am selben Tag verzehrst. Vakuumverpackter, vorgeschnittener Prosciutto wird niemals an die Qualität des frischen Produkts heranreichen.

Für den Sommer habe ich ein noch besseres Rezept parat: Prosciutto mit grünen Feigen. Wenn Du nur eine reife, warme Feige kosten könntest, morgens direkt vom Baum gepflückt. Ein Mundvoll intensiver, duftender Süße, weich, saftig und köstlich. Daß derartig reife Feigen den Transport nicht gut überstehen, ist wirklich bedauerlich. Die purpurroten, makellosen Feigen, die bei uns oft erhältlich sind, schmecken oft nicht so gut wie erwartet. Als Alternative bieten sich süße Mangos an.

Luftgetrocknetes Rindfleisch, Wilde Rauke und Parmesan
BRESAOLA, RUCOLA E PARMIGIANO

Bresaola ist luftgetrocknetes Rindfleisch aus dem im Nordosten Italiens gelegenen Veltlin. Es ist mager, innen rot und sollte hauchdünn geschnitten werden. Wie jedes getrocknete Fleisch schmeckt Bresaola am besten frisch geschnitten. Abgepacktes, gebrauchsfertig geschnittenes Fleisch enthält zusätzliche Mittel zur Farbkonservierung. Dadurch wird der Geschmack des Rindfleischs zwangsläufig beeinträchtigt.

Blätter von Wilder Rauke
Meersalz und schwarzer Pfeffer
Olivenöl extra vergine
hauchdünne Scheiben Bresaola, frisch geschnitten, etwa 8 Scheiben pro Person
Parmigiano Reggiano, vom Stück gerieben
Zitronensaft

Liebe Francesca

Wasche die Salatblätter, dabei brichst Du etwaige lange Stengel ab. Dann schüttelst Du die Blätter trocken. Gib eine gute Prise Meersalz und einen Schuß Olivenöl hinzu. Mische die Salatblätter gut durch, bis die Sauce gleichmäßig im Salat verteilt ist, und schmecke den Salat ab.

Pro Person richtest Du sieben oder acht Scheiben Bresaola auf einem Teller an. Auf das Fleisch verteilst Du einige Blätter des angemachten Salats. Reibe etwas Parmigiano Reggiano darüber, beträufle alles mit einigen Tropfen Olivenöl und würze reichlich mit frisch gemahlenem schwarzen Pfeffer. Unmittelbar vor dem Servieren gibst Du noch einen großzügigen Spritzer Zitronensaft hinzu. Dadurch wird das Aroma wunderbar verfeinert. (Gib den Zitronensaft keinesfalls zu früh hinzu, sonst verliert das Fleisch seine Farbe und wird weiß.)

SALSICCIA, SALAMI, COPPA, LARDO

Als Kinder hatten wir eine Lieblingsvorspeise, die zugleich das beste Antipasto der Welt ist: Salami und Prosciutto, die direkt bei Tisch mit der Hand geschnitten und dann allen in der Runde angeboten werden. Frisch geschnitten fällt die Salami etwas dicker aus als gewöhnlich, und sie schmeckt frisch, süß und saftig. Vergiß nicht, daß die äußere Haut der Salami behandelt ist, um Bakterien fernzuhalten, und daher etwas seltsam riechen kann. Wir ziehen die Haut immer mit einem scharfen Messer vor dem Schneiden der Salami ab. Zum Aufschneiden der Wurst verwenden wir dann ein anderes, sauberes Messer. So können weder Aromastoffe noch Bakterien vom Wurstdarm in die Salami dringen. Bedenke, daß vakuumverpackte, vorgeschnittene Salamis meist mit zusätzlichen Konservierungsstoffen behandelt wurden, damit die Wurst ihre Farbe behält. Diese Stoffe beeinträchtigen auch das Aroma der Salami, unter Umständen sogar ganz erheblich. Diese abgepackten Salamis sind oftmals so hauchdünn geschnitten, daß man das Beste am Salamigenuß verpaßt – das Kauen.

Die Konservierung von Schweinefleisch hat eine lange Tradition in Italien und eine ungeheure Vielfalt von Salami- und Wurstspezialitäten hervorgebracht. Salami wird roh gegessen, zuweilen jedoch auch zum Kochen verwendet, allerdings nicht von mir. Wurst ist entweder getrocknet oder frisch. Getrocknete Wurst, »salsiccia«, kann ebenfalls roh verzehrt oder zum Kochen verwendet werden. Frische italienische Wurst vom Schwein muß stets gekocht werden, sie eignet sich hervorragend für die Zubereitung von Tomatensugo und zum Grillen. (Die Wurstwaren in italienischen Rezepten solltest Du besser nicht durch britische Erzeugnisse ersetzen.)

Salamis und getrocknete Wurstwaren aus Italien gibt es in großer Auswahl. Verwende davon so viele, wie Du möchtest. Ich will hier nur einige unserer Lieblingserzeugnisse aufführen:

Salsiccia Fonteluna: *Wurst, zu hundert Prozent aus Schweinefleisch hergestellt, gewürzt nach dem Originalrezept der Familie Crolla. Sie schmeckt scharf und würzig, kann roh gegessen – sie wird dann in dünne Scheiben geschnitten – oder zum Kochen verwendet werden.*

Salame di Napoli: *Salami, zu hundert Prozent aus Schweinefleisch hergestellt. Diese grobkörnige Salami ist mit ganzen und zerstoßenen Pfefferkörnern gewürzt. Das in der Salami enthaltene Fett wird durch das würzige Pfefferaroma vorzüglich abgerundet. Am besten schmeckt Salami leicht gekühlt. Sie sollte nicht zu kalt sein, jedoch gerade noch fest genug, um sie gut schneiden zu können.*

Salame Finocchina: *Diese ausgezeichnete, aus Schweinefleisch hergestellte Salami mußt Du unbedingt versuchen, sofern Du sie auftreiben kannst. Sie ist rund (12 bis 15 cm), saftig und süß und hat ein wunderbares Fenchel-Anis-Aroma.*

Mortadella: *Diese aus Schweinefleisch hergestellte Wurst stammt ursprünglich aus Bologna und hat eine sehr feine Körnung. Hauchdünn geschnitten schmeckt sie ausnehmend gut. Mortadella eignet sich nicht nur ausgezeichnet als Vorspeise, sondern auch als Brotbelag. (Im Zweiten Weltkrieg brachte man Mortadella mit Eselsfleisch in Verbindung, natürlich nur ein Gerücht, was sonst?)*

Coppa *oder, noch besser,* **Culatello di Zibello:** *Hergestellt aus den ausgelösten Nackenmuskeln des Schweins und in Salpeter, Salz, Pfeffer und Muskatnuß eingelegt. Mit Wacholderbeeren gewürzt schmeckt Coppa besonders fein. Beide reifen mindestens drei Monate und haben ein süßes, unverfälschtes und für Schweinefleisch typisches Aroma, dem Prosciutto nicht unähnlich. Sie werden zu gleichen Teilen aus magerem Schweinefleisch und Schweinefett hergestellt und schmecken am besten dünn geschnitten.*

Eisbein: *Frage beim Delikatessenhändler am Ort nach dem Eisbein von Parmaschinken. Dieses kleine Stück schmeckt nicht anders als der Rest des Schinkens, da es jedoch nicht in die langen, traditionellen Scheiben geschnitten werden kann, kostet es meist weniger. Sollte es zumindest. Mit der Schwarte würzt Du Suppe, und den Schinken schneidest Du in mundgerechte Stücke. Eine echte Delikatesse! (Zum Kochen verwende* *ich Prosciutto kaum, da er meines Erachtens dadurch sein köstliches Aroma verliert. Eine Ausnahme mache ich nur bei »saltimbocca«. Wenn Du Prosciutto kochen willst, solltest Du wegen des Aromas und der Ersparnis das Eisbein nehmen.)*

***Lardo:** Früher war Speck eine wichtige Fett- und Kalorienquelle beim Kochen. Das aus dem Schwein gewonnene Fett wird mehrere Monate zum Konservieren in Salz eingelegt. Im allgemeinen wird »lardo« geklopft, mit Knoblauch, Petersilie und schwarzem Pfeffer zart gemacht und dann in Suppen und Sugo gegeben. Das ergibt eine weiche, gehaltvolle Würze, »battuto« genannt (siehe Seite 102). Speck, mit einem scharfen Messer hauchdünn geschnitten, wird auch roh gegessen. Der beliebte Lardo d'Arnad wird im norditalienischen Aostatal hergestellt. Er ist leicht durchwachsen und mit Rosmarin und schwarzem Pfeffer gewürzt. In hauchdünne Scheiben geschnitten eignet er sich gut als Zutat zu einer gemischten Vorspeise oder, mit Wilder Rauke kombiniert, als Pizzabelag. Weil ich mit weniger Fett kochen wollte, hatte ich »lardo« schon von meinem Speiseplan gestrichen. Inzwischen habe ich jedoch gelesen, daß er kalorienärmer ist als Olivenöl und Butter. Nun werde ich meine Entscheidung wohl nochmals überdenken.*

***Guanciale:** Geräucherte Wamme vom Schwein. Vergleichbar mit »pancetta«, allerdings – wie auch der »lardo« – fetthaltiger. Die Oberfläche wird häufig mit schwarzem Pfeffer eingerieben.*

GEMEINE WEGWARTE, BITTERES BLATTGEMÜSE

Von den Römern haben wir die Angewohnheit übernommen, einen Teller bitteres Blattgemüse als Vorspeise zu servieren. Die Römer möchten ihr Blattgemüse, das sie bei jeder Mahlzeit zu sich nehmen, keinesfalls missen. Das ganze Jahr über bauen sie eine große Vielfalt verschiedener Sorten an: Chicorée, Stengelkohl, Spinat, Mangold und Eskariol. Die meisten dieser Gemüsesorten sind bitter und eisenhaltig und folglich gut für Deine Gesundheit. Blanchiert und anschließend lediglich mit Öl und Zitrone sautiert oder mit Knoblauch und Chili gewürzt sind sie äußerst schmackhaft. Außerdem verspürst Du nach dem Verzehr von Blattgemüse ein großes körperliches Wohlbefinden. Dieses Gemüse ersetzt beinahe den Besuch im Fitneßstudio!

Solltest Du römischen Chicorée bekommen, so wäschst Du ihn zunächst gründlich. Danach schneidest Du alle groben Stengel ab und entfernst eventuell vorhandene, welke Blätter. Koche ihn fünf bis acht Minuten in Salzwasser und laß ihn gut abtropfen.

Wenn der Chicorée sehr jung und zart ist, genügt es, wenn Du ihn mit aromatischem Olivenöl und einem großzügigen Schuß Zitronensaft anmachst.

Ist er bereits älter, erhitzt Du etwas Öl in einer großen Bratpfanne und gibst Knoblauch und getrocknete rote Chilischoten hinzu. Wende den Chicorée in der Pfanne. Würze ihn auch in diesem Fall nur mit einem Schuß Zitronensaft. An den Geschmack von bitterem Blattgemüse gewöhnt man sich erst mit der Zeit. Sobald sich Dein Körper aber auf die wohltuende Wirkung dieses Gemüses eingestellt hat, wirst Du süchtig danach sein.

SUPPEN

»Si non può magnà carne, accuntienté a ò broro.«
»Wenn du kein Fleisch essen kannst, begnüge dich mit Suppe.«

Marietta und Cesidio mit ihren Kindern vor dem Café in Cockenzie, East Lothian, um 1930

COCKENZIE, EAST LOTHIAN, SCHOTTLAND, 1930–1960

Über die Jahre brachte Marietta vier Kinder zur Welt. Sie war eine einfache Köchin und bereitete jeden Tag frisches, schmackhaftes Essen zu. Zugleich war sie eine kluge Geschäftsfrau, die es schließlich zu drei Cafés und einem Lieferbetrieb für Speisen und Getränke brachte. Als Kind hielt ich mich oft in ihrer Küche auf. Ich war gerne mit ihr zusammen, für mich war sie eine Quelle guten Essens und einiger Halbkronenstücke. Sie war stark und ehrlich, außerdem hatte sie einen Hang zur Planung. Cesidio hatte nach und nach den Laden in Cockenzie erworben, dann die Wohnungen über dem Laden und schließlich die Wohnungen über diesen. Sie legte alles zusammen, und aus dem einstigen Zuhause von zehn bis zwölf Familien war nun das Heim ihrer Familie geworden. Das Haus war ein einziges Durcheinander, mit seltsam geschnittenen Räumen und langen Korridoren, aber zum erstenmal in ihrem Leben mußte sie sich nicht mehr mit einer Außentoilette begnügen, außerdem hatte das Haus einen Gasherd und Elektrizität. In der Küche gab es einen Ausguß mit fließendem Wasser. Kalt *und* warm. Den Luxus einer Zentralheizung hatten sie allerdings nicht. Der Raum, in dem man sich hauptsächlich aufhielt, wurde mit einem einzigen Kohlenofen beheizt. Die Kohle wurde montags per Pferdekarren von der Mine am Ort geliefert. Die anderen Zimmer waren im Sommer stickig und im Winter eiskalt.

Jeden zweiten oder dritten Sommer fuhr Marietta nach Italien zurück. Dann brachte sie ihren Schwestern und deren Familien, die in Picinisco geblieben waren, Geld, Kleidung, Schokolade und Tee mit. Sie lebten immer noch in der Armut, die Marietta einst hinter sich gelassen hatte.

Großvater Cesidio starb in der Blüte seiner Jahre. Marietta hörte nie auf, um ihn zu trauern, und trug seitdem Schwarz. Ihre Kleidung war bescheiden geblieben, lange Röcke mit bis zum Hals zugeknöpften Blusen. Die makellos saubere, weiße Schürze, ebenso lang wie die Röcke, durfte natürlich nie fehlen. Sie trug blitzblank geputzte, polierte, schwarze Schnürschuhe mit einem dicken Blockabsatz. (Gerüchten zufolge hatte sich Marietta zu Kriegszeiten Hohlräume in ihre Absätze bohren lassen, um darin Geld zu verstecken.) In diesen Schuhen wirkte sie, eine große Frau von einem Meter fünfundsiebzig, wie eine mächtige Statue.

Nach und nach erwarb sie immer mehr Immobilien in Cockenzie und dem angrenzenden Port Seton. Sie eröffnete ein zweites Café, das schon bald gut besucht war. Obwohl wir zu Hause italienische Speisen aßen, lernte sie, schottische Gerichte zu kochen. Damit versorgte sie die Schwärme von Urlaubern, die ihre Sommerferien an der östlich von Edinburgh gelegenen Küste verbrachten.

Für Pizza und Teigwaren gab es keinen Markt, aber für Eiscreme, Fisch und Chips, Rindfleischpastete und dicke Suppe mit Perlgraupen. Ich sehe sie noch heute vor mir, wie sie, nur durch ein rundes Geschirrtuch geschützt, riesige 40-Liter-Töpfe auf dem Kopf balanciert. Sie ging mit ihnen so, wie sie wohl in Italien den Berg hinaufgegangen wäre, eine Hand in die Hüfte gestemmt, um den Rücken zu entlasten, die andere nach oben gestreckt, den Topf seitlich abstützend.

Als Kind freute ich mich immer darauf, Marietta in ihrem Café zu besuchen und ihr zu helfen: Ich durfte Gemüse hacken, Kartoffeln schälen und Eiscreme rühren. Sie konnte sehr ausgelassen sein, aber dennoch war sie streng und sehr arbeitsam. Wir nannten sie »Großmutter Café«.

Da sie ohne den Luxus von fließendem Wasser aufgewachsen war, konnte sie von dem flüssigen Silber aus dem Wasserhahn nie genug bekommen. Wenn Sie morgens aufstand, drehte sie den Kaltwasserhahn auf und ließ die ganze Zeit, die sie in der Küche verbrachte, das Wasser laufen. Und sie verbrachte einen großen Teil des Tages in der Küche. Sie hatte einen natürlichen Sinn für Hygiene. Alle Lebensmittel wurden peinlich sauber aufbewahrt. Jedes Lebensmittel wurde endlos lang unter fließendem Wasser gewaschen. Jede Speise wurde entweder abgedeckt oder separat im Kühlschrank aufbewahrt. Wieder und wieder wurden die Hände gewaschen. Jeder Topf wurde sauber geschrubbt, auf dem Boden durfte nicht die geringste Spur von Fett oder Schmalz zu entdecken sein. Sie ermunterte uns stets, in der Küche zu helfen und alles zu kosten. Der einzige Nachteil war, daß wir ihr anschließend beim Abwasch helfen mußten, und der mußte bis zur äußersten Perfektion erledigt werden.

Großmutter Café kochte jede Woche »pastina in brodo«. Eine wunderbare, leichte Suppe, sehr bekömmlich und bei allen Kindern sehr beliebt. Sie servierte sie mit frisch geriebenem Pecorino, der beim Schmelzen in der Suppe Fäden zog. Wir liebten diese Suppe.

Aber die Suppe, die sie reich machte und mit der sie ihre Immobilien abbezahlte, war eine dicke Suppe mit Perlgraupen, die sie literweise für ihre Kunden kochte.

Dicke Suppe mit Perlgraupen

1 Eßlöffel Splittererbsen, über Nacht eingeweicht
2 Karotten
2 Zwiebeln
2 Lauchstengel
1 kleine Weiße Rübe, etwa 150 g
1 oder 2 Lammhaxen
1,5–2 l kaltes Wasser
2 Eßlöffel Perlgraupen
Meersalz und weißer Pfeffer
feingehackte glatte Petersilie

Denke daran, daß die Splittererbsen über Nacht quellen müssen.

Wasche, schäle und schneide das Gemüse sortengerecht und zerteile es in kleine, etwa gleich große Stücke. Die gröbsten Teile der dunkelgrünen Lauchblätter entfernst Du.

Befreie die Lammhaxen von allem Fett und wasche sie. Gib sie in eine große Kasserolle und bedecke sie mit dem kalten Wasser. Bringe das Wasser zum Kochen und reduziere anschließend die Hitzezufuhr. Während das Wasser auf kleiner Flamme siedet, schöpfst Du mit einem Teesieb den Schaum ab, der sich an der Wasseroberfläche absetzt. Etwa 20 Minuten lang schäumst Du gelegentlich ab, und mit einem Stück nassem Küchenpapier wischst Du von Zeit zu Zeit den Topf innen sauber.

Spüle die Perlgraupen und die vorgequellten Splittererbsen und gib sie mit einem Teelöffel Meersalz in die Kasserolle. Laß alles bei geringer Hitzezufuhr eine Stunde sieden.

Dann fügst Du das frische Gemüse hinzu. Laß die Suppe noch etwa 30 Minuten bei schwacher Hitze ziehen und gib, falls nötig, noch etwas Wasser hinzu. Danach kannst Du sie abschmecken.

Nimm die Lammhaxen heraus und schneide das zarte, saftige Fleisch in mundgerechte Stücke. Gib sie wieder zur Suppe und würze alles mit frisch gemahlenem weißen Pfeffer.

Diese köstliche, nahrhafte Suppe schmeckt am Tag nach der Zubereitung sogar noch besser. Serviere sie mit viel feingehackter Petersilie.

Nudelsuppe
PASTINA IN BRODO

Francesca, diese Suppe mußt Du unbedingt kochen. Auf diese altbewährte Suppe kannst Du jederzeit zurückgreifen, und die Zubereitung ist wirklich einfach. Von allem einmal abgesehen liebst Du diese Suppe, und allein deshalb verdient sie einen Ehrenplatz in meinem Buch. Kaufe ein gut abgehangenes Stück Rindfleisch mit einer dünnen Fettschicht. Das Rindfleisch sollte von kräftiger, dunkelroter Farbe und appetitlich zart sein.

500 g Suppenfleisch vom Rind, am Stück und mit Knochen
2–2,5 l kaltes Wasser
1 kleine Zwiebel
2–3 Selleriestangen
2 Karotten
1 kleine Lauchstange
3–4 frische Tomaten oder fi 400-g-Dose italienische Eiertomaten
1 Bund glatte Petersilie (Großmutter Café gab, wie ich mich erinnere, auch noch 1 Knoblauchzehe und 1 Teelöffel Tomatenpüree hinzu, in meiner Küche sind diese Zutaten jedoch auf der Strecke geblieben)
Meersalz
3–4 Handvoll Suppennudeln (120–150 g)

Wasche das Rindfleisch und schneide überschüssiges Fett ab. Lege es in einen mittelgroßen Topf und bedecke es mit Wasser. Bringe das Wasser zum Kochen, und während alles bei schwacher Hitze siedet, schöpfst Du mit einem Teesieb den Schaum ab, der sich an der Wasseroberfläche absetzt. (Ich möchte nun nicht hören, daß das zu viel Arbeit macht. Ich habe es schon im zarten Alter von acht Jahren gemacht!) Wenn das Wasser eine klare Farbe angenommen hat, wischt Du die Innenseite des Topfes mit einem Stück nassem Küchenpapier sauber. Damit wäre die Schwerstarbeit schon erledigt.

Wasche und schäle das Gemüse. Du mußt es nicht hacken. Es genügt, wenn Du es so klein schneidest, daß es in den Topf paßt. Gib das Gemüse mit den Tomaten, der Petersilie und einem Teelöffel Meersalz in den Topf. Decke den Topf zu und laß die Suppe etwa 90 Minuten bei geringer Hitzezufuhr ziehen. Lege den Deckel so auf, daß er nicht ganz abschließt, dann dürfte die Suppe höchstens um ein Viertel einkochen. Koste die Suppe. Ist sie nicht lecker? Nun schmeckst Du sie ab und würzt gegebenenfalls noch etwas nach. Wenn sie gänzlich fettfrei sein soll, streichst Du sie durch ein Sieb und läßt sie abkühlen. Überflüssiges Fett wird sich an der Oberfläche verfestigen und kann von dort abgehoben werden. Ich schöpfe überschüssiges Fett gewöhnlich mit einem Schöpflöffel vorsichtig ab.

Kurz vor dem Essen bringst Du in einem anderen Topf Salzwasser zum Kochen. Darin kochst Du die Suppennudeln acht bis zehn Minuten, bis sie bißfest, »al dente«, sind. Gieße die Nudeln ab, gib sie wieder in den Nudeltopf zurück und passiere die gekochte Brühe auf die Nudeln. Suppennudeln und flüssige Brühe sollten sich in etwa die Waage halten. Bringe die Suppe erneut zum Kochen und würze sie mit einer Prise feingehackter Petersilie. Wir essen dieses Gericht immer mit frisch geriebenem Pecorino oder Parmigiano.

Im Kühlschrank hält sich die Suppe zwei bis drei Tage. Sie läßt sich auch gut einfrieren.

Wann immer ich beim Metzger einkaufe, nehme ich ein Stück Suppenfleisch vom Rind oder eine Lammhaxe mit. Und während ich anderweitig in der Küche beschäftigt bin, bereite ich nebenher diese Suppe zu. Sie kocht beinahe ohne mein Zutun, und das Abendessen für den nächsten Tag kann innerhalb weniger Minuten aufgetischt werden.

Die Fleischbrühe eignet sich auch wunderbar als Risottogrundlage. Dafür verdünnst Du sie mit 1 bis 1,25 Litern kaltem Wasser. Die Brühe ist die perfekte Ergänzung zu Risotto nach Mailänder Art, der mit Safran gewürzt wird.

Gekochtes Rind und Karotten

Das in der Brühe gekochte Rindfleisch wird wunderbar zart und saftig. Meist aßen wir es mit den Karotten und dem Sellerie aus der Suppe, dazu gab es luftig-lockeres Kartoffelpüree.

Gelegentlich schneide ich das Rindfleisch in Stücke und gebe eins davon in jeden Teller Suppe.

Eine raffiniertere Variante ist gekochtes Rindfleisch zu einer scharfen »salsa verde«, einer aus Kräutern und Kapern hergestellten grünen Sauce (siehe Seite 212).

Hühnerbrühe
BRODO DI POLLO

Aus so mancher großartigen Küche ist Hühnerbrühe gar nicht mehr wegzudenken. Für die jüdische Küche ist sie das »Penicillin«, für die chinesische und thailändische Küche die Grundlage für unzählige exotische, aromatische Suppen und für die schottische Küche die Basis für Hühnersuppe mit Lauch. Zudem wird Hühnerbrühe als Fond für sämigen Risotto, eine der feinsten Speisen, verwendet. Und sie ist ein altes Hausmittel, um Kranke und Schwache wieder auf die Beine bringen. (Welche Mittel zur Genesung gibt man wohl Kranken in Haushalten, in denen es nur Fertiggerichte zu essen gibt?) Nicht zuletzt ist Hühnerbrühe auch die Brühe, die mir meine Schwiegermutter gab, als ich mit ihrem ersten Enkelkind das Krankenhaus verließ und wieder nach Hause kam. (Francesca, für Dich hatten wir noch keine Babytragetasche organisiert, daher hast Du die Mittagszeit in einer orangefarbenen Wäschewanne aus Plastik vzugebracht. In dieser Wanne wasche ich noch heute Deine Pullover!)

Die moderne, schnelle Alternative in solchen Fällen ist der allgegenwärtige Hühnerbrühwürfel. Aber glaube mir, hausgemachte Hühnerbrühe ist keineswegs aufwendig. Die beste Hühnersuppe oder Hühnerbrühe wird aus einem Suppenhuhn zubereitet. Dabei handelt es sich gewöhnlich um eine alte Henne, die ihr Leben hackend und pickend auf dem Hof eines Bauern verbracht hat, ihre beste Zeit jedoch bereits hinter sich hat. Bei schwacher Hitze in Wasser gekocht, ergibt sie eine aromatische Brühe, die nach dem Abkühlen wie Gelee eindickt. Das Fleisch selbst ist saftig, schmackhaft und bekömmlich. Eine Henne, die – wie es heute die Regel ist – in einer Legebatterie gehalten wird, ist als Suppenhuhn gänzlich ungeeignet. Batteriehennen haben einfach kein Mark in den Knochen.

Heutzutage sind Suppenhühner Mangelware. Sie sind nur noch in chinesischen Supermärkten erhältlich, Kopf und Füße allerdings jeweils inbegriffen, was auf eine junge Frau aus der Stadt ein wenig abstoßend wirken mag. Gefrorene Hühnerflügel aus dem chinesischen Supermarkt sind gut, dennoch bevorzuge ich die Keulen und Oberschenkel von Freilandhühnern, eine ebensogute Alternative. Kaufe ich dagegen ein Huhn aus einer Freilandhaltung, so trenne ich Brust und Keulen ab und brate sie getrennt. Das Gerippe des Huhns, die sogenannte Karkasse, verwende ich für Suppe. (Das hört sich schwieriger an, als es ist. Mit einem scharfen Messer schneidest Du zuerst die eine, dann die andere Brust ab. Daraufhin trennst Du die beiden Keulen nacheinander vom seitlichen Rumpf ab. Überflüssiges Fett schneidest Du weg, die Knochen wäschst Du gründlich in kaltem Wasser – und schon hast Du die Grundlage für eine gute Hühnersuppe.) Bei einigen Metzgern kannst Du Hühnerkarkasse kaufen. Vergewissere Dich, daß sie von Freilandhühnern stammt.

Und ist es der Mühe wert? Zweifellos. Wenn Du den Bogen erst einmal heraushast, wird es Dir nicht mehr schwerfallen.

4 Hühnerkeulen von Freilandhühnern oder ein 500-g-Pack Hühnerflügel,
wahlweise eine Hühnerkarkasse, wie oben beschrieben
2–3 Selleriestangen, mit Blättern
1 großer Bund glatte Petersilie, mit Stengeln
Meersalz

Wasche die Hühnerteile und entferne überflüssiges Fett. Lege sie in eine mittelgroße Kasserolle und gieße kaltes Wasser hinzu. Etwa anderthalb bis zwei Liter (nicht mehr) dürften genügen. Das Huhn sollte gerade gut mit Wasser bedeckt sein, dann ergibt es eine wunderbar aromatische Brühe. Verdünnen kannst Du sie später immer noch. Bringe das Wasser langsam zum Kochen. Siehst Du Schaum aufsteigen? Dann laß die Brühe bei stark reduzierter Hitzezufuhr ziehen und schöpfe den Schaum mit einem Teesieb ab. Die Brühe sollte in regelmäßigen Abständen von 10 bis 15 Minuten abgeschäumt werden, bis ihre Oberfläche klar ist. Mit einem Stück nassem Küchenpapier wischst Du die Innenseite des Topfes sauber. Diese Mühe solltest Du keinesfalls scheuen, wenn Du eine klare, wirklich fettfreie Brühe haben möchtest.

Gib den Sellerie, die Petersilie und eine Prise Salz hinzu. Laß alles etwa anderthalb bis zwei Stunden im halb zugedeckten Topf bei sehr schwacher Hitze ziehen. Schmecke die Brühe ab und salze nach Belieben nach.

Laß die Brühe abkühlen. Streiche sie durch ein Sieb und lege jedes Stück Hühnerfleisch, das schmackhaft aussieht, zur Seite. Die Brühe hält sich zwei bis drei Tage im Kühlschrank. Jegliches Fett wird an der Oberfläche erstarren und kann dann leicht abgehoben werden. Tiefgekühlt hält sich die Brühe drei bis vier Monate.

Verwende die Hühnerbrühe für Risotto oder eine der folgenden Suppen.

Hühnersuppe mit Nudeln
BRODO DI POLLO CON PASTINA

Diese Suppe koche ich mindestens einmal wöchentlich. Sie ist ein schnelles Gericht, wenn Du hungrig bist, ein leichtes Essen, wenn Du nur eine kleine Zwischenmahlzeit möchtest, und allzeit beliebt bei jung und alt.

Liebe Francesca

3–4 Handvoll (125 g) Suppennudeln oder feine Vermicelli
Meersalz
etwa 1 l Hühnerbrühe (siehe oben)
1 kleine Handvoll glatte Petersilie, sehr feingehackt
frisch geriebener Pecorino oder Parmigiano Reggiano

In einem Topf mit kochendem Salzwasser kochst Du die Suppennudeln oder Vermicelli. (Die Suppennudeln werden in etwa acht Minuten weich, die feinen Vermicelli in höchstens vier Minuten.) In einer Kasserolle erhitzt Du die Hühnerbrühe. Koste sie und würze gegebenenfalls etwas nach.

Gieße die Teigwaren ab und gib sie zur heißen Hühnerbrühe. Füge die Petersilie hinzu und bestreue alles mit frischgeriebenem Parmigiano.

Um die Suppe gehaltvoller zu machen, gebe ich oft die gekochten Hühnerfleischstücke hinzu. Wie gerne schlürfte ich als Kind die saftigen, schmackhaften Hühnerflügel, die so köstlich im Mund zergehen!

Legierte Suppe
STRACCIATELLA

Stracciatella ist eine köstliche, leicht geschlagene Eiermischung, die man unter die Suppe zieht, um sie sämiger und aromatischer zu machen. Maria verdickte ihre Mischung mit etwas Mehl, Marietta dagegen bevorzugte eine Käsevariante und verwendete geriebenen Parmigiano Reggiano. Beides schmeckt hervorragend.

1 l Hühnerbrühe (siehe Seite 84)
2 Eier von Freilandhühnern
2 Teelöffel Mehl oder 2 Eßlöffel frisch geriebener Parmigiano Reggiano
1 Teelöffel Zitronensaft
1 Eßlöffel äußerst feingehackte glatte Petersilie

Bringe die Brühe schnell zum Kochen. Koste sie und würze gegebenenfalls noch etwas nach. Schlage die Eier schaumig und mische die restlichen Zutaten darunter. Rühre die Eiermischung unter die kochende Brühe, indem Du sie über eine Gabel gießt, mit der Du eine Acht beschreibst. Auf diese Weise wird das Ei in der heißen

Brühe sehr schnell gar und zieht lange, appetitliche Fäden. Das ergibt eine geschmackvolle, leichte Suppe.

Soll die Suppe noch gehaltvoller werden, gibst Du zusätzlich Suppennudeln hinein.

SUPPENEINLAGEN

Kinder lieben es, verschiedene kleine Zutaten in die Suppe zu geben. Sie mögen das Gefühl der Unabhängigkeit, das es ihnen vermittelt. Außerdem entwickeln sie ihren Geschmackssinn, wenn sie – von ihrer natürlichen Wißbegier und Abenteuerlust getrieben – alles kosten, was gut aussieht oder riecht. Sicherlich keine der schlechtesten Methoden.

Cesidios Kinder Anna, Carmela, Johnny und, ganz vorne, Alex, um 1927

Frischgeriebener Parmigiano Reggiano ist eine der beliebtesten Zutaten. Wer könnte da schon widerstehen? Frischer, junger, geriebener Pecorino schmeckt mir auch immer. In heißer Suppe wird er weich und zieht Fäden.

Früher konnten wir kleine, leichte Suppenbällchen aus Italien kaufen, durchaus mit dem heutigen Puffmais vergleichbar, allerdings ohne den Zucker. Diese Bällchen schwammen auf der Suppe und saugten sich langsam mit der heißen Flüssigkeit voll. Wenn man sie aß, hinterließen sie einen köstlichen Geschmack im Mund. Soweit ich weiß, werden sie heutzutage nicht mehr hergestellt, was ich schade finde. Als Alternative bietet sich in Würfel geschnittenes Brot an, das in Olivenöl leicht fritiert oder in Öl getaucht und anschließend im Backofen geröstet wird. Auch die derart zubereiteten Brotwürfel treiben herrlich auf der Suppenoberfläche.

Die Brotwürfel wurden inzwischen von einer moderneren Variante abgelöst. Heute schwimmen Crostini in der Suppe, Würfel, aus knusprigem dünnen Brot geschnitten, geröstet und in aromatisches Olivenöl getunkt. Wähle eine Garnierung aus, die zu den

Suppeningredienzien paßt, oder verwende Käsesorten wie Gorgonzola oder Stilton. Mach es nicht zu kompliziert.

Koche ein Stück der gewaschenen Rinde vom Parmigiano in der Suppe. Die Rinde verleiht der Suppe ein schmackhaftes Aroma und einen guten Biß. Und es sieht sehr appetitlich aus, wenn der Käse in der heißen Flüssigkeit Fäden zieht.

Schlagsahne und Sauerrahm eignen sich für dicke Suppen auf Milchbasis, beispielsweise für Räucherschellfischsuppe oder Steinpilz-Kartoffel-Suppe.

Frische Kräuter, die erst zuletzt hineingestreut werden, geben der Suppe eine frische, feine Würze. Kleinkinder genießen es, ihre Suppe mit einem Muster aus Kräutern zu überziehen und alles unterzurühren. Auf diese Weise werden sie mit verschiedenen Aromen vertraut, nehmen mehr Nährstoffe und Vitamine zu sich und werden sicherer im Kosten und Abschmecken, ohne genau zu wissen, was eigentlich vor sich geht. Dabei haben sie doch nur ihren Spaß beim Essen.

Vielfach serviere ich Suppen, besonders Kraftbrühen, mit einem pochierten Ei. Es verwandelt die Suppe in ein vollständiges Gericht, und wenn das weiche Eigelb in der Flüssigkeit zerrinnt, erhält die Brühe einen feinen, köstlichen Geschmack.

Hühnercremesuppe

Mariettas Café entwickelte sich zu einem erfolgreichen Lieferbetrieb für Speisen und Getränke (oder Cateringservice, wie man das heute nennt), den meine Eltern von ihr übernahmen, als sie älter wurde.

Francesca, meine Mutter und mein Vater übernahmen das Catering für meine Hochzeit. Sie sorgten für das leibliche Wohl von dreihundertfünfzig Gästen. Der zweite Gang, eine Hühnercremesuppe, war ein kulinarischer Hochgenuß. Wir waren erstaunt, wie aromatisch und sahnig sie schmeckte. Mein Vater konnte es kaum erwarten, diese vorzügliche Suppe zu servieren. Der Gedanke, auch das Auftragen der Speisen an eingestellte Küchenchefs zu delegieren, gefiel ihm nämlich überhaupt nicht. Voller Freude verließ er nun den obersten Tisch und ging in die Küche, um den Köchen zu danken. Warum die Hühnercremesuppe so köstlich geschmeckt hatte, wurde uns erst klar, als das Dessert gereicht wurde. In der Küche hatten sie den gesamten Schlagrahm, der für den schottischen Biskuitauflauf reserviert war, in die Suppe gegeben.

Mein Vater hat diesen Schock nie überwunden. Seither fragt er meine Schwiegermutter bei jedem Treffen, ob sie ihm vergeben habe, daß er damals den Biskuitauflauf ohne Schlagsahne serviert hat.

Bereite diese Suppe nur zu, wenn Du eine gute, herzhafte, hausgemachte Hühnerbrühe zur Hand hast.

500 ml Vollmilch
1 Lorbeerblatt
1 kleine Schalotte
30 g Butter
3 Eßlöffel Mehl
Meersalz und weißer Pfeffer
450 ml heiße, aromatische Hühnerbrühe (siehe Seite 84)
2 Eßlöffel der Hühnerfleischstücke von der Brühe
äußerst feingehackte glatte Petersilie,
wahlweise einige gehackte Fenchelblättchen (des Fenchelgrüns)
2 Eßlöffel Crème double (hochprozentige süße Sahne)

Die klassische weiße Sauce oder Béchamelsauce in ganz leicht abgewandelter Form dient der Suppe als Fond. (Ich erinnere mich noch gut an Mutters »französische Phase«. Nach einem Urlaub in Paris bekam sie ihr siebtes Kind, das sie John Mark nannte! Damit nicht genug. Sie verlegte sich auch auf die Zubereitung großer Blätterteigpasteten – überaus elegante Pastetenformen, gefüllt mit weißer Sauce, die sie mit konzentrierter Hühnerbrühe und kleinen Hühnerfleischwürfeln würzte. O la la!)

Zuerst gießt Du die Milch in eine Kasserolle, dann gibst Du die Schalotte und das Lorbeerblatt hinzu und erhitzt alles. Nimm die Kasserolle vom Herd und laß sie stehen, damit sich die Aromen entfalten können.

Dann bereitest Du aus der Butter, dem Mehl, der Milch, dem Salz und dem Pfeffer eine Béchamelsauce nach dem Rezept von Seite 209 zu. Die Sauce darf weder überkochen noch anbrennen.

Nun wird die heiße Hühnerbrühe behutsam beigemengt. Gib sie nach und nach hinzu, indem Du sie langsam einrührst. Dazu kannst Du einen Mixer verwenden, aber mit einem Holzlöffel geht das ebenso schnell. Durch stetes Rühren wirst Du am Ende mit einer feinen, glattgerührten Suppe belohnt. Schmecke sie nochmals ab.

Gib die Hühnerfleischstücke und die Kräuter in die Suppe. Vor dem Servieren garnierst Du sie noch mit einem Sahnehäubchen.

Wenn Du die Suppe abkühlen läßt, wird sie leicht erstarren und eine Haut bilden. Keine Sorge. Sobald Du sie wieder erhitzt, löst sich die Haut vollkommen in der Suppe auf.

Gieß etwas Milch hinzu, wenn Dir die Suppe zu dick ist.

Hühnersuppe mit Lauch

Marietta, meine Großmutter Café, lernte von ihren Freunden in Cockenzie, wie man schottische Gerichte zubereitet. Jeden Tag ging sie zum Hafen, um Fisch von den Booten zu kaufen. Sicherlich plauderte und sprach sie dabei über das Essen, hörte gut zu und lernte vieles.

Pflaumen werden traditionell zu Hühnersuppe mit Lauch serviert, überraschenderweise kann ich mich jedoch nicht daran erinnern, daß sie das je getan hat.

2 große Lauchstangen
1 mittelgroße Zwiebel
50 g ungesalzene Butter
1 große Kartoffel
1,5–2 l heiße Hühnerbrühe (siehe Seite 84)
Hühnerfleischstücke von der Brühe
weißer Pfeffer
2 Eßlöffel feingehackte glatte Petersilie oder Schnittlauch
8–10 getrocknete Pflaumen
2 Eßlöffel Crème double (hochprozentige süße Sahne)

Wasche die Lauchstangen und entferne die gröbsten der äußeren grünen Lauchblätter. Lockere die Blätter, damit die Sandrückstände wirklich restlos aus dem Lauch herausgespült werden. Danach schälst Du die Zwiebel und hackst sie und die Lauchstangen verhältnismäßig klein.

Zerlasse die Butter in einer mittelgroßen Kasserolle. Gib den gehackten Lauch und die zerkleinerte Zwiebel hinein, rühre alles um und dünste das Gemüse im zugedeckten Topf langsam weich und glasig. (Durch den Deckel dünstet das Gemüse in der Butter, dadurch verstärkt sich das Aroma.)

Danach schälst Du die Kartoffel, schneidest sie in Würfel und gibst sie mit der heißen Brühe hinzu. Laß alles etwa 30 Minuten köcheln, bis das Gemüse schmackhaft und gar ist.

Gib die Hühnerfleischstücke hinzu und schmecke die Suppe mit reichlich frisch gemahlenem weißen Pfeffer ab.

Gertrude, Johnny und Marietta bei einem Catering, um 1960

Liebe Francesca

Rühre die gehackte Petersilie oder den zerkleinerten Schnittlauch und einige weiche Backpflaumen in die fertige Suppe, und serviere sie mit einem Sahnehäubchen.

Wenn die Suppe besonders fein werden soll, rührst Du sie in einem Mixer glatt, bevor Du die Hühnerfleischstücke, die Pflaumen, die Kräuter und die Sahne hinzugibst.

Chinesische Nudelsuppe

Francesca, die Zubereitung chinesischer Suppe ist wirklich einfach, wie Du gleich feststellen wirst. Verwende chinesische Reisnudeln, die Du nur einige Minuten in kochendem Wasser einweichst, bevor Du sie zur heißen Brühe gibst.

1 l heiße Hühnerbrühe (siehe Seite 84)
2 Bündel eingeweichte Reisnudeln
ein 4 cm langes Stück frische Ingwerwurzel, geschält und in streichholzförmige Stäbchen geschnitten
2 Eßlöffel gehackter, frischer Koriander
1 frische grüne Chilischote, entkernt und gehackt
einige tiefgefrorene Wantan-Teigtaschen aus dem chinesischen Supermarkt, aufgetaut (nach Belieben)

Erhitze die Hühnerbrühe. Gib alle Ingredienzien in die Brühe, laß sie kurz mitköcheln und schmecke die Suppe ab. Serviere sie in Schüsseln und – vielleicht sogar – mit chinesischen Eßstäbchen. Hausgemachte Fertignudeln!

Kartoffelsuppe mit Nudeln
PASTA E PATATE

Zu Hause wurde diese Suppe jeden Freitag aus religiösen (!) Gründen zubereitet. Wir hielten uns streng an die katholische Tradition, die den Genuß von Fleisch an Freitagen untersagt. Dies war keinesfalls tragisch, da »pasta e patate« eine der schmackhaftesten und nahrhaftesten Suppen ist, die die kulinarische Welt zu bieten hat. Was auch immer der Priester sagen mag, keine italienische Mutter würde jemals ihrer Familie diesen Gaumenschmaus vorenthalten. In der Praxis störte das Fleischverbot also niemanden.

2 Eßlöffel Olivenöl extra vergine
1 Knoblauchzehe, geschält
1 kleines Stück Peperoncino (getrocknete rote Chilischote)
1 Zwiebel, geschält und sehr feingehackt
1 400-g-Dose italienische Eiertomaten
1,75 l heißes Wasser
2 mehlige Kartoffeln, geschält und in Würfel geschnitten
Meersalz
1 Handvoll Rigatoni (oder andere kurze, dicke Teigwaren)
frisch geriebener Parmigiano Reggiano

Erhitze das Öl in einer Kasserolle und gib den Knoblauch und die Chilischote hinzu. Rühre die gehackte Zwiebel unter das Öl und dünste sie im zugedeckten Topf langsam weich und glasig. Laß sie nicht anbrennen.

Zerkleinere die Tomaten mit einem Pürierstab und entferne die Kerne, indem Du das Tomatenpüree durch ein Sieb streichst. (Wenn Dir das zu mühselig ist, kannst Du auch eine Packung »passata«, eine aus passierten Tomaten hergestellte Sauce, verwenden.) Gib die passierten Tomaten und einen Liter des Wassers in die Kasserolle, anschließend die Kartoffeln und einen Teelöffel Meersalz. Laß das Ganze abgedeckt etwa 30 Minuten köcheln, bis die Kartoffeln gar sind. Dann nimmst Du den Knoblauch heraus.

Gib das restliche Wasser und die Teigwaren in die Suppe. Laß sie unter Rühren zehn Minuten sieden, danach dürften die Nudeln bißfest sein. Schmecke die Suppe ab und serviere sie in großen, vorgewärmten Schüsseln mit reichlich frisch geriebenem Parmigiano Reggiano.

Häufig pochiere ich einige Eier in dieser Suppe. Sobald Du die Teigwaren hinzugegeben hast, schlägst Du ein oder zwei Eier auf, läßt sie vorsichtig hineingleiten und bei schwacher Hitze ziehen, während die Nudeln weiterkochen.

Liebe Francesca

Tomatensuppe nach Großmutterart

Marietta kochte Tomatensugo mit einer Schinkenbrühe. Wahrscheinlich hatte sie die Zubereitung von Sugo nach dem Originalrezept erlernt, mit geräuchertem Pancetta, italienischem Speck also, der aus dem geschlachteten Schwein hergestellt wurde.

Ich weiß noch, wie ich als ganz kleines Kind ungefähr eine halbe Stunde damit zugebracht habe, diese Suppe für Großmutter durch ein Sieb zu streichen. Ich haßte diese Arbeit. Sie bestand darauf, daß ich aus den Tomaten auch noch den kleinsten Rest von Aroma herausquetschte, und für meine kleinen Hände war das damals natürlich Schwerstarbeit. Aber sie belohnte mich dafür mit Pecorinohappen, die sie regelmäßig vom ganzen Käsestück abschnitt. Ein faires Geschäft.

Die Schinkenbrühe bereitest Du folgendermaßen zu: Weiche das Endstück eines Schinkens über Nacht in kaltem Wasser ein. Dadurch verliert er sein überschüssiges Salz. Wasche den Schinken ab und lege ihn in eine Kasserolle, die Du mit drei Litern Wasser füllst. Bringe das Wasser zum Kochen und schöpfe den aufsteigenden Schaum ab, der sich an der Wasseroberfläche absetzt. Laß den Schinken bei geringer Hitze einige Stunden ziehen, bis er zart und gar ist. (Die Schinkenbrühe läßt sich auch gut einfrieren.)

Wahlweise kannst Du für den Sugo auch eine 4 cm dicke Scheibe geräucherten Pancetta oder Speck verwenden. Koche ihn langsam mit der Butter, den Schalotten und den Karotten. In dem Fall gibst Du statt der Brühe heißes Wasser hinzu.

Bei der vegetarischen Variante dieses Rezepts werden weder Schinken noch geräucherter Pancetta verwendet. Die Suppe wird dann lediglich mit Wasser zubereitet, allerdings muß dann mehr Salz zugegeben werden.

3 Schalotten
3 Karotten
2 große Kartoffeln
75 g ungesalzene Butter
1 kg süße, reife Tomaten, gewaschen, oder 2 400-g-Dosen italienische Eiertomaten
1,5 l heiße Schinkenbrühe
Meersalz und schwarzer Pfeffer
Crème double (hochprozentige süße Sahne)
frisches Basilikum

Wasche und schäle die Schalotten, die Karotten und die Kartoffeln und zerschneide sie grob.

Zerlasse die Butter in einer kleinen Kasserolle. Füge die geschnittenen Schalotten hinzu und dünste sie bei sehr schwacher Hitze glasig. Paß auf, daß sie nicht anbrennen. Dann rührst Du die Karotten- und Kartoffelstücke hinzu. Laß das Ganze etwa eine halbe Stunde langsam in der Butter dünsten.

Gib diesen Soffritto in eine größere Kasserolle und rühre die Tomaten mit Stiel, Haut und Kernen ein. Laß die Suppe zugedeckt etwa weitere 20 Minuten köcheln, bis die Tomaten gar sind.

Streiche die Suppe durch ein Sieb oder ein Passiertuch, sofern Du eines zur Hand hast. Bring die Suppe zum Kochen, füge die heiße Schinkenbrühe hinzu und schmecke die Suppe ab. Zuletzt verfeinerst Du das Aroma mit einem Sahnehäubchen und einer guten Handvoll frischen Basilikums.

Den gekochten Schinken servierst Du mit Kartoffelpüree als Hauptgang.

Steinpilz-Kartoffel-Suppe
ZUPPA DI PORCINI E PATATE

Frische Steinpilze stecken voller Aroma. Man muß erst auf den Geschmack kommen, dann allerdings möchte man auf diese begehrte Delikatesse nicht mehr verzichten. Steinpilze sind ziemlich anfällig für Maden, was ich nicht gerade appetitlich finde und mich lange Zeit davon abhielt, sie zu verwenden. Mein Cousin Renzo, der als Aufseher im abruzzischen Nationalpark arbeitet, steckt Steinpilze für zehn Minuten in einen durchsichtigen Plastikbeutel. Eventuelle »Besucher« krabbeln heraus und bleiben seitlich am Beutel haften. Danach kann man den Steinpilz vorsichtig aus dem Plastikbeutel nehmen – ohne Maden. (Francesca, dies mag sich wie eine Unterhaltungssendung im chinesischen Fernsehen anhören, bei der die Kandidaten haarsträubende Heldentaten vollbringen müssen! Keine Sorge, so schlimm ist es nun auch wieder nicht.)

Wenn Du einige frische Steinpilze hast, dann mußt Du das Rezept für diese Suppe einfach ausprobieren. Wenn nicht, dann verwendest Du statt dessen gezüchtete Maronenröhrlinge oder braune Champignons. Die Suppe schmeckt dann immer noch sehr gut.

2 Schalotten, geschält und feingehackt
2 Selleriestangen, sehr feingehackt
125 ungesalzene Butter
2 mittelgroße, mehlige Kartoffeln, geschält und gerieben
1,5 l heißes Wasser
300–400 g frische Steinpilze (oder Maronenröhrlinge aus der Zucht), feucht abgerieben und in Scheiben geschnitten
Meersalz und schwarzer Pfeffer
250 ml Sahne
Fenchelblättchen (des Fenchelgrüns) oder feingehackte glatte Petersilie

Dünste die feingehackten Schalotten und Selleriestangen in der Butter, bis sie weich und glasig sind. Gib die Kartoffeln und das heiße Wasser hinzu und laß alles zehn Minuten köcheln.

Nun rührst Du die geschnittenen Steinpilze oder Maronenröhrlinge ein und läßt die Suppe etwa weitere 20 Minuten köcheln. Schmecke sie mit Salz und Pfeffer ab und rühre sie glatt. Steinpilze sind von einer wunderbaren, samtweichen Beschaffenheit, daher wird die Suppe wahrscheinlich sehr sämig sein. Wenn sie eine andere Konsistenz haben soll, verdünnst Du sie mit Sahne und zusätzlichem heißem Wasser. Streue die frischen Kräuter hinein und trage die Suppe sofort heiß auf.

Frische Steinpilze kannst Du durch getrocknete Steinpilze oder Herrenpilze (Fichtensteinpilze) ersetzen. Verwende Zuchtpilze und etwa 10 bis 15 Gramm getrocknete Pilze. Die getrockneten Pilze werden etwa 15 Minuten in einer Tasse warmem Wasser eingeweicht. Dann läßt Du sie in einem mit Küchenpapier ausgelegtem Sieb abtropfen. Das aufgesaugte Wasser gibst Du zur Suppe. Wasche die in Wasser gelösten Trockenpilze ein weiteres Mal. Sie sind womöglich sandig, und es gibt nichts Abstoßenderes als Sand in einer glattgerührten Suppe. Hacke die Pilze klein, gib sie in die Suppe und verrühre alles.

Grüne Suppe
MINESTRONE VERDE

Wenn du Kinder verscheuchen willst, mußt du ihnen nur »Suppe mit Frühlingsgemüse und Pesto alla Genovese« als Imbiß anbieten. Anlocken kannst Du sie dagegen mit »grüner Suppe mit Schalen«. Was für merkwürdige Wesen Kinder doch sind! Sie können monatelang ein Gericht Woche für Woche genüßlich essen und es dann aus heiterem Himmel beiseite schieben und glaubhaft versichern, sie hätten es noch nie zuvor in ihrem Leben gegessen.

Nach meiner Erfahrung verhalten sich Ehemänner genauso.

Hacke jedes Gemüse sorgsam in annähernd gleich große Stücke, und zwar in 2 bis 3 cm große Würfel. Es ist zwar eine stumpfsinnige, aber dennoch zweckmäßige Arbeit, denn dadurch gart das Gemüse gleichmäßig. Gieße immer heiße Flüssigkeit, entweder Wasser oder Brühe, hinzu, wenn Du eine Suppe zubereitest. Bei unveränderter Hitzezufuhr köchelt das Gemüse statt zu schmoren, dadurch behält es seine Farbe und sein schmackhaftes Aroma.

1 Zwiebel, geschält
3–4 Selleriestangen
300 g Blattgemüse, Stengelkohl, Mangold oder Frühlingskohl
2–3 Zucchini
1 gute Handvoll frisch geschälte Erbsen
(tiefgekühlte Erbsen oder Dosenerbsen sind hierfür zu feucht)
2 Eßlöffel Olivenöl extra vergine
1,5 l kochendes Wasser
Meersalz und schwarzer Pfeffer
1 Handvoll Gnocchetti sardi oder Conchigliette (kleine, muschelförmige Teigwaren)
2–3 Eßlöffel frisches Pesto (siehe unten)
frisch geriebener Pecorino oder Parmigiano Reggiano

Wasche das gesamte Gemüse und schneide es in möglichst gleich große Stücke. Dünste die Zwiebel- und Selleriestücke im Öl glasig.

Gib die einzelnen Gemüsesorten stets in der Reihenfolge ihrer Garzeiten zu. Im allgemeinen haben die weicheren Gemüsesorten kürzere Garzeiten. Daher fügst Du zuerst den Mangold und das Blattgemüse hinzu, gießt das kochende Wasser darüber und läßt alles etwa 20 Minuten garen, bis das Gemüse weich ist.

Danach gibst Du die Zucchini und schließlich die frischen Erbsen hinzu. (Wenn ein Teil des Blattgemüses noch jung ist, trennst Du es von den älteren Stengeln und gibst es später hinzu. Dadurch behält das jüngere Gemüse seine Farbe und einen Teil seiner Vitamine.) Würze die Suppe pikant.

Gewöhnlich benutze ich nun einen Handmixer, mit dem ich die Hälfte der Suppe gründlich verrühre. Somit behält ein Teil des Gemüses, das in einer dicken Brühe schwimmt, seinen Biß. Rühre die Nudeln unter und verdünne die Suppe gegebenenfalls mit zusätzlichem heißem Wasser.

Laß das Ganze weitere zehn Minuten köcheln. Wenn die Nudeln weich sind, prüfst Du nochmals die Konsistenz der Suppe und schmeckst sie erneut mit Salz und Pfeffer ab. Rühre das Pesto in die Suppe und verfeinere sie mit reichlich frischgeriebenem Pecorino oder Parmigiano Reggiano.

Ein Gedicht!

Bereite ein schnelles Pesto zu. Gib eine gute Handvoll frische Basilikumblätter, fi Knoblauchzehe und eine Prise Meersalz in einen Mörser. Zerdrücke alles mit einem Stößel und träufle so viel Olivenöl hinein, daß eine grobe Masse entsteht. Schmecke das Pesto ab.

Das Grundrezept kannst Du nach den jeweils verfügbaren Gemüsesorten variieren. Ich verwende gerne etwas frischen Spargel. Soll die Suppe gehaltvoller werden, rührst Du anfangs eine geschälte, in Würfel geschnittene Kartoffel ein.

Warum sorgst Du nicht für etwas Abwechslung, indem Du die Teigwaren durch eine Handvoll Arborio-Rundkornreis ersetzt? Der Reis ist nach etwa 20 Minuten gar und wird wahrscheinlich mehr Wasser aufsaugen, also gib entsprechend mehr zu der Suppe.

Laß Kinder ihre Suppe eigenhändig mit einem Muster aus Pesto und Käse garnieren. Aber sorge dafür, daß sie alles aufessen, denn manchmal sind die Augen größer als der Magen.

Spinatcremesuppe (Celtic-Suppe)

Francesca, als Kind habe ich Dir diese grüne Spinatsuppe serviert, die Oberfläche mit weißen Sahnestreifen garniert. Die Fußballspieler des Glasgow Celtic Football Club trugen ein grünes Trikot mit weißen Streifen. Sie nannten sich selbst »The Hoops«, ein Verweis auf ihre Ringeltrikots. Großvater Hugh Hilley, der in den zwanziger Jahren für den Celtic Club spielte, schoß im Pokalendspiel gegen die Rangers ein Eigentor. Nun zur Zubereitung Deiner Spinatcremesuppe oder Celtic-Suppe.

Hugh Hilley, oben links, und der Glasgow Celtic Football Club, 1922–1923

Der kochfertig zubereitete junge Spinat, den man heutzutage kaufen kann, ist durchaus zu empfehlen, und Du ersparst Dir dadurch viel Arbeit. Frischen Spinat müßtest Du mehrmals waschen, um all den Sand herauszuspülen.

50 g ungesalzene Butter
2–3 Schalotten, geschält und dünn geschnitten
4 Selleriestangen, gewaschen, geschält und gehackt
2 Kartoffeln, geschält und dünn geschnitten
1 kleine Weiße Rübe, gewaschen und geschält (etwa 50 g)
1 250-g-Packung frischer, gewaschener, junger Spinat
1 gute Handvoll sehr feingehackte glatte Petersilie
Meersalz und schwarzer Pfeffer
Zitronensaft
frisch geriebene Muskatnuß
Crème double oder Crème fraîche zum Garnieren

Zerlasse die Butter und gib die Schalotten und den Sellerie hinzu. Dünste das Gemüse bei sehr schwacher Hitze in der Butter weich und glasig. Danach gibst Du die Kartoffeln, die ganze Weiße Rübe und einen Liter kochendes Wasser hinzu.

(Die kleine Rübe dient lediglich dazu, das Aroma zu verstärken. Wenn Du gerade keine zur Hand hast, läßt Du sie einfach weg.) Laß die Suppe bei geringer Hitzezufuhr köcheln, bis die Kartoffeln gar sind. Nimm die Weiße Rübe heraus und wirf sie weg.

Gib den Spinat hinzu und drücke ihn in das Wasser. Füge die gehackte Petersilie dazu und laß das Ganze etwa weitere zehn Minuten köcheln. Mit einem Handmixer oder Pürierstab verrührst Du nun die Suppe, und wenn sie ganz glatt sein soll, streichst Du sie zusätzlich durch ein Sieb. Laß die Suppe erneut aufkochen. Dann prüfst Du die Konsistenz, gegebenenfalls gibst Du noch etwas Wasser hinzu. Schmecke sie pikant mit Salz, Pfeffer, Zitronensaft und Muskatnuß ab.

Serviere die Suppe mit einem Klecks leicht geschlagener Crème double oder Crème fraîche, oder ahme die weißen Trikotstreifen des Celtic Football Clubs nach.

Kohlsuppe à la Fontitune
ZUPPA DI FONTITUNE

Ich liebe diese Suppe. Sie ist dick, nahrhaft und genau das Richtige für kalte Winterabende. Und durch die Wurst, den Reis und den Kohl ist sie so gehaltvoll wie eine ganze Mahlzeit. Ich verwende Wurst à la Fonteluna, eine italienische Wurst aus Schweinefleisch. Auch heute noch wird sie nach der traditionellen Art meiner Urgroßeltern produziert, die diese Wurst zubereiteten, wenn sie im Herbst die Schweine schlachteten. Verarbeite eine getrocknete, würzige Wurst, die zu hundert Prozent aus Schweinefleisch hergestellt ist. Als Alternative bietet sich gehackter, geräucherter Pancetta an. Davon brauchst Du 200 Gramm. Überlege Dir, wie scharf die Suppe werden soll, und gib die entsprechende Menge Peperoncino zu. Dabei mußt Du jedoch einkalkulieren, daß die Wurst an sich schon ziemlich würzig und scharf ist. Wenn Du das Rezept das erste Mal ausprobierst, solltest Du es mit dem Chili nicht übertreiben.

2–3 Eßlöffel Olivenöl extra vergine
1 mittelgroße Zwiebel, geschält und feingehackt
1 kleines Stück Peperoncino (getrocknete rote Chilischote)
etwa 250 g scharf gewürzte Wurst à la Fonteluna (Salsiccia Fonteluna), aus Italien, zu 100 % aus Schweinefleisch hergestellt

5 gute Handvoll gehackter Weißkohl oder Wirsing, Grün- oder Schwarzkohl, gewaschen und in Streifen geschnitten
2 Handvoll Arborioreis
Meersalz

BATTUTO

einige dünne Scheiben Speck (Lardo), etwa 50 g
2 Eßlöffel sehr feingehackte glatte Petersilie
1 Knoblauchzehe, geschält und feingehackt

Erhitze das Öl in einer Kasserolle und sautiere darin die Zwiebel, die Chilischote und die Wurst. Dadurch wird die Zwiebel weich, und das Öl nimmt die schmackhaften Aromen an. Gib den geschnittenen Kohl hinzu, wende ihn in Öl und schütte so viel kochendes Wasser hinzu, daß alles gut bedeckt ist. Laß das Ganze etwa 20 Minuten köcheln.

Nun bereitest Du den Battuto zu. Lege den Speck auf ein Holzhackbrett und klopfe ihn mit einem Fleischklopfer flach und weich. Streue die Petersilie und den Knoblauch darüber und klopfe die Gewürze ein. Am Ende ist der Speck zart.

Streue den Reis in die siedende Suppe und gieße gegebenenfalls noch heißes Wasser hinzu. Rühre alles um und gib den Battuto darüber. Der gewürzte Lardo schmilzt in der Suppe und verleiht ihr eine köstliche, cremig-weiche Konsistenz. Probiere und würze die Suppe, aber warte mit dem Salz bis zuletzt, da die Wurst recht salzig sein kann.

Serviere diese Suppe mit reichlich krustigem Brot als Hauptgang.

Kichererbsensuppe mit Nudeln
PASTA E CECI

Francesca, dies war schon immer die absolute Lieblingssuppe Deines Vaters. Bereite für ihn einen großen Teller Kichererbsen zu, weich, süß und nussig, mit einem Hauch Knoblauch und Chili, und wenn sie dann noch zwischen dicken Nudeln schwimmen, kannst Du alles von ihm haben!

Hochwertige, getrocknete Kichererbsen gibt es überall. Solange die getrockneten Hülsenfrüchte aus der laufenden Saison stammen, quellen sie gut auf und lassen sich wunderbar kochen. Alte, überreife, getrocknete Hülsenfrüchte haben eine unendlich lange Garzeit, sofern sie überhaupt jemals weich werden. Ich muß gestehen, daß ich mehr als nur einen Topf bei dem Versuch, alte Kichererbsen zu kochen, ruiniert habe.

Damit die Flüssigkeit in der Suppe nicht verdampft, empfiehlt es sich, die Kichererbsen im Backofen zu kochen.

Wenn Du es eilig hast, kannst Du die Suppe sogar in 15 Minuten zubereiten, indem Du auf Dosenerbsen zurückgreifst. Vor dem Gebrauch mußt Du nur das Wasser abseihen, in dem die Kichererbsen konserviert sind.

300 g getrocknete Kichererbsen
1 Teelöffel Natriumbikarbonat
4 Eßlöffel Olivenöl extra vergine
2 kleine Knoblauchzehen, geschält, eine im Ganzen, eine feingehackt
1 kleines Stück Peperoncino (getrocknete rote Chilischote)
1 Zweiglein frischer Rosmarin
120 g Rigatoni (oder andere kurze, dicke Teigwaren)
Meersalz
1 kleine Handvoll glatte Petersilie, feingehackt

Weiche die Kichererben über Nacht in viel kaltem Wasser ein.

Gieße die Erbsen ab und spüle sie gründlich. Schütte sie in eine feuerfeste Kasserolle und bedecke sie mit so viel kaltem Wasser, daß es die Erbsen um etwa 5 cm übersteigt. Gib das Natriumbikarbonat hinzu und koche die Hülsenfrüchte zehn Minuten bei starker Hitzezufuhr. Laß die Kichererbsen abtropfen und spüle sie erneut, um jeglichen Schaum zu entfernen.

In der Kasserolle erhitzt Du nun die Hälfte des Olivenöls und sautierst darin die ganze Knoblauchzehe und die getrocknete rote Chilischote. Dadurch erhält das Öl ein feines Aroma. Gib die abgegossenen Kichererbsen, den Rosmarin und anderthalb Liter heißes Wasser hinzu. Bringe alles zum Kochen und stelle die Kasserolle bei schwacher Hitze (150° C/Stufe 2) in den Backofen. Nach etwa einer Stunde dürften die Kichererbsen gar sein. Die Garzeit hängt sehr stark vom Alter der Hülsenfrüchte ab. Prüfe wiederholt, ob die Erbsen gar sind.

Wenn sie schmackhaft und weich sind, nimmst Du den Rosmarin und die Knoblauchzehe heraus. Gib die Teigwaren und, falls nötig, noch etwas heißes

Wasser hinzu. Die Suppe soll etwa so dickflüssig wie ein Nudelgericht werden. Entscheide selbst, wann sie die richtige Konsistenz hat. Schmecke die Suppe mit Meersalz ab. Wenn Du die Kichererbsen salzt, bevor sie gar sind, werden sie nur sehr schwer weich.

Stelle die Suppe auf eine Herdplatte und laß sie ziehen, bis die Nudeln »al dente« sind. Zuletzt sautierst Du die feingehackte Knoblauchzehe im restlichen Öl. Gieß das brutzelnde Öl über die Suppe und garniere sie mit der Petersilie.

Die Verwendung von Dosenerbsen vereinfacht die Zubereitung ganz erheblich. Gieße die Hülsenfrüchte ab und erhitze sie im aromatisierten Öl. In einem anderen Topf bringst Du Salzwasser zum Kochen. Koche darin die Nudeln, laß sie abtropfen und gib sie zu den Kichererbsen. Füge ausreichend kochendes Wasser hinzu, damit die Suppe dick und sämig wird, und schmecke sie ab. Brate die gehackte Knoblauchzehe schnell in Öl an und gieße es über die gekochten Erbsen und Nudeln. Streue die Petersilie hinein und prüfe Geschmack und Konsistenz der Suppe.

Räucherschellfischsuppe

Dieses traditionelle Gericht stammt von den Fischhändlerinnen an der Ostküste Schottlands. Der herkömmliche Räucherschellfisch für diese Suppe kommt aus dem Dorf Findon in Aberdeenshire. Die Schellfische werden ausgeweidet, geköpft und gespalten, aber nicht entgrätet. Dann werden sie über Nacht trockengesalzen und anschließend acht bis neun Stunden über Torf kaltgeräuchert. Geräuchertes, unbehandeltes Schellfischfilet ist milder im Geschmack und eignet sich ebenso für das Rezept.

Als wir noch klein waren, wurden wir von Margaret, einem Mädchen aus der Fischergemeinde Peterhead, betreut. Sie brachte uns bei, wie man schottische Volkstänze nach den Melodien von Jimmy Shand tanzt, wie man »Stovies« (siehe Seite 203) ißt und wie man Räucherschellfischsuppe kocht. Ich benutze für die Zubereitung gerne zwei Töpfe.

1 großer geräucherter Schellfisch oder 2 geräucherte Schellfischfilets,
unbehandelt (frei von Farbstoffen)
300 ml Vollmilch

1 frisches Lorbeerblatt
100 g ungesalzene Butter
1 große Zwiebel, geschält und feingeschnitten
500 g mehlige Kartoffeln, geschält und feingeschnitten
Meersalz und weißer Pfeffer
2 Eßlöffel Crème double (hochprozentige süße Sahne)
sehr feingehackte Dillblätter oder glatte Petersilie

An dieser Stelle noch ein warnender Hinweis: Der Schellfisch ist eingesalzen, daher solltest Du die Suppe erst ganz zuletzt mit Salz abschmecken.

Wasche den Fisch und gib ihn mit der Milch und dem Lorbeerblatt in eine kleine Kasserolle. Bringe die Milch langsam zum Kochen, anschließend drosselst Du die Hitzezufuhr und läßt die Milch abkühlen. Der Fisch wird langsam garziehen und die Milch mit seinem köstlichen Aroma verfeinern.

In einer zweiten Kasserolle zerläßt Du die Butter. Gib die geschnittene Zwiebel hinzu und dünste sie bei sehr schwacher Hitze weich. Füge die geschälten Kartoffeln und einen Liter heißes Wasser hinzu und laß alles bei schwacher Hitze sieden, bis die Kartoffeln gar sind. Mit einem elektrischen Mixer rührst Du die Suppe glatt. (Ich lasse gerne einige der Kartoffelstücke in der Suppe schwimmen.)

Nun nimmst Du den geräucherten Schellfisch aus der Milch und entfernst vorsichtig die Gräten und die Haut. Gib die Fischstücke in die Suppe. Prüfe, ob noch Gräten im Fisch versteckt sind. Passiere die mit Fischaroma angereicherte Milch hinein und erhitze die Suppe, ohne sie aufkochen zu lassen, da die Milch sonst gerinnt. Wenn Dir die Suppe zu sämig ist, verdünnst Du sie mit Wasser oder Milch. Schmecke sie ab und garniere sie mit einem Klecks Sahne und einigen frischen Kräutern.

Muscheln
ZUPPA DI COZZE

Schalentiere und Meeresfrüchte gibt es zwar das ganze Jahr, dennoch essen wir Muscheln nur während der kalten Monate. Die Fischer hier behaupten, man solle Schalentiere nur in den Monaten kaufen, die ein »r« im Namen haben. Ich denke, sie müssen es am besten wissen.

Berechne für jede Person etwa 500 Gramm. Bürste jede Muschel gründlich unter fließendem kalten Wasser, entbarte sie und schabe mit der stumpfen Seite einer Messerklinge etwaige Seepocken ab. Wirf alle Muscheln weg, die weit geöffnet sind, die an die Wasseroberfläche treiben oder die sich auf leichten Druck mit dem Messer nicht schließen.

Gewöhnlich verarbeite ich Muscheln, sobald ich sie nach Hause gebracht habe. Ich spüle das abgestandene Wasser weg und gebe sie in eine große Schüssel mit kaltem Wasser, die ich in den Kühlschrank stelle, bis ich soweit bin. Muscheln solltest Du stets an dem Tag zubereiten, an dem Du sie gekauft hast.

Nach diesem Rezept kocht sich die Suppe fast von selbst.

2–2,5 kg Muscheln, gesäubert
3 Eßlöffel Olivenöl extra vergine
2 Knoblauchzehen, geschält und feingehackt
1 Stück Peperoncino (getrocknete rote Chilischote), zerstoßen
1 gute Handvoll glatte Petersilie, gehackt
Zitronenviertel

Laß die vorbereiteten Muscheln in einem Sieb abtropfen. Erhitze das Öl in einer großen Kasserolle mit einem fest schließenden Deckel. Gib den Knoblauch und die Chilischote hinzu und achte darauf, daß der Knoblauch nicht anbrennt. Dann gibst Du die Hälfte der Petersilie hinzu, die Du einmal im aromatisierten Öl wendest, und anschließend die Muscheln. Lege den Deckel auf, schwenke die Kasserolle kräftig hin und her, so daß die Muscheln ausreichend mit Öl bedeckt sind. Laß sie bei starker Hitzezufuhr garkochen, bis alle Schalen geöffnet sind, was bereits nach zwei bis drei Minuten der Fall sein dürfte. Schwenke die Kasserolle nochmals kräftig hin und her, damit die oben liegenden Muscheln nach unten rutschen und alle gleichmäßig gegart werden. Muscheln, die sich beim Kochen nicht geöffnet haben, wirfst Du weg.

Gib den Rest der Petersilie hinzu und serviere die Muscheln in Suppentellern, mit dem schmackhaften Sud übergossen. Dazu passen krustige Brotscheiben, mit Olivenöl beträufelt und im Backofen geröstet, das in den köstlichen Sud getunkt wird. Reiche dazu Zitronenviertel, die über den Muscheln ausgedrückt werden.

Das Salzen erübrigt sich bei dieser Suppe. Die Flüssigkeit, die die Muscheln beim Kochen freisetzen, ergibt bereits einen vollkommen abgerundeten Sud.

NUDELN UND NUDELSAUCEN

Luigi Silni, rechts, mit seiner Familie um den Tisch versammelt, um 1970

Die meisten Süditaliener essen täglich ihre Pasta. Nudeln und Nudelsaucen gibt es in unzähligen Variationen. Im allgemeinen sind sie schnell und leicht zuzubereiten, die Vorläufer des modernen Fastfood. Wir essen Teigwaren in Suppen, als Hauptgang, als leichte Vorspeise oder als kleine Mahlzeit zu später Stunde.

Ich kann mich daran erinnern, wie Marietta, meine Großmutter, Teigwaren mit der Hand herstellte. Zunächst häufte sie in der Mitte des Tisches einen Berg Mehl an. Anschließend drückte sie mit den Händen eine Mulde in das Mehl. Sie schlug einige Eier auf und gab sie in die Mulde. Mit einer Gabel verrührte sie vorsichtig die Eier, während sie den Mehlberg seitlich mit der linken Hand abstützte. Nach und nach mengte sie so viel Mehl unter die Eier, daß aus dem Ei-Mehl-Brei allmählich ein fester Teig entstand. Und das alles ohne Waage, ohne Rezept, ohne Anleitung. Sie verknetete den Teig mit den Händen, bedeckte ihn mit einem tadellos gebügelten, sauberen Geschirrtuch und ließ ihn ruhen. Mit einem langen Besenstiel, den sie ausschließlich für die Pastazubereitung benutzte, rollte sie den Teig aus. Wenn sie die Arme ausstreckte, bekam sie mit den Fingern gerade noch die Tischkanten zu fassen, und das Teigblatt war so groß wie die gesamte Tischfläche. Das ausgerollte Teigblatt wurde mehrmals zusammengelegt und mit einem Messer sauber geschnitten, und so entstanden fast beiläufig formvollendete, lokkere, feine Tagliatelle. Dann legte sie den Besenstiel auf zwei Stuhllehnen und hängte die Nudeln über dem Stiel zum Trocknen auf.

In Neapel wurden gegen Ende des 19. Jahrhunderts die ersten trokckenen Hartweizennudeln hergestellt. Marietta und Maria konnten sich den Luxus gekaufter Teigwaren nicht leisten. Für beide war es ein richtiges Fest, wenn sie »pasta secca«, trockene Nudeln, hatten, da ihnen dadurch viel Arbeit erspart blieb. Langsam, als es ihnen wirtschaftlich besser ging und Nudeln immer leichter zu bekommen waren, wurden getrocknete Teigwaren zur Norm. Es wurden unzählige Pastaformen hergestellt. Damit wollte man die verschiedenen Formen nachahmen, die im Laufe der Jahrhunderte von Hand erzeugt worden waren.

Francesca, als Deine Großmutter Olivia während ihrer Flitterwochen im Jahr 1952 Annunziata besuchte, wollte sie ihrer neuen Schwiegermutter beweisen, daß sie eine gute Köchin und Carlo bei ihr in guten Händen war. Sie bot an, hausgemachte Nudeln zuzubereiten. Annunziata war entsetzt. »Wir stellen unsere Teigwaren nicht mehr selbst her. Unsere Nachbarn werden uns für arm halten und denken, daß wir uns keine Fertignudeln leisten können.«

Heutzutage sind trockene Teigwaren aus Hartweizengrieß immer noch die Norm in Italien und bei den Italienern, die im Ausland leben. Wir kaufen niemals kochfertige, fabrikmäßig hergestellte Frischeinudeln. Sie sind gummiartig, glitschig und haben mit hausgemachter Pasta absolut nichts gemein. Dagegen sind getrocknete, »hausgemachte Eiernudeln«, die in Italien, besonders in Campofilone, von »artigiani-Betrieben« hergestellt werden, ausnehmend gut, die beste Alternative, wenn man Eiernudeln nicht selbst herstellen will.

Hausgemachte Eiernudeln werden bei uns zu Hause nur an Fest- und Feiertagen zubereitet, sie gelten als besonderer Festschmaus. Unsere Nudeln sind sehr fein und haben einen guten Biß. Ich muß zugeben, daß wir in bezug auf unsere hausgemachte Pasta in ständigem Wettstreit liegen, jeder will die längste, dünnste und feinste Pasta herstellen, die die Welt je gesehen hat. Francesca, Onkel Cesidios Teigwaren sind einfach die besten!

Hausgemachte Eiernudeln werden als »pasta all'uovo fatta in casa« bezeichnet. Wir beide nennen sie »hausgemachte Nudeln«. Nach dem Rezept auf Seite 111 haben all unsere Mütter, Großmütter, Urgroßmütter und schon viele Generationen vor ihnen jahrhundertelang ihre Teigwaren hergestellt, nur die Zutaten haben sich zunehmend verfeinert. Während wir heute mit Hartweizenmehl der Type 00 kochen, haben unsere Großmütter wahrscheinlich eine Mischung aus grobem Maisgrieß und Vollkornmehl verwendet.

Stell Dich darauf ein, daß es eine Zeit dauern wird, bis Du die Kunst der Pastaherstellung beherrschst. Denn Teigwaren von Hand herzustellen will gelernt sein. Wenn Du Dich nicht verrückt machen willst, solltest Du hausgemachte Nudeln für Gäste nicht erst an dem Tag zubereiten, an dem sie kommen. Erledige das bereits am Vortag und laß die Nudeln wie beschrieben trocknen. Der Geschmack wird dadurch nicht beeinträchtigt, ganz im Gegenteil, sie werden eher noch schmackhafter, wenn sie ein wenig trocknen können.

Verwende ausschließlich italienisches Hartweizenmehl, Type 00 (oder deutsches Weizendunstmehl, Type 405). Dieses feingemahlene Mehl hat einen hohen Klebergehalt. Beim Verkneten des Mehls verbindet sich der Kleber zu langen, starken Bindungen. Der daraus entstehende Teig hat eine ausgezeichnete Konsistenz und läßt sich gut verarbeiten.

Nimm nur unbehandelte Eier zum Kochen. Sie haben einen guten Geschmack und einen schweren, wunderbar gelben Eidotter.

Salz verwenden wir nicht für den Teig, damit sich die Pasta während des Trocknens nicht dunkel verfärbt. Teigwaren werden in Salzwasser gekocht, dadurch nehmen sie so viel Salz auf, wie sie brauchen.

Wir mengen dem Teig auch kein Öl bei. Es macht die Nudeln nur glitschig und klebrig. Wir verwenden keine weiteren Zutaten, von der Arbeit einmal abgesehen. Je länger der Teig geknetet wird, desto besser ist der Biß. Das Grundrezept findest Du auf Seite 111.

Verwende niemals kochfertige Nudelsaucen. Nichts ist einfacher oder schmackhafter als ein hausgemachter Sugo. Während Du die Nudeln kochst, hast Du den Sugo längst fertig zubereitet. Die Auswahl der Pastaform und des dazu passenden Sugos ist eine Sache des Instinkts, den man durch den täglichen Genuß von Teigwaren entwickelt. Als allgemeine Richtlinie gilt, daß die meisten Saucen auf Olivenölbasis zu dünnen, langen Nudeln wie Spaghetti, Spaghettini und Linguine passen. Ein leichter Tomatensugo schmeckt vorzüglich zu dünner Pasta, ein langsam gegarter, winterlich-wärmender Tomatensugo dagegen zu kurzen, dicken Nudeln wie Penne oder Rigatoni. Sahnesaucen wiederum vertragen sich mit jeder Pastaform, allerdings gibt es keine Sahnesauce, unter der die Hüften nicht leiden!

Für die meisten Saucen nehme ich eine der folgenden Zutaten als Grundlage: Olivenöl, Milchprodukte oder Tomaten. Sie gelingen nach einfachen Grundrezepten, die – hat man sie erst einmal gelernt – abgewandelt und unbegrenzt variiert werden können. Die Mengenangaben dienen lediglich als Richtlinie, über die Du Dich gerne hinwegsetzen darfst.

Es gibt nur ein ehernes Gesetz: Teigwaren müssen in einem Sieb abtropfen, mit dem Sugo übergossen und sofort serviert werden. Bereits zwei bis drei Minuten vor dem Garwerden sind Nudeln meisterhaft »al dente«, bißfest, gekocht. Gib die Nudeln in einen großen Topf mit kochendem, reichlich gesalzenem Wasser. Rühre sie sofort mit einer Gabel um, damit sie nicht aneinanderkleben. Laß die Nudeln ohne Deckel in nur leicht sprudelndem Wasser kochen.

Während des Kochens werden die Nudeln biegsam und etwas heller in der Farbe. Mir macht es Spaß, eine Nudel nach der anderen aus dem Topf zu ziehen und sie einem wartenden, hungrigen Familienmitglied zur Garprobe anzubieten. Dieses Ritual sorgt dafür, daß sich alle in der Küche versammeln, es regt den Appetit an, und es finden sich willige Helfer, die die letzten Handgriffe beim Tischdecken erledigen.

Beim Essen ist das Tischbesteck einfach gehalten: Löffel, Gabel und Messer, mit einer Serviette auf einem kleinen Beilagenteller abgelegt. Pro Gedeck werden zwei Gläser aufgestellt, für Wein und für Wasser. Brot und Salat werden aufgetragen, Butter und Olivenöl nicht.

Gewöhnlich stelle ich ein oder zwei Sorten Gemüse in die Mitte des Tisches. Sie werden nicht heiß, sondern warm und meistens mit einer Olivenöl- und Zitronensauce zubereitet. Das Reiben des Parmigiano Reggiano delegiere ich an jemand anderen, da ich es früher selbst zu oft gemacht habe. Es wird zwar eine Mühle mit schwarzem Pfeffer auf den Tisch gestellt, falls jemand nachwürzen möchte, aber kein Salz. Eine gute Köchin kostet das Essen bei der Zubereitung und schmeckt es perfekt ab, bevor sie es serviert, daher sollte kein Salz mehr gebraucht werden. Wasser und Wein werden eingegossen, die Teigwaren

Liebe Francesca

ein letztes Mal gekostet, und allmählich setzen sich alle um den Tisch, um zu essen.

Gib die Nudeln zum Abgießen in ein großes Sieb, das Du in das Ausgußbecken stellst. Schwenke das Sieb mehrmals kräftig hin und her, damit überschüssiges Wasser abtropfen kann. Anschließend kippst Du die Teigwaren, noch naß vom Nudelwasser, wieder in den Topf zurück. Gieße so viel Sauce über die Nudeln, daß sie gut bedeckt sind, sie sollten allerdings nicht darin ertrinken. Vermische die Nudeln mit der Sauce und trage das Gericht sofort und noch dampfend auf.

Nach dem Sprechen des Tischgebets wird gegessen.

Hausgemachte Nudeln
PASTA ALL'UOVO FATTA IN CASA

300 g italienisches Hartweizenmehl, Type 00
(oder 300 g deutsches Weizendunstmehl, Type 405)
2 große unbehandelte Eier von Freilandhühnern
3 große unbehandelte Eigelb von Freilandhühnern

Du wirst eine Maschine zum Teigschneiden brauchen. Wir verwenden eine Nudelmaschine von Imperia.

1. Traditionell wird das Mehl auf einer sauberen Arbeitsfläche zu einem Berg aufgetürmt. In die Mitte des Mehlbergs wird eine Mulde gedrückt, in die die Eier und Eigelbe gegeben werden. In unseren modernen Küchen halte ich es für zweckmäßiger, das Mehl in eine große, tiefe Schüssel zu geben. Drücke eine Mulde in das Mehl und gib die Eier und die Eigelbe hinein.

2. Verrühre die Eier mit einer Gabel. Nach und nach mengst Du das Mehl bei, bis es von den Eiern vollkommen aufgenommen ist. Aus der leichten Ei-Mehl-Mischung entsteht unweigerlich ein zunehmend dickerer Brei, der sich schließlich zu einer Teigkugel formt. Sei nicht zu übermütig. Arbeite stets von der Mitte der Eimischung aus. Wenn Du alles wahllos zusammenrührst, hast Du am Ende eine Mischung, die so trocken und bröselig ist, daß Du daraus keinen Teig mehr formen kannst.

3. Verknete den Teig mit den Händen und wälze ihn in dem Mehl, das noch

nicht beigemengt ist. Versuche, mit dem Teig möglichst viel Mehl aufzunehmen, er muß jedoch noch gut zu verarbeiten sein. Der Teig soll fest, aber noch elastisch und keinesfalls klebrig sein. (Eine erfreuliche Mitteilung für Dich: Diese Stufe der Teigverarbeitung kannst Du mit einer Küchenmaschine erreichen, wenn Du das entsprechende Zubehörteil zum Teigkneten benutzt. Gib mehr Mehl hinzu, wenn der Teig klebt.)

4. Lege den Teig auf eine saubere, mit Mehl bestäubte Arbeitsfläche und knete ihn mit den Handflächen. Rolle den Teig von Dir weg, drehe ihn um neunzig Grad und knete ihn weiter. Bearbeite den Teig, bis er glatt und elastisch ist. Bestäube ihn mit etwas Mehl, wenn er haften bleibt. Je länger Du den Teig knetest und je mehr Mehl Du ihm beimengen kannst, desto bißfester und leichter werden die Teigwaren sein.

5. Wenn Du den Teig vorsichtig mit den Händen teilst und eine glatte, glänzende Oberfläche sichtbar wird, die nicht brüchig ist, dann hast Du ihn fertig geknetet.

6. Decke ihn mit Frischhaltefolie ab und laß ihn – und Dich – eine halbe Stunde ruhen.

7. Teile den Teig in sechs Stücke. Nimm eines davon und laß die anderen unter der Frischhaltefolie abgedeckt liegen. Die Nudelmaschine sollte auf einem Tisch stehen, der so hoch ist, daß Du bequem daran arbeiten kannst. Gewöhnlich lege ich Butterbrotpapier auf dem Boden aus, damit werden die Teigteile aufgelesen, die bei der Arbeit vom Tisch fallen.

Nun stellst Du die Walzen der Nudelmaschine auf den größten Abstand ein und drehst den Teig durch die Maschine. Lege den Teig dreimal zusammen, indem Du die schmalste Seite um ein Drittel der gesamten Teigbreite einschlägst und die nun doppelte Teiglage noch einmal einschlägst. Das verhindert das Ausfransen der Teigränder, und so läßt sich der Teig leichter verarbeiten. Drehe den Teig mit den gleichmäßig gefalteten Kanten nochmals durch die Maschine. Bei unverändertem Walzenabstand fährst Du fort, den Teig durch die Nudelmaschine zu drehen und einzuschlagen. Diesen Vorgang wiederholst Du etwa achtmal. Auf diese Weise wird der Teig geknetet, und die fertigen Teigwaren bekommen einen noch besseren Biß.

Wenn wir Pasta zubereiten, warten wir auf das Geräusch einer platzenden Kaugummiblase. Wenn der Teig lange genug geknetet wurde, bildet sich in ihm eine Luftblase, während er durch die Walzen läuft. Dadurch entsteht ein Geräusch, das sich wie das Platzen eines Kaugummis anhört, die beste Methode, festzustellen, ob der Teig fertig ist. (Wenn Du kein derartiges Geräusch wahrnimmst, so ist das kein Grund zur Beunruhigung. Davon geht die Welt nicht unter.)

8. Nun ist es an der Zeit, den Teig zu verdünnen. Stelle also die Walzen auf einen kleineren Abstand ein und drehe den Teig durch die Nudelmaschine, damit er dünner und länger wird. Eigentlich dürfte der Teig nicht pappig sein. Sollte er dennoch ein wenig kleben, dann bestäubst Du ihn mit etwas Mehl. Falte ihn jetzt nicht mehr, sondern drehe ihn lediglich nach jeder Verringerung des Walzenabstands einmal durch die Maschine. Ich wiederhole diesen Vorgang so oft, bis ich beim zweitkleinsten Abstand angelangt bin, allerdings hängt das auch von der jeweiligen Maschine ab. Der Teig soll zwar dünn sein, ist er jedoch zu dünn, dann läßt er sich nur schwer verarbeiten. Probiere es aus und wähle am Ende die Teigdicke, die Dir am besten zusagt.

9. Wenn der Teig zu einem Streifen geformt ist, läßt Du ihn einige Minuten trocknen, bevor Du ihn schneidest. Am besten machst Du es so wie Marietta und hängst den Teigstreifen über einen Besenstiel, den Du auf zwei Stuhllehnen abgelegt hast. Bedecke den Besenstiel und den Boden mit Butterbrotpapier, um zu Boden gefallene Stücke aufzusammeln.

Bereite den Rest des Teiges in der oben beschriebenen Weise zu. Bei der Herstellung Deiner ersten hausgemachten Nudeln wirst Du eine gute Stunde dazu brauchen, aber wenn Du erst einmal eine gewisse Übung darin hast, wird es wesentlich schneller gehen.

10. Wenn der gesamte Teig zu Teigplatten geformt ist, kannst Du ihn zu Lasagne (siehe Seite 162) oder Ravioli (siehe Seite 117) verarbeiten. Ansonsten kannst Du mit den speziellen Aufsätzen der Nudelmaschine Tagliatelle oder Tagliarini formen.

Gewöhnlich verwenden wir den schmaleren der zwei Aufsätze, die zur Standardmaschine gehören. Es bedarf schon eines gewissen Geschicks, um der Maschine auf der einen Seite den langen, weichen Teigstreifen zuzuführen und die Tagliatelle auf der anderen Seite aufzufangen, während man gleichzeitig am Griff dreht. Anfangs läßt Du Dir besser dabei helfen. Nach dem Schneiden hängst Du die Teigwaren erneut über den Besenstiel, damit sie noch ein wenig trocknen können. Wenn Du die Nudeln erst am nächsten Tag brauchst, läßt Du sie vollkommen durchtrocknen und legst sie anschließend zwischen Bögen fettdichten Papiers auf ein Tablett. So hält sich die Pasta vier bis fünf Tage.

Übung macht den Meister. Selbst Erstkläßlern habe ich mit Erfolg beigebracht, wie man Nudeln macht, diese Tätigkeit ist also durchaus erlernbar. Das Ganze ist eine Sache der Gewohnheit. Beim erstenmal mag es Dir noch schwerfallen, beim zweitenmal wird Dir die Sache schon leichter von der Hand gehen. Rom wurde schließlich auch nicht an einem Tag erbaut.

Wir stellen keine bunten Nudeln her, und wir fügen auch keine aromatischen Zutaten bei. Sorgsam zubereitete »pasta all'uovo fatta in casa«, unverfälscht und einfach, sind immer noch die besten.

Für hausgemachte Nudeln brauchst Du einen sehr großen, mit kochendem Salzwasser gefüllten Topf. Gehe nicht zu sparsam mit dem Salz um. Der Teig selbst ist nicht gesalzen, daher müssen die Teigwaren das nötige Salz aus dem Wasser aufnehmen. Wenn Du willst, kannst Du noch einen Schuß Olivenöl in das Nudelwasser geben. Die Nudeln werden auf den Boden sinken. Lege den Deckel nicht auf, und laß das Wasser bei starker Hitzezufuhr weiterkochen. Mit einer langstieligen Gabel oder einem Holzlöffel rührst Du die Teigwaren um. Sobald das Wasser wieder sprudelt, beginnen die Nudeln, im Wasser zu schwimmen. Reduziere die Hitzezufuhr. Nun kannst Du die erste Garprobe machen. Die Garzeit dürfte höchstens zwei bis drei Minuten betragen. Hast Du die Nudeln über Nacht trocknen lassen, dann dauert es eher drei bis vier Minuten, bis sie weich sind. Laß sie gut abtropfen, denn in hausgemachten Nudeln hält sich Flüssigkeit meistens länger als in »pasta secca«, trockenen Teigwaren. Kippe also die Nudeln in ein großes Sieb, das Du zuvor in das Spülbecken gestellt hast, und schwenke es kräftig hin und her.

Hausgemachte Eiernudeln brauchen zweimal soviel Sugo wie »pasta secca«. Traditionell werden sie mit einer Fleischsauce (siehe Seite 154) gegessen. Wir lieben es, wenn unsere klassischen Delikatessen vertraut und nostalgisch schmecken. Das erinnert uns an unsere Kindheit, als Großmutter noch für uns kochte.

Ich koche die Nudeln und die Nudelsauce fast immer schon am Vortag, dann kann ich alles wesentlich gelassener angehen. Weihnachten tragen wir die Pasta auf einer großen Servierplatte auf. Die Platte wird fürstlich zu Tisch getragen und stets mit lautem Beifall für die Köchin bedacht. Das hat sich die Köchin auch redlich verdient, würde ich sagen.

Noch ein Wort zu Deiner Nudelmaschine. Lies die Bedienungsanleitung aufmerksam. Die Maschine darf weder mit Wasser in Berührung kommen noch gewaschen werden. Halte Dich daran, sonst rosten die Walzen aus rostfreiem Stahl, und die Nudelmaschine ist ruiniert. Ich wische meine Maschine nach Gebrauch mit einem trokkenen Tuch sauber, und mit einem trockenen Backpinsel fege ich Mehl- oder Teigreste weg. Dann wickle ich die ganze Nudelmaschine in ein sauberes Geschirrtuch, die Zubehörteile, die Griffe und die Klemmvorrichtung bewahre ich in einem anderen Tuch auf. Bis zum nächsten Gebrauch wird alles in der Originalschachtel untergebracht. Wenn Du Deine Nudelmaschine verwenden willst und herausnimmst, entstaubst Du sie zuerst, indem Du ein kleines Stück Teig durch die Maschine drehst. Dieses Teigstück wirfst Du anschließend weg.

Eine fabrikneue Maschine hinterläßt möglicherweise schwarze Ölspuren an der Teigkante. In diesem Fall schneidest Du die Ölspuren einfach weg, bevor Du den Teig erneut durch die Maschine drehst. Diese Verschmutzungen verlieren sich beim Gebrauch der Nudelmaschine.

HAUSGEMACHTER RICOTTA

Jahrhundertelang haben Schäfer nach dem Wechsel der Jahreszeiten ihre Herden getrieben, stets auf der Suche nach Weideland. Da es hoch oben in den Bergen keine saftigen Wiesen gab, zogen die »Pecorari« aus Fontitune jeden Frühling zur Küste hinunter, um ihre Herden im Tiefland grasen zu lassen. Jedes Frühjahr kamen sie in denselben Landstrich, eine Gegend bei Mondragone, einem Dorf, das gut dreißig Kilometer nördlich von Neapel liegt. Dorthin zog es auch Annunziata und Luigi nach dem Zweiten Weltkrieg. Das Sumpfland nahe der Küste war mit üppiger Frühlingsvegetation, besonders mit wildem Thymian und Oregano, bedeckt. Durch die Winde, die vom Meer hereinwehten, war der Boden naturgemäß salzhaltig.

Die Milch der Schafe war sehr fett und rahmig, sie ergab einen ausgesprochen guten Käse. Aus den Magensäften eines geschlachteten Schafes gewannen die Schäfer das Lab, das sie zur Herstellung ihres Käses benötigten. Die Molke, ein wäßriges, flüssiges Nebenprodukt bei der Herstellung des Pecorinokäses, wurde bis zum Siedepunkt erhitzt und anschließend wieder auf Körpertemperatur abgekühlt. Danach wurde sie mit Schafslab vermischt, damit sich die feste Masse von den flüssigen Partikeln trennen konnte. »Ricotto« bedeutet »wiederkochen«. Schon seit der Römerzeit wird Käse auf diese Weise hergestellt. Die Frauen brachten die Käseerzeugnisse und den Ricotta in die Städte und verkauften ihn an die Bewohner, die sich schon auf ihre Besucher freuten.

Heutzutage ist Ricotta leicht erhältlich. Der pasteurisierte Ricotta, der in Bechern verkauft wird, schmeckt teilweise etwas fad und schwer. Frischgemachter Ricotta oder Ricotta vom Bauernhof hat eine weiche, glatte, leichte Konsistenz und einen rahmig-süßen Geschmack. Gelegentlich findest Du auch Ricotta aus Büffelmilch, von den neapolitanischen Mozzarellaherstellern erzeugt. Er schmeckt unvergleichlich gut und paßt ausgezeichnet zu frischen Früchten und Sau- oder Favebohnen.

All meine Großmütter und Urgroßmütter haben Ricotta zu Hause hergestellt, und ihr Käse war wesentlich schmackhafter als jeder Ricotta, den es für Geld zu kaufen gibt. Lab findest Du höchstwahrscheinlich in der Drogerie oder im Reformhaus (oder auch im Magen eines Schafes, das an Dir vorbeizieht). Es gibt auch vegetarisches Lab. Traditionell wird Ricotta natürlich aus Molke hergestellt, in Deiner eigenen Küche verarbeitest Du jedoch in Flaschen abgefülltes Lab und mußt Vollmilch verwenden.

Wie man hört, wird auch Vollmilch verkauft, die so wenig Protein und Fett enthält, daß sie für die Ricottaherstellung gänzlich ungeeignet ist. Wie oft habe ich vergeblich versucht, Ricotta zu machen. Dann, aus reinem Zufall, habe ich eine andere Milch verwendet. Der Ricotta war köstlich und im Handumdrehen fertig. Daß sogar ein gängiger Artikel wie Milch dermaßen große Qualitätsunterschiede aufweisen kann, hat mich sehr überrascht. Offensichtlich wird bei manchen Milchprodukten, selbst bei Vollmilcherzeugnissen, die Güte entscheidend gemindert, indem der obere Rahm abgeschöpft wird. Verwende also gute Vollmilch einer bewährten Marke oder drei Teile Milch und ein Teil Crème double (hochprozentige süße Sahne).

Wie auch sonst beim Kochen kommt es bei der Ricottazubereitung vor allem auf Deinen eigenen Erfahrungsschatz und Deine Geduld an. Probier das Rezept aus, wenn Du in der Stimmung dazu bist.

1 l hochwertige Vollmilch, unbehandelt
2 knappe Teelöffel Lab

Schütte die Milch in eine breite Kasserolle und erhitze sie langsam auf 37,5° C (Körpertemperatur). Nimm die Kasserolle vom Herd und rühre das Lab ein. Laß sie an einem warmen Ort stehen, bis sich die Milch in feste Quarkpartikel und flüssige Molke teilt. Wenn die Milch fett ist, dauert das nur wenige Minuten.

Stelle den Topf auf den Herd zurück und erhitze den Inhalt wieder langsam auf Körpertemperatur. Neige die Kasserolle zur Seite und hebe die Quarkpartikel vorsichtig mit einem Schlitzlöffel ab.

Seihe die Quarkpartikel durch ein Kunststoffsieb, das Du zuvor mit einer doppelten Schicht Musselin oder Gaze ausgelegt hast, und stelle das Sieb über eine Schüssel. Wahlweise kannst Du den Musselin auch verknoten und an einem Holzlöffel aufhängen, den Du über eine Schüssel legst. Dort läßt Du ihn einige Stunden hängen, damit die Quarkpartikel abtropfen und fest werden können. Aus einem Liter Vollmilch müßtest Du etwa 180 bis 200 Gramm Ricotta gewinnen.

Traditionell ließ man Ricotta in kleinen Binsenkörben abtropfen, die eigens für diesen Zweck hergestellt wurden und wodurch die typischen Furchen entlang den Seiten entstanden. Als ich vor kurzem in Süditalien war, konnte ich keine derartigen Körbe mehr entdecken, wie aufschlußreich. Offensichtlich wird Ricotta dort nicht mehr selbstgemacht. Ein alter Straßenverkäufer in Neapel sagte mir, daß er sich an lange, kegelförmige Körbe erinnern könne. Dasselbe hat mir meine Großmutter erzählt. Damals wurden diese Körbe mit Riemen seitlich an den Eseln befestigt, so daß der Ricotta abtropfen und fest werden konnte, während die Schäfer auf dem Nachhauseweg waren.

Selbstgemachter Ricottakäse ist sehr leicht. Genieße ihn zu krustigem Brot und Salat aus Wilder Rauke, mit Olivenöl angemacht. Mit dem Käse kannst Du auch hausgemachte Ravioli oder Pfannkuchen, »crespelle«, füllen oder Nudelsaucen zubereiten. Eine andere leckere Variante besteht darin, der Milch gehackte Rauke hinzuzufügen, bevor das Lab hinzugegeben wird. Mit Honig beträufelt schmeckt Ricotta vorzüglich als Dessert. Und Ricotta, mit Zucker gesüßt und mit Orangenblütenwasser und gehackter Schale verfeinert, ist sehr lecker. Der Frischkäse schmeckt außerdem hervorragend als Kuchenfüllung und in Eiscreme.

Ricottaravioli
RAVIOLI DI RICOTTA

Francesca, Du bist so liebenswürdig wie Dein Großvater Cesidio. Seitdem Du elf oder zwölf Jahre warst, hast Du gelegentlich feine, hausgemachte Teigwaren hergestellt. Als besonderen Leckerbissen hast Du mir die besten Ravioli gekocht, die ich jemals gegessen habe.

250 g frischer Ricotta, gekauft oder hausgemacht
2–3 Eßlöffel frisch geriebener Parmigiano Reggiano
1 Eigelb, geschlagen
1 knapper Teelöffel feinkörniger Kristallzucker
1 Eßlöffel feingehackte Kräuter (glatte Petersilie, Minze oder Rauke),
wahlweise 2–3 Eßlöffel feingehackter, gekochter Spinat, ausgedrückt
1 Prise geriebene Muskatnuß
Meersalz und schwarzer Pfeffer
1 Spritzer Zitronensaft

Du benötigst einen hausgemachten Nudelteig (siehe Seite 111), jedoch aus etwa 200 Gramm Mehl, zwei Eigelb und einem ganzen Ei. Nachdem Du die Teigplatten auch beim kleinsten Walzenabstand durch die Nudelmaschine gedreht hast, kannst Du sie zu Teigtaschen verarbeiten.

Die Füllung für die Ravioli ist sehr einfach zuzubereiten. Vermenge die oben genannten Zutaten und schmecke alles mit Muskatnuß, Salz, frisch gemahlenem Pfeffer und Zitronensaft ab.

Breite eine Teigplatte auf einer mit Mehl bestäubten Arbeitsfläche aus. Dann verteilst Du die Füllung teelöffelweise entlang der Mitte, etwa im Abstand von jeweils 4 cm. Mit dem übrigen Eiweiß bestreichst Du die Teigkanten und die Zwischenräume zwischen den Füllungen. Stell Dir vor, wie Du ein Blatt Papier in der Mitte faltest. Auf dieselbe Weise faltest Du nun die Teigplatte in der Mitte, so daß die beiden Teigkanten aufeinanderliegen. Dann fährst Du mit den Fingern die Kanten entlang, dabei drückst Du die Teigkanten so fest aufeinander, daß sie zusammenkleben, und preßt die Luft aus eventuell vorhandenen Luftblasen. Vergiß die Zwischenräume nicht. Auch der Nudelteig um die Füllungen muß mit Druck zusammengeklebt werden.

Mit einem Teigrädchen kannst Du mühelos quadratische Ravioli aus dem Teig schneiden. Die Falte bildet jeweils die erste Seite eines Quadrats, so daß Du nur noch an drei Seiten entlangschneiden mußt. Beim Schneiden werden die Ravioli fest verschlossen. Kontrolliere das, indem Du jede Teigtasche einzeln hochhebst und die Kanten mit den Fingern zusammendrückst. Der Trick dabei ist, den Teig nicht zu dick zu machen, damit die Ravioli leicht verdaulich sind, aber auch nicht zu dünn, damit die Füllungen nicht durchbrechen. Zur Probe gibst Du eine Nudeltasche in einen kleinen, mit kochendem Salzwasser gefüllten Topf. Dann siehst Du, wie sie sich kocht, und kannst die Dicke des Teigs entsprechend anpassen.

Wenn Du die Ravioli sofort kochen willst, gibst Du sie schubweise in kochendes Salzwasser. Sie brauchen etwa vier bis fünf Minuten, nicht weniger, da auch die Füllungen gar werden müssen.

Im allgemeinen kochen wir Ravioli einige Stunden nach der Zubereitung des Teigs, wenn nicht sogar erst am nächsten Tag. Wenn die Füllung auch nur im geringsten naß ist, kann sie auslaufen und verderben. Das läßt sich vermeiden, indem Du die Ravioli auf Platten verteilst und ins Gefriergerät stellst. Du kannst sie gefroren kochen, sie brauchen dann etwa sechs bis sieben Minuten, bis sie gar sind. (In der Gefriertruhe halten sie sich problemlos drei bis vier Wochen.)

Wenn Du noch Nudelteig übrig hast, zerteilst Du ihn grob mit der Hand und kochst ihn in klarer Brühe. Oder Du servierst ihn mit etwas Parmigiano Reggiano und Butter.

Ravioli passen zu einem einfachen Sugo. Geeignet sind alle Sahnesaucen, ich bevorzuge jedoch Butter und frischen Salbei (siehe Seite 139).

Mit der Füllung kannst Du experimentieren. Fleischfüllungen für Ravioli sind nicht unbedingt nach meinem Geschmack, aber geschmorter Kürbis, mit Ricotta und Salbei zu Brei vermengt, kann mich durchaus begeistern. Schmecke die Füllung nach Belieben ab.

Versuche es doch einmal mit Ricotta, unter den Du leicht gekochten, feingehackten, geräucherten Pancetta, geriebenen Pecorino und eine Prise frisch geriebene Muskatnuß mischst.

ANNUNZIATA UND LUIGI, POZZUOLI, ITALIEN, 1915–1940

Sie war sehr schön und feingliedrig. Das tiefschwarze Haar trug sie streng aus dem Gesicht gebunden. Außerdem war sie sehr elegant. Ihr Gang, stolz und aufrecht, glich dem einer Ballerina. Wenn sie lachte, erhellte sich ihr ganzes Gesicht. Sie hatte dann ein Zwinkern in den Augen, den Kopf nach oben geneigt und die Lippen zu einem breiten Lachen verzogen, das strahlend weiße Zähne enthüllte. Sie wurde wegen ihres zauberhaften, mitfühlenden Wesens bewundert, das sich mit einem starken Willen verband, und wegen dieser Willensstärke war sie bei allen sehr beliebt. Sie war erst dreizehn Jahre alt – und verliebt. »Sono innamorata. Innamorata per sempre.«

Er war keineswegs gutaussehend, sondern klein und hatte grobe Gesichtszüge. Er war als »nu' scugnizzo«, als Charmeur und Frauenheld, verschrien. Als waschechter Neapolitaner war er »furbo«, gewitzt und schlau wie ein Fuchs. Er hatte gelernt, daß man im Leben all seine Fähigkeiten einsetzen mußte, um sich durchzuschlagen. Man brauchte die Anerkennung seiner Freunde, folglich mußte man bei den Mädchen gut ankommen. Aus jeder Situation mußte man das beste machen. Er fand schnell heraus, daß er Frauen auch mit Charme und Schmeichelei gewinnen konnte, wenn er sie schon nicht durch sein Aussehen für sich einnehmen konnte. Er war erst vierzehn.

Ihr Vater war außer sich vor Zorn. »Wer? Luigi Silni. Quello? Ausgerechnet er? Per mia figlia? Mai! Niemals!«

Ihre Mutter stimmte zu. »Nein. Du bist noch zu jung. Das ist viel zu überstürzt. Er ist ein leichtlebiger Draufgänger!«

Annunziata zeigte sich unnachgiebig. Sie wollte Luigi. Je mehr Einwände ihre Eltern vorbrachten, desto trotziger bot sie ihnen die hübsche, kleine Stirn.

Luigi trieb sich auf der Straße herum. Er freundete sich mit Annunziatas Brüdern an. Er machte sich für ihre Mutter unentbehrlich. Er war stets in ihrer Nähe und trug ihr die Einkäufe nach Hause, kehrte den Hof und machte ihr Komplimente. Der arme Kerl wurde durch diese zusätzlichen Arbeiten immer schmächtiger. Was für ein netter Bursche er doch war!

Ihr Vater war aufgebracht. Immer hing dieser »scugnizzo« bei ihnen herum. Er kam ständig »ganz zufällig« vorbei. »Er geht mir auf die Nerven!«

Ihr Vater war ein bekannter Zimmermann. Wütend nahm er einen größeren Auftrag in einer anderen Stadt an. Er machte sich auf den Weg zu dem Bau, an dem er zwei Wochen lang arbeitete. Dort wollte er seine innere Ruhe wiederfinden. Und Luigi trieb sich immer noch herum.

Annunziatas Mutter war der Unruhe, die die liebeskranke Tochter im Hause verursachte, überdrüssig und auch der Streitereien mit ihrem Ehemann. Was war denn so falsch an dem jungen Kerl? Sie ärgerte sich über ihren Mann. Was für einen Wirbel er doch machte. Tief in ihrem Inneren erkannte sie die Wahrheit. Annunziata und Luigi waren ineinander verliebt, und sie paßten gut zusammen. Daher beschloß sie, die Dinge selbst in die Hand zu nehmen.

Sie begann, Luigi zum Mittagessen einzuladen. Er hielt sich ohnehin auf der Straße auf. Welchen Schaden konnte das schon anrichten? Sie lud ihn zum Abendessen ein. Nun, meistens war er sowieso da. Also lud sie ihn ein zu bleiben.

Annunziatas Vater hatte seinen Auftrag erledigt und kehrte heim. Die kurze Abwesenheit von zu Hause hatte ihm gut getan. Er war ruhig und versöhnlich gestimmt und hoffte, seine Tochter hätte diesen Strolch, der sich ständig in der Gegend rumtrieb, vergessen. Er näherte sich dem Haus. Der Taugenichts war nicht zu sehen. Gott sei es gedankt!

Er pfiff, um seine Ankunft anzukündigen. Annunziata rannte aus dem Haus und lief ihrem Vater entgegen. Sie sah so schön und glücklich aus. Einfach anders als sonst. Irgend etwas stimmte nicht, das ahnte er sofort.

Der Bursche war in seinem Haus. Annunziatas Vater tobte. »Warum bist Du hier? Was willst Du, Du Nichtsnutz?«

»Vater, ich bin nur zufällig vorbeigekommen.«

»Vater?« Annunziatas Vater spie so viel Gift und Galle wie der Vulkan, in dessen Schatten er lebte, Feuer. Man hatte ihn reingelegt. »Du bist nicht rein zufällig hier vorbeigekommen. Du hast Dich hier aufgehalten. Ho annusato il tuo odore! Den Braten rieche ich. Va via! Verschwinde!«

Er tobte und schrie, brüllte und grölte, stampfte mit dem Fuß und spielte sich als Oberhaupt der Familie auf. Nachdem er allen in Pozzuoli gezeigt hatte, wer den Ton angab, hatte er nichts mehr gegen ihre Heirat einzuwenden. Seine Frau und seine Tochter hatten ihn überlistet. Achselzuckend gab er sich geschlagen.

»Questa è la vita!« »So ist das Leben!«

Die ganze Aufregung legte sich, und alles kam schnell wieder ins Lot. Luigi arbeitete als Zimmermann mit seinem Schwiegervater zusammen. Als »falegname« war er ebenso geschickt und talentiert wie als Herzensbrecher.

All dies ereignete sich in Pozzuoli, einem alten Fischerdorf nördlich der Stadt Neapel. Dort gehörten Erdbeben, Unsicherheit, Lachen und Optimismus zum Alltag. Es war im Jahr 1916, als sanitäre Anlagen noch stanken, Strom ein Fremdwort war und Aberglaube noch stark verbreitet war. Als man noch glaubte, daß sich die Menschen bei Vollmond in Werwölfe verwandeln konnten und daß man nachts die Tür verrammeln mußte, um sich vor dem Bösen zu schützen. Als die Vorfreude auf einen neuen Erdenbürger Hoffnung und Ruhe bedeutete. Als sich alle freuten, als Annunziata schwanger wurde.

Ihr erster Sohn wurde geboren. Sie nannten ihn Vincenzo, zu Ehren ihres Vaters. Er hatte wunderschönes, dunkles Haar, tiefblaue Augen, zehn Finger und zehn Zehen. Er war einfach vollkommen. »Che bella vita.« »Welch unfaßbares Glück.« Und sie feierten ein großes Freudenfest.

Es gab kein warnendes Vorzeichen, das sie auf den bevorstehenden Schicksalsschlag vorbereitet hätte. Vincenzo wurde krank. Jemand mußte ihm den »malocchio«, den bösen Blick, zugeworfen haben. Er hatte Schwierigkeiten beim Atmen. Die Haut wurde fahl, und die Augen verloren ihren Glanz. Die Familie begann zu beten. Der Arzt wurde gerufen. Über das Honorar würde man sich schon einigen können. »Tun sie alles, was notwendig ist. Hauptsache, der Kleine wird wieder gesund.«

Wenige Tage später war Vincenzo tot.

Annunziata war außer sich vor Schmerz. Sie weinte sich die Augen aus. In ihrem ganzen Leben war ihr noch kein Unheil widerfahren. Bisher hatte es unter einem günstigen Stern gestanden. Aber nun war sie mit einem Mal vollkommen aus der Bahn geworfen.

Ihre Mutter sprach ihr Mut zu. »Solche Dinge passieren nun einmal. Du bist noch jung. Es wird alles wieder gut werden.«

Es dauerte nicht lange, und sie war wieder schwanger.

Ernesto, nach Luigis Vater benannt, wurde geboren. Voller Freude über den Neugeborenen hätschelten und verwöhnten sie ihn. Sie waren bereit, ihren Kummer hinter sich zu lassen, und feierten das Ereignis gebührend.

Annunziata war besorgt. Ihre Mutter hielt dies für ganz natürlich. Annunziata war beängstigt. »Beruhige Dich!« Annunziata verfiel in Panik. Ernesto atmete nicht richtig. Er sah blaß aus. Er fühlte sich heiß an. Und Annunziata hatte recht. Irgend etwas stimmte nicht mit ihm. Vier Tage später war er tot.

Es war noch kein Jahr vergangen, und Antonio wurde geboren. Er war so ein mageres, schrumpeliges Kerlchen, aber Annunziatas Mutter sagte, er sei ein Kämpfer. Er würde stark sein. Annunziata war über alle Maßen erleichtert. Endlich mußten sie sich nicht mehr sorgen, alles würde gut werden. In dieser rauhen, unwirtlichen Umgebung war das Leben hart. Aber man mußte, wie Luigi immer sagte, einen klaren Kopf behalten, um zu überleben. Bald verlief alles wieder in ruhigen Bahnen.

Antonio starb, bevor er ein Jahr alt wurde. Die nächsten zwei Kinder, Marianna und Antonietta, lebten nur wenige Monate.

»Povera ragazza!« Arme Annunziata. Sie war untröstlich. Der Verlust ihrer Kinder hatte sie dermaßen getroffen, daß sie krank wurde. Sie verweigerte das Essen und weinte Tag und Nacht.

Luigi war zu Tode erschrocken. Er war wie gelähmt vor Schreck angesichts der

Liebe Francesca

Schicksalsschläge, die über sie hinweggefegt waren. Er fühlte sich vollkommen hilflos. Er mußte nachdenken, einen Weg finden, die Dinge zu ändern. Als er Annunziata geheiratet hatte, hatte er ihrem Vater versprochen, sich um sie zu kümmern. Er mußte etwas unternehmen.

»L'ospedale!« Das Waisenhaus in Neapel. Dort gab es unzählige Säuglinge, und man konnte sich eines dieser Kinder aussuchen. Er würde Annunziata ein Baby nach Hause bringen, und ihr würde es besser gehen. In Begleitung seiner Mutter und seiner Schwiegermutter machte er sich auf den Weg zum Waisenhaus.

Sie wanderten zwischen den Kinderbetten herum und sahen ein schönes, kleines Mädchen mit tiefschwarzem Haar. Es lächelte und gluckste. Neben ihr lag ein kleiner, blonder Junge, friedlich schlafend. Er wirkte ruhig und zufrieden. In einem anderen Bettchen lag ein pausbäckiges, strammes Baby, in einen Baumwollschal gewickelt. Wie sollten sie sich jemals für eines dieser Kinder entscheiden können?

Dann bemerkte Luigi ein Kinderbettchen, das gegen die Wand geschoben war. Darin wimmerte ein abgemagertes, blaßwangiges Kind vor sich hin. Es sah vernachlässigt aus. Der kleine Junge wirkte so verloren. Luigi erkannte schlagartig, daß dieses Kind anders war. Es war wie er. Auf der Karte über seinem Bett stand »Carlo Contini«.

Annunziata verliebte sich in Carlo. Auch Luigi war ganz vernarrt in das Baby. Alle waren dem Kleinen von Herzen zugetan. Sie hießen ein fremdes Kind in ihrem Leben willkommen, ein gutes Zeichen, um den »malocchio« abzuwehren, der sie verfolgt hatte.

Nach italienischem Recht mußte ein adoptiertes Kind den Nachnamen des leiblichen Vaters führen. Annunziata und Luigi änderten ihren Familiennamen von Silni in Contini, um zu verhindern, daß Carlo eines Tages Probleme wegen seines Namens bekommen würde. Ihr Adoptivsohn sollte den Schutz der Gemeinschaft genießen. Sie zogen in ein Zimmer mit Küche um. Die neue Behausung lag hundertachtundsiebzig Stufen höher, im »'ngoppa 'a terra«, dem ehemaligen Zentrum von Pozzuoli. Dort, hoch oben, wo man das glänzendblaue Meer überblicken und die Inseln Ischia und Procida in der Ferne erkennen konnte, begannen sie mit ihrem Sohn ein neues Leben. Er wuchs zu einem starken, gesunden Jungen heran, geliebt und verwöhnt von seinen Eltern.

Annunziata trug weitere zwölf Schwangerschaften aus, aber nur sieben ihrer Kinder überlebten. Um sich selbst zu trösten und, wie es ihre Art war, ihren

Mitmenschen zu helfen, unterstützte sie andere Mütter als Amme. In ihrem Kummer schenkte sie vielen Kindern ihre Liebe.

Ihre leiblichen Kinder waren – wie sie und Luigi – alle klein, Carlo dagegen wuchs zu einem großen Mann heran, er wurde über einen Meter achtzig groß. Er hatte charakteristische, adlerartige Gesichtszüge, sah sehr gut aus und war unglaublich charmant. Annunziata bewunderte und verwöhnte ihn. Sie nannte ihn den »Prinzen von Pozzuoli«. Und diese Rolle füllte er instinktiv aus. Zuweilen fragte er sich, warum seine Brüder und Schwestern kleiner waren als er und warum er seine Eltern überragte. Er wunderte sich, warum er sich nicht so wie die anderen fühlte, aber schließlich war er auch anders als die anderen, er war eben »der Prinz von Pozzuoli«.

Carlo, der Prinz von Pozzuoli, um 1952

Er wollte das Beste aus jeder Situation machen. Er wollte der Armut und dem Elend von Pozzuoli entrinnen. Mit einundzwanzig Jahren verließ er sein Zuhause und schloß sich der Polizeitruppe an. Annunziata und Luigi waren am Boden zerstört. Bisher war kein Mitglied der Familie weggegangen, um anderswo zu arbeiten. Es hatte immer Arbeit gegeben. Sie waren Zimmermannsleute. Carlo sollte auch Zimmermann werden, wie schon sein Vater und sein Großvater vor ihm.

Aber Carlo war anders. Er wollte nicht mehr in Armut leben. Er mußte fortgehen. Er sah gut aus. Wenn er in Uniform auf seinem Pferd saß, sah er aus wie ein Filmstar, eine königliche Hoheit. Er bereiste ganz Italien, und als sich ihm die Chance bot, Großbritannien zu besuchen, um Englisch zu lernen, konnte er einfach nicht widerstehen.

Carlo wurde nach Edinburgh versetzt. Charmant und gesellig wie er war, nahm ihn die Gemeinschaft der italienischen Einwanderer gerne auf. Bei den Mädchen hatte er einen Stein im Brett. Sie stritten sich um ihn, flirteten mit ihm und versuchten, sich ihn zu angeln. Für Carlo war das nichts Neues. Er war es gewohnt, als »scugnizzo« zu gelten, genau wie sein Vater. Ihm schien es gerechtfertigt, und er genoß die Aufmerksamkeit. Schließlich war er immer noch der »Prinz von Pozzuoli«.

Eines der Mädchen zeigte nicht so viel Interesse. Olivia Crolla war nicht nur unabhängig und zielstrebig, sondern auch außergewöhnlich attraktiv. Sie arbeitete als Krankenschwester im örtlichen Krankenhaus. Wie ungewöhnlich für eine italienische Einwanderin, außerhalb der Familie zu arbeiten.

Ihre Gleichgültigkeit wirkte auf Carlo äußerst anziehend. Ihr Schwung beeindruckte ihn. Was aber tatsächlich seine Aufmerksamkeit erregte, waren »ihre Strumpfnähte. Sie saßen nämlich immer ganz gerade.« Er war ganz hingerissen von ihr und bis über beide Ohren in sie verliebt. Trotz aller widrigen Umstände beschloß er, zu heiraten und sich in Edinburgh niederzulassen.

Olivia Crolla, um 1950

Er schrieb seinen Eltern einen Brief, in dem er ihnen von Olivia erzählte. Luigi und Annunziata antworteten ihm mit einem Schreiben, in dem sie ihre ganze Liebe für ihn zum Ausdruck brachten und ihm zum erstenmal die schmerzliche Wahrheit offenbarten: Sie waren nicht seine leiblichen Eltern, sie hatten ihm niemals erzählt, daß er ein Waisenkind sei, das man zur Adoption freigegeben hatte. Er war niedergeschmettert. Anfangs konnte er es gar nicht glauben, aber dann klärte sich alles auf. Endlich ergab alles einen Sinn. Er hatte sich von jeher anders gefühlt. Er liebte Annunziata und Luigi umso mehr, als er begriff, wie viele Opfer sie für ihn gebracht hatten.

Er heiratete Olivia und trat seine neue Stellung im Leben an, er wurde der »König der Elm Row«.

Annunziatas »Bleiklößchen«
GNOCCHI DI PATATE

Francesca, als Dein Vater noch jung war, verbrachte er viele seiner langen Sommerferien bei seinen Großeltern Annunziata und Luigi. Er lernte, die neapolitanische Sprache, die italienische Mentalität zu verstehen und das beste italienische Essen zu genießen. Annunziata liebte ihn über alles und bereitete für ihn alle Leckereien zu, die sie sich leisten konnte. Sie kochte ganz nach Gefühl. Sie hatte niemals auch nur eine Zeile gelesen und ihr Leben lang kein einziges Kochbuch besessen, allerdings hatte sie von ihrer Mutter und Schwiegermutter gelernt, wie man seine Familie gut verköstigt.

Wie wir alle hatte auch sie eine oder zwei Schwächen. Sie wußte, daß ihr Enkelsohn auf Gnocchi, Klößchen aus Kartoffelteig, versessen war. Bereits am Ankunftstag kochte sie für ihn seine Leibspeise. Er genoß das Ritual, ihr eine Freude zu bereiten, indem er zwei oder drei Teller davon aß. Ihre Gnocchi waren ziemlich schwer, und je älter sie wurde, desto schwerer wurden sie. Als sie die fünfundachtzig erreicht hatte, wurden ihre Klößchen scherzhaft »pietre di piombo«, »Bleigewichte«, genannt, allerdings niemals in ihrer Anwesenheit.

Als wir sie während unserer Flitterwochen besuchten, bestand sie darauf, mir zu zeigen, wie ich meinem frischgebackenen Ehemann ihre Gnocchi zubereiten konnte. Schließlich gehörte es nun zu meinem Aufgabenbereich, für sein Wohlergehen zu sorgen. Gnocchi inbegriffen! Er wollte ihr beweisen, wie sehr er sie liebte, und vermutlich wollte er mir auch zeigen, wer von uns beiden das Sagen haben würde. Daher vertilgte Dein Vater nicht eine, nicht zwei, nein, drei riesige Portionen »Bleiklößchen«.

Dazu möchte ich nur anmerken, daß er insgesamt drei Tage brauchte, um sich davon zu erholen, und nicht immer ein derart autoritäres Gebaren an den Tag legte.

Dieses Gnocchirezept stammt von meiner Mutter. Viele Italienerinnen geben etwas Backpulver hinzu, damit sie nicht so schwer werden. Meine Mutter verwendet zu diesem Zweck mit Backpulver versetztes Mehl. Für Gnocchi brauchst Du mehlige Kartoffeln. Wachsweiche oder neue Kartoffeln sind ungeeignet.

450 g mehlige Kartoffeln, Schälgewicht
1 unbehandeltes Eigelb, geschlagen
200 g Mehl
25 g selbsttreibendes Mehl (mit Backpulver versetzt)
Meersalz

Viertele die Kartoffeln und koche sie in ungesalzenem Wasser gar. Gieße sie ab, stelle sie auf den Herd zurück und laß sie bei sehr schwacher Hitze einige Minuten ausdampfen, bis das überschüssige Wasser vollkommen verdunstet ist. Püriere die Kartoffeln oder drücke sie durch ein Passiertuch oder eine Kartoffelpresse. Laß sie ein wenig auskühlen.

Dann lockerst Du die Masse ein wenig auf, indem Du das Eigelb beimengst.

Danach siebst Du das Mehl hinein und mischst alles mit sauberen, bemehlten Händen durch. Knete die Masse leicht, bis alles gut vermengt ist. Die Mischung soll am Ende weich und locker sein, dabei aber weder klebrig noch trocken.

Es empfiehlt sich, ein Stück Probeteig zu kochen, bevor Du die Gnocchi ausschneidest. Dazu gibst Du ein Stückchen Teig in einen kleinen Topf, der mit kochendem Salzwasser gefüllt ist. Warte ein bis zwei Minuten, bis der Teig an die Oberfläche treibt. Prüfe den Geschmack und die Konsistenz des Teigs. Er sollte zwar locker, aber dennoch fest sein. Wenn er zu weich ist, dann gibst Du noch etwas Mehl hinzu. Ist er hingegen zu trocken, dann fehlt ihm noch etwas Eigelb.

Sobald Du mit dem Teig zufrieden bist, klopfst Du die Teigmasse in eine flache, runde, etwa 2 bis 3 cm dicke Form. Davon schneidest Du sechs bis acht Teigstreifen ab, die Du zu zigarrenförmigen Rollen formst. Anschließend schneidest Du jede dieser sechs bis acht Rollen in 2 bis 3 cm große, mundgerechte Stücke.

Mit einer schmalzinkigen Gabel kerbst Du jedes Stück ein. Der Zweck dieser Übung besteht darin, in jedes »gnoccho« eine Kerbe und einige Furchen zu drükken, so daß es in der Mitte gleichmäßig gart. Außerdem nehmen die gefurchten Klößchen viel Sauce auf. Drücke die Gabel sanft in die Mitte jedes Klößchens, wobei die nach innen gewölbte Seite der Gabel nach oben weist. Mit einer einzigen Handbewegung drückst Du den Teig über die Zinken, und in einer Hälfte des Klößchens bleiben Abdrücke der Gabel und eine Kerbe zurück. Übe einen sanften Druck aus. Bald wirst Du den Dreh heraushaben. Wenn der Teig beim Verarbeiten haftenbleibt, bestäubst Du ihn und die Hände mit Mehl.

Lege die Gnocchi auf Tabletts oder Backbleche und decke sie mit Frischhaltefolie ab. Am besten kochst Du sie unmittelbar nach der Zubereitung. Den Teig kannst Du einige Stunden vor Gebrauch machen, ausschneiden solltest Du die Gnocchi allerdings erst, wenn Du sie brauchst. Stelle sie nicht in den Kühlschrank, sonst werden sie schwarz.

Fülle einen großen Topf mit Wasser, das Du zum Kochen bringst. Gib reichlich Salz in das Wasser. Die Klößchen selbst sind zwar nicht gesalzen, aber sie nehmen genügend Salz aus dem Wasser auf. Mit der Frischhaltefolie läßt Du die Gnocchi lagenweise in das kochende Wasser gleiten. Die Folie schrumpft – wie von Zauberhand – zu einem Nichts zusammen, und die Klößchen gleiten alle auf einmal in das Wasser. Laß nicht zu viele Gnocchi gleichzeitig im Wasser schwimmen. Gewöhnlich koche ich die oben angegebene Menge in drei Schüben.

Die Gnocchi sinken auf den Boden des Topfes. Zunächst sehen sie nicht sonderlich appetitlich aus, aber das muß Dich nicht beunruhigen. Bereits nach wenigen Minuten sind sie gar und treiben an die Oberfläche. Mit einem Schlitzlöffel oder Sieb hebst Du sie aus dem Wasser. Laß sie gut abtropfen und gib sie mit einigen Löffeln Sugo in eine vorgewärmte Servierschüssel. Stelle sie warm, bis Du auch die restlichen Klößchen gekocht hast. Für welche Sauce Du Dich auch entscheidest, sie muß auf jeden Fall fertig zubereitet sein, damit Du sie über die gekochten Gnocchi gießen kannst. Über jede Lage Klößchen reibst Du etwas Parmigiano Reggiano.

Mir schmecken Gnocchi am besten mit der Tomaten-Butter-Sauce (siehe Seite 149). Zu Gnocchi passen aber auch geschmolzener Gorgonzola (siehe Seite 140) oder Butter mit frischem Salbei und Pecorino (siehe Seite 139).

Wie wäre es mit Bocconcini zu den mit Sugo zubereiteten Gnocchi? Gib die geschnittenen Mozzarellabällchen einfach über die Klößchen und laß das Ganze unter dem Grill schmelzen. Was für eine verführerische Delikatesse! (Ich habe bereits erwähnt, daß der aus Kuhmilch hergestellte »fior di latte« besser schmilzt.)

Traditionell wurden Gnocchi nach Augenmaß zubereitet. Die Frauen wären niemals auf die Idee gekommen, Kartoffeln und Mehl abzuwiegen. Sie konnten mit bloßem Auge feststellen, wann sie eine ausreichend große Menge davon hinzugegeben hatten. Das Rezept soll Dir lediglich als Richtlinie dienen. Du mußt Dich nicht sklavisch daran halten.

Und, Francesca, Großmutter Annunziata darf niemals erfahren, daß Dein Vater meine Gnocchi lieber mag als ihre!

SAUCEN AUF OLIVENÖLBASIS

Saucen auf Olivenölbasis stammen ursprünglich aus dem Süden Italiens. Gewöhnlich werden sie mit reichlich frisch gemahlenem schwarzen Pfeffer serviert, aber keinesfalls mit geriebenem Parmigiano.

Aus dem Grundrezept lassen sich unzählige Variationen kreieren.

Liebe Francesca

Spaghettini mit Knoblauch, Öl und Peperoncino
SPAGHETTINI AGLIO, OLIO E PEPERONCINO

360 g Spaghettini
Meersalz
5–6 Eßlöffel Olivenöl extra vergine
2 Knoblauchzehen, geschält und feingehackt
1 Stück Peperoncino (getrocknete rote Chilischote), zerstoßen
1 Eßlöffel sehr feingehackte glatte Petersilie

Gib die Nudeln in kochendes Salzwasser. Spaghettini sind – je nach Marke – nach etwa sechs bis acht Minuten gar. Inzwischen erhitzt Du das Olivenöl in einer kleinen Kasserolle. Gare den Knoblauch und die Chilischote sehr langsam in dem Öl, das nur ein leichtes Aroma erhalten soll. Gib acht, daß der Knoblauch keine Farbe annimmt oder anbrennt.

Probiere die Pasta wiederholt, indem Du mit einer Gabel eine Nudel aus dem Topf ziehst und sie probierst. Bevor die gelblichen Nudeln im Kern weiß werden und wenn sie noch einen festen Biß haben, sind sie fertig. Nimm den Topf vom Herd und stelle ihn auf das Spülbecken. Gieße die Nudeln in einem Sieb ab, schwenke sie mehrmals kräftig hin und her und gib sie in den Topf zurück.

Gib die gehackte Petersilie in das Öl und gieße das heiße Öl über die Nudeln. Mische das Gericht mit zwei Gabeln durch und trage es sofort auf. Das Essen riecht so verlockend, daß man sich nur zu gerne gleich darauf stürzt.

Menge etwa 10 bis 15 mundgerechte Brokkoliröschen unter die kochenden Nudeln. Dadurch werden die Teigwaren aromatisch verfeinert, während sie kochen. Wenn das Öl über die abgegossenen Nudeln und Brokkoliröschen gegossen wird, entfaltet sich das vorzügliche Aroma beider Zutaten, die geschmacklich wunderbar miteinander harmonieren. Bei dieser Rezeptvariante gehst Du mit dem Olivenöl etwas großzügiger um. Um den Brokkoli gut zu bedecken, dürften acht bis neun Eßlöffel Öl ausreichen.

Statt der Brokkoliröschen kannst Du auch Blumenkohlröschen in das Nudelwasser geben.

In Süditalien gibt man gerne mehr Peperoncino und einige eingelegte Anchovis in die Ölmischung. Drücke die Fische mit der Rückseite eines Löffels in das Öl, so daß sie sich vollkommen darin auflösen. Dadurch verfeinerst Du das Aroma. Keine Sorge, das

Gericht wird nicht nach Fisch schmecken. Die Anchovis passen auch zum Rezept mit Brokkoli oder Blumenkohl.

Und nun kommt meine Lieblingsvariante. Ich gebe einige gute Handvoll frischen Spinat in die Ölmischung. In diesem Fall verwende ich etwas mehr Öl, das ich in einer größeren Bratpfanne erhitze, bevor ich die Chilischote darin gare. Anschließend füge ich den Spinat bei, den ich zugedeckt im eigenen Saft dünsten lasse. Wenn die Nudeln gar sind, lasse ich sie abtropfen, gebe sie in die Bratpfanne und vermenge sie mit dem Spinat und dem Öl, und das bei mittlerer Hitzezufuhr, damit alles kochend heiß bleibt.

Meine Mutter gab den Knoblauch gewöhnlich in ganzen Zehen hinzu. Sie garte die Zehen, bis sie Farbe angenommen hatten, und nahm sie dann heraus. Das ist die römische Art, »aglio e olio« zu genießen. Als ich heiratete, lehnte Philip es ab, seine Pasta derart zubereitet zu essen. Er war an die neapolitanische Art gewöhnt. Du lieber Himmel!

Spaghettini mit Pfifferlingen
SPAGHETTINI CON GALLETTI

Für mich ist das der Inbegriff des schottisch-italienischen Rezepts, feine schottische Pfifferlinge, harmonisch abgerundet durch »aglio e olio«, in Olivenöl gedünstetem Knoblauch.

In Schottland gedeihen Pfifferlinge vom Spätsommer bis zu den ersten Frosttagen im Herbst. Die aprikosefarbenen, schmackhaften Waldpilze haben eine feste Konsistenz, und ihr köstliches Aroma paßt hervorragend zu Teigwaren. Pfifferlinge sind durch ihr charakteristisches Aussehen leicht zu erkennen. Dennoch versteht es sich wohl von selbst, daß man erst dann Waldpilze sammeln sollte, wenn man von einem Pilzexperten gelernt hat, die verschiedenen Pilze zuverlässig voneinander zu unterscheiden. Waldpilze sind in Fachgeschäften erhältlich. Von den Pilzen im Supermarkt, die in Kunststoffschalen verkauft werden, rate ich Dir allerdings ab.

200 g Pfifferlinge
5–6 Eßlöffel Olivenöl extra vergine
1 Knoblauchzehe, geschält und feingehackt
1 Stück Peperoncino (getrocknete rote Chilischote), zerstoßen
Meersalz

2 Eßlöffel feingehackte glatte Petersilie
360 g Spaghettini

Zunächst müssen die Pfifferlinge gründlich geputzt werden. Stutze den unteren Teil des Stiels und reibe mit einem feuchten Küchentuch etwaige Erd- oder Moosreste ab, die noch an den Pilzen haften. Im Gegensatz zu Stein- oder Herrenpilzen leiden Pfifferlinge nicht unter Madenbefall. Sie sind leicht zu verarbeiten, wenn sie noch unbeschädigt und nicht durchgeweicht sind. Widerstehe der Versuchung, sie zu waschen, sie saugen sich nämlich blitzschnell mit Wasser voll. Große Pfifferlinge schneide ich in Stücke. Die meisten Pilze verwende ich jedoch im Ganzen, da sie beim Kochen ohnehin schrumpfen.

Erhitze das Olivenöl in einer großen Bratpfanne. Gib den gehackten Knoblauch und die Chilischote hinzu und gare alles bei schwacher Hitze, damit das Öl aromatisch verfeinert wird. Dieses Gericht serviere ich gerne pikant, daher würze ich es mit einer großzügig bemessenen Menge Peperoncino. Verstärke die Hitzezufuhr geringfügig und menge die Pfifferlinge bei. Beim Kochen setzen sie reichlich Flüssigkeit frei, die jedoch wieder einkocht und eine leckere, unverfälscht aromatische Sauce für die Nudeln ergibt. Dünste die Pilze bei mäßiger Hitzezufuhr, damit ein Teil der Flüssigkeit verdampft, während Du die Pfifferlinge im aromatisierten Öl wendest. Laß sie nicht zu lange garen, sonst werden sie gummiartig. Schmecke alles mit Meersalz ab und gib die gehackte Petersilie dazu.

Koche die Nudeln im kochenden Salzwasser »al dente«, laß sie gründlich abtropfen und mische sie in der Bratpfanne mit den Pfifferlingen. Die Pasta sollte gut bedeckt sein. Das Gericht wird in vorgewärmten Nudelschüsseln sofort heiß aufgetragen.

Spaghettini mit Muscheln
SPAGHETTINI CON COZZE

Das liebe ich so an unserer Küche. Aus einer einzigen Zubereitungsart entwickelt sich eine Vielzahl unterschiedlicher Gerichte, wobei man sich von den verfügbaren Zutaten und der jeweiligen Jahreszeit leiten läßt. Es ist so unkompliziert und logisch. Ich hoffe, daß Du beim Kochen bald ohne Rezept auskommen wirst, indem Du auf Deinen Gaumen vertraust und Deiner Stimmung folgst.

Bereite die Muscheln wie im Rezept auf Seite 106 beschrieben vor, die Petersilie gibst Du allerdings nicht erst zuletzt dazu.

500 g Muscheln, gargekocht (siehe Seite 106)
1 Knoblauchzehe, geschält
1 Stück Peperoncino (getrocknete rote Chilischote), zerstoßen
2–3 Eßlöffel Olivenöl extra vergine
2–3 Eßlöffel feingehackte glatte Petersilie
5–6 reife Kirschtomaten,
wahlweise einige Dosentomaten und 1 Eßlöffel ihres Safts
360 g Spaghettini

Erhitze das Olivenöl in einer großen Bratpfanne und sautiere darin den Knoblauch und die Chilischote. Rühre die gehackte Petersilie und anschließend die Tomaten darunter. Gewöhnlich drücke ich die Kirschtomaten einfach mit der Hand aus. Gib acht, daß Dir der Saft dabei nicht in die Augen spritzt. Das Ganze läßt Du fünf bis zehn Minuten garen. Die Petersilie, zu diesem Zeitpunkt beigemengt, mildert das Aroma des Knoblauchs.

Gib die gargekochten Muscheln und etwa einen Eßlöffel ihres Suds hinzu. (Du kannst das Muschelfleisch größtenteils auslösen, einige Muscheln solltest Du jedoch in ihren Schalen lassen. Das sieht sehr reizvoll aus.) Probiere die Muschelsauce.

Koche die Nudeln »al dente«, laß sie gut abtropfen und mische sie in der Bratpfanne mit den Muscheln. Dadurch verbinden sich die verschiedenen Geschmacksstoffe zu einem verlockenden Aroma, und die Hitze verteilt sich gleichmäßig.

Ein Kinderspiel!

Wenn Du sehr kleine, flache Kreuzmuster-Teppichmuscheln, »vongole veraci«, auftreiben kannst, bereitest Du sie nach demselben Rezept zu. Sie schmecken wirklich einzigartig. Diese Muscheln sind teilweise sehr sandig. Am besten wäschst Du sie in kaltem Wasser, das Du mehrmals erneuerst, und kochst sie dann wie die Muscheln auf Seite 106, allerdings nur ganz kurz. Sie sind so klein, daß sie sich innerhalb weniger Sekunden öffnen. Dann nimmst Du die Muscheln mit einem Schlitzlöffel heraus. Die übrige Flüssigkeit schöpfst Du mit einem Schöpflöffel ab, um sie anschließend durch ein Sieb zu streichen, das

Du zuvor mit Küchenpapier ausgelegt hast. Mit etwas Glück bleibt der Sand auf dem Boden des Topfes oder im Sieb zurück. Die größeren Muscheln, die hierzulande erhältlich sind, sind mir zu sandig. Ihre Zubereitung ist mir einfach zu mühsam, daher koche ich sie nur äußerst selten.

Spaghettini mit Zucchini
SPAGHETTINI CON ZUCCHINE

Ich liebe Zucchini. Da ich in diesem Haushalt die einzige bin, die sich für dieses Gemüse begeistern kann, koche ich es nur, wenn ich alleine bin. Wähle kleine, unbehandelte Zucchini aus. Gewöhnlich sind sie knackiger und fester, außerdem enthalten sie weniger Wasser.

4–5 Zucchini
4–5 Eßlöffel Olivenöl extra vergine
2 Knoblauchzehen, geschält und feingehackt
2 Zweiglein frischer Rosmarin
360 g Spaghettini oder andere Teigwaren
Meersalz und schwarzer Pfeffer

Wasche die Zucchini in kaltem Wasser und schneide jeweils das obere Ende und den Stiel ab. Rasple die Zucchini mit der großzackigen Seite einer kegelförmigen Reibe.

Erhitze das Öl in einer großen Bratpfanne und dünste darin den gehackten Knoblauch bei schwacher Hitze. Dann gibst Du die Zucchini hinzu. Reguliere die Hitzezufuhr so, daß die Zucchiniraspel an den Kanten etwas Farbe annehmen. Schmecke sie mit einer Prise Meersalz ab und füge den frischen Rosmarin dazu. (Wenn Du die Zweiglein zu diesem Zeitpunkt, also erst ganz zuletzt, zugibst und nur kurz mitköcheln läßt, entfaltet sich ein frischer, leichter Rosmaringeschmack, der hervorragend zu den Zucchini paßt.)

Koche die Nudeln in kochendem Salzwasser »al dente«. Gieße sie ab und gib sie in die Bratpfanne. Mische alles gut durch und schmecke das Gericht mit reichlich schwarzem Pfeffer ab.

Orecchiette mit Artischocken
ORECCHIETTE CON CARCIOFI

Diese Pasta haben wir in Apulien gekostet. Diese Region liegt an der Ostküste Italiens, und zwar ziemlich weit unten in Richtung Stiefelabsatz. Apulien zählt zu den unberührtesten und faszinierendsten Flecken Italiens und ist auf jeden Fall eine Reise wert, am besten im Frühjahr oder Spätsommer, wenn es nicht zu heiß ist.

Ich liebe das Olivenöl aus Apulien. Das Land ist regelrecht mit Olivenhainen überzogen. Überall sind Olivenbäume, so weit das Auge blickt. Die besten Olivenöle stammen von den uralten, knorrigen Bäumen, die so aussehen, als würden sie demnächst absterben. Tatsächlich wurden diese Bäume stärker beschnitten. Sie liefern zwar einen geringeren Ernteertrag, aber die Oliven sind hochwertiger und das daraus gewonnene Öl hat ein lieblicheres Aroma.

Orecchiette, »kleine Ohren«, sind runde, hausgemachte Nudeln, eine regionale Spezialität, die aus einem einfachen Mehl-Wasser-Teig hergestellt wird. Sie werden durch Daumendruck zu einem kleinen Ohr geformt. Die Sauce sammelt sich appetitlich in der löffelförmigen Mulde der Nudel – geradezu ideal für reichhaltige Sughi. In Apulien fügt man den Knoblauch häufig in ganzen Zehen bei und läßt ihn Farbe annehmen. Dadurch schmeckt er feiner und wird aromatischer.

Herzen von 2 mittelgroßen oder kleinen Artischocken, gesäubert und dünn geschnitten *(siehe Seite 62)*
4-5 Eßlöffel Olivenöl extra vergine
2 Knoblauchzehen, geschält, aber im Ganzen gelassen
1 Stück Peperoncino (getrocknete rote Chilischote), zerkrümelt
2-3 frische Lorbeerblätter
Meersalz
360 g Orecchiette (Öhrchennudeln)

Das aufwendigste an diesem Gericht ist die Zubereitung der Artischocken. Wenn es gerade keine frischen Artischocken gibt, greifst Du auf »carciofi sott'olio«, in Öl konservierte Artischocken, zurück. Frische Artischocken stutzt Du zunächst, dann halbierst Du sie, und sobald Du das Heu entfernt hast, schneidest Du das weiße

Herz in feine, dünne Scheiben. Gib die Scheiben in eine Schüssel mit kaltem Wasser, in dem einige Zitronenviertel schwimmen, damit sie sich nicht verfärben.

In einer großen Bratpfanne erhitzt Du das Olivenöl . Dünste den Knoblauch bei schwacher Hitze darin, bis er Farbe annimmt. Der Knoblauch erhält dadurch einen gänzlich anderen Geschmack. Gib die Chilischote, die Lorbeerblätter und die Artischockenscheiben hinzu und schmecke die Artischocken mit grobem Meersalz ab. Wende die Artischockenscheiben einige Minuten im aromatisierten Öl. Gieße zwei bis drei Eßlöffel Wasser hinzu und laß die Artischocken in der zugedeckten Bratpfanne sanft garen. Sie sollen im eigenen Saft dünsten, nicht braten. Schmecke die Sauce ab. Der Geschmack ist ganz köstlich und unverwechselbar.

Koche die Orecchiette in reichlich kochendem Salzwasser »al dente«. Gewöhnlich sind sie nach zwölf Minuten bißfest. Gieße sie ab und vermische sie mit der Artischockensauce. Behalte einige Eßlöffel des Nudelwassers zurück, damit kannst Du die Sauce verdünnen, falls Dir ihre Konsistenz nicht gefällt.

Gewöhnlich wird das Gericht mit einem Lorbeerblatt und einer ganzen Knoblauchzehe garniert. An dieser Garnierung soll sich allein das Auge erfreuen (nicht der Gaumen).

Aromatische Spaghettini
SPAGHETTINI AROMATICI

1 Eßlöffel gesalzene Kapern
2–3 gesalzene Anchovisfilets
360 g Spaghettini
Meersalz
3–4 Eßlöffel Olivenöl extra vergine
1 Knoblauchzehe, geschält und grobgehackt
1 Stück Peperoncino (getrocknete rote Chilischote)
1 Eßlöffel schwarze Oliven, entsteint und gehackt
4 frische Minzeblätter, feingehackt
2 Eßlöffel sehr feingehackte glatte Petersilie

Weiche die Kapern zum Entsalzen etwa 20 Minuten in kaltem Wasser ein. Laß sie abtropfen und hacke sie klein. Wasche die gesalzenen Anchovis gründlich unter fließendem kalten Wasser. Löse die Filets von den Gräten, tupfe sie trocken und hacke sie grob.

Gib die Spaghettini in reichlich kochendes Salzwasser.

Dann erhitzt Du das Olivenöl in einer Bratpfanne. Gare den Knoblauch und die Chilischote bei schwacher Hitze im Öl. Nimm den Knoblauch und die Chilischote heraus, bevor sie Farbe annehmen. Mit einem Holzlöffel rührst Du die gehackten Anchovis ein und brätst sie bei geringer Hitzezufuhr, bis sie sich vollkommen im Olivenöl aufgelöst haben.

Gieße die Nudeln ab, bevor sie ganz gar sind, und behalte eine Tasse vom Nudelwasser zurück. Vermische die Nudeln mit dem Öl in der Bratpfanne. Gib die Oliven, die Kapern und die frischen Kräuter hinzu und laß das Ganze noch ein wenig köcheln. Bei Bedarf gibst Du noch etwas von dem Nudelwasser hinzu.

Genueser Pesto
PESTO ALLA GENOVESE

Wenn Du große Bunde frisches Basilikum siehst oder wenn dieses Kraut in Hülle und Fülle auf Deiner Fensterbank wächst, dann kannst Du frisches Genueser Pesto machen. Eine echte Delikatesse. Da es sich gut einfrieren läßt, empfiehlt es sich, eine größere Menge Pesto zuzubereiten und einen Teil davon als Vorrat für die kommenden, kalten Monate anzulegen.

3-4 Handvoll frisches Basilikum (mindestens 100 g)
1 frische Knoblauchzehe, geschält und gehackt
Meersalz, etwa fi Teelöffel für den Anfang
1 Eßlöffel Pinienkerne
2 Eßlöffel frisch geriebener Parmigiano Reggiano
3 Eßlöffel frisch geriebener Pecorino Romano
6 Eßlöffel fruchtiges Olivenöl extra vergine, möglichst aus Ligurien

Pesto schmeckt einfach am besten, wenn es mit einem Stößel im Mörser zubereitet wird. Du mußt ein gewisses Geschick dafür entwickeln, und Du brauchst etwas

Schmalz in den Armen, aber das Ergebnis lohnt die Mühe. »Pesto« bedeutet »zerstoßen« oder »zermalmen«, und genau das mußt Du tun.

Zupfe die Basilikumblätter von den Stielen, beschädigte Blätter entfernst Du. Waschen solltest Du sie nicht.

Gib den gehackten Knoblauch, eine Prise Meersalz und einige der Basilikumblätter zerpflückt in den Mörser. Das grobe Salz sorgt für etwas Reibung, die zum Zerstoßen der Basilikumblätter nötig ist. Außerdem sorgt es dafür, daß die kräftige, leuchtendgrüne Farbe erhalten bleibt. Nach und nach gibst Du die Blätter in den Mörser, bis alle zerstoßen sind.

Nun mischst Du die Pinienkerne und die zwei Käsesorten darunter. (Du kannst es auch bei einer Käsesorte belassen, allerdings mußt Du dann fünf Eßlöffel davon nehmen.) Das Pesto wird appetitlicher, wenn Du es zu einer groben Masse zerstößt. Deshalb zerdrücke ich nur einige der Pinienkerne zu einer breiartigen Masse, die anderen zerkleinere ich nur grob. Zuletzt tröpfelst Du das Öl in die Masse, bis das Pesto eine schöne, dicke Konsistenz hat. Schmecke die Sauce ab und würze sie gegebenenfalls noch etwas nach. Für meinen Geschmack darf Pesto nicht zu viel Knoblauch enthalten.

Gieße das Pesto über die abgetropften, siedend heißen Nudeln und mische alles mit einer Gabel und einem Löffel gut durch. Ein Löffel Pesto macht aus einer guten Suppe oder einem schmackhaften Risotto mit Frühlingsgemüse einen kulinarischen Leckerbissen.

Wenn Du Pesto in ein sterilisiertes Glas gibst, das Du mit einem Deckel verschließt, hält es sich einige Tage im Kühlschrank. Bedecke es gut mit Olivenöl, dann kann es sich nicht mit Sauerstoff verbinden und braun werden. Bewahre die Sauce nicht zu lange auf, sonst schmeckt der Knoblauch zu sehr vor. Im allgemeinen bereite ich Pesto nach Bedarf zu. Falls dennoch etwas davon übrigbleibt, fülle ich es in Eiswürfelbehälter und friere es ein. Dann kann ich das vorrätige Pesto portionsweise herausdrücken und in Suppen oder Pasta geben.

Noch ein Wort zu handelsüblichen Fertigsaucen. Einige Pestoprodukte enthalten keine Pinienkerne, sondern andere Nußkerne, beispielsweise Walnüsse oder sogar Erdnüsse. Teilweise werden sie nicht mit Olivenöl, sondern mit einer Mischung aus verschiedenen Ölen hergestellt. Und bedenke, daß manche Menschen auf Nüsse allergisch reagieren.

Liebe Francesca

BUTTER-, SAHNE- UND KÄSESAUCEN

Selbst einem ungeübten Koch gelingen diese Pastasaucen im Handumdrehen. Käse, Butter und Sahne bilden die Grundlage für diese Sughi, deren Zubereitung nicht länger dauert als die Garzeit der Nudeln. Sie kommen jedem berufstätigen Menschen gelegen, der sich rasch eine Mahlzeit kochen will. Gewöhnlich bereite ich sie in sogenannten Notfällen zu, wenn ich halb verhungert und ausgelaugt bin und mich etwas verwöhnen möchte.

Der dreijährige Philip läßt sich seine Nudeln schmecken.

Spaghettini mit Parmesan und Butter
SPAGHETTINI CON PARMIGIANO E BURRO

Parmigiano Reggiano schmeckt saftig und frisch. Sein typisches Aroma entwickelt er jedoch nur, wenn er frisch gerieben wird. Vorgefertigte Käseraspel oder alter Parmigiano, der sich schon seit geraumer Zeit im Kühlschrank befindet, wird Deinen Gaumen niemals mit demselben vollkommenen, uneingeschränkten Hochgenuß erfreuen wie frischer.

Die angegebenen Mengen sind für eine Person gedacht. Ich koche diese Mahlzeit meistens für Philip.

85–100 g Spaghetti
Meersalz und schwarzer Pfeffer
1 großzügiger Klecks ungesalzene Butter
3-4 Eßlöffel frisch geriebener Parmigiano Reggiano

Koche die Spaghetti in reichlich Salzwasser. Sobald sie »al dente« sind, gießt Du sie ab. Hebe einige Eßlöffel des Nudelwassers auf.

Gib die Butter in die Kasserolle, kippe die abgegossenen Nudeln hinein und erhitze beide Zutaten schnell bei starker Hitze. Dabei wendest Du die Teigwaren mit einer Gabel, bis sie ausreichend mit Butter überzogen sind. Gib einen Spritzer des Nudelwassers hinzu, dann wird das Ganze dünnflüssiger. Nimm die Kasserolle vom Herd und streue den geriebenen Parmigiano hinein. Würze alles mit frisch gemahlenem schwarzen Pfeffer und laß es Dir schmecken, am besten beim Fernsehen. Guten Appetit!

Den Parmigiano Reggiano kannst Du durch frisch geriebenen Pecorino ersetzen. Pecorino schmeckt oft etwas herber als Parmigiano. Daher solltest Du mit dem schwarzen Pfeffer nicht zu sparsam umgehen, damit das Aroma pikant abgerundet wird.

Nudeln mit Butter und Salbei
PASTA CON BURRO E SALVIA

Auch wenn es sich um ein altbekanntes Rezept handelt, möchte ich es dennoch in die Sammlung aufnehmen. Die klassische Nudelsauce besteht aus ungesalzener Butter und einigen frischen Salbeiblättern. Besonders gut schmeckt dieser Sugo zu hausgemachten, gefüllten Teigwaren wie Ravioli (siehe Seite 117) oder selbstgemachten Gnocchi (siehe Seite 125).

Zerlasse 100 Gramm ungesalzene Butter in einer Bratpfanne und gib drei bis vier frische Salbeiblätter hinzu. Der Salbei verleiht der Butter eine würzige Note, und das Gericht duftet wunderbar aromatisch.

Sobald der Salbei beginnt, die Farbe zu wechseln, ist die aromatisierte Butter fertig. Gieße die Sauce über gekochte Nudeln oder Ravioli. Verfeinere das Gericht mit reichlich frisch geriebenem Parmigiano Reggiano oder Pecorino und schmecke es mit frisch gemahlenem schwarzen Pfeffer ab.

Nudeln mit Ricotta und Zitrone
PASTA CON RICOTTA E LIMONE

360 g Spaghettini
Meersalz und schwarzer Pfeffer
4 Eßlöffel frischer Ricotta, gekauft oder hausgemacht (siehe Seite 115)
1 großzügiger Klecks ungesalzene Butter
2 Eßlöffel feingehackte glatte Petersilie

1 ungewachste Zitrone
1 Prise gewaschene Käserinde
frisch geriebene Muskatnuß oder einige Blätter Basilikum, zerpflückt

Gib die Nudeln in kochendes Salzwasser. Da der Ricotta kein Salz enthält, solltest Du das Wasser kräftiger als gewöhnlich salzen. Wenn die Teigwaren »al dente« sind, gießt Du sie ab. Behalte eine Tasse des Nudelwassers zurück.

Gib die Nudeln wieder in den Topf oder in eine große Bratpfanne. Gieße etwa 80 ml des Nudelwassers hinzu und menge den Ricotta, die Petersilie und die Butter unter. Zerteile den Käse mit einer Gabel, während Du das Ganze erhitzt.

Verfeinere das Gericht mit einem großzügigen Spritzer Zitronensaft. Reibe etwas von der gewaschenen Käserinde darüber und würze es mit viel frisch gemahlenem schwarzen Pfeffer. Dann schmeckst Du es nach Belieben ab. Zuletzt garnierst Du es mit einem Hauch frisch geriebener Muskatnuß oder einigen frischen, zerpflückten Basilikumblättern.

Tagliarini mit Gorgonzola
TAGLIARINI CON GORGONZOLA CREMIFICATO

Für dieses Gericht nehme ich getrocknete Eiertagliarini, die mit der sahnigen Sauce köstlich umhüllt werden. Kaufe einen gut schmelzenden, ausgereiften Gorgonzola »dolce«, die rahmige, süße Variante des traditionellen Bergkäses, der kompakter und schärfer ist. Oder nimm gleich einen Gorgonzola »cremificato«, eine noch sahnigere Variante.

Gib etwa 200 Gramm Gorgonzola »cremificato« in eine Kasserolle und laß ihn mit einigen Eßlöffeln Milch und ein paar Eßlöffeln Crème double schmelzen. Mit einer Gabel oder einem Holzlöffel zerkleinerst Du vorsichtig die blaugrünen Schimmeladern, während Du den Käse zu einer Sauce zergehen läßt. Wenn sich die Schimmeladern nicht auflösen und die Sauce klumpig wird, streichst Du sie durch ein Sieb.

Koche etwa 360 Gramm Tagliarini »al dente«. Gewöhnlich sind Eiernudeln bereits nach vier bis fünf Minuten gar, trotzdem solltest Du vorsichtshalber die Kochanleitung auf der Verpackung lesen. Gieße die gekochten Nudeln ab und bewahre eine Tasse des Nudelwassers auf. Vermische die Teigwaren mit der

Liebe Francesca

Gorgonzolasauce und gieße einige Eßlöffel Nudelwasser dazu, falls die Sauce zu dickflüssig ist. Schmecke alles mit viel frisch gemahlenem schwarzen Pfeffer ab.

Fettuccine mit Sahne und Butter
FETTUCCINE CON PANNA E BURRO

Das erstemal besuchte ich Italien als zwölfjähriges Mädchen im Minirock. Anita, meine Schwester, war dreizehn. Sie war ein wenig größer, ein wenig dünner und ein wenig – immer nur ein wenig – hübscher als ich! Wir verbrachten drei Wochen

Gertrude und Johnny im Ristorante Alfredo, Rom, 1953

in Picinisco. Es war überwältigend, in Italien zu sein, und alles, was italienisch war, fanden wir spannend. Großmutter Marietta fuhr mit uns nach Rom. Dort besuchten wir den Vatikan und die Sixtinische Kapelle. Und mittags speisten wir im berühmten Ristorante Alfredo, wie alle, die sich ein paar Tage in Rom aufhielten. Auch meine Mutter und mein Vater hatten dieses Restaurant besucht, als sie in den Flitterwochen waren. Sie haben uns alles darüber erzählt, und wir konnten es kaum erwarten, dorthin zu gehen. Sicherlich würden wir uns großartig amüsieren.

Alfredo hatte sich einen Namen gemacht, zum einen mit seinen wunderbar lockeren Fettuccine, die mit einer perfekt abgestimmten Mischung aus Sahne, Butter und Parmigiano Reggiano überzogen waren, und zum anderen mit einem guten Reklametrick. Da seine Fettuccine die besten der ganzen Stadt waren und eine optimale Präsentation verdienten, wurden sie direkt vor den Augen der Gäste formvollendet vermischt, und zwar mit einem Löffel und einer Gabel aus massivem Gold. Diese kleine Zeremonie wirkte Wunder, und das nicht nur, was das Ego der Dame betraf, die gerade bedient wurde und natürlich als die schönste Frau von ganz Rom gepriesen wurde, sondern auch, was die Höhe des Trinkgeldes anging, das die Gäste nach dem Essen zahlten.

Natürlich bestellte Großmutter Marietta Fettuccine für uns. Die Ober machten einen großen Wirbel um uns beide, unsere erste Begegnung mit italienischen Männern war ziemlich aufregend. Wir waren beeindruckt und amüsierten uns köstlich. Aber die erhoffte Zeremonie mit dem goldenen Besteck war eine herbe Enttäuschung für mich. Der Ober ging an mir vorbei und bereitete die Pasta meiner halbwüchsigen Schwester zu, mit dem goldenen Löffel und der goldenen Gabel hantierend. Ich dagegen, noch ein Kind, mußte mich mit einem Besteck aus rostfreiem Stahl zufriedengeben. Aus Neid und verletztem Stolz brachte ich keinen Bissen hinunter. Was für eine schmähliche Niederlage.

Francesca, nie habe ich das Gefühl der Verlegenheit vergessen, das mich damals überkam. Mein einziger Trost besteht darin, daß Deine Tante ihren vierzigsten Geburtstag vor mir gefeiert hat, und sie wird ihr Leben lang ein wenig – immer nur ein wenig – älter sein als ich.

Für dieses Gericht verwendest Du feine, getrocknete Eiernudeln, aber auch hausgemachte Nudeln schmecken so zubereitet äußerst lecker. Da Eiernudeln sehr sättigend sind, brauchst Du weniger davon.

225 ml (1 kleiner Becher) Crème double (hochprozentige süße Sahne)
80 g ungesalzene Butter
2 Eßlöffel frisch geriebener Parmigiano Reggiano
Meersalz und schwarzer Pfeffer
320 g getrocknete Eiernudeln (Fettuccine oder Linguine)

Nimm eine große, tiefe Bratpfanne oder Kasserolle, groß genug, um die abgegossenen Teigwaren aufzunehmen, und erhitze darin die Sahne und die Butter. Die Zutaten sollen ausreichend erwärmt werden, allerdings nicht zu sehr eindicken.

Dann rührst Du den Parmigiano Reggiano darunter und schmeckst alles mit Meersalz ab.

Koche die Nudeln »al dente« und gieße sie ab, wobei Du einige Eßlöffel des Nudelwassers zurückbehältst.

Gib die Nudeln in die Bratpfanne und überziehe sie mit der Sahne. Nimm eine Gabel und einen Löffel und vermenge alles bei sehr schwacher Hitze. Gib einige Eßlöffel des Nudelwassers hinzu, wenn das Gericht zu dickflüssig ist. Serviere es mit reichlich frisch gemahlenem schwarzen Pfeffer.

Dieses Rezept läßt sich sehr leicht abwandeln. Aber verwende höchstens ein oder zwei weitere Zutaten, es soll schließlich nicht zu kompliziert werden.

Wie wäre es mit einigen Streifen geräuchertem Lachs und einem guten Eßlöffel feingehacktem frischen Dill? Beide Zutaten gibst Du in die Pfanne, wenn Du die Sahne erhitzt. In diesem Fall verzichtest Du auf den Parmigiano Reggiano.

Oder mit einigen Streifen Schinken und ein paar Pilzen, die Du zuvor in etwas Butter dünstest?

Zur Abwechslung kannst Du auch eine feingehackte Schalotte oder Zwiebel in einem Klecks Butter glasig dünsten. Gib eine Handvoll gehackten Räucherspeck oder Pancetta hinzu und gare alles langsam. Noch etwas Crème double, frisch geriebenen Parmigiano und frisch gemahlenen schwarzen Pfeffer, und schon hast Du im Handumdrehen ein köstliches Abendessen zubereitet.

Penne mit Zucchini und Sahne
PENNE CON ZUCCHINE E PANNA

Für dieses Rezept solltest Du unbehandelte Zucchini verwenden. Zum einen schmecken sie süßer, und zum anderen bleiben sie beim Kochen knackiger.

3 Zucchini (etwa 200 g)
1 großzügiger Klecks Butter
Meersalz und schwarzer Pfeffer
360 g Penne rigate
1 125-ml-Becher Crème double (hochprozentige süße Sahne), wahlweise auch mehr
2–3 Eßlöffel frisch geriebener Parmigiano Reggiano

Wasche und trockne die Zucchini. Rasple sie mit der großzackigen Seite einer Gemüsereibe in grobe Streifen.

Zerlasse die Butter in einer großen, tiefen Bratpfanne und füge die Zucchiniraspel hinzu. Gare das Gemüse sehr, sehr langsam, bis es weich ist und an den Kanten etwas Farbe angenommen hat. Schmecke die Zucchiniraspel mit ausreichend Meersalz ab.

Gib die Nudeln in kochendes Salzwasser.

Mische so viel Sahne unter die Zucchini, daß eine reichhaltige Sauce entsteht. Erhitze den Sugo und schmecke ihn ab. (Nein, Du mußt ihn kein zweites Mal probieren, um zu wissen, wie gut er schmeckt!)

Gieße die Teigwaren ab und vermische sie mit der Sahne-Zucchini-Sauce. Zuletzt streust Du, je nach Belieben, frisch geriebenen Parmigiano und eine gute Prise frisch gemahlenen schwarzen Pfeffer darüber. Wärme die Nudeln in der Sauce kurz durch, dann kannst Du das köstliche Gericht genießen.

Ruote mit Artischocken, Erbsen und Sahne
RUOTE ALLA NONNA

Großmutter Annunziata, die in Neapel lebte, hat mir beigebracht, wie man diese Pasta zubereitet. Sie hatte eine besondere Vorliebe für Ruote, die feinen, zarten Teigwaren. Als wir uns kennenlernten, war sie bereits fünfundsiebzig Jahre alt und hatte nur noch zwei Zähne im Mund, einen im Ober- und einen im Unterkiefer.

Francesca, ich habe es Annunziata zu verdanken, daß ich Geschmack am Cognac gefunden habe! Als ich mit Dir schwanger war, war mir fortwährend übel. Ich konnte nichts mehr zu mir nehmen und verlor an Gewicht. Ich trug das Kind des Sohnes ihres Lieblingssohnes unter dem Herzen. Gott, wie wichtig ich doch war! So wichtig, daß Annunziata, inzwischen achtundsiebzig Jahre, den weiten Weg von Neapel machte, und das ohne Begleitung, nur um nach mir zu sehen.

Als sie merkte, daß ich nichts aß, nahm sie mich unter ihre Fittiche. Zweimal am Tag, einmal vor dem Mittagessen und ein weiteres Mal vor dem Abendessen, nahm sie mich beiseite und faßte mit der Hand in die Tasche der kurzen, geblümten Schürze, die sie immer trug, um einen kleinen, mit Cognac gefüllten Flachmann herauszuziehen. Dann goß sie feierlich zwei fingerhutgroße Gläser voll, eins für mich und eins für sie. Entgegen allen ärztlichen Ratschlägen standen wir drei, Großmutter Annunziata, ich und Du, die Schwangerschaft mit Hilfe eines Genußmittels durch.

1 400-g-Dose Artischockenherzen,
in Salzlake eingelegt
1 Klecks ungesalzene Butter
1 125-ml-Becher Crème double
(hochprozentige süße Sahne)
2 Eßlöffel Erbsen
Meersalz
360 g Ruote (radförmige Pasta),
wahlweise andere dicke Teigwaren
2–3 Eßlöffel frisch geriebener
Parmigiano Reggiano

Annunzia mit der vierjährigen Francesca

Zuerst spülst Du die Artischocken. Gewöhnlich sind sie in Salzlake eingelegt, dadurch schmecken sie in der Sauce leicht vor. Am besten spülst Du sie unter kaltem Wasser und drückst sie anschließend etwas aus, damit alle Flüssigkeit abfließt. Schneide sie in Viertel.

Zerlasse die Butter in einer Kasserolle und wende die Artischocken darin. Rühre die Sahne und die Erbsen darunter und laß das Ganze kurz köcheln. Schmecke die Sauce großzügig mit Meersalz ab.

Gib die Nudeln in reichlich kochendes Salzwasser, bis sie »al dente« sind. Laß sie in einem Nudelsieb gründlich abtropfen und schwenke das Sieb kräftig hin und her, damit auch das Wasser, das sich in den Hohlräumen der Pasta festgesetzt hat, abfließen kann. Mische die Teigwaren unter die warme Sauce und reibe den Parmigiano darüber, bevor Du das Gericht servierst.

Bei Kindern kommt es besonders gut an. Es macht ihnen Spaß, in den radförmigen Nudeln nach Erbsen zu suchen.

In Neapel hätte Großmutter Annunziata die Ruote wahrscheinlich mit frischen Artischocken und Erbsen zubereitet. Im Jahr 1980 waren beide Gemüsesorten in Schottland nur schwer erhältlich. Das ist auch der Grund, warum Rezepte aus Europa nur teilweise in ihrer ursprünglichen Form erhalten geblieben sind: Einige Zutaten wurden ersetzt. In den Frühlings- und Frühsommermonaten bereite ich diese Speise inzwischen auch wieder mit frischen Erbsen und Artischocken zu.

Bereite frische Artischocken vor, entferne die äußeren, groben Blätter und das Heu (siehe Seite 62). Schneide sie in feine Scheiben und koche sie in Salzwasser, bis sie zart sind. Auch die Erbsen blanchierst Du einige Minuten, bis sie weich sind. Beide Zutaten verwendest Du für das obige Rezept.

Mariettas Pastina Carbonara

Marietta zauberte diese schnell zubereiteten Pastina Carbonara, wenn einer ihrer Söhne bis in die späten Abendstunden gearbeitet hatte oder heimkam, nachdem er seiner neuen Flamme den Hof gemacht hatte. Dieses Pastagericht füllte im Nu den Magen und rutschte so schnell hinunter, daß der erschöpfte Junge noch nicht einmal kauen mußte.

Ich koche es wirklich gerne. Es ist so unkompliziert, schmackhaft und sättigend. Das Ei wird lediglich durch die Hitze der Teigwaren gebunden, daher solltest Du für dieses Rezept unbedingt ein frisches, unbehandeltes Ei verwenden. Die unten angegebene Menge reicht für einen hungrigen Burschen.

150 g Pastina (Fadennudeln)
Meersalz und schwarzer Pfeffer
1 großer Klecks Butter, weich
1 unbehandeltes Ei
3 Eßlöffel grob geriebener Pecorino (oder Parmigiano Reggiano)

Gib die Fadennudeln in reichlich kochendes Salzwasser, bis sie »al dente« sind.

In einer vorgewärmten Schüssel verrührst Du die Butter, das Ei und den geriebenen Käse zu einer Mischung, die Du mit viel frisch gemahlenem schwarzen Pfeffer würzt. Gieße die Fadennudeln ab, kippe sie in die Mischung und vermenge alles. Dabei wird das Ei gegart.

Drücke dem jungen Kerl einen Suppenlöffel in die Hand und laß ihn die Pastina Carbonara direkt aus der Schüssel essen, am besten vor dem Fernseher.

Liebe Francesca

TOMATEN- UND FLEISCHSAUCEN

Die beliebteste Nudelsauce der Welt ist zweifellos die Tomatensauce. Wenn Du Kinder nach ihrer Leibspeise fragst, wird die Antwort in den meisten Fällen »Pasta« lauten. Gemeint ist damit Pasta mit Tomatensugo, Nudeln mit Tomatensauce.

Frische Tomaten, die zu Sugo verarbeitet werden, müssen süß und saftig sein. Da Du in Großbritannien lebst, kannst Du praktisch nur in den Sommermonaten auf frische Tomaten zurückgreifen.

Die besten Tomaten, die Du zum Kochen verwenden kannst, kommen aus Neapel. Das ist einfach eine unumstößliche Tatsache. Die unübertrefflich weichen, gereiften San-Marzano-Eiertomaten lassen sich im Nu zu einer wunderbar aromatischen, saftigen, leckeren Sauce einkochen. Auch ausgereifte, schmackhafte Strauchtomaten ergeben einen köstlichen Sugo.

Reife Tomaten lassen sich leicht häuten. Ritze sie seitlich mit einem sehr scharfen Messer ein und lege sie einige Minuten in kochendes Wasser. Dann läßt Du sie abtropfen. Sobald sie handwarm geworden sind, ziehst Du die Haut mit dem Messer ab.

Die sechsjährige Olivia, Francescas Schwester, genießt ihre Pasta.

Pachino-Tomaten aus Sizilien, aber auch einige der neuen Sorten Kirschtomaten, die als Strauchtomaten angeboten werden, schmecken ausnehmend süß – eine ausgezeichnete Grundlage für feine Saucen. Halbiere die Kirschtomaten und entkerne sie grob, bevor Du sie verwendest. Sie scheinen unzählige Kerne zu enthalten, die beim Kochen bitter werden können.

Oft kann ich keine geeigneten, frischen Tomaten auftreiben. Dann verwende ich in Dosen konservierte San-Marzano-Eiertomaten. Sie sind saftig und fest und schwimmen in einem dickflüssigen Saft, die idealen Saucentomaten.

»Passata«, eine aus passierten oder zerkleinerten Tomaten hergestellte Sauce, verwende ich kaum. Der Geschmack ist mir einfach zu intensiv. Meine Großmütter gaben gewöhnlich etwas Tomatenpüree in den Sugo. Darauf verzichte ich grundsätzlich. Denn heutzutage bevorzugt man doch eher die leichtere und auch einfachere Kost.

Sugo aus frischen Tomaten
SUGO DI POMODORO FRESCHI

In dieser Sauce, die zu Spaghettini serviert wird, ist alles vereint, was ich an Tomaten so liebe, ein süßes, duftendes und köstliches Aroma.

750 g reife, süße Tomaten, vorzugsweise Eiertomaten, gehäutet
3–4 Eßlöffel Olivenöl extra vergine
2 Knoblauchzehen, geschält
Meersalz
1 Handvoll frische Basilikumblätter, zerpflückt
360 g Spaghettini

Schneide die Tomaten in gleich große Stücke. Wenn Du reife, süße San-Marzano-Eiertomaten aufstöbern kannst, dann genügt es, wenn Du sie häutest und der Länge nach viertelst.

Gib die Tomaten in eine große, flache Bratpfanne. Gieße das Olivenöl darüber und gib den Knoblauch, in dünne Scheiben geschnitten, über die Tomaten. (Auf diese Weise gart der Knoblauch auf sehr kleiner Flamme, derart zubereitet verleiht er dem Gericht ein delikateres Aroma als Knoblauch, der zuerst in Öl gedünstet wurde. Die dünnen Scheiben werden später nicht mitgegessen, sondern an den Tellerrand geschoben.) Koche die Tomaten bei geringer Hitzezufuhr, bis sie weich sind und zusammenfallen. Rühre ab und zu um. Nach etwa 15 Minuten dürften sie gar sein. Würze den Sugo mit Meersalz, das das süße, vorzügliche Aroma der Tomaten noch unterstreicht. Schmecke die Sauce ab und rühre zum Schluß die zerpflückten Basilikumblätter unter die Tomaten.

Gib die Teigwaren in kochendes Salzwasser. Sobald sie bißfest sind, gießt Du sie ab. Schwenke die Nudeln kurz im Sieb, bevor Du sie in die Tomatensauce kippst. An den Spaghettini bleiben einige Tropfen des Nudelwassers hängen, die die Tomatensauce ausreichend verdünnen. Wärme das Ganze kurz durch und trage das Gericht auf.

Im Winter bereite ich diesen Sugo mit einer Dose Eiertomaten zu, die ich grob hacke, mit Öl, Knoblauch und importiertem, frischem Basilikum koche. Zum Preis einer Dose

Tomaten und einer kleinen Menge Olivenöl hast Du blitzschnell eine Sauce zubereitet. Es gibt also absolut keinen Grund, teure Fertigsaucen zu kaufen.

Nach demselben Rezept bereitete Annunziata Sugo mit Paprikaschoten zu (siehe Seite 199). Dazu brauchst Du rote und gelbe Paprikaschoten von wirklich ausgesuchter Qualität. Am besten schmecken die knotigen, unregelmäßig gewachsenen Früchte aus Italien, wenn Du jedoch unbehandelte Schoten aus heimischem Anbau auftreiben kannst, dann verwendest Du diese.

Penne mit Tomaten-Butter-Sauce
PENNE CON SUGO DI POMODORO E BURRO

Francesca, was auch immer Du davon halten magst, ich finde diesen Sugo unvergleichlich gut, und obendrein ist er auch noch leicht zuzubereiten. Er paßt ausgezeichnet zu selbstgemachten Gnocchi, aber auch mit Penne rigate schmeckt er vorzüglich. Übrigens: Die angegebene Buttermenge ist kein Druckfehler! Ich bin sicher, daß meine Großmutter Marietta die Menge noch großzügiger bemessen hat.

2 400-g-Dosen italienische Eiertomaten
1 kleine Schalotte, geschält, jedoch nicht gehackt
300–400 g ungesalzene Butter, vorzugsweise italienische
1 Teelöffel feinkörniger Kristallzucker
1 Zweiglein frischer Rosmarin
Meersalz
360 g Penne rigate
frisch geriebener Pecorino oder Parmigiano Reggiano

Wenn die Sauce richtig gut werden soll, dann mußt Du die Tomaten unbedingt entkernen. Streiche sie durch ein Sieb oder ein Passiertuch. Als Kind habe ich das immer für Großmutter Marietta gemacht, mit einem Holzlöffel rührte und drückte ich die Tomaten durch ein Sieb. Ich haßte diese Küchenarbeit, und daran hat sich auch bis heute nichts geändert. Ich mogle mich ein wenig um diese Arbeit herum, indem ich die Tomaten mit einem Pürierstab zerkleinere und erst dann durch ein Sieb streiche. Immerhin eine kleine Arbeitserleichterung. Und danach geht alles wie von selbst.

Gib die Tomaten, die Schalotte, die Butter und den Zucker bei geringer Hitzezufuhr in eine kleine Kasserolle und laß das Ganze auf sehr, sehr kleiner Flamme 30 Minuten kochen. Lege den Deckel nur halb auf, indem Du einen Holzlöffel über den Topf legst. Die Sauce wird um etwa ein Drittel einkochen. Rühre von Zeit zu Zeit um, damit die Butter nicht ausflockt. Nimm die Schalotte heraus und gib den Rosmarin hinein. Laß ihn kurz mitköcheln und schmecke dann alles mit Meersalz ab. Vielleicht mußt Du mehr Salz hineinstreuen, als Du erwartet hast, da Tomaten durch Salz versüßt werden.

Koche die Penne in Salzwasser »al dente«. Laß die Nudeln abtropfen und gib sie dann in den Topf zurück. Gieße ausreichend Tomatensauce darüber und serviere das verlockende Gericht mit reichlich frisch geriebenem Pecorino oder Parmigiano Reggiano. Reste des Sugos halten sich zwei bis drei Tage im Kühlschrank.

Den Rosmarin kannst Du durch frisches Basilikum ersetzen. Gib es erst ganz zuletzt hinzu, damit das frische Aroma erhalten bleibt.

Sugo aus frischen Tomaten mit Ricotta und Pecorino
SUGO ALLA CIOCIARA

Francesca, »ciocie« sind die traditionellen Sandalen mit Lederriemen, die unsere Vorfahren trugen. »Ciociaria« ist die geographische Bezeichnung für die Region, die die Provinz Frosinone und einige Teile von Isernia und Caserta im Süden von Rom umschließt. Die gesamte Region bis hinunter zur Küste ist für ihre wunderbaren, frischen Erzeugnisse bekannt, ihren Pecorinokäse, den rubinroten, fruchtigen Montepulciano und, Gerüchten zufolge, auch für ihre schönen Frauen.

»I ciociari« bezeichnet das Volk, das aus dieser Region stammt. Erinnerst Du Dich noch an Großmutter Mariettas kleinen Bruder, der außer sich vor Freude war, als er sein erstes Paar »ciocie« bekam?

Um die edlen Geschmacksnuancen dieses südländischen Gerichts einzufangen, brauchst Du süße Kirschtomaten mit einem ausgeprägten Aroma, frisches Basilikum, und weichen, rahmigen, frischen Ricotta – Zutaten, die zumindest im Sommer leicht erhältlich sind. Die im Rezept angegebenen Mengen reichen für zwei Personen.

2–3 Eßlöffel Olivenöl extra vergine
einige Handvoll süße Kirschtomaten
1 frische Knoblauchzehe, geschält und geviertelt
180 g Spaghettini
Meersalz und schwarzer Pfeffer
2 Eßlöffel frischer Ricotta, gekauft oder hausgemacht (siehe Seite 115)
frisch getrockneter Oregano oder frisches Basilikum
frisch geriebener Pecorino

Erhitze das Öl in einer großen Bratpfanne. Wasche die Tomaten, zerquetsche sie mit den Händen und drücke sie durch die Finger in das Öl, so daß sich ihr Saft mit dem Öl vermischt. Aber gib acht, denn der Saft spritzt in alle Richtungen. Wenn Dich das abschreckt, kannst Du die Tomaten auch in Viertel schneiden. Dann gibst Du den Knoblauch hinzu und läßt die Tomaten etwa zehn Minuten köcheln, bis die Haut weich ist.

In der Zwischenzeit kochst Du die Spaghettini in Salzwasser »al dente«.

Zerbröckle den Ricotta mit einer Gabel, streue ihn über die Tomaten und verfeinere das Gericht mit einigen großzügigen Prisen frisch getrocknetem Oregano. Den Oregano kannst Du durch frisches Basilikum ersetzen. In diesem Fall zerpflückst Du die Blätter ein wenig, bevor Du sie in den Sugo streust. Laß den Ricotta durchwärmen. Dann probierst Du die Sauce und schmeckst sie mit etwas Meersalz ab. Die Tomaten sollten so süß sein, daß das Salz nicht herauszuschmecken ist, sondern lediglich den feinen Geschmack der Tomaten unterstreicht.

Laß die Nudeln gut abtropfen und vermische sie mit der Sauce. Zuletzt rundest Du das Ganze mit frisch gemahlenem schwarzen Pfeffer und frisch geriebenem Pecorino ab. Das fertige Gericht besticht durch seine Einfachheit und sein frisches Aroma.

BRUNTON PLACE, EDINBURGH, SCOTLAND 1930–1940

Alfonso Crolla hatte eine charismatische Ausstrahlung. Er besaß ein gutes Gespür für Menschen und war sehr gesellig. Innerhalb der Gemeinschaft italienischer Einwanderer nahm er bald eine wichtige Stellung ein. Er organisierte die Reisen für seine Cousins und ihre Ehefrauen, damit sie Italien verlassen konnten. So griff er auch Cesidio unter die Arme, als dieser nach Schottland kam. Er verlieh Geld an diejenigen, die mit nichts ankamen, half ihnen, Arbeit zu finden und ein Geschäft zu gründen. Und er förderte Verbindungen innerhalb der Gemeinschaft und half jungen Italienern, in der neuen Heimat seßhaft zu werden. Er fungierte als Bindeglied zwischen der alten und der neuen Welt, indem er auch in der örtlichen schottischen Gemeinde freundschaftliche Beziehungen anknüpfte und Kontakte her-

Alfonso, Maria und Domenico, Mitte, mit Familie und Freunden, um 1917

stellte. Alfonso füllte seine neue Rolle mit Begeisterung aus. Er reiste in Schottland herum, um mit seinen Landsleuten in Verbindung zu bleiben und ihnen Lebensmittel zu verkaufen. Stets war sein Haus voller Leute: Geschäftspartner, Freunde, Familienmitglieder und Priester.

Maria hatte ein schweres Leben. Bislang hatte sie sechs Kinder großzuziehen. Sie lebten in einer Dachwohnung am Brunton Place, in der Nähe ihrer Eisdiele, die in der Easter Road lag. Wie alle Frauen zu jener Zeit mußte sie die gesamte Kleidung von Hand waschen und, über den Badezuber gebeugt, mit Karbolseife schrubben. Da es keinen Trockenraum gab, mußte sie die Kleider, so gut sie eben konnte, auswringen und tropfnaß an einer provisorischen Wäscheleine in der Küche aufhängen.

Maria arbeitete im Geschäft und regelte alles, während Alfonso beruflich unterwegs war. Sie sprach kaum Englisch, daher vertraute sie ganz auf die Hilfe ihrer Kinder, was die Verständigung mit den Kunden anging. Oft war sie über die Schwierigkeiten, die das neue Leben mit sich brachte, unglücklich und verzweifelt. Dann machte sie ihrem Ehemann Vorwürfe: »Warum hast Du uns hierhergebracht? Warum haben wir unser wunderschönes Land verlassen? Wie sollen wir all die anfallende Arbeit bewältigen?«

Ihre größte Freude war es, ihre Familie zu bekochen. Und Maria war eine gute, begabte Köchin. Wie alle italienischen Mütter neigte auch sie dazu, ihre Söhne zu verwöhnen, ihre Töchter dagegen zu Küchenarbeiten heranzuziehen. So umsorgte sie Domenico und Vittorio, während Margherita, Olivia und Filomena in der Küche helfen mußten. Nur Gloria, ihr Liebling, wurde ebenfalls ein wenig verhätschelt.

Der Sonntag war der wichtigste Tag der Woche. Schon morgens wurde ein großer Topf Sugo vorbereitet, der auf kleiner Flamme vor sich hin köchelte, während die Familie ausschwärmte, um den Gottesdienst zu besuchen. Maria gab Schweine- oder Rindfleisch in den Sugo, außerdem ein wenig von der würzigen Salsiccia Fonteluna, um dem Ganzen ein reichhaltiges, süßes Aroma zu verleihen, genau so, wie ihre Mutter es ihr gezeigt hatte. In Rom sagt man: »Wenn Du Dich zur Mittagszeit einem Priester an die Fersen heftest, wirst Du ein gutes Mahl serviert bekommen.« In Edinburgh hätte man nichts weiter tun müssen, als den Priestern von der St. Mary's Cathedral am obersten Ende des Leith Walk über die London Road zum Brunton Place zu folgen. Dann wäre man an Marias Tisch willkommen gewesen und hätte wunderbar geschmaust!

Gewöhnlich kam Alfonso zu spät. Ohne jegliche Vorwarnung lud er Freunde, Verwandte oder Fremde, die er eben erst kennengelernt hatte, zum Mittagessen ein. Dann legte Maria schnell zusätzliche Gedecke auf und bereitete mehr Essen zu. Ihr Ehemann nahm am Kopfende des Tisches Platz, dort saß er dann, stattlich und stolz auf seine Familie und seine Gattin. Wie alle italienischen Väter fühlte er sich verpflichtet, den Haushaltsvorstand herauszukehren. Deshalb hatte er ständig etwas an Marias Kochkünsten auszusetzen. Gleichgültig, wie gut das Essen schmeckte und wie liebevoll sie für alle gekocht hatte, stets probierte er einen Bissen, sah auf, hielt einen Augenblick inne und erklärte dann, seinem linken Tischnachbarn bedächtig zunickend: »Cara, è buono, ma … ci manca qualcosa …« »Schatz, es schmeckt wirklich lecker, aber … irgend etwas fehlt …«

Der Sugo schmeckte vorzüglich, er war schmackhaft und gehaltvoll, mit Erfahrung und Liebe gekocht. Alfonso genoß ihn und war glücklich, seine Familie bei einer guten Mahlzeit um den Tisch versammelt zu sehen. Aber aus irgendeinem Grunde brachte er es nicht über sich, Maria seine Anerkennung auszusprechen. Er fühlte sich verpflichtet, Zurückhaltung zu üben und die Oberhand zu behalten. Jeder in der Tischrunde sollte wissen, wer der Herr im Haus war.

Die Mädchen waren immer böse auf ihren Vater, wenn er ihre Mutter derart quälte, aber sie sagte nie ein Wort. Sie nickte nur und warf ihm einen Blick zu, einen Blick, der zwischen Ehemann und Ehefrau gewechselt wird, wenn sie sich wirklich verstehen. Sie liebte ihn, und er wußte das, und beiden war klar, wer tatsächlich die Hosen anhatte.

Wie tragisch, daß er im Zweiten Weltkrieg umkam.

Ihr ganzes Leben lang trauerte sie um ihn. Sie blieb in Edinburgh und arbeitete weiterhin schwer, kümmerte sich um ihre Familie und kochte wunderbare Mahlzeiten für sie. Aber von da an, Francesca, »ci manca qualcosa«, fehlte immer etwas.

Sugo mit Schmorfleisch »CI MANCA QUALCOSA«

Ich habe gelernt, diesen traditionellen Sugo mit Schmorfleisch zu kochen, indem ich Großmutter Marietta und meiner Mutter zusah und – nach meiner Hochzeit – meiner Schwiegermutter Olivia zuhörte.

Zunächst zum Grundrezept, das mit einem Stück Rindfleisch aus der Schulter gekocht wird. Wenn Du es erst einmal beherrschst, kannst Du daraus unzählige Variationen entwickeln. Aber verwende immer einen hochwertigen Topf mit schwerem Boden, wenn Du Sugo mit Schmorfleisch kochst, und einen Wärmeverteiler, sofern Du einen besitzt.

Die Kunst besteht darin, die Zwiebeln auf kleiner Flamme so langsam zu garen, daß eine süße, aromatische Grundlage für die Sauce entsteht. Das Fleisch und die Wurst werden durch das Garen im Sugo zart und schmackhaft. Du kannst sie entweder mit den Teigwaren servieren oder als Hauptgang reichen. Beides schmeckt hervorragend.

Der Sugo ist wirklich vielseitig verwendbar, der ideale Begleiter für dicke Teigwaren wie Rigatoni oder Penne, aber auch für Spaghetti oder Bucatini. Die

Sauce reicht für ein Kilogramm Nudeln, eine Menge, mit der Du acht bis zehn Gäste bewirten könntest. Wenn Reste übrigbleiben, stellst Du sie in den Kühlschrank, wo sie sich problemlos drei bis vier Tage halten. Ansonsten kannst Du sie bis zu drei Monaten einfrieren.

Nach derselben Methode wird auch die Sauce für Lasagne zubereitet.

Und los geht's, Francesca.

300 g Rindfleisch aus der Schulter oder aus dem Bug, am Stück
1 Knoblauchzehe, geschält und in dünne Scheiben geschnitten
1 Eßlöffel feingehackte glatte Petersilie
3–4 Eßlöffel Olivenöl extra vergine
1 Zwiebel, geschält und äußerst feingehackt
1 Stück Peperoncino (getrocknete rote Chilischote)
3 oder 4 450-g-Dosen italienische Eiertomaten, passiert oder püriert und entkernt
fi Wurst à la Fonteluna (Salsiccia Fonteluna) oder neapolitanische Wurst (Salsiccia napoli) (150 g)
Meersalz und schwarzer Pfeffer

Zuerst bereitest Du das Rindfleisch zu. Das Fleischstück ist in der Mitte von einer klebrigen Ader durchzogen. Aufgrund seiner langen Garzeit ist es sehr preiswert, dennoch wird es wunderbar zart und süß. Die Fettader zergeht in der Sauce und verleiht ihr ein ausgezeichnetes Aroma. Mit einem scharfen Messer kerbst Du das Fleisch drei- oder viermal ein, und in jede Kerbe schiebst Du eine Scheibe Knoblauch und eine Prise feingehackte Petersilie.

Erhitze das Olivenöl in einer großen, schweren Kasserolle. Lege das Fleisch hinein und brate es von allen Seiten gut an. Nach etwa zehn Minuten nimmst Du das Fleisch aus dem aromatisierten Öl und gibst die gehackte Zwiebel und die Chilischote in die Pfanne. Unter Rühren garst Du die Mischung sehr, sehr langsam, bis die Zwiebel glasig und weich ist. Das ist das Geheimnis einer guten Sauce. Zuletzt sollte sich die Zwiebel vollkommen in der Sauce aufgelöst haben, denn je glatter der Soffritto, desto besser die Sauce. Dann gibst Du die passierten Tomaten und auch das Fleisch wieder in die Kasserolle. Ziehe die äußere, dünne Haut von der Salsiccia Fonteluna ab und mische die Wurst unter den Sugo. (Wenn die Wurst trocken ist, hältst Du sie unter warmes Wasser. Kerbe sie seitlich mit einem scharfen Messer ein, und schon löst sich die Haut von der Wurst.)

Bringe die Sauce zum Sieden und laß sie zwei bis zweieinhalb Stunden bei sehr geringer Hitzezufuhr leicht köcheln. Lege einen Holzlöffel über den Topf und darauf den Deckel. Auf diese Weise kann der Sugo langsam einkochen, und das Kondenswasser tröpfelt größtenteils in den Topf zurück. Wenn Du einen Wärmeverteiler besitzt, bringst Du ihn unter dem Topf an, dann kann die Sauce nicht anbrennen. Wenn Du keinen hast, ziehst Du den Topf von der Mitte der Herdplatte ein wenig zur Seite.

(Gut, nun kannst Du Dich auf den Weg zur Kirche machen. Francesca?)

Nach einigen Stunden ist der Sugo um etwa ein Drittel eingekocht. Dann schmeckst Du ihn mit Meersalz ab. Allein durch die Würze, die im Fleisch und in der Wurst steckt, hat die Sauce ein pikantes Aroma erhalten. Wenn der Sugo noch eine Spur zu scharf schmeckt, hilfst Du Dir einfach mit einer zusätzlichen Prise Salz.

Am besten schmeckt diese Sauce zu Rigatoni rigate oder Penne. Wir kochen sie jedes Jahr zu Weihnachten und genießen sie zu hausgemachten Teigwaren. Sie läßt sich gut einfrieren, und im Kühlschrank hält sie sich vier bis fünf Tage.

Das Fleisch und die Wurst, beides köstlich und zart, werden gewöhnlich in die Mitte des Tisches gestellt und unter allen aufgeteilt.

»SOCKEN«

Rigatoni, röhrenförmige Teigwaren, sind außen gerippt, mit »righe« versehen. In unserem Haushalt wurden sie »Socken« genannt. Den Grund für diese Bezeichnung habe ich erst erfahren, als meine Großmutter Marietta starb.

Gleich nach der Hochzeit wurde ihr geliebter Cesidio einberufen, er sollte im Ersten Weltkrieg kämpfen. Als friedliebender und sanftmütiger Mann haßte er es, von seiner Familie getrennt zu sein. Er wollte um jeden Preis heimkehren. In der klirrenden Kälte der Schützengräben zog er seine Socken aus und steckte seine Füße, die ohnehin schon eiskalt waren, tief in den Schnee. Sich vorsätzlich Erfrierungen zuzuziehen, um nach Hause geschickt zu werden, war ein alter Soldatentrick. Leider litt Cesidio nie unter Erfrierungserscheinungen, daher mußte er seine gesamte Dienstzeit ableisten.

Als er Marietta in seinen Briefen von seinen kleinen Tricks erzählte, war sie äußerst beunruhigt. Sie befürchtete, daß er krank werden und sich eine Lungen-

Liebe Francesca

»Socken«. Cesidio im Ersten Weltkrieg, außen rechts, mit drei Kameraden

entzündung holen würde. So verbrachte sie die restliche Kriegszeit damit, in fiebriger Eile Socken für ihn zu stricken, ihre Finger arbeiteten schnell und ohne Unterlaß. Wie besessen sendete sie ihm bei jeder sich bietenden Gelegenheit Päckchen mit Socken.

Jahre später, nachdem er gestorben war, strickte sie für ihre beiden Söhne und dann für ihre Enkelsöhne Socken. Als sie älter wurde und ihre Finger nicht mehr so gelenkig waren, konnte sie nur noch die Bündchen stricken, für die Fersen benötigte sie Hilfe. Aus diesem Grund sammelten sich bei ihr Unmengen langer, gestrickter Wollschläuche mit seitlichen Rippen, »righe«, an, die auf ihre Fertigstellung warteten. Daher die Bezeichnung »Socken«.

Francesca, während ich so darüber nachdenke, kommt mir wieder in den Sinn, daß sie für ihre Sauce gleich zu Anfang einen »Battuto« machte. Sie klopfte eine Scheibe Lardo mit etwas Petersilie und Knoblauch weich. Dann ließ sie den Speck im Soffritto aus, um dem Sugo eine weiche, gehaltvolle Süße zu verleihen. Ob es das ist, was am Brunton Place fehlt?

Liebe Francesca

Hackfleischklößchen
POLPETTE

Sugo mit Schmorfleisch wird immer auf dieselbe Art zubereitet. Auch bei diesem Rezept wird der Soffritto aus Zwiebeln zubereitet, die in Olivenöl extra vergine glasig gedünstet werden. Allerdings wird er nicht mit Rindfleisch aus der Schulter und Salsiccia Fonteluna aromatisiert, sondern mit »polpette«, Hackfleischklößchen aus Schwein, Ochsenschwanz oder Kaninchen, bevor er mit den Tomaten geschmort wird.

Diese »polpette« zählen zu meinen Lieblingsspeisen. Meistens gebe ich sie direkt in die Tomaten, aber Du kannst sie auch gesondert in einer Bratpfanne anbräunen, bevor Du sie unter die Tomaten mengst. Den Soffritto bereitest Du nur mit gehackten Zwiebeln und Peperoncino zu. In eine Sauce, die ich mit Hackfleischklößchen aromatisch verfeinere, gebe ich keinen Knoblauch, da die Klößchen an sich schon kräftig gewürzt sind.

Ich kaufe niemals Hackfleisch, das bereits fertig gehackt angeboten wird. Bitte den Metzger lieber, ein Stück mageres Schmorfleisch oder Rumpsteak für Dich zu zerkleinern. Großmutter Marietta schickte mich immer zum Metzger mit der ausdrücklichen Anweisung, Filetsteak für sie zu zerkleinern.

Das Paniermehl machst Du aus altem, trockenem Brot und Brotrinden, die Du mit einem Pürierstab oder einer Küchenmaschine zerkleinerst. In einem verschlossenen Glas hält es sich mehrere Wochen.

250 g frisches Rinderhackfleisch (oder 125 g Schweinehackfleisch und 125 g Rinderhackfleisch)
3 Eßlöffel trockenes Paniermehl
1 Eßlöffel frisch geriebener Parmigiano Reggiano
1 Eßlöffel feingehackte glatte Petersilie
½ Zwiebel, geschält und feingerieben
1 Eßlöffel Rosinen (nach Mariettas Rezept, nicht nach Marias)
1 großes Eigelb, geschlagen
Meersalz und schwarzer Pfeffer

Zunächst gibst Du die ersten sechs Zutaten in eine große Schüssel und vermischst sie. Dann mengst Du mit einer Gabel oder mit sauberen Händen das

Eigelb unter. Würze die Mischung mit reichlich Salz und Pfeffer. Beim Kochen sickert die Würze aus den Fleischklößchen und rundet die Tomaten geschmacklich ab, daher solltest Du die Klößchen gleich zu Beginn kräftig würzen. (Eine kleine Kostprobe genügt gewöhnlich, um die Hackfleischmischung abzuschmekken.) Mit sauberen Händen formst Du dann die Masse zu sechs bis acht kleinen Klößchen.

Nun bereitest Du die Sauce so zu, wie sie im Rezept für »ci manca qualcosa« beschrieben ist, allerdings verzichtest Du auf das Stück Rindfleisch und die Wurst. Dünste die feingehackte Zwiebel in nativem Olivenöl extra. Ein kleines Stück Peperoncino verleiht dem Öl eine würzige Note. Dann gibst Du die passierten Tomaten – drei 400-g-Dosen dürften ausreichen – hinzu, anschließend legst Du die Hackfleischklößchen vorsichtig in den Topf. Die Sauce muß anderthalb bis zwei Stunden schmoren. Benutze einen Wärmeverteiler und vergiß nicht, einen Holzlöffel zwischen Topf und Deckel zu legen, damit ein Teil des Dampfes entweichen kann. Schließlich schmeckst Du den Sugo ab.

Er schmeckt zu jeder beliebigen Pasta. Ich persönlich bevorzuge »Socken«, Rigatoni rigate, zu dieser Sauce. Ganz zuletzt streust Du als Tüpfelchen auf dem »I« noch eine großzügige Prise frisch geriebenen Parmigiano Reggiano oder Pecorino darüber.

Gewöhnlich richte ich die Hackfleischklößchen auf einem Teller an, den ich in die Mitte des Tisches stelle, dann kann sich jeder in der Runde selbst bedienen. Am nächsten Tag schmecken die Fleischklößchen, mit einem großen Salat serviert, auch kalt.

Francesca, zerbrich Dir nicht den Kopf über die angegebenen Mengen, wenn Du all diese Gerichte kochst. Obwohl viele dieser Rezepte schon seit langem überliefert werden, wurden einige von ihnen noch nie aufgeschrieben, das darfst Du nicht vergessen. In unserer Familie wurde immer nach Gefühl und Erfahrung gekocht. Die wichtigste Zutat ist und bleibt eine Köchin, die mitdenkt und sich von ihrem Gaumen leiten läßt. Beim Kochen solltest Du alle Zutaten fortwährend kosten und sie nach und nach aufeinander abstimmen. Du kannst das Aroma gar nicht verderben, indem Du etwas mehr Tomate oder etwas weniger Fleisch an das Gericht gibst. Der Geschmack wird nur beeinträchtigt, wenn Du rohe Zutaten von minderwertiger Qualität verwendest, zu wenig Salz hineinstreust oder die Zwiebeln anbrennen läßt.

Hackbraten
POLPETTONE

Statt der Hackfleischklößchen kannst Du auch einen großen »polpettone«, Hackbraten, kochen.

Vermische alle Zutaten, die Du auch für die oben beschriebenen Fleischklößchen benötigst, und forme die Hackfleischmasse zu einer großen Kugel. Wenn ich Hackbraten mache, dann gieße ich gewöhnlich etwas Olivenöl in eine Bratpfanne und brate ihn darin an, bevor ich ihn zu den Tomaten gebe. Auf diese Weise zerfällt er nicht. Die Sauce kochst Du auf dieselbe Art, und den Hackbraten servierst Du, in Scheiben geschnitten, nach den Teigwaren. Am nächsten Tag schmeckt er köstlich als Brötchenbelag.

Kleine Rouladen
BRACIOLE

Gelegentlich koche ich »braciole«, kleine Rollen aus dünnen Fleischscheiben, die ich mit Knoblauch und Petersilie würze. Bitte einfach den Metzger, Dir dünne Scheiben vom Rind-, Kalb- oder Schweinefleisch abzuschneiden. Breite die Scheiben flach aus und klopfe sie mit einem Fleischklopfer, damit das Fleisch ein wenig zarter wird.

Dann bestreust Du das Fleisch mit feingehackter Petersilie und zerkleinertem Knoblauch. Würze es großzügig mit Meersalz und frisch gemahlenem schwarzen Pfeffer. Schließlich rollst Du die Fleischscheiben zusammen. Als Kind hatte ich die Aufgabe, die Rouladen mit Nadel und Küchengarn zusammenzubinden, heute stecke ich sie lediglich mit Zahnstochern zusammen.

Nach dem Rezept auf Seite 155 bereitest Du nun einen Sugo zu. Allerdings brätst Du in diesem Fall kein ganzes Stück Rindfleisch aus der Schulter, sondern die Rouladen in Olivenöl an. Ich gebe immer auch noch ein Stück Wurst à la Fonteluna in die Sauce.

Schweinekotelett

Marietta gab gerne ein Schweinekotelett in den Sugo mit Schmorfleisch. Ein Gedicht! Zum einen wird das Kotelett dadurch süß und saftig, zum anderen verleiht es auch der Sauce ein süßliches Aroma. Probiere das Rezept doch einfach aus. Im Grunde kannst Du die Sauce beliebig abwandeln.

Reichhaltige Nudelsauce
RAGU

Im allgemeinen koche ich diese Sauce nur, wenn ich Lasagne mache.

2–3 Eßlöffel Olivenöl extra vergine
50 g ungesalzene Butter
2 Eßlöffel Schalotte, sehr feingehackt
2 Eßlöffel Sellerie, sehr feingehackt
2 Eßlöffel Karotte, sehr feingehackt
400 g mageres Rindfleisch, gehackt (siehe Seite 158)
Meersalz und schwarzer Pfeffer
200 ml trockener Weißwein
100 ml Milch
3 400-g-Dosen italienische Eiertomaten (vorzugsweise San-Marzano-Tomaten), püriert und passiert
frisch geriebene Muskatnuß

Zunächst brauchst Du eine schwere, gußeiserne Kasserolle. Diese Nudelsauce muß sehr langsam kochen, allerdings mit wenig Flüssigkeit, folglich kann sie auch leicht anbrennen. Wenn Du einen Wärmeverteiler besitzt, solltest Du ihn unbedingt benutzen.

Erhitze das Öl mit der Butter in der Kasserolle, bis die Butter schmilzt, und sautiere darin die Schalotte, den Sellerie und die Karotte, bis sie glasig und weich sind. Gute 10 bis 15 Minuten dürften genügen.

Verstärke die Hitzezufuhr und gib das gehackte Rindfleisch hinzu. Es muß gut angebraten werden, zerteile es also mit einer Gabel und wende es im heißen Topf.

Würze es kräftig. Bei unvermindert starker Hitze gießt Du den Wein in die Kasserolle. Laß das Ganze heiß brodeln, bis der Wein vom Fleisch aufgesogen und der Alkohol verdampft ist. Dann schüttest Du die Milch hinein und läßt alles erneut aufwallen, bis die Milch aufgenommen ist. Das Hackfleisch wird von der Milch überzogen, dadurch kann es nicht bröckelig werden. Gib die Tomaten in die Kasserolle und laß den Sugo mindestens zwei Stunden auf kleiner Flamme schmoren.

Die Sauce schmeckt und riecht äußerst verlockend. Ich genieße es, mit dem Löffel eine kleine Kostprobe zu nehmen, um zu sehen, wie sie sich macht. Schmecke die Sauce ab, aber gehe sparsam mit dem Salz um, da sich ihr Aroma noch verstärkt. Wenn sie zu dickflüssig wird, verdünnst Du sie mit einem Eßlöffel Wasser. Zuletzt verfeinerst Du den Geschmack mit einer Prise frisch geriebener Muskatnuß.

Die Sauce läßt sich gut einfrieren, bereite also die doppelte Menge zu und fülle sie in Tiefkühlbehälter. Dann bist Du für Notfälle gewappnet und kannst im Handumdrehen ein Essen auf den Tisch zaubern.

LASAGNE AL FORNO

Lasagne ist zwar etwas zeitraubend, aber äußerst praktisch, wenn Du viele Gäste bekochen mußt. Die gesamte Zubereitung kannst Du auf den Vortag verlegen, und am Tag der Bewirtung hast Du nichts weiter zu tun, als die Lasagne aufzuwärmen.

Nach meinem Geschmack muß Lasagne feucht und saftig sein. Am besten schmeckt sie, wenn sie mit hausgemachten Nudeln hergestellt wird, allerdings mußt Du Dir den ganzen Vormittag freihalten, um alles zu schaffen. Beginne mit der Sauce, und während sie kocht, machst Du die Teigwaren und die Béchamelsauce. Dann kannst Du Dich der Lasagne widmen und die Küche wieder in Ordnung bringen, ehe es zwölf Uhr schlägt. Alles nur graue Theorie!

Im allgemeinen verwende ich mit Ei hergestellte, kochfertige Lasagneplatten. Ich weiche sie ein wenig ein, dafür lege ich sie einige Minuten in kochendes Salzwasser. Laut Verpackung ist dies allerdings nicht notwendig, aber dadurch garen die Lasagneplatten später gleichmäßig.

Eine nach diesem Rezept zubereitete Lasagne dürfte für vier bis fünf Personen reichen. Wenn Du mehr Besucher bewirten möchtest, verdoppelst oder verdreifachst Du die angegebenen Mengen, mit dem Öl solltest Du es allerdings nicht übertreiben. Hast Du eine schöne, feuerfeste Auflaufform für die Lasagne? Sie muß nur so tief sein, daß drei Lagen Lasagneplatten und die Füllungen zwischen den einzelnen Lagen hineinpassen. Meine Auflaufform ist 30 cm lang, 15 cm breit und 6,5 cm tief, aber nimm einfach die, die Du zu Hause hast. (Ein Tip: Lege die Auflaufform, bevor Du anfängst, mit trockenen Lasagneplatten aus, die Du noch nicht weichgekocht hast, dann weißt Du genau, wie viele Du in Salzwasser einweichen mußt.)

Die einzelnen Zutaten müssen fertig zubereitet und warm sein, außerdem sollte jede Zutat an sich schon gut schmecken. Achte darauf, daß die Béchamelsauce nicht zu dickflüssig ist. Sie sollte in etwa die Konsistenz von Crème double, hochprozentiger süßer Sahne, haben. Häufig dickt die Sauce noch ein wenig ein, während Du mit der Zubereitung beschäftigt bist. In dem Fall gibst Du noch ein paar Spritzer Milch hinzu.

6–8 Lasagneplatten, mit Ei hergestellte Fertignudeln
1 Menge »Ragu« (siehe Seite 161)
1 Menge Béchamelsauce (siehe Seite 209)
2 Mozzarella aus Kuhmilch, »fior di latte«
viel frisch geriebener Parmigiano Reggiano
frisch geriebene Muskatnuß und schwarzer Pfeffer

Zunächst gibst Du die Lasagneplatten für einige Minuten in kochendes Salzwasser. Schon drei bis vier Minuten genügen, um die Nudeln etwas aufzuweichen, ohne sie zu kochen. Im allgemeinen gebe ich einen Spritzer Öl in das Wasser, damit sie nicht aneinanderkleben. Rühre gelegentlich um. Nach ein paar Minuten stellst Du den ganzen Topf unter den Kaltwasserhahn. Dadurch sinkt die Temperatur umgehend, und der Garvorgang wird abrupt abgebrochen. Fische die Lasagneplatten mit einem Schlitzlöffel heraus und lege sie auf ein trockenes, sauberes Tuch.

Danach bedeckst Du den Boden der Auflaufform mit einem Löffel Béchamelsauce, etwas »Ragu«, ein wenig Mozzarella und einer Prise frisch geriebenem Parmigiano. Darauf legst Du eine Lage Nudeln, die Du, falls nötig, ein wenig zurechtschneidest, damit sie gut in die Form passen. Nun kommt wieder eine

Schicht, die aus Béchamelsauce, einigen Löffeln »Ragu« und einer Prise Parmigiano besteht, abgerundet mit etwas Mozzarella und schwarzem Pfeffer.

Und weiter geht es mit der nächsten Lage Lasagneplatten, auf die wiederum eine Schicht »Ragu«, Béchamelsauce, Mozzarella und Parmigiano folgt. Insgesamt schichtest Du drei oder vier Lagen aufeinander, je nachdem, wie viele Zutaten Du zur Verfügung hast.

Die oberste Schicht garnierst Du mit dem restlichen »Ragu«, den letzten Tropfen Béchamelsauce und den übrigen Mozzarellascheiben. Es muß Dich nicht beunruhigen, wenn die Béchamelsauce bis jetzt alles andere als appetitlich aussieht. Im Backofen schmilzt ohnehin alles, und beim Anblick der fertigen Lasagne wird jedem Gast das Wasser im Munde zusammenlaufen. Zur Verfeinerung des Geschmacks streust Du noch eine Handvoll Parmigiano Reggiano, eine Prise schwarzen Pfeffer und etwas frisch geriebene Muskatnuß darüber.

Stelle die Lasagne in den Backofen und laß sie etwa 25 Minuten bei starker Hitze (220° C/Stufe 7) backen. Wenn Du eine größere Lasagne zubereitet hast, verlängert sich die Garzeit entsprechend. Vor dem Servieren machst Du eine Garprobe, um sicherzugehen, ob die Lasagne auch in der Mitte durchgewärmt ist, vor allem, wenn sie direkt aus dem Kühlschrank kommt. Der Mozzarella wird wunderbar weich und zieht lange, appetitliche Fäden, ein echter Leckerbissen. Stelle etwas frisch geriebenen Parmigiano Reggiano zum Bestreuen bereit, wenn Du die Lasagne servierst.

Die Lasagne hält sich etwa zwei Tage im Kühlschrank. Nimm sie eine halbe Stunde vor dem Aufwärmen heraus.

Wenn Du Lasagne für große Feste machen willst, verwendest Du einfach die drei- oder vierfache Menge. Es lohnt sich immer, zu viel davon zu kochen, denn Lasagne findet immer dankbare Abnehmer. Wenn Du sie in eine große Auflaufform schichtest, verlängert sich die Garzeit im Backofen beträchtlich, eine Stunde solltest Du dann mindestens dafür einkalkulieren.

Für eine leckere Gemüselasagne benötigst Du einen einfachen Sugo aus frischen Tomaten (siehe Seite 148). Das Hackfleisch ersetzt Du durch geröstetes Gemüse, beispielsweise Zucchini und Auberginen. Besonders gut schmeckt Gemüselasagne mit viel Mozzarella und reichlich frischem Basilikum. Durch das Rösten verstärkt sich der Geschmack des Gemüses, außerdem wird dadurch die Flüssigkeit reduziert – das Ende übermäßig durchtränkter Lasagne (siehe Seite 270).

Das einzige Problem, das bei der Zubereitung jemals auftaucht, besteht darin, daß die Lasagne entweder zu trocken oder zu feucht wird. Ist sie zu trocken, gibst Du beim Aufwärmen etwas Milch oder Tomatensauce seitlich in die Auflaufform. Im allgemeinen ist das Problem damit behoben. Wenn Du Lasagne tiefkühlst, sondert sie beim Auftauen womöglich viel Flüssigkeit ab. Überschüssige Flüssigkeit schöpfst Du mit einem Löffel ab, und wenn Dir die Lasagne beim Aufwärmen zu dickflüssig erscheint, gießt Du sie wieder hinzu. Mir schmeckt Lasagne am besten, wenn sie schön cremig und sämig ist, daher gehe ich gerne sehr großzügig mit der Béchamelsauce um.

Mit hausgemachten Nudeln zubereitet schmeckt Lasagne noch köstlicher, leichter und raffinierter. Die Teigwaren selbst herzustellen macht natürlich zusätzliche Arbeit, aber wenn Du Lust dazu hast, solltest Du es auf einen Versuch ankommen lassen. Für die angegebene Menge »Ragu« verknetest Du einen Teig aus einem Ei, zwei Eigelb und etwa 200 Gramm italienischem Hartweizenmehl, Type 00 (wahlweise deutschem Weizendunstmehl, Type 405). Verdünne den Teig so lange, bis Du beim zweitkleinsten Walzenabstand der Nudelmaschine angelangt bist. Mit der Hand schneidest Du dann die langen Teigstreifen so zurecht, daß sie optimal in Deine Auflaufform passen. Auch hausgemachte Teigwaren mußt Du in kochendes Salzwasser legen, allerdings nur 30 Sekunden (siehe Seite 114).

Überbackene Nudeln
RIGATONI AL FORNO

Nun zu einer einfachen Methode, ein Nudelgericht zu kochen, das sich wunderbar aufwärmen läßt. Koche es im voraus für den nächsten Tag, über Nacht hält es sich wunderbar im Kühlschrank. Genau wie Lasagne werden die Rigatoni mit einer leichten Sauce und etwas Mozzarella im Backofen überbacken.

400 g Rigatoni
Meersalz und schwarzer Pfeffer
1 Menge Sugo aus frischen Tomaten (siehe Seite 148) oder »Ragu« (siehe Seite 161)
1 Menge Béchamelsauce (siehe Seite 209)
6 Bocconcini (Mozzarellabällchen) oder 2 Mozzarella aus Kuhmilch (»fior di latte«)
frisches Basilikum
frisch geriebener Parmigiano Reggiano

Gib die Rigatoni in kochendes Salzwasser. Da sie darin nur vorgegart werden sollen, schreckst Du sie bereits nach etwa sechs Minuten mit kaltem Wasser ab. Laß sie gut abtropfen.

Wende die Rigatoni in der Tomatensauce, bis alles gut vermengt ist. Fülle das Ganze in eine Auflaufform und bedecke es löffelweise mit Béchamelsauce und Mozzarellastücken. Verfeinere das Gericht mit einigen frischen Basilikumblättern, reichlich frisch geriebenem Parmigiano Reggiano und einer guten Prise schwarzem Pfeffer.

Schiebe die Auflaufform in den Backofen und backe die Rigatoni bei starker Hitze (200° C/Stufe 6), bis sie siedend heiß sind. Im allgemeinen genügen 20 Minuten.

RISOTTO

Der achtjährige Philip im Kilt, Schotte und Italiener zugleich

Francesca, Dein Risotto schmeckt unvergleichlich gut, das muß ich schon sagen. Er ist feucht und sämig, und der Reis hat gerade noch genug Biß, kurz, ein kulinarischer Leckerbissen.

Für Risotto verwende ich ausschließlich hausgemachte Brühe, meistens Hühnerbrühe. Zum einen verleiht sie dem Gericht ein schmackhaftes Aroma, zum anderen – und das ist weitaus wichtiger – verbindet sie sich mit der Stärke, die im Reis steckt. Das ergibt eine ausgezeichnete, sämige Konsistenz, die einen guten Risotto ausmacht. Ich weiß, wie geschickt Du mit Hühnerbrühwürfeln umgehst, aber Gemüsebrühe aus dem Glas ist auch nicht zu verachten. Wenn Du Dich für Brühwürfel entscheidest, gibst Du zuletzt einen oder zwei Spritzer Sahne in den Risotto, damit er noch ein wenig cremiger wird.

Auch für Risotto gilt der eherne Grundsatz: Je besser die Zutaten, desto besser das fertige Ergebnis. Nimm erstklassigen italienischen Risottoreis: Vialone Nano, Carnaroli oder Arborio. Diese Reissorten gibt es überall. Mir schmeckt der Vialone Nano, den die Venezianer bevorzugen, am besten. Vialonereis hat ein kleines, dikkes Korn und ist im Kern weiß. Er nimmt die Brühe langsam auf, behält seine Form und bildet gleichzeitig eine sämige, cremige Sauce um das Korn. Die Körner vom Carnaroli- und Arborioreis sind fettreicher.

Reis, der von kleinen, auf Reisanbau spezialisierten Reisfarmen erzeugt wird, ist oft hochwertiger als die in Massen produzierten Reissorten. Ich möchte wirklich nicht snobistisch erscheinen, aber die richtigen Zutaten vereinfachen die Arbeit ungemein, und außerdem ist das Endergebnis so zufriedenstellend, daß Dein Vertrauen in Deine Kochkünste wächst.

Ich möchte noch eine Warnung aussprechen, dafür bin ich ja schließlich da. Wenn Du unbehandelten Reis oder ökologisch angebautes Getreide kaufst, mußt Du wissen, daß das Erzeugnis womöglich von Schädlingen wie Motten oder Milben befallen ist. Laß einfach etwas Vorsicht walten. Bewahre jedes Produkt in einem verschlossenen Glas auf, das Du in einen kühlen, dunklen Schrank stellst. Und notiere das jeweilige Verfallsdatum. Wenn die Ware nicht vorbehandelt und mit Konservierungsmitteln versetzt wurde, hält sie sich natürlich nicht so lange.

Feiner Risotto

Koche diesen Risotto ein- oder zweimal und eigne Dir dabei die grundlegenden Arbeitsabläufe an. Dann, so hoffe ich wenigstens, wirst Du es genießen, Risotto ganz nach Gefühl zu kochen, ohne Dich um Rezepte und Mengenangaben zu kümmern. Gewöhnlich veranschlage ich eine Tasse Reis, 150 g, für zwei Personen, dazu etwa 500 bis 600 ml Brühe. Und vergiß nicht: Der Reis wird die Flüssigkeitsmenge aufnehmen, die er braucht, und nicht die Menge, die Du ihm zuteilst. Nimm eine möglichst große, flache Kasserolle, damit sich der Reis mühelos umrühren läßt.

Wenn Du mit der Risottozubereitung beginnst, schätzt Du rasch die Menge der Brühe ab. Fehlt am Ende noch Flüssigkeit, gibst Du einfach etwas Wasser dazu. Ich stelle immer wieder fest, daß wir es schaffen, alles aufzuessen, gleichgültig, wie viel ich gekocht habe. Das Wort »Reste« ist ein Fremdwort für uns. Das Rezept ist für vier Portionen gedacht.

2 Schalotten oder 1 kleine Zwiebel, geschält und sehr feingehackt (etwa 2 Eßlöffel)
1 Selleriestange, geschält und sehr feingehackt
40 g ungesalzene Butter, ein zusätzlicher Klecks Butter zum Garnieren
etwa 1–1,25 l hausgemachte, heiße Hühnerbrühe (siehe Seite 84)
1 Glas trockener Weißwein
300 g Vialone-, Nano- oder Carnaroli-Risottoreis (Rundkornreis)
Meersalz
2–3 Eßlöffel frisch geriebener Parmigiano Reggiano

Bemühe Dich, die Schalotten und den Sellerie wirklich sehr fein und gleichmäßig zu hacken. Warum benutzt Du dafür nicht gleich die großzackige Seite einer Gemüsereibe? Gib die Butter in einen Butterschmelztiegel oder eine kleine Kasserolle und gare darin die Schalotten und den Sellerie auf sehr kleiner Flamme. Auf diese Weise werden die Gemüseraspel vollends mit Butter überzogen, so können sie weder Farbe annehmen noch anbrennen, während Du sie glasig dünstest. Diese Mischung ergibt einen Soffritto, die Grundlage für den Risotto. Die Schalotten werden nicht gesalzen. Salz verkürzt zwar die Garzeit, aber es bewirkt zugleich, daß die Schalotten einen Beigeschmack erhalten und Wasser freisetzen. Dann werden die Schalotten nicht sautiert, sondern geschmort. Und der fertige Risotto würde nach Zwiebeln schmecken – nicht gerade verlockend.

Die Brühe erhitzt Du in einem anderen Topf. Laß sie bei schwacher Hitze ziehen. Sie sollte relativ konzentriert sein. Den Soffritto, die in Butter gedünsteten Schalotten- und Sellerieraspel, gibst Du in eine vorgewärmte, große, gußeiserne Kasserolle. Laß ihn gut durchwärmen. Sobald er zu brutzeln beginnt, schüttest Du den Reis hinzu. Der Reis wird nicht gewaschen, da die Stärke, die einen feinen Risotto so wunderbar sämig macht, von der äußeren Schicht des Reiskorns produziert wird. Wende den Reis einige Minuten im Soffritto, bis er in der Hitze beinahe springt.

Gieße einen Schöpflöffel Brühe hinzu und verrühre alles mit einem Holzlöffel.

(Wenn Du bereits zu diesem Zeitpunkt den Wein angießt, solltest Du ihn vor der Brühe hinzugeben und aufwallen lassen, bis der Alkohol verdampft ist. Der Wein muß erst vollkommen aufgesogen sein, bevor Du Brühe hinzuschüttest.) Reduziere die Hitzezufuhr auf mittlere Flamme und rühre weiterhin schöpflöffelweise Brühe darunter. Dadurch löst sich die stärkehaltige äußere Schicht des Reiskorns auf. Gieße den nächsten Schöpflöffel Brühe erst nach, wenn die zuvor hinzugegebene Menge vollständig aufgenommen ist.

Es ist wirklich nicht nötig, daß Du pausenlos umrührst. Aber gönne Dir doch das herrliche Vergnügen, den Reis in der Brühe zu wenden und zuzusehen, wie er seine Konsistenz ändert und vor sich hin köchelt. Auf mich jedenfalls wirkt es äußerst beruhigend, Risotto zu kochen. Wenn die Brühe zur Neige geht, gibst Du etwas heißes Wasser und einige Stengel Petersilie dazu und würzt das Ganze mit einer Prise grobem Meersalz. Gegebenenfalls wiederholst Du diesen Vorgang, bis der Reis die richtige Konsistenz hat.

Der Risotto benötigt, je nach Reissorte, etwa 20 bis 25 Minuten, um gar zu werden. Nach etwa 20 Minuten probierst Du ihn das erste Mal und würzt ihn, falls nötig. Durch den Parmigiano und die Butter, die ganz zuletzt hinzugegeben werden, erhält der Risotto bereits eine pikante Note, das solltest Du beim Abschmecken berücksichtigen. Der Reis ist gar, wenn der Kern nicht mehr kreideweiß ist, das Korn jedoch noch Biß hat. Bedenke, daß der Reis weiterhin garzieht und Flüssigkeit aufnimmt, während Du ihn servierst. Nimm den Topf vom Herd und ziehe den geriebenen Parmigiano Reggiano unter den Risotto. Der Käse schmilzt und überzieht den Reis. Am Schluß rührst Du mit dem Holzlöffel die Butter darunter. Sie verleiht dem Reisgericht seine vollendete Sämigkeit, ein Vorgang, den die Italiener »manticato« nennen.

Decke den Topf ab und laß den Reis noch einige Minuten ziehen. Wenn Du den Deckel wieder abnimmst, hat er eine sämige, suppige, feine Konsistenz.

Der Risotto ist sehr leicht gewürzt. Du kannst ihn mit jedem beliebigen Geschmack verfeinern, einfach indem Du diverse Zutaten hinzugibst. Mach es nicht zu kompliziert und begnüge Dich mit ein oder zwei zusätzlichen Aromen. Nur eins mußt Du dabei beachten: Alle Zutaten, die beigemengt werden, müssen dabei in gleich große Stücke geschnitten werden, damit sie gleichmäßig garen. Zutaten, deren Garzeit 20 Minuten übersteigen, mußt Du getrennt kochen, diejenigen, die schneller gar werden, können dagegen direkt in den Risotto gegeben werden, während der Reis kocht.

Safranrisotto. *Gib eine gute Prise Safranfäden in eine mit warmem Wasser gefüllte Tasse. Das Wasser wird das Safranaroma annehmen, während Du den Risotto kochst. Zuletzt gibst Du die aromatisch verfeinerte Flüssigkeit in den Risotto. Als Alternative kannst Du fertig gemahlenes Safranpulver verwenden, das Du am Schluß in den Risotto gibst. Bei einem klassischen Risotto nach Mailänder Art kommt noch Rindermark in den Soffritto – allerdings nicht in meiner Küche. Ich empfehle Rinderbrühe, wie auf Seite 82 beschrieben.*

Spinatrisotto. *Wahrscheinlich mein Lieblingsrisotto. Sobald der Risotto ungefähr halbgar ist, rührst Du nach und nach etwa 200 Gramm verlesenen, gewaschenen und gehackten Babyspinat darunter. Nach wenigen Minuten ist der Spinat im Reis aufgegangen, wobei sein Saft dem Risotto eine zusätzliche Würze verleiht. Abschließend verfeinerst Du das Gericht noch mit einer Prise Muskatnuß, einem Spritzer Zitronensaft, der Butter und dem frisch geriebenen Parmigiano Reggiano.*

Spargelrisotto. *Im Mai kommt herrlicher schottischer oder englischer grüner Spargel auf den Markt. Kaufe 400 Gramm und koche daraus einen wunderbaren Risotto. Brich den unteren Teil der Stangen da ab, wo sie von selbst brechen. Schneide die Spargelspitzen ab, sie werden schneller gar und sollten erst in den letzten fünf Minuten hinzugegeben werden. Wasche den Spargel, besonders die Köpfe. Wenn der Spargel unmittelbar nach einem Regenfall gestochen wurde, hat sich womöglich etwas Sand in den Spargelköpfen verfangen. Gib die Stangen und Strünke in kochendes, leicht gesalzenes Wasser, bis sie weich sind. Bewahre einen Teil des Spargelwassers auf, um damit und mit etwas Hühner- oder Gemüsebrühe den Risotto zu kochen. Schneide die Spargelstangen in mundgerechte Stücke und gib sie in den halbgaren Risotto. Wirf die faserigen Strünke weg, sie sind nicht zum Verzehr geeignet. Fünf Minuten vor Ende der Kochzeit gibst Du die Spargelspitzen hinzu. Verfeinere das Aroma mit reichlich frisch geriebenem Parmigiano Reggiano und einem großzügigen Klecks Butter. Der süße Geschmack des Spargels, der salzige Käse und die ölige Butter ergeben einen äußerst leckeren Risotto.*

Die zarten Spargelspitzen kannst Du auch getrennt mit einer Prise Meersalz und Olivenöl bei mittlerer Temperatur (180° C/Stufe 4) im Backofen rösten

Zucchinirisotto. *Sautiere drei bis vier geraspelte Zucchini in einer Bratpfanne mit etwas Olivenöl und einigen Knoblauchscheiben. Brate sie nur so lange, bis sie an den Kanten etwas Farbe angenommen haben. Salze sie und gib sie zu Beginn der Garzeit in den Zwiebelsoffritto. Zuletzt streust Du einen Eßlöffel feingehackte glatte Petersilie oder eine gute Handvoll zerpflückter, frischer Basilikumblätter darüber.*

Liebe Francesca

Tomatenrisotto
RISOTTO AL POMODORO

Tomatenrisotto ist der einzige Risotto, den Großmutter Marietta jemals für mich gekocht hat. Wir aßen ihn in ihrem Haus in Picinisco, und zwar im Eßzimmer, nicht in der Küche. In ihren Augen muß dieses Gericht also ein besonderes Festessen gewesen sein. Sie hatte etwas zu feiern, denn nach dem Mahl verwöhnte sie uns sogar mit Blue-Riband-Keksen, die sie mit den PG-Tips-Teebeuteln kistenweise aus Schottland bezog. Sie hütete diese Kekse wie ihren Augapfel und schloß sie in ihren Vorratsschrank ein, der dazugehörige Schlüssel baumelte an ihrer Taille.

2 Eßlöffel Olivenöl extra vergine
75 g Butter
1 Schalotte, geschält und sehr feingehackt (2 Eßlöffel)
200 g geräucherter Pancetta, in Würfel geschnitten
300 g Arborio-Risottoreis (Rundkornreis)
fi 400-g-Dose italienische Eiertomaten, passiert
etwa 1–1,25 l heiße Hühnerbrühe (siehe Seite 84) oder Gemüsebrühe
2 Eßlöffel frisch geriebener Parmigiano Reggiano
frisches Basilikum

Erhitze das Öl mit 50 Gramm der Butter in einer Kasserolle. Sautiere darin die Schalotte, bis sie weich und glasig ist. Dann brätst Du den Pancetta kurz an. Anschließend gibst Du den Reis dazu und läßt ihn ein wenig im Soffritto rösten. Rühre die passierten Tomaten darunter und laß das Ganze einige Minuten köcheln.

Nun rührst Du nach und nach die heiße Brühe ein. Vermische alles gut und laß es etwa 20 Minuten kochen. Wenn alles gar ist, rührst Du den frisch geriebenen Parmigiano Reggiano darunter, bis er schmilzt. Zuletzt gibst Du die restliche Butter und einige frische Basilikumblätter in den Risotto.

Als Tüpfelchen auf dem »I« rührst Du etwas Fontinakäse in das Gericht. Laß ihn zergehen, bis er appetitliche Fäden zieht, bevor Du das Gericht servierst.

LEBT EIN LANGES LEBEN, ESST EUER GEMÜSE

»Mangia verdura ogni giorni per ottant'anni e vivrai una lunga vita!«
»Wer jeden Tag bis zu seinem 80. Geburtstag grünes Gemüse ißt, hat ein langes Leben!«

Olivia, Gloria und Filomena Crolla, um 1926

Das Lebensmittel Gemüse hat eigentlich Besseres verdient. Zugegebenermaßen hat es in Großbritannien einen schlechten Ruf. Die Auswahl war seit jeher eingeschränkt. Aus unerfindlichen Gründen wurde es oft auch einfach zu lange gekocht. Was die Gegner eigentlich nur zu der Frage führen konnte, warum in aller Welt man es dann essen sollte!

Richtig zubereitetes Gemüse ist, das mußt Du mir glauben, der köstlichste Teil einer Mahlzeit. Obwohl ich keine Vegetarierin bin, esse ich jeden Tag eine Menge wunderbares Gemüse.

Ganz gleich, was an einem Tag bei uns auf der Speisekarte steht, einen frischen Salat und Gemüse gibt es dazu immer. Alle Gemüsearten essen wir warm. In den meisten Fällen genügen zum Würzen ein paar Tropfen Olivenöl, Zitronensaft oder Essig. Manchmal runden auch Knoblauch und frische Kräuter den Geschmack ab.

Kaufe Salate und frisches Gemüse, wenn irgend möglich, bei regionalen, biologisch produzierenden Anbietern und zwar in der Jahreszeit, in der diese normalerweise angebaut werden. Bei Bio-Gemüse kannst Du Dich außerdem darauf verlassen, daß es keine Reste von Pflanzenschutzmitteln und Kunstdüngern enthält. Unabhängig davon, ob Du nun biologisch oder konventionell angebautes Gemüse und Obst zubereitest, solltest Du es immer gründlich waschen und schälen.

Einem ungeschriebenen Gesetz zufolge müssen die Kinder bei uns jedes Gemüse zumindest probieren. Schmeckt ihnen etwas nicht, müssen sie es nicht essen. Die Chancen stehen gut, daß sie es beim nächsten Mal wieder probieren werden. Ehe Du Dich versiehst, werden sie es vermutlich mit Begeisterung essen. Das Thema Kinder und Essen ist, gerade heutzutage, wirklich nicht einfach. Wenn Du aber (wie ich es getan habe) darum zuviel Aufhebens machst, werden die kleinen Schlingel es sofort als Deinen Schwachpunkt erkennen und ihn zu ihren Gunsten ausspielen.

Überläßt Du es den Kindern, zu entscheiden, was sie essen möchten, werden sie oft vom Druck der Gleichaltrigen überfordert. Schlechte Ernährungsgewohnheiten werden die Folge sein. Unterschätze auch nicht den schlechten Einfluß der Werbung auf Kinder. Würde nicht nur Fast Food, sondern auch gesundes Essen beworben, würde das die Ernährungsgewohnheiten innerhalb nur einer Generation vollständig umkrempeln!

Wenn Du meinst, das alles hätte ja doch keinen Sinn, solltest Du mit Deinen Kindern mal Chinesisch essen gehen. Hier wirst Du mit Erstaunen feststellen, daß sie allerlei exotisches und köstliches Gemüse, Nudeln und Reis verdrücken und nicht mal vor Bohnen, grünem Gemüse, Pilzen oder scharfer Paprika haltmachen. Und wie kommt das? Ganz einfach: Es schmeckt ihnen, die Erwachsenen haben das gleiche Essen auf dem Teller, die lustigen Stäbchen und das orientalische Eßgeschirr tragen vermutlich einen weiteren Teil dazu bei. Kurzum, das Essen macht ihnen Spaß!

Ich koche grünes Gemüse immer, indem ich es in kochendes Salzwasser gebe.

Grundsätzlich gilt, daß Gemüse durch eine kurze Kochzeit seine Farbe und Bißfestigkeit behält. Nach dem Kochen gieße ich das Wasser ab, gebe das Gemüse wieder in den Topf und bedecke es mit Eiswasser. Das kühlt das Gemüse ab und stoppt den Kochvorgang, so daß es nicht weich werden kann. Danach wird auch dieses Wasser abgegossen und das Gemüse, wie bereits beschrieben, angemacht. Diesen Vorgang nennt man »Auffrischen«.

Spargel
ASPARAGI

Vor allem bei Spargel gilt, daß er nur während der Spargelsaison und darüber hinaus möglichst erntefrisch gegessen werden sollte. Ich habe Spargel gegessen, der kurz vorher gestochen worden war, und muß sagen, daß ich selten etwas so intensiv Süßes gekostet habe. Unter idealen Bedingungen wächst Spargel mit einer erstaunlichen Geschwindigkeit von täglich bis zu 25 cm. Um eben dieses Wachstum zu ermöglichen, enthält der Stamm der Pflanze bei der Ernte konzentrierte Zucker.

Sobald der Spargel gestochen wird, hört er auf zu wachsen und die Zuckerarten werden in Kohlenhydrate umgewandelt. Die zarten, süßen Stengel werden danach langsam zäh und faserig. Das ist genau der Grund, warum Du den besten und auch günstigsten Spargel beim Gärtner oder Bauern um die Ecke oder auf einem Wochenmarkt bekommst. Kleine Plastik-Trays mit Spargel, die um den halben Erdball gereist sind, oder Spargel in Dosen erblassen im Vergleich dazu und sollten meiner Meinung nach verboten werden.

Mach nicht zu viel Aufhebens um Spargel.

Brich das untere Ende des Spargeltriebs dort ab, wo es von selbst bricht.

Wasche den Spargel. Wenn es in der letzten Zeit viel geregnet hat, achte darauf, Sand oder Insekten aus den zarten Triebspitzen zu waschen.

Koche den Spargel sechs bis acht Minuten in kochendem Salzwasser, bis er gar ist. Sind die einzelnen Triebe sehr dick, kannst Du die Spitzen mit Folie umwickeln und beim Kochen aus dem Wasser ragen lassen. So bleiben sie knackig. Ich halbiere die Triebe meistens und gebe die dünneren, oberen Hälften erst nach der Hälfte der Kochzeit dazu.

Am leckersten schmeckt Spargel mit viel geschmolzener Butter.

Ich bereite Spargel auch gerne mit Olivenöl und Meersalz im Ofen zu. Der Spargel zergeht halb knusprig, halb saftig auf der Zunge und erinnert beim Hineinbeißen ein wenig an Toast. So zubereiteter Spargel kann mit hauchdünnen Scheiben Parmigiano Reggiano als Vorspeise serviert werden.

Ein Risotto mit Spargel ist auf jeden Fall einen Versuch wert (siehe Seite 171), es ist eines meiner Lieblingsgerichte.

Sehr zarte Spargelspitzen kannst Du roh in einem gemischten Salat geben.

Auberginen
MELANZANE

Auberginen gibt es in allen Formen und Größen. Am besten sind Früchte, die um das südliche Mittelmeer angebaut werden. Besonders gut im Geschmack sind die kleinen marokkanischen Auberginen. Köstlich sind auch die fast zwiebelförmigen, dunkelvioletten Auberginen, die im Frühling und Sommer auf italienischen Märkten und bei guten Gemüsehändlern erhältlich sind. Am besten schmecken sie, wenn sie gegrillt werden. Schneide sie dazu in etwa 1 cm dicke Scheiben. Bestreiche sie dann auf beiden Seiten mit Olivenöl und grille sie im vorgeheizten Ofen pro Seite vier Minuten. Du mußt die Scheiben nicht salzen, es sei denn, die Auberginen sind nicht mehr so frisch. Ich mache das nie. Salze sie erst nach dem Grillen. Gib ein paar dünne Scheibchen Knoblauch, etwas Olivenöl, einen Spritzer Rotweinessig und grobgehackte, glatte Petersilie darüber. Nachdem die Auberginen etwa eine Stunde lang in dieser Marinade gelegen haben, schmecken sie richtig gut.

Süß-saure Aubergine
CAPONATA

Diese Zubereitungsart stammt aus Sizilien und eignet sich hervorragend für Pastagerichte, gegrilltes Fleisch und ganz besonders für gegrillten Fisch. Der charakteristisch herbe Geschmack von Auberginen und Kapern ist ein perfekter geschmacklicher Ausgleich für Fisch mit einem hohen Fettanteil.

1 große violette Aubergine
2 Zucchini
Olivenöl extra vergine
10–15 süße Kirschtomaten
1 Eßlöffel gesalzene Kapern, 30 Minuten in einer großen Schüssel kaltem Wasser eingeweicht und abgegossen
frische Basilikumblätter

Heize den Ofen sehr heiß vor (230° C/Gas Stufe 8).

Wasche das Gemüse gründlich in kaltem Wasser und tupfe es trocken. Schneide die Aubergine und die Zucchini in 2 bis 3 cm große Stücke. Lege sie auf ein großes Backblech, beträufele sie sparsam mit Olivenöl und salze sie mit etwas Meersalz. Backe sie im Ofen, bis sie gar sind und das Fruchtfleisch durchsichtig ist, das heißt 10 bis 15 Minuten.

Erhitze zwei Eßlöffel des Olivenöls und brate die Tomaten bei hoher Temperatur in einer Pfanne, bis die Haut weich zu werden beginnt. Gib dann das im Ofen geröstete Gemüse und die Kapern dazu. Erwärme die Mischung und gib eine gute Handvoll frischer Basilikumblätter dazu. Wende die Blätter nur, um sie anzuwärmen und ihr Aroma an die Caponata weiterzugeben. Würze nach Bedarf nach. Dieses Gericht kann sowohl warm als auch kalt serviert werden.

Saubohnen
FAVE

Saubohnen oder Fave, wie wir Italiener sie nennen, sind am besten, wenn sie noch ganz jung sind. Der ihnen eigene Geschmack läßt keine Wünsche offen, vermutlich weil sie randvoll mit Vitaminen sind.

Als ich einmal meine Ferien in Apulien verbrachte, sah ich, wie eine Kiste Saubohnen über die Hintertür an eine Trattoria geliefert wurde. Über diese Hintertür gelangte der Gast auch zu den Toiletten. Er durchquerte die Küche, ging hinaus in den Garten und von dort aus in das Haus des Restaurantbesitzers, der gleich nebenan wohnte. Seine vierjährige Tochter zeigte mir den Weg. Wie in so vielen dieser grandiosen kleinen Trattorias gab es keine Speisekarte. Seine Frau fragte uns einfach: »Cue cosa vuoi mangiare?«, also »Was würden Sie gerne essen?«.

Da mir noch der Anblick der wunderbaren grünen Bohnen in ihren fleischigen, flaumigen Schoten in Erinnerung war, die auf dem Küchentisch lagen, bat ich sie, mir Fave zu machen. Entgegen meiner Erwartung wurden diese aber nicht kurz gekocht und mit Olivenöl beträufelt serviert, sondern als riesige Portion auf einem Teller. Daneben lag, ein Viertel davon einladend abgeschnitten, ein ganzer Laib Pecorino. Die Köchin gab mir außerdem ein scharfes Messer, einen Beilagenteller und einen zusätzlichen Teller für die Schoten. Dann überließ sie mich meinem Schicksal. Die Bohnen in ihren Schoten waren jung und frisch. Zusammen mit den süß-milden Pecorinoscheiben waren sie einfach nur köstlich. Versuch es einmal!

Vor dem Kochen werden die Bohnen zunächst ausgehülst. Dann gibt man sie etwa fünf Minuten in kochendes Salzwasser, bis sie weich sind. Bei großen Früchten dauert es manchmal auch etwas länger. Achte darauf, sie nicht zu lange zu kochen, da sie sonst zu weich werden. Ältere Bohnen haben eine störende Außenhaut. Beim Kochen wird sie grau und leicht zäh. Man kann die Haut zwar essen, aber wenn man sie abschält, kommen zwei leuchtend grüne Babybohnen zum Vorschein. In leichten Pastagerichten oder Suppen sind sie eine Delikatesse. Schon eine Handvoll können bei einem Gericht den feinen Unterschied ausmachen. Und das ist die Mühe auf jeden Fall wert.

Gut machen sie sich in einer Frittata mit Schnittlauch und etwas Pancetta. Auch die »Ruote alla nonna« auf Seite 144 kannst Du mit Bohnen anstelle der Erbsen machen.

Oder wie wäre es, wenn Du die enthülsten und gekochten Bohnen zum Abschluß in einen Risotto mit Parmigiano gibst? Ein guter Stich Butter und dünne Scheiben Pecorino runden das Ganze ab. Einfach köstlich!

Getrocknete Bohnen
CANNELLINI SECCHI

Annunziata wurde über 86 Jahre, sie war in all diesen Jahren aber niemals beim Zahnarzt. Als ich sie zum ersten Mal sah, hatte sie nur noch vier oder fünf einzelne Zähne im Mund. Ihre Gestalt war schon sehr dünn und zusammengesunken, und das Gesicht hatte unzähligen Falten. Ihre Haltung war aber noch gerade, ihr Lächeln sonnig, und in den Augen hatte sie ein munteres Zwinkern. In meinen Augen war sie gerade jetzt wunderschön.

Liebe Francesca

Einer ihrer Backenzähne schmerzte. Während sie auf einem trockenen Stück Brot kaute, jammerte sie. »Oi, i mama!«. Sie war stolz auf ihre Zähne. Sie weigerte sich, zum Zahnarzt zu gehen, obwohl viele ihrer Altersgenossen schon seit längerem nachgegeben und sich schlecht sitzende Prothesen hatten machen lassen. Nicht aber Annunziata.

Eines Tages konnte sie die Zahnschmerzen einfach nicht mehr ertragen. Sie setzte sich mit ein paar Nelken in der Tasche in ihren Schaukelstuhl auf den Balkon. Sie kaute auf den Nelken herum, nahm den kranken Zahn zwischen zwei Finger ihrer faltigen, knorrigen Hand und zog ihn sich mit einer triumphierenden, kurzen Bewegung heraus. Danach wischte sie ihn an ihrer Schürze ab, steckte ihn in die Tasche, machte es sich mit einem stillen Lächeln in der Sonne bequem und schaukelte sich in den Schlaf. Als ich sie das letzte Mal sah, hatte sie nur noch einen Zahn im Mund, der frech aus dem Unterkiefer lugte.

Getrocknete weiße Cannellinibohnen nennt man auch »denti delle vecchie« oder »die Zähne alter Frauen«.

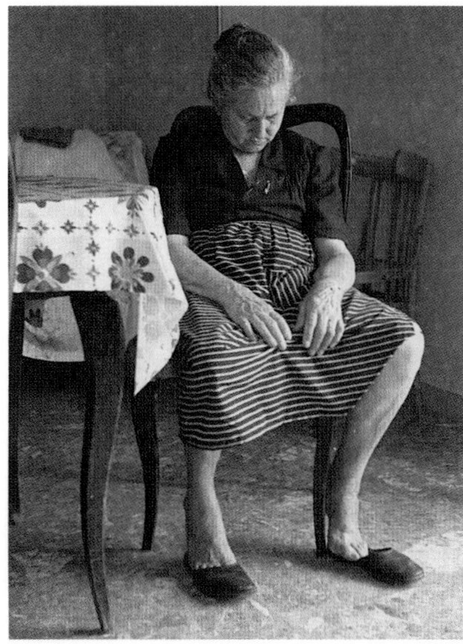

Die schlafende Annunziata im Alter von 80 Jahren

Bis dahin hatte ich sehr ungern getrocknete Bohnen gekocht. Obwohl ich immer sehr aufpaßte, passierte es mir oft, daß das ganze Wasser verkochte und der Topf ruiniert war. Annunziata brachte mir bei, sie in einer feuerfesten Form im Ofen zu kochen. Kaufe keine zu alten Bohnen und achte auf das Haltbarkeitsdatum.

Bedecke eine große Tasse getrockneter und vorher durchgespülter Cannellinibohnen mit vier großen Tassen Wasser und lasse sie über Nacht stehen.

Am Morgen spülst Du sie aus, bedeckst sie mit Wasser und bringst das Wasser zum Kochen. Laß sie zehn Minuten lang richtig kochen. Schütte das Wasser ab und spüle die Bohnen nochmal durch.

Bedecke die Bohnen in der Form 5 cm hoch mit kaltem Wasser. Bringe das Wasser zum Kochen und koche sie bei mittlerer Hitze ungefähr 30 Minuten lang. Waren die Bohnen sehr trocken, kann es auch mehrere Stunden dauern, bis sie durch sind. Du kannst auch ein bißchen Olivenöl, Rosmarin oder eine Knoblauchzehe mitkochen. Salzen solltest Du die Bohnen aber erst in den letzten zehn Minuten der Kochzeit.

Diese Bohnen sind köstlich, wenn man sie noch warm als Salat mit Olivenöl, Schnittlauch oder Frühlingszwiebeln und feingehackter Petersilie ißt. Ich esse sie gerne mit gegrilltem Fleisch oder Hühnchen, zusammen mit Olivenöl, in dem etwas Knoblauch und eine getrocknete Chilischote gedünstet wurde.

Wenn Du die Bohnen als Suppeneinlage verwenden möchtest, bereite sie wie oben beschrieben vor und gib sie dann in die fertige Suppe. Solltest Du einmal nicht die Zeit oder Lust haben, die Bohnen selbst zu kochen, kannst Du auch einfach welche aus der Dose nehmen und sie kurz durchspülen. Sie sind fast genauso gut.

Bohnen, frische Cannellini und Borlotti
FAGIOLI FRESCHI

Die köstlichsten aller Bohnen sind frische Cannellini oder Borlotti, die es ab dem späten Frühling auf allen Wochenmärkten in Italien gibt. Hier in Großbritannien finde ich sie manchmal in kleinen Läden oder auf Wochenmärkten. Sie müssen ausgehülst werden – eine Art Beschäftigungstherapie – und anschließend in einem Topf mit Wasser bedeckt 15 bis 20 Minuten gekocht werden. Die weichgekochten Bohnen zerschmelzen geradezu auf der Zunge. Serviere sie ganz einfach mit Meersalz, Olivenöl, frisch gemahlenem schwarzen Pfeffer und etwas gehackter Frühlingszwiebel.

Geschmorte, frische Cannelini-Bohnen
CANNELLINI AL TEGAME

500 g frische, enthülste Cannellinibohnen
4 Eßlöffel Olivenöl extra vergine
1 Teelöffel Meersalz
2 Knoblauchzehen, geschält
1 Zweiglein Rosmarin und einige frische Salbeiblätter
gehackte, glatte Petersilie zum Servieren

Bedecke die Cannellini in einem Topf mit Wasser. Sobald das Wasser kocht, gibst Du alle Zutaten bis auf die Petersilie dazu. Die Bohnen werden bei offenem Topf gekocht, bis sie weich sind und fast die ganze Flüssigkeit aufgesogen haben. Das dauert, je nach Bohnensorte, ungefähr 15 bis 25 Minuten.

Püriere die Hälfte der Bohnen zu einem weichen Mus. Gib sie wieder in den Topf und vermische sie mit den anderen Bohnen. Nimm den Knoblauch und die Kräuter aus dem Topf, würze gegebenenfalls nach und bestreue die Bohnen kurz vor dem Servieren mit der frisch gehackten Petersilie.

Grüne Bohnen
FAGIOLINI

Grüne Bohnen, Stangenbohnen und Buschbohnen sind überall erhältlich und ganz einfach in der Zubereitung.

300 g grüne Bohnen
3 Eßlöffel Olivenöl extra vergine
2 Knoblauchzehen, geschält und halbiert
1 Eßlöffel Rotweinessig
feingehackte, glatte Petersilie

Schneide jeweils beide Enden der Bohnen ab und koche sie etwa zehn Minuten in Salzwasser, bis sie gar sind. Gieße das Salzwasser ab und gib die Bohnen sofort in eiskaltes Wasser. Sie behalten durch dieses Auffrischen ihre frische grüne Farbe. Gieße auch dieses Wasser nach ein paar Minuten ab.

Erwärme das Olivenöl im Topf. Brate dann den Knoblauch darin an. Sobald das Öl nach Knoblauch zu duften beginnt, gibst Du die kalten Bohnen dazu. Wende sie ein paar Minuten lang im Öl. Sie werden so aufgewärmt und nehmen sein Aroma an. Gib jetzt den Rotweinessig dazu, laß das Ganze ein bißchen durchziehen und nimm den Topf vom Herd. Streue die Petersilie darüber und serviere die Bohnen warm.

Grüne Bohnen eignen sich ganz hervorragend als Vorspeise. Sie werden dazu, wie oben beschrieben, gekocht und danach mit etwas Olivenöl und Zitronensaft beträufelt. Du kannst sie mit hausgemachter Mayonnaise (siehe Seite 210) servieren.

Liebe Francesca

Bok Choy oder Pak Choi

Die chinesische und die italienische Küche haben durchaus Gemeinsamkeiten: In beiden wird viel Gemüse gegessen, das überwiegend gedünstet oder kurz angebraten und mit einigen wenigen Gewürzen oder Kräutern verfeinert wird.

Ein chinesischer Supermarkt ist die beste Adresse für Bok Choy. Er ähnelt Spinat, hat aber einen süßeren Geschmack und dickere, knackigere Stengel. Oft findet man ihn auch unter der Bezeichnung Chinese Greens in chinesischen Restaurants. Du kannst ihn zu Hause ganz einfach zubereiten.

Zuerst brichst Du die Stengel von den Blättern, schneidest sie klein und wäschst sie in viel kaltem Wasser. In der Regel sind die Blätter aber ohnehin sehr sauber. Dann erwärme ich einen Eßlöffel Sonnenblumenöl in einer großen Pfanne. Ich gebe ein paar Knoblauchzehen, geschält und in Scheiben geschnitten, und ein in feine Streifen geschnittenes Stück Ingwerwurzel dazu. Danach gebe ich den Bok Choy und einen guten Schuß Austernsauce (zwei Eßlöffel) dazu und koche das Ganze bei geschlossenem Deckel. Der Bok Choy ist nach etwa zehn Minuten zusammengefallen. Dieses Gemüse – auf chinesische Art mit Ingwer und Knoblauch zubereitet – eignet sich gut als Beilage zu gedämpftem Fisch.

Brokkoli & Co.

Neben dem allgegenwärtigen grünen Brokkoli, den man das ganze Jahr über bekommt, gibt es beispielsweise im Frühling lila Brokkoli. Er ist sehr zart, süß im Geschmack und schnell gekocht.

Friarille ist ein grünes Gemüse, das vorwiegend in der Gegend um Neapel angebaut wird. Es unterscheidet sich nicht sehr von jungem Brokkoli, hat einen zierlichen grünen Stamm und dunkelgrüne Röschen. Trotz des recht bitteren Geschmacks erfreut es sich bei den Einheimischen großer Beliebtheit. Friarille wird einfach in kochendem Salzwasser blanchiert und anschließend in Olivenöl mit viel getrockneter Chilischote und Knoblauch gedünstet und als Beilage oder mit Polenta gegessen. Ausgezeichnet schmeckt es aber auch auf Pizza mit sehr scharfer Wurst aus Schweinefleisch. Einfach köstlich!

Cime di rapa, ein Mitglied der Brassica-Familie, ist ein sehr zartes, süß schmekkendes Gemüse, das überall in Italien angebaut wird. Wörtlich übersetzt heißt es

»Steckrübenkraut«. Das Gemüse sieht aus wie Brokkoli und wird auch ähnlich zubereitet. Gerade im Süden Italiens hat es sich seinen Platz in der Küche erobert und wird mit Pasta oder als Beilage gegessen. Die langen Stengel ähneln denen von Sellerie, die Blätter sind gezackt. Der Blütenkopf sieht wie junger Brokkoli aus.

Schneide zunächst die grobfaserigen Blätter und die Stengelansätze ab. Wasche das Gemüse sehr gründlich. Die Zubereitung ist ganz unkompliziert. Du kannst es einfach in Salzwasser kochen oder, wenn es sehr jung geerntet wurde, die Stengel kurz anbraten und mit Olivenöl und Zitronensaft beträufeln. (Besonders die Stengel sind sehr süß.)

Du kannst sie auch mit Orecchiette (siehe Seite 134) kochen.

250 g Brokkoli, Cime di Rapa oder ein anderes grünes Gemüse
Meersalz und schwarzer Pfeffer
3–4 Eßlöffel Olivenöl extra vergine
1 Knoblauchzehe, geschält und kleingeschnitten
1 Stück getrocknete Chilischote
1 Sardelle in Öl (nach Belieben)
Zitronensaft

Wasche das Gemüse und schneide alle grobfaserigen Stengel und gelben Blätter ab. Sind die Stengel sehr dick, schneide sie in gleich große Stücke. Teile die Röschen oder Blätter in mundgerechte Stücke. Gib die Stengel in kochendes Salzwasser und koche sie etwa zehn Minuten. Die Röschen und Blätter werden erst nach der Hälfte der Kochzeit dazugegeben. Gieße alles in ein Sieb ab.

Erwärme im gleichen Topf das native Olivenöl. Gib den Knoblauch und die getrocknete Chilischote dazu. Einen intensiveren Geschmack erreichst Du, wenn Du noch die Sardelle im Olivenöl zerdrückst. Dünste das Gemüse und den Knoblauch ein paar Minuten im Olivenöl. Danach gibst Du einen Spritzer Zitronensaft und viel Pfeffer dazu. Serviere das Ganze warm.

Eine reizvolle Alternative ist es, das gekochte Gemüse auf chinesische Art anzumachen. Du gibst einen Teelöffel Sonnenblumenöl dazu, in dem eine Knoblauchzehe, in Scheiben geschnitten, und ein 3 bis 4 cm großes, in feine Stifte geschnittenes frisches Stück Ingwerwurzel gedünstet wurde. Gewürzt wird mit einem Spritzer heller oder dunkler Sojasauce.

Liebe Francesca

Rosenkohl
CAVOLINI DI BRUXELLES

Wo um alles in der Welt hat Rosenkohl nur seinen schlechten Ruf her? Mit Eßkastanien, Olivenöl, Knoblauch und Chili zubereitet, schmeckt er besser als Schokolade.

Im Herbst bekommst Du in den Läden küchenfertige, vakuumverpackte Eßkastanien aus Frankreich. Sie ersparen Dir jede Menge Arbeit und sind genauso gut wie die selbst vorbereiteten. Spüle sie einfach mit etwas kaltem Wasser durch, um sie ein wenig aufzulockern.

Mary und ihr Bruder Cesidio auf der Kühlerhaube des Wagens vor dem Laden in Cockenzie

500 g Rosenkohl
Meersalz
3–4 Eßlöffel Olivenöl extra vergine
2 Knoblauchzehen, geschält
1 Stück einer getrockneten Chilischote
250 g vakuumverpackte Eßkastanien

Putze den Rosenkohl, indem Du die äußeren vergilbten Blätter und die Stengelansätze abschneidest. Koche ihn etwa fünf Minuten in Salzwasser, bis er weicher wird. Auf keinen Fall solltest Du ihn zu lange kochen. Bedecke ihn sofort nach dem Abgießen mit eiskaltem Wasser, so daß er seine herrliche grüne Farbe behält. Gieße dann auch dieses Wasser ab. (Wenn Du den Rosenkohl für ein Weihnachtsessen vorbereitest, solltest Du ihn am Tag vorher kochen und dann im Kühlschrank aufbewahren.)

Zum Kochen erhitzt Du zunächst das Olivenöl in einer großen Pfanne. Dünste darin den Knoblauch und die Chilischote an, so daß das Olivenöl deren Geschmack annimmt. Dann wärmst Du den Rosenkohl darin auf. Die Kastanien gibst Du zusammen mit einem Schuß Wasser dazu. Anschließend legst Du den

Deckel auf die Pfanne. Ich koche den Rosenkohl gerne so lange, bis er an den Rändern braun zu werden beginnt. Dann haben sich die verschiedenen Aromen nämlich so vermischt, daß ein wunderbarer, bitter-süßer, ganz eigener herber Geschmack entsteht.

Kohl
CAVOLO

Oh je, heute gibt es Kohl.

Kohl macht sich gut in Suppen. Am besten schmeckt er aber roh in einem knackigen Coleslaw.

Zerkleinere Kohl am besten immer selbst mit einem sehr scharfen Messer in grobe Streifen. Das ist sicherlich mühsam, aber die von Hand geschnittenen, unterschiedlich großen Streifen mit ihrer unregelmäßigen Textur sind sicherlich interessanter als die maschinell geschnittenen.

Herzstück eines Wirsings (im Winter) oder eines Weißkohls (im Frühling)
2–3 Karotten, geschält und in möglichst dünne Stifte geschnitten
3–4 Stangen Sellerie, geschält und in Stifte geschnitten
1 knackiger Apfel, vom Kernhaus befreit und in dünne Stifte geschnitten
jeweils eine Handvoll Pinienkerne und saftige Rosinen
1 Bund Koriander, grobgehackt
Mayonnaise, mit Zitronensaft gewürzt (siehe Seite 210)

Schneide den Kohlkopf in Viertel. Beschädigte Blätter entfernst Du. Wasche den Kohl und hacke ihn zunächst in ziemlich große Stücke. Vermische dann alle frischen Zutaten und zerkleinere sie nach Belieben. Rühre soviel Mayonnaise in den Coleslaw, daß alles gut bedeckt ist, aber nicht darin ertrinkt. Coleslaw wird gekühlt serviert.

Pinienkerne werden – wie andere Nüsse auch – sehr schnell ranzig. Du solltest daher nur kleine Packungen kaufen und immer auf das Haltbarkeitsdatum achten. Ich bewahre sie meistens im Kühlschrank auf. Du kannst sie bei mittlerer Hitze ungefähr fünf Minuten im Ofen anrösten, um ihr Aroma ein wenig aufzufrischen.

Kohl kannst Du, in feine Streifen geschnitten, in Suppen verwenden. Auf keinen Fall sollte er zu lange gekocht werden. Gib ihn 20 Minuten vor Ende der Kochzeit hinzu. Am besten ist Weißkohl, Wirsing oder Cime di rapa geeignet.

Weißkohl und Wirsing sind ebenfalls köstlich, wenn sie gekocht und mit etwas Olivenöl extra vergine und Zitronensaft oder einfach mit jeder Menge Butter serviert werden. Am liebsten esse ich Kohl ganz weich zerkocht, mit viel Butter und frisch gemahlenem weißen Pfeffer. Die perfekte Beilage für Steak und Kidney Pie (siehe Seite 242).

Auch mit geräuchertem Schinken oder geräuchertem Pancetta schmeckt Kohl vorzüglich. Dünste dazu in Stücke geschnittenen, geräucherten Schinken in Butter weich, gib dann den feingeschnittenen Kohl und einen Spritzer Wasser dazu und koche das Ganze bei zugedecktem Deckel. Schmecke es ab und würze gegebenenfalls noch etwas nach. So zubereitet paßt Kohl zum Beispiel zu gegrilltem Fleisch.

Karotten
CAROTE

Francesca, ich erinnere mich, daß Du ganz verrückt nach rohen Karotten warst. In Stifte geschnittene Karotten als Pausensnack waren für Dich das Höchste der Gefühle. Ich kaufe grundsätzlich unbehandelte Karotten.

Annunziatas Karotten mit Oregano und Essig

5–6 unbehandelte Karotten, geschält und in Stifte geschnitten
Meersalz
4–5 Eßlöffel Olivenöl extra vergine
1 Knoblauchzehe, geschält
1 kleines Stück einer getrockneten Chilischote
1 Eßlöffel Rotweinessig oder Balsamico
1 Teelöffel frisch getrockneter Oregano

Gib die Karotten in kochendes Salzwasser und koche sie, bis sie durch, aber noch knackig sind. Gieße das Salzwasser ab und gib die Karotten in Eiswasser.

Der Kochvorgang wird dadurch angehalten, und sie behalten ihre schöne Farbe.

Erwärme das Olivenöl in einer großen Pfanne. Gib den Knoblauch und die Chilischote dazu. Dazu wärmst Du die Karotten in der Pfanne an. Laß sie etwa fünf Minuten ganz leicht vor sich hin brutzeln und gieße den Rotweinessig dazu, so daß sie noch ein Weilchen die Säure des Essigs mildern können. Anschließend streust Du den Oregano darüber. Du servierst die Karotten noch warm oder leicht gekühlt.

Pürierte Karotten

Langweilige, geschmacklose gekochte Karotten sind passé. Einen Versuch wert ist es, wenn Du die gekochten und aufgefrischten Karotten wie für Babykost pürierst. Gib beim Aufwärmen viel Butter und einen guten Löffel Crème fraîche dazu. Würze das Ganze mit Meersalz, frisch gemahlenem Pfeffer und einer guten Prise Muskat. So zubereitet sind Karotten angenehm cremig und eine gute Beilage für den Truthahn oder das Hühnchen beim Weihnachtsessen.

Blumenkohl
CAVOLFIORE

Francesca, ich kenne da jemanden aus unserem Bekanntenkreis, der Blumenkohl eigentlich nicht ißt. Auf die frittierten Blumenkohlröschen aber ist er ganz wild.

1 Blumenkohl, gewaschen und in Röschen aufgeteilt
Meersalz und schwarzer Pfeffer
2 Eier, verquirlt
2–3 Eßlöffel Mehl
1 Eßlöffel Milch
1 l Sonnenblumenöl oder ein anderes neutral schmeckendes Öl zum Braten

Du gibst den Blumenkohl in kochendes Salzwasser, bis er anfängt, gar zu werden. Auf keinen Fall sollte er zu lange gekocht werden. Er muß noch knackig und fest sein, da er ja noch frittiert wird. Gieße das Kochwasser ab und lege den Blumenkohl in kaltes Wasser.

Jetzt verrührst Du die verquirlten Eier mit dem Mehl für den Ausbackteig. Ist er zu dick, mußt Du etwas Milch dazugießen. Er sollte ungefähr die Konsistenz von festem Custard haben und muß gut gewürzt sein.

Erwärme das Öl in einer großen Pfanne, deren Rand mindestens 3 bis 4 cm hoch ist. Du testest, ob das Öl die richtige Temperatur hat, indem Du einen Teelöffel Teig hineingibst. Sobald dieser leise zischt und im Öl umherschwimmt, kannst Du mit dem Ausbacken beginnen.

Tauche die Blumenkohlröschen in den Teig, so daß sie von allen Seiten bedeckt sind. Danach nimmst Du sie mit einem Löffel und einer Gabel auf und gibst sie in das heiße Öl. Sei dabei sehr vorsichtig, da das Öl spritzen kann. Frittiere nicht zu viele Röschen gleichzeitig – am besten nicht mehr als vier bis fünf Röschen. Sobald sie sich dunkel färben, wendest Du sie, damit sie von allen Seiten gleichmäßig bräunen. Die Temperatur beim Frittieren soll hoch sein, das Öl darf aber nicht verbrennen. Lege die fertigen Röschen nach dem Ausbacken auf Küchenpapier und halte sie warm, während Du die restlichen Röschen ausbackst.

Bestreue den frittierten Blumenkohl vor dem Servieren mit etwas Meersalz. Ganz gleich, ob warm oder kalt – es ist immer köstlich!

Blumenkohl mit Béchamelsauce
CAVOLFIORE CON SALSA DI BESCIAMELLA

Als wir noch Kinder waren, gab es dieses Gericht sehr oft, in der Regel mit einem Suppenhuhn.

Zerteile einen mittelgroßen Blumenkohl in kleine Röschen. Den weißen Strunk in der Mitte verwendest Du nicht. Gib die Röschen in kochendes Salzwasser und koche sie, bis sie anfangen, gar zu werden. Achte darauf, sie nicht zu lange zu kochen. Gieße das Kochwasser ab und halte die Röschen unter fließendes kaltes Wasser, um den Kochvorgang zu stoppen und sie abzukühlen. Schichte sie dann in eine feuerfeste Form.

Bereite eine Béchamelsauce zu (siehe Seite 209) und gieße sie über den Blumenkohl. Bedecke das Ganze mit mindestens fünf Eßlöffeln Cheddar. Am besten ist ein gut würziger Cheddar, wie Montgomery's oder Mull's Cheddar. Beide sind weiße Cheddar-Arten, Du kannst aber auch reiferen, roten Cheddar verwenden.

Du bäckst den Auflauf dann bei mittlerer Hitze im Ofen (180° C/Gas Stufe 4) 20 Minuten, bis der Käse geschmolzen und an der Oberfläche goldgelb und knusprig ist.

Zucchini
ZUCCHINI

Francesca, es ist traurig, aber wahr: Zucchini reagieren allergisch auf Deinen Vater, und umgekehrt.

Ich hingegen finde sie phantastisch. Ihre vielseitigen Zubereitungsmöglichkeiten und die Tatsache, daß sie, je nachdem, wie sie gewürzt werden, ganz unterschiedlich schmecken, beeindruckt mich. Ich kaufe sie aber nicht das ganze Jahr über, sondern beschränke mich auf den Frühling und den Sommer. In dieser Zeit sind sie jung und zart, manchmal haben sie sogar noch ihre Blüte. Die Haut kann noch lehmig sein, deshalb solltest Du sie immer gründlich unter fließendem kalten Wasser waschen.

Zucchini koche ich nie vor. Sie haben ohnehin einen hohen Wassergehalt, das Salzwasser würde ihren Geschmack noch mehr abschwächen. Am besten verarbeitet werden Zucchini durch Grillen, Anrösten oder Backen im Ofen. Ihr Saft wird konzentriert, und sie absorbieren das Aroma all der herrlichen Gewürze, mit denen man sie zubereiten kann. Wenn ihre Haut an den Rändern ein wenig versengt wird, erhalten sie einen karamelähnlichen, köstlichen Geschmack. Der ideale Partner für Zucchini ist Sahne, und frittiert sind sie nicht zu schlagen (siehe Seite 235). Ich bereite sie am liebsten ganz einfach zu:

ein guter Stich Butter
4–5 Zucchini, gewaschen, trockengetupft und in Scheiben geschnitten
(eventuell schräg angeschnitten, in ca. 1 cm dicke Scheiben)
Meersalz
Zitronensaft

Zunächst gibst Du die Butter in eine große antihaftbeschichtete Pfanne. Anschließend schichtest Du die erste Lage Zucchini hinein. Salze diese Schicht und schalte auf eine mittlere Flamme hoch.

Laß die Zucchini langsam vor sich hin kochen. Wende sie, sobald sie braun werden. Wenn Du ab und zu davon probierst (keine Angst vor den Kalorien) merkst Du, wie ihr Geschmack sich verändert und mit dem bräunenden Gemüse süßlicher wird. Wenn sie genau den gewünschten Geschmack haben, gibst Du sie in eine angewärmte Schüssel und kochst den Rest der Zucchini genauso.

Gib vor dem Servieren der noch warmen Zucchini etwas Zitronensaft darüber. Auch möglich wären ein paar Tropfen Olivenöl und einige grob zerkleinerte Basilikum- oder Minzeblätter.

Wenn Du Zucchini für eine Frittata oder Pizza verwendest, kannst Du sie vorher, wie oben beschrieben, kurz grillen. Der Geschmack wird dadurch unvergleichlich besser.

Eingelegte Zucchini
ZUCCHINI SOTT'OLIO

Die in den abgelegenen Bergdörfern lebenden Familien hatten keine Kühlschränke, keinen Dorfladen und keinen Lieferservice. Mit Hilfe der seit Generationen überlieferten, ausgefeilten Einmachtraditionen legten die Frauen in den Erntemonaten Vorräte für den Winter an. Tomaten, Gemüse und Früchte wurden eingelegt und in Flaschen abgefüllt. Das ab dem Spätsommer bis in den Herbst hinein im Übermaß vorhandene frische Gemüse und Obst konnte nur durch Einlegen in den Winter gerettet werden. Auf einem Spaziergang im Sommer durch eine Stadt oder ein Dorf im Süden Italiens fallen Dir sicher die schwer mit Obst behangenen Bäume und erntereifen Gemüse auf. Der Boden ist bedeckt mit heruntergefallenen Aprikosen, Feigen, Pfirsichen und Nektarinen, die man gar nicht alle ernten kann. Zitronen hängen wie übergroße Ohrringe an den durchgebogenen Ästen, so niedrig, daß Du nur die Hand danach ausstrecken und sie pflücken mußt.

Die Frauen in den entlegenen Bergdörfern konnten ihre Ware nicht frisch genug auf den Markt bringen. Nach zwei Tagen Fußmarsch oder einer langen Fahrt mit dem Eselskarren in der glühenden Sommerhitze verloren ihre Produkte einfach an Frische. Auf dem Markt von Atina gab es ohnehin ein riesiges Angebot an Gemüse und Obst, das oft viel frischer war und für ein paar Lire verkauft wurde.

Die einzige Möglichkeit bestand also darin, so viel einzumachen, daß es für den Winter reichte. Jeder noch so kleine Behälter, jede Bier- oder Weinflasche und jedes leere Glas wurde für die Vorratshaltung aufgehoben.

Hier ist Annunziatas Rezept:

5–6 große Zucchini
250 ml Weißweinessig
500 ml Wasser
Meersalz
2 Knoblauchzehen, geschält und in Scheiben geschnitten
2–3 kleine Stückchen getrocknete Chilischote (oder auch mehr, wenn man es schärfer mag)
Olivenöl extra vergine

Zuerst wäschst Du die Zucchini. Schneide sie dann erst grob der Länge nach und anschließend in feine Stifte und lege sie in eine Schüssel. Koche den Weißweinessig und das Wasser in einem Topf auf, bis die Hälfte der Flüssigkeit verkocht ist. Diese Mischung gießt Du über die Zucchini. Danach füllst Du die Zucchini schichtweise in ein sterilisiertes Glas. Auf die einzelnen Schichten gibst Du jeweils eine Prise Meersalz, etwas Knoblauch und Chilischote. Gieße das Glas mit dem Olivenöl auf, bis der Inhalt ganz bedeckt ist.

Die Zucchini werden die Flüssigkeit im Glas teilweise aufsaugen, daher solltest Du alle paar Tage ein bißchen Olivenöl nachgießen. Das Öl hilft, die Zucchini zu konservieren. Nach ein paar Mal Auffüllen werden die Zucchini vollständig vom Öl bedeckt bleiben. Bedecke das Glas dann mit Pergamentpapier und Folie und stelle es drei bis vier Wochen an einen kühlen Ort.

Auf die gleiche Art kannst Du auch Auberginen einlegen.

Ganz besonders lecker sind sie als Vorspeise. Jeweils ein Eßlöffel davon mit etwas geräuchertem Fleisch schmeckt himmlisch und ist mit keinerlei Aufwand verbunden.

Mariettas Schwestern in I Ciacca. Sie haben das Dorf nie verlassen.

Zucchiniblüten
FIORI DI ZUCCHINE

Die Zucchinipflanze bringt zwei Blüten hervor. Aus der eleganten und großen, männlichen Blüte entsteht keine Frucht. Die unscheinbare und kleinere, weibliche Blüte dagegen ist verbunden mit ihrer Nachkommenschaft, der Zucchini.

Im ganzen Mittelmeerraum werden Zucchini zusammen mit den weiblichen Blüten verkauft. Die Blüten werden klein geschnitten und in Risottos, mit Pasta oder in einer Frittata gegessen. Zusammen mit ihrem lieblich süßen Geschmack geben sie einem Gericht auch eine herrliche gelbe Farbe.

Die größeren, männlichen Blüten kann man gefüllt essen oder zum Frittieren, in Suppen oder als Pizzabelag verwenden. Sie sind phantastisch, und ich weiß wirklich nicht, warum man sie hierzulande nirgends bekommt. Wenn Du Glück hast, kannst Du einen Gemüsegärtner in der Nähe überreden, Dir ein paar abzugeben, vielleicht findest Du auch auf einem Wochenmarkt welche. Ganz köstlich schmecken die Blüten, wenn Du sie mit Sardellen und frischem Mozzarella füllst, in Teig tauchst und in leichtem Olivenöl frittierst (siehe Seite 235). Noch einfacher ist es, wenn Du sie auf eine knusprig dünne Pizza legst, der sie einen exotischen Touch geben.

Escarole- oder Endiviensalat
SCAROLA

Im Winter essen wir sehr gern Endiviensalat, die bittere, kräftigere Version des im Sommer erhältlichen Friseesalats. Im Herzen der Pflanze liegen die zarten, blaßgelben Blätter, die von den dickeren, dunkelgrünen Blättern umgeben sind. Die leicht bitteren, knackigen blaßgrünen Blätter eignen sich hervorragend als Wintersalat. Du kannst daraus einen Salat machen oder sie mit anderen Salatsorten kombinieren. Die äußeren Blätter können in einer Brühe verwendet werden, oft wird mit ihnen eine Hühnerbrühe geklärt.

Marietta und Maria kochten aus den äußeren Blättern ein köstliches Gericht. Das zeigt Dir wieder mal, wie aus ganz einfachen Zutaten die besten Gerichte entstehen können.

die äußeren Blätter eines Escarole- oder Endiviensalats, ca. 300 g
Meersalz
3–4 Eßlöffel Olivenöl extra vergine
1 Knoblauchzehe, geschält und in Scheiben geschnitten
2–3 Stücke getrocknete Chilischote, je nach Geschmack
5–6 Stücke altes, krustiges Brot

Wasche die Endivienblätter zwei- bis dreimal gut durch. Nimm keine beschädigten Blätter und schneide die dickeren Stengelansätze ab. Die blaßgelben Blätter kannst Du für einen Salat aufheben. Blanchiere die grünen Blätter ungefähr zehn Minuten in kochendem Salzwasser. Laß die Blätter gut abtropfen.

Erwärme nun in einer großen Pfanne das Olivenöl. Gib den Knoblauch und die Chilistücke zum Aromatisieren dazu. Anschließend gibst Du die Endivienblätter dazu und verteilst sie mit einer Gabel in der Pfanne, so daß sie ganz vom Olivenöl bedeckt werden.

Nachdem Du die Brotstückchen zusammen mit einem Schuß Wasser in die Pfanne gegeben hast, deckst Du die Pfanne mit einem Deckel ab. Das Gemüse köchelt jetzt 10 bis 15 Minuten vor sich hin. Das Brot saugt die ganze Flüssigkeit der Endivienblätter auf und gibt dem Gericht den typischen bitter-süßen Geschmack. Die Chilischote sorgt für eine angenehme Schärfe.

Manchmal gebe ich ganz zu Anfang auch ein paar in Öl eingelegte Sardellen in das Olivenöl. Das Gericht wird so süßer und die Bitterkeit der Endivienblätter ein wenig abgeschwächt.

Du kannst die äußeren Blätter nach dem Kochen auch in Hühnerbrühe mit Pastina geben (siehe Seite 86), um ihr zusätzlichen Geschmack zu verleihen. Es ist einen Versuch wert und wirklich köstlich.

Fenchel
FINOCCHIO

Fenchel esse ich sehr gerne roh. Sein knackiger Biß und Anisgeschmack könnten einen süchtig machen. Schneide den Ansatz ab und ziehe die einzelnen Schichten nach außen ab. Auch den dicken Stengelansatz schneidest Du weg. Die fedrigen Blätter kannst Du als Gewürz für gebackenen Fisch aufheben.

Wasche den Fenchel, schneide ihn in dünne Scheiben und mache ihn mit Olivenöl, einer guten Prise Meersalz und jeder Menge frisch gemahlenem schwarzen Pfeffer an.

Wenn Du verschiedene Gemüse im Ofen röstest (siehe Seite 270), sollte Fenchel dabei nicht fehlen. Fenchel wird beim Rösten weich und sein Geschmack erreicht eine unvergeßliche Süße. Ich gebe Fenchel auch zu Bratkartoffeln.

Eine andere Möglichkeit, Fenchel zuzubereiten, ist es, wenn man ihn langsam in Wasser, Hühner- oder Gemüsebrühe und etwas Butter vor sich hin köcheln läßt. Der Fenchel nimmt dabei den Geschmack der Brühe an. Sobald er gar ist, gießt Du die Brühe ab und gibst frisch gemahlenen schwarzen Pfeffer und einen Stich Butter dazu. Belege ihn danach mit einigen dünnen Scheibchen Parmigiano Reggiano oder Pecorino und überbacke ihn für einige Minuten im Grill. Der Fenchel schmeckt zart und saftig. Lecker ist der knusprige, leicht gebräunte Käse darauf.

Pilze
FUNGHI

Es gibt eine so große Auswahl an getrockneten Pilzen, Waldpilzen oder Pilzen aus Gärtnereien, und alle haben ihren ganz eigenen Geschmack und ihre eigene Beschaffenheit. Du solltest Pilze frisch kaufen und innerhalb von ein oder zwei Tagen verbrauchen. Pilze können voller Bakterien stecken, besonders alte und beschädigte Exemplare können Magenverstimmungen verursachen. Erliegst Du der Versuchung, selbst Pilze sammeln zu gehen, solltest Du immer einen Fachmann zu Rate ziehen. In Italien muß jeder Ort einen ausgebildeten Pilzfachmann haben, der Waldpilze identifizieren kann. Man findet ihn in der Regel in der Apotheke des Ortes. Trotz dieser Vorsichtsmaßnahme hört man jedes Jahr wieder von tragischen Todesfällen durch Pilzvergiftungen. Du solltest das Risiko also nicht eingehen.

Du mußt Pilze nicht waschen oder schälen. Säubere sie einfach sorgfältig mit einem feuchten Lappen und schneide die Ansätze ab. Wirf beschädigte oder schimmelige Pilze weg.

Pilze in Plastikbehältern oder Behältern, die mit Plastikfolie abgedeckt sind, solltest Du nie kaufen. In dem entstehenden warmen Mikroklima vermehren sich Bakterien explosionsartig.

Liebe Francesca

Angebratene Pilze
FUNGHI TRIFOLATI

Die klassische italienische Art, Pilze zuzubereiten, ist »trifolati«. Sie werden dafür in Olivenöl, zusammen mit Knoblauch und glatter Petersilie langsam angebraten. (In Ligurien nennt man diese Zubereitungsart »al funghetto«.)

225 g Austernpilze oder schottische Pfifferlinge
2-3 Eßlöffel Olivenöl extra vergine
1 Knoblauchzehe, geschält und kleingeschnitten
2 großzügige Eßlöffel feingehackte, glatte Petersilie
schwarzer Pfeffer
Zitronensaft (nach Belieben)

Putze die Pilze sorgfältig und schneide sie in Scheiben.

Erwärme das Olivenöl in einem Topf mit dickem Boden, gib den Knoblauch und die Hälfte der Petersilie dazu und dünste das Ganze langsam an. Dann gibst Du die Pilze dazu und dünstest sie acht bis zehn Minuten auf relativ hoher Flamme durch. Sie sollten nicht zu lange in ihrem Saft schmoren, da sie sonst zäh werden. Gib jetzt Salz und Pfeffer und den Rest der Petersilie dazu. Wenn Du magst, kannst Du auch noch einen Spritzer Zitronensaft dazugeben.

Die Pilze eignen sich gut als Beilage zu gegrilltem Steak oder, auf Zimmertemperatur abgekühlt, als Vorspeise.

Pfifferlinge mit Kartoffeln
GALLETTI CON PATATE

Ich liebe schottische Pfifferlinge. An ihrer aprikosengelben Farbe, ihrer gewellten, glatten Kappe und den darunterliegenden Rippen kannst Du sie ganz leicht erkennen. Außer nach heftigen Regenfällen sind sie in der Regel trokcken und sauber, so daß man sie ganz leicht putzen kann. Ihr aromatischer und zarter Geschmack läßt einen süchtig werden.

Ab dem Spätsommer bis zu den ersten Frösten findet man in Schottland Massen von Pfifferlingen. Du bekommst sie auch in gut sortierten Lebensmittel-

Liebe Francesca

läden. Aber auch hier solltest Du Dich vergewissern, daß sie von einem Fachmann durchgesehen wurden. Ich esse sie gerne in Omelettes, mit Sahne und Pasta, und in Risotto (siehe Seite 168).

Koche vier bis fünf festkochende Kartoffeln, wie Linda, Nicola oder Sieglinde, bis sie anfangen, gar zu werden. Laß sie abkühlen und schneide sie dann in mundgerechte Würfel.

Bereite die Pilze wie oben beschrieben vor, und hebe sie, wenn sie richtig Saft gezogen haben, mit einer Schöpfkelle aus der Pfanne, so daß die Flüssigkeit in der Pfanne bleibt. Gib dann die Kartoffelwürfel und einen guten Stich Butter in die Pfanne und wende sie in der Flüssigkeit. Die Kartoffeln werden nun bei hoher Flamme so lange gebraten, bis sie trocken, knusprig und an den Rändern schön braun sind.

Gib jetzt die Pilze wieder dazu und wärme sie wieder durch. Würze gegebenenfalls nach und bestreue das Ganze mit etwas gehacktem Schnittlauch oder gehackter glatter Petersilie.

Getrocknete Pilze
FUNGHI SECCHI

Getrocknete Steinpilze verleihen Suppen, Risotti und Eintöpfen den perfekten Pilzgeschmack. Zur Vorbereitung weicht man etwa 15 g getrocknete Pilze ungefähr 20 Minuten in einer Tasse mit warmem Wassers ein. Dann werden sie abgegossen. Die Flüssigkeit mit ihrem intensiven Aroma wird aufgehoben. Ich wasche die eingeweichten Pilze in der Regel noch in etwas kaltem Wasser, um auch letzte Sandreste auszuspülen. Danach werden sie kleingeschnitten und in das Pilzgericht gegeben. Sie können das Aroma eines Gerichts wirklich verzaubern.

Da sie so schnell wachsen, nehmen wilde Pilze oft Schadstoffe aus der Umgebung auf. Wilde Pilze, die am Straßenrand geerntet wurden, haben manchmal erschreckend hohe Bleiwerte. Sei also vorsichtig, wenn Du getrocknete Pilze einkaufst. Bei guten Händlern liegen immer Schadstoffanalysen zu den Pilzen vor.

Auf keinen Fall solltest Du im Urlaub Pilze von Gemüseständen auf Märkten kaufen. Die Pilze aus bestimmten Teilen osteuropäischer Länder sind radioaktiv belastet und wurden möglicherweise von professionellen Händlern zurückgewiesen. Sie tauchen dann oft zu einem Spottpreis auf solchen Märkten auf.

Liebe Francesca

Gemüsepaprika
PEPERONI

Grüne Paprikaschoten solltest Du eigentlich gar nicht kaufen. Mit großer Wahrscheinlichkeit bekommst Du von ihnen nämlich Verdauungsbeschwerden. Rote oder gelbe Paprika sind besser, idealerweise sollten sie südlich von Watford angebaut worden sein. Paprikaschoten, die in der Sonne wachsen durften, schmecken so viel besser.

Als wir in Edinburgh wohnten, machte Maria für das Mittagessen am Sonntag oft Paprikasalat. Was davon übrigblieb, wurde als Belag in unsere Panini für die Pause am Montagmorgen gepackt. Triefend vor Öl und Knoblauch waren sie der köstliche Grund dafür, daß die Crolla-Kinder in der Schule oft schief angesehen wurden (Peperol-Panini, siehe Seite 293).

Du mußt die Haut der Paprika über einer offenen Flamme abbrennen, dabei wird gleichzeitig auch die Paprika gekocht. Ich erinnere mich an einen Wärmeverteiler mit Maschennetz, auf dem Annunziata immer zwei Paprika gleichzeitig röstete. Sie wusch sie, ließ aber den Stielansatz daran, um die Schoten später zum Wenden anfassen zu können, damit sie rundherum schwarz wurden.

Sobald sie rundherum rabenschwarz waren, nahm sie sie – heiß wie sie waren – vom Herd und drehte den Stielansatz mitsamt dem Samengehäuse heraus. Der Saft, der aus den Paprikaschoten tropfte, wurde auf einem Servierteller aufgefangen. Die verbrannte Haut zupfte sie mit kurzen Bewegungen von den Schoten, um sich nicht die Finger zu verbrennen.

Danach legte sie sie auf einen Teller, schnitt das weiche Fruchtfleisch in Streifen und machte sie mit Olivenöl, in Scheiben geschnittenem Knoblauch und feingehackter Petersilie an. Manchmal gab sie auch einige schwarze entsteinte Oliven und Kapern darüber.

Von diesem würzigen Paprikagericht bekam ich nie Magenbeschwerden. Am Montagmorgen aber gab es auf dem Spielplatz manchmal Probleme wegen des Knoblauchs.

Ich röste die Paprika meistens mit Stiel, mit etwas Olivenöl beträufelt, im heißen Backofen (230° C/Gas Stufe 8). Nach 20 bis 25 Minuten sind sie schwarz und blasig. Du kannst sie in eine Plastiktüte stecken und die Haut in dem darin entstehenden Dampf abrubbeln. Ich liebe aber »das Spiel mit dem Feuer« und zupfe die Haut immer mit den Fingern ab.

Süß-saure Paprikaschoten
PEPERONATA AGRODOLCE

4 rote oder gelbe Paprikaschoten (idealerweise italienischer Herkunft)
2 Eßlöffel Olivenöl extra vergine
1 Knoblauchzehe, geschält und in Scheiben geschnitten
1 Teelöffel Kastor- oder Sandzucker (besonders feinkörniger Zucker, der vor allem in England und den USA verwendet wird)
1 Eßlöffel Rotweinessig
Meersalz und schwarzer Pfeffer
frisch getrockneter Oregano
eine Handvoll schwarze, entsteinte Oliven

Du wäschst die Paprikaschoten, schneidest sie in Streifen und entfernst das Samengehäuse und den Stengelansatz. Tupfe sie dann mit einem Stück Küchenpapier trocken. Erwärme das Olivenöl in einer großen Pfanne und gib den Knoblauch dazu, so daß das Öl dessen Aroma annehmen kann.

Jetzt gibst Du die Paprikaschoten dazu und brätst sie bei mittlerer Flamme an. Es dauert ungefähr 20 Minuten, bis sie anfangen, weich zu werden. Kurz bevor sie schön weich sind, gibst Du Zucker, Essig, Salz, Pfeffer und Oregano dazu.

Koche die Paprikaschoten dann, bis sie ganz weich sind. Die köstlichen Säfte werden am besten erhalten, wenn Du die Flamme ganz niedrig stellst. Die Schoten müssen in ihrem eigenen süß-sauren Saft schmoren. Bevor Du die abgekühlten Paprikaschoten servierst, streust Du noch ein paar schwarze Oliven darüber.

Neapolitanische Paprikasauce

Annunziata kochte diese Paprikasauce, wenn es im Sommer massenweise Paprika gab. Dieses Rezept ist einfach göttlich und straft alle Behauptungen Lüge, vegetarische Küche wäre auch nur annähernd langweilig, unansehnlich oder fade. Du brauchst dafür süße reife Paprikaschoten.

3 rote und 2 gelbe Paprikaschoten
2–3 Eßlöffel Olivenöl extra vergine
2 Knoblauchzehen, geschält und in dünne Scheiben geschnitten
50 g ungesalzene Butter (oder weniger)
Meersalz
einige frische Basilikumblätter
frisch geriebener Parmigiano Reggiano

Zuerst schabst Du mit einem Kartoffelschäler grob die Haut von den Paprikaschoten. Dann entfernst Du das Samengehäuse und schneidest die Paprika in 3 bis 4 cm breite Streifen. Wasche sie anschließend in kaltem Wasser.

Erwärme das Olivenöl in einer großen Pfanne und gib dann den Knoblauch dazu. Achte darauf, daß das Öl nicht verbrennt, so daß es schön langsam das Aroma des Knoblauchs annehmen kann. Gib die Paprikaschoten dazu und wende sie in dem Öl. Laß sie bei niedriger Flamme weich werden, was ungefähr 20 bis 25 Minuten dauert.

Gib jetzt die Butter und eine gute Prise Meersalz dazu. Würze nach Bedarf nach. Streue die Basilikumblätter darüber. Vor dem Servieren gibst Du noch reichlich geriebenen Parmigiano darüber. Für diese Sauce sind Pastasorten wie Penne rigate oder Rigatoni wunderbar geeignet.

Diese Paprikasauce kann auch als Beilage oder als Pizzabelag verwendet werden.

Kartoffeln oder Tattie Bogles
PATATE

Am Sonntagabend besuchten die Immigrantenfamilien sich oft. Sie saßen dann im Hinterzimmer des Ladens, der damals als Wohnzimmer diente, und unterhielten sich über Neuigkeiten und Sorgen. Wie sie so mit einer Flasche Wein und einem Satz Spielkarten zusammensaßen, hätten sie genauso gut in ihren Heimatdörfern auf der Piazza sitzen können.

Fast immer gehörte auch der Preis von Kartoffeln zu den Gesprächsthemen.

Sehr viele italienische Familien verdienten ihren Lebensunterhalt mit Fish-&-Chips-Läden. Der Preis, den sie für ihre Lebensmittel zahlen mußten, war entscheidend dafür, ob sie ihre Unkosten decken und ihre Familien ernähren konnten. Ihre größte Sorge war immer der Besuch von »Will's Traveller«, der die Zigaretten lieferte. Seine Rechnung war am höchsten.

Man muß sich vor Augen halten, daß sie ursprünglich Schafhirten gewesen waren, die noch Tauschhandel betrieben und sich gegenseitig aushalfen. Sie hatten noch nie mit Filialleitern von Banken, mit Rechnungen oder Schulden zu tun gehabt und entsprechend ängstigten sie diese Themen. Diese Furcht, gepaart mit der Angst vor der Zukunft, ließ sie noch härter arbeiten als sie es ohnehin schon taten. Ihre Läden waren fast rund um die Uhr geöffnet. Kinder und Ehefrauen halfen beim Bedienen der Kunden, kurzum, das Leben spielte sich nur um die Ladentheke ab.

Aber gerade das war es, was sie, ohne daß es ihnen bewußt war, so erfolgreich machte. Ihre kleinen Geschäfte und Cafés wurden zum Mittelpunkt der kleinen schottischen Dörfer und Städte. Dort wurde der neueste Tratsch ausgetauscht, dort trafen sich die Jugendlichen, und dorthin torkelten die hartgesottenen Trinker nach der Kneipe, um vor dem Schlafengehen noch einmal etwas zu essen. Langsam, aber sicher wurden die italienischen Zuwanderer als Freunde und Vertraute in den Kreis der Einheimischen aufgenommen.

Wir essen viel Kartoffeln. Als Kartoffelbrei mit viel Butter, gebraten oder gekocht, in Suppen oder Eintöpfen. Und wir haben Glück, daß es heutzutage so viele verschiedene Kartoffelsorten zur Auswahl gibt, sowohl aus heimischem Anbau als auch aus anderen Ländern. Mehlige, lockere Kartoffeln eignen sich für Kartoffelbrei, Suppen und Gnocchi: Aula, Irmgard, Rita oder Treff. Festkochende Sorten wie Linda sind gut für Eintöpfe oder Salate. Sie zerfallen nicht so schnell und sind auch nach dem Abkühlen nicht zu weich.

Die ersten Frühkartoffeln der Saison – ob nun aus heimischem Anbau oder aus Zypern oder Ägypten – schmecken köstlich, wenn man sie einfach kocht und mit jeder Menge geschmolzener Butter und ein paar Blättern frisch gehackter Minze serviert. Dafür kochst Du die Kartoffeln ungefähr zehn Minuten in kochendem Salzwasser.

Aus neuen Kartoffeln kann man auch sehr gut Pommes frites machen. Mein Vater hängte, wenn es so weit war, immer einen Zettel mit der Aufschrift »Die neuen Kartoffeln sind eingetroffen« in das Ladenfenster.

Grüne Stellen an Kartoffeln müssen immer weggeschnitten werden.

Liebe Francesca

Kartoffelbrei

Gib die geschälten Kartoffeln in kaltes Salzwasser und bringe es zum Kochen. Nach dem Abgießen lasse ich sie gerne noch ein paar Minuten über einer niedrigen Flamme im Topf, damit sie trockener werden. Ich schalte den Herd aber nicht aus und gieße dann eine kleine Tasse Milch darüber. Anschließend gebe ich einen guten Stich Butter (oder so viel, wie ich mit meinem Gewissen vereinbaren kann) dazu. Die Kartoffeln werden zerdrückt und kurz durchgerührt. Es gibt kaum ein köstlicheres oder einfacheres Gericht als einen dampfend heiß servierten Kartoffelbrei. Oma Marietta gab einen extra Stich Butter über den in einer feuerfesten Form angerichteten Kartoffelbrei und schob das Ganze noch in den vorgeheizten Backofen, bis sich an der Oberfläche eine Kruste bildete. Der Kartoffelbrei war so in der Mitte dampfend heiß und locker und an der Oberfläche knusprig gebacken.

Di Ciacca's Kartoffelchips, um 1950

Ofenkartoffeln

Zuerst schneidest Du die Kartoffeln in gleichmäßig große Stücke. Gib sie dann in kaltes Salzwasser und bringe das Wasser zum Kochen. Du solltest sie nur so lange kochen lassen, bis Du sie mit einem Messer anstechen kannst, also nicht länger als fünf bis zehn Minuten. Dann gießt Du das Wasser ab und schüttelst die Kartoffeln ein wenig im Topf umher, um sie außen etwas anzurauhen. Sie lassen sich so besser rösten. Gieße dann großzügig Olivenöl oder Bratenfett über die Kartoffeln. Ich gebe immer noch ein paar ungeschälte, ganze Frühlingszwiebeln oder eine rote, grob zerteilte und ungeschälte Zwiebel dazu. Sie lassen sich sehr gut zusammen mit den Kartoffeln rösten und geben ihnen einen karamel-süßen Geschmack. Bei Lammbraten gibst Du noch ein paar Zweige Rosmarin und bei Schweinebraten ein paar Blätter Salbei dazu. Gut zu Ofenkartoffeln paßt auch eine in Viertel geschnittene Fenchelknolle.

Liebe Francesca

Ein Spritzer Balsamico gegen Ende der Backzeit gibt den Ofenkartoffeln ein intensiv-süßes und sehr feines Aroma.

Röste die Kartoffeln im heißen Backofen (bei mindestens 220° C/Gas Stufe 7) ungefähr 25 bis 30 Minuten, bis sie an den Rändern goldfarben und knusprig sind.

Tattie Stovies

Als wir Kinder waren, kümmerte sich Margaret Davidson um uns. Sie war auf der Suche nach Arbeit mit ihrer Mutter aus Peterhead gekommen. Eingestellt wurde sie ursprünglich für ein paar Jahre, um sich um uns Kinder zu kümmern, bis wir groß genug waren. Da meine Mutter aber ständig neue Kinder bekam – insgesamt waren wir immerhin acht – sorgte sie eigentlich ihr ganzes Leben lang für uns. Am freien Tag meiner Eltern verwöhnten uns Margaret und Betty, die in der Eisdiele in unserem Haus arbeitete, nach Leibeskräften. Wir bekamen jede Menge Süßigkeiten und durften viel zu lange aufbleiben. Margaret machte uns auch die besten Tattie Stovies.

2 große Zwiebeln, geschält und feingeschnitten
2 Eßlöffel Pflanzenöl
6 mehlige Kartoffeln, geschält und in große Stücke geschnitten
4–5 Würste aus 100% Schweinefleisch
Meersalz und schwarzer Pfeffer
1 Eßlöffel Gemüsebrüheextrakt, aufgelöst in einer Tasse warmem Wasser
oder 2 Eßlöffel Bratensauce

Dünste die Zwiebeln in dem Öl auf niedriger Flamme in einem Topf an, bis sie glasig werden. Gib dann die Kartoffeln und einen guten Spritzer der Gemüsebrühe dazu und rühre das Ganze gut um, so daß die Kartoffeln und Zwiebeln sich gut vermischen. Margaret legte immer ein Stück Butterbrotpapier auf den Topf und drückte dann den Deckel ganz fest darauf, damit ja keine Feuchtigkeit aus dem Topf entweichen konnte. Die Kartoffeln werden so etwa 20 Minuten gekocht. Sollten die Kartoffeln beginnen, am Boden des Topfes zu kleben, mußt Du noch etwas Brühe dazugeben.

Gib nun die dreimal durchgeschnittenen Würste dazu und würze alles kräftig mit Meersalz und frisch gemahlenem schwarzen Pfeffer. Vermische alles gut, gib noch einen Spritzer von der Brühe dazu und lege wieder den Deckel mit dem Butterbrotpapier darauf.

Das Ganze muß jetzt nochmal ungefähr 20 Minuten kochen. Am besten schmekcken übrigens die am Topfboden festgebackenen, braunen Krusten.

Stovies ißt man mit jeder Menge HP-Sauce und einem Glas kalter Milch.

Kartoffelsalat

Ein paar Kartoffeln mehr zu kochen, als man braucht, schadet nie. Laß sie abkühlen und hebe sie im Kühlschrank auf, bis Du sie brauchst. Du kannst damit eine Kartoffel-Frittata (siehe Seite 291) machen oder sie in Olivenöl, Knoblauch und frischem Rosmarin in der Pfanne braten, bis sie an den Rändern knusprig und zum Anbeißen lecker aussehen. Du kannst aber auch einen Kartoffelsalat daraus machen. Das geht ganz schnell. Dafür schneidest Du die Kartoffeln in mundgerechte, nicht zu kleine Stücke und machst sie mit Olivenöl, jeder Menge schwarzem, frisch gemahlenem Pfeffer und feingehackten Frühlingszwiebeln oder gehacktem Knoblauch an. Bestreut wird der Kartoffelsalat mit viel feingehackter, glatter Petersilie.

Spinat
SPINACI

Spinat ist ein so unkompliziertes Gemüse, gerade jetzt, wo man ihn küchenfertig kaufen kann. Ich spüle ihn immer noch gründlich in kaltem Wasser durch, nur um sicherzugehen. Ist aber schnell gemacht.

Ungewaschener Spinat kann noch sehr viele Steinchen enthalten. Du mußt ihn mehrmals in kaltem Wasser waschen, um sicher zu sein, daß er wirklich sauber ist. Schneide alle faserig aussehenden Stengel und gelben Blätter weg. Spät geernteter Spinat mit seinen großen Blättern hat einen intensiveren, »eisenähnlicheren« Geschmack. Manchmal hinterläßt er auf der Zunge auch ein rauhes Gefühl. Wenn Du das nicht magst, solltest Du immer jungen Spinat kaufen.

Ich verwende nie tiefgefrorenen Spinat oder Spinat aus Dosen. Die unappetitliche Konsistenz erinnert irgendwie an das Essen in einer Strafkolonie. Ganz einfach zubereitet, wird Spinat am besten durch seinen Geschmack überzeugen.

2–3 Eßlöffel Olivenöl extra vergine
1 Knoblauchzehe, geschält und in dünne Scheiben geschnitten
ein Stück getrocknete Chilischote, zerbröselt
250 g gewaschener Spinat
Meersalz
Zitronensaft

Erwärme Öl, Knoblauch und die Chilischote in einer großen Pfanne. Gib dann den Spinat dazu und drücke ihn ein bißchen zusammen, damit alles in die Pfanne paßt. Bestreue ihn mit Meersalz und lege den Deckel auf die Pfanne. Innerhalb weniger Minuten ist der Spinat zu einem Bruchteil seines Volumens zusammengefallen und schwimmt im eigenen, köstlichen Saft.

Ich serviere Spinat immer am Anfang eines Essens auf einem Teller im eigenen Saft. Kurz bevor wir essen, presse ich den Saft einer Zitrone darüber. (Wenn Du den Zitronensaft zu früh darüber gießt, wird der Spinat häßlich braun.) Die Flüssigkeit auf dem Teller schmeckt ganz wunderbar, Du solltest unbedingt Brot dareintunken.

Dünste Knoblauch- oder frische Ingwerscheiben in Sonnenblumen- oder einem anderen Pflanzenöl an. Dann kommt der Spinat dazu. Über den gekochten Spinat gibst Du Sesamsamen und einen Teelöffel Sesamöl.

Ganz junge Spinatblätter schmecken köstlich in einem gemischten Salat.

Spinatrisotto ist eines meiner Lieblingsgerichte und sehr einfach zu kochen (siehe Seite 171). Du kannst ihn auch mit Pasta, mit Öl und Knoblauch servieren (siehe Seite 130).

Mit Spinat, in Öl und Knoblauch angebraten, kannst Du die Pizza rustica auf Seite 286 füllen. Dafür mußt Du den Spinat gut ausdrücken.

Auch Ravioli fülle ich sehr oft mit Spinat. Du wäschst dafür 200 g Spinat und dünstest ihn in einer Pfanne mit einem Stich Butter an. Gewürzt wird der Spinat mit Meersalz, frisch gemahlenem schwarzen Pfeffer und einer Prise Muskat. Drücke den Spinat gut aus und schneide ihn sehr fein. In dem Rezept für hausgemachte Ravioli auf Seite 117 kannst Du dann anstelle der frischen Kräuter den Spinat verwenden.

Mangold
BIETOLA

Seit kurzem gibt es auch hier Mangold zu kaufen. Seine Blätter erinnern in Geschmack und Aussehen an Spinat, während seine flachen Stengel mit den hellen Rippen Stangensellerie ähneln. Manchmal wirst Du in den Läden auch Mangold mit rot-gelben Stengeln, fast wie Rote Bete, entdecken. Da Mangold auch zur Rübenfamilie gehört, ist das aber keine große Überraschung. Mangold besticht durch seine elegante Schönheit und seinen charakteristischen bitter-süßen Geschmack.

Trenne die Stengel von den Blättern. Sie müssen separat gekocht werden, weil sie länger brauchen, um gar zu werden. Danach wäschst Du sie und schneidest sie in mundgerechte Stücke. Dann gibst Du sie in kochendes Salzwasser und kochst sie, bis sie anfangen gar zu werden, aber noch Biß haben. Gieße das Kochwasser dann ab.

Wasche die Blätter gründlich. Erwärme einige Eßlöffel natives Olivenöl in einer großen Pfanne und gib die vorher gekochten Stengel dazu. Wärme das Ganze gut durch und gib dann die Blätter dazu. Salze das Gemüse, leg den Deckel auf die Pfanne und koche es wie Spinat.

Wir essen Mangold mit Zitronensaft angemacht. Der Saft der Blätter zusammen mit Olivenöl reicht als Dressing aus. Versuch es ruhig mal. Es schmeckt richtig gut.

Ich verwende Mangold in Gemüsesuppen (siehe Seite 97) oder überbacke die gekochten Stengel mit Butter und frisch geriebenem Parmigiano Reggiano ungefähr 15 Minuten im Backofen.

WO IST MEINE MAMA, WENN ICH SIE MAL BRAUCHE?

Maria Crolla mit ihren Kindern: Vittorio (auf ihrem Schoß), Domenico und Margherita, um 1920

Annunziata brauchte einen bloß anzusehen, um zu wissen, wie man sich fühlte. Sie trat dann einen Schritt zurück und warf einem einen wissenden Blick zu. Sie wußte, ob man müde oder hungrig war oder sich gerade aus dem Bett gequält hatte. Sie wußte, ob man Magenschmerzen hatte, wacklig auf den Beinen oder »incinta«, also schwanger war. Sie hatte immer eine Flasche Cognac zur Hand, ihr Allheilmittel.

Francesca, in den fünfziger und sechziger Jahren des 20. Jahrhunderts waren die italienischen Frauen in Schottland sehr konservativ.

So war es beispielsweise nicht üblich, direkt anzusprechen, daß jemand schwanger war. Schwangerschaft war ein Zustand, für den man sich fast schämte. Er ließ Rückschlüsse zu auf ein Verhalten, über das man als Katholik zu dieser Zeit – verheiratete Paare eingeschlossen – einfach nicht sprach. Wenn eine Freundin schwanger wurde, pflegten die Frauen das humorvoll zu umschreiben. Man sagte dazu beispielsweise mit einem wissenden Blick, daß jemand »auf dem Weg nach Marokko« sei.

Annunziata, Deine Uroma, stand siebzehn Schwangerschaften durch, sie war also fast das ganze Leben »auf dem Weg nach Marokko«. Sie empfiehlt für folgende Beschwerden:

Unruhe, Nervosität, Schock oder morgendliche Übelkeit: Trinke einen Fingerhut voll Cognac.

Schlaflosigkeit, Nervosität oder Aufregung: Trinke eine Tasse Kamillentee ohne Milch oder Zitrone.

Durchfall: Faste 24 Stunden lang. Trinke viel Wasser und iß am darauffolgenden Tag nur gekochten Reis, um den Magen wieder in Ordnung zu bringen.

Kleinere Schnittwunde, Verbrennung oder Verbrühung: Spucke darauf, oder laß es Oma tun.

Hast Du Kopfschmerzen, mußt Du den Grund dafür herausfinden. Gib Wasser und einen Teelöffel Olivenöl in einen Unterteller. Teilt sich das Öl in kleine Kleckse auf, hat Dir jemand den bösen Blick gewünscht. Schütte das Wasser mit dem Öl weg, und Deine Kopfschmerzen werden verschwinden!

Weinendes Baby: Reibe Cognac auf sein Zahnfleisch. (Versuch das bloß nicht zu Hause!)

Meine Mutter, die auch sehr oft »auf dem Weg nach Marokko« war, brachte mir schon sehr früh das Kochen bei. Nachfolgend kommen die Rezepte für all die Gerichte, die sie mir beibrachte und die wir sehr oft gekocht haben. Ich möchte nur vermeiden, Francesca, daß Du mich immer ganz gestreßt anrufst. Du hast die meisten dieser Gerichte jahrelang für mich gekocht, es ist nur für den Fall, daß Du das eine oder andere vergessen hast. (Du kannst mich aber trotzdem anrufen und mir berichten, wie es gelaufen ist.)

Liebe Francesca

Béchamelsauce
SALSA DI BESCIAMELLA

500 ml Milch
1 frisches Lorbeerblatt
50 g ungesalzene Butter
50 g Mehl
Meersalz und weißer Pfeffer
frisch gemahlener Muskat

Erwärme die Milch und das Lorbeerblatt zusammen, so daß ihre Aromena sich entfalten können.

Bringe in einem anderen Topf die Butter zum Schmelzen und rühre das Mehl mit einem Kochlöffel ein, so daß eine kugelförmige Masse, auch »Roux« genannt, entsteht. Laß die Mischung ein paar Minuten auf niedriger Flamme köcheln.

Nimm jetzt das Lorbeerblatt aus der Milch, gieße etwas Milch in den Topf mit dem Roux und rühre so lange, bis eine cremige Paste entstanden ist. Gieße nun immer wieder etwas Milch dazu und verrühre sie, bis eine fertige Sauce entstanden ist. Es bilden sich bei dieser Sauce gerne Klümpchen, Du solltest daher nicht aufhören zu rühren. Sobald die Sauce zu köcheln beginnt, lösen sich alle Klümpchen auf und die Sauce wird schön sämig.

Wenn die ganze Milch verbraucht ist, läßt Du die Sauce noch zehn Minuten auf niedriger Flamme köcheln. Würze sie mit Meersalz, gemahlenem weißen (oder schwarzen) Pfeffer und einer Prise Muskat. Sie muß gut gewürzt sein, daher solltest Du sie immer nochmal probieren und gegebenenfalls nachwürzen.

Verschiedene Geschmacksrichtungen bekommt die Sauce, wenn Du zum Aromatisieren eine kleine Zwiebel, eine Nelke, ein paar schwarze Pfefferkörner oder einen kleinen Zweig Estragon in die Milch gibst, bevor Du sie verwendest. Gieße die Milch ab, bevor Du sie in den Roux gießt.

Wenn die Sauce fertig ist, kannst Du auch noch frisch gehackte Kräuter dazugeben, glatte Petersilie, Schnittlauch oder Kerbel.

Eine Käsesauce wird es, wenn Du Käse in die Sauce gibst, z. B. würzigen Cheddar, wie Mull's oder Montgomery. Köstlich wird die Sauce mit Gruyère oder Roquefort. Soll es eine Sauce für Pasta werden, gibst Du Parmigiano Reggiano dazu.

Liebe Francesca

Mayonnaise
MAIONESE

Die Eier für Mayonnaise werden roh verarbeitet und müssen daher aus einem salmonellenfreien Betrieb stammen. Ich verwende Eier aus Biobetrieben vor Ort mit kleinen Beständen und einer überschaubar kleinen Produktion. Ihr Eigelb ist intensiv gelb, und ihren Geschmack kann man am besten mit »ursprünglich« umschreiben. Dennoch gibt es keine hundertprozentige Garantie dafür, daß Eier aus Biobetrieben salmonellenfrei sind.

2 Eigelb
Meersalz und weißer Pfeffer
300 ml neutrales Öl, wie Sonnenblumenöl, Erdnußöl oder ein raffiniertes, leichtes Olivenöl
Zitronensaft

Wenn Du genauso ungeduldig bist wie ich, wird Dir die Mayonnaise gerinnen. Du brauchst dafür einfach Ruhe. Lege die Mondscheinsonate auf und »schalte einen Gang niedriger«. Die Eier sollten, wie die anderen Zutaten auch, Raumtemperatur haben. Erwärme auch die Schüssel für die Zubereitung ein wenig, die Eier mögen es angenehm warm.

Gib die Eigelbe und die Gewürze in eine große Schüssel und schlage sie mit einem Schneebesen, bis sie anfangen, fester zu werden. Dann gibst Du das Öl tropfenweise in die Masse und verrührst es. Ich lasse das Öl über einen kleinen Metallspieß in die Masse tropfen und verwende zum Schlagen einen ganz kleinen Schneebesen, um nichts zu überstürzen und zu verhindern, daß die Mayonnaise gerinnt. Nachdem ungefähr die Hälfte des Öls verbraucht ist, gibst Du einen Teelöffel Zitronensaft dazu, der für den ersten Geschmack sorgt. Gib dann das restliche Öl weiter tropfenweise dazu. Probiere und würze gegebenenfalls nach. Gib am Schluß noch einen Teelöffel warmes Wasser dazu, damit die Mayonnaise nicht zu dickflüssig wird.

Mayonnaise sollte immer bedeckt im Kühlschrank aufbewahrt und innerhalb weniger Tage verbraucht werden.

Mayonnaise kannst Du zusammen mit hartgekochten Eiern essen.

Lecker ist Mayonnaise auch mit in Würfel geschnittenem, kaltem Hühnerfleisch.

Dazu vermischst Du ein paar Eßlöffel Mayonnaise mit kleingehackten Gewürzgürkchen und Frühlingszwiebeln.

Hausgemachte Remouladensauce machst Du folgendermaßen: Du gibst zur Mayonnaise zwei Eßlöffel kleingehackte Gewürzgürkchen, einen Eßlöffel Kapern (die in Essig eingelegten sind gut geeignet), einen Eßlöffel feingehackten Schnittlauch und noch einen Spritzer Zitronensaft. Schmecke das Ganze ab. Mit gebratenen Scampi ist es eine ganz besondere Leckerei (siehe Seite 232).

Fein wird die Mayonnaise mit frisch gehackten Kräutern, zum Beispiel Schnittlauch.

Gehackter Dill und ein Teelöffel Dijon-Senf machen aus einer Mayonnaise eine angenehm süße Senfsauce für Graved Lachs oder geräucherten Fisch.

Zerstoße eine Handvoll frischer Basilikumblätter mit einer Prise Meersalz in einem Mörser und rühre diese Mischung in die Mayonnaise. Das Ergebnis ist ein angenehmer Basilikumgeschmack.

Bratensauce

Bratensaft ist die beste Grundlage für eine gute Sauce. Sobald der Rinder- oder Lammbraten fertig ist, legst Du ihn auf einen vorgewärmten Servierteller und bedeckst ihn mit Alufolie. Er bleibt dann erst mal an einem warmen Platz. Die Bratform ist voll mit leckerem Bratensaft. Schöpfe mit einem Löffel so viel Fett ab wie möglich. Damit kannst Du dann geröstete Kartoffeln oder einen Yorkshire-Pudding machen. Auch für Stovies (siehe Seite 203) ist es gut geeignet.

Stell die Bratform dann auf einer hohen Flamme zurück auf den Herd. Schabe mit einem Holzlöffel die eingebackenen Reste von den Seitenwänden. Zerdrücke die Reste von Knoblauchzehen oder Zwiebeln, mit denen Du den Braten gewürzt hast. Gib ein Glas Weißwein oder Wasser (180–200 ml) dazu und laß den Bratensaft richtig aufkochen. Da mir dünne, sämige Saucen lieber sind, verwende ich kein Mehl. Nachdem die Sauce ungefähr auf zwei Drittel verkocht und der Alkohol verdampft ist, probierst Du sie erst einmal. Sie muß in der Regel nachgewürzt werden. Gieße sie durch ein Sieb in eine vorgewärmte Sauciere und serviere sie dampfend heiß.

Liebe Francesca

Grüne Sauce
SALSA VERDE

Ich liebe die salzig-scharfe Salsa verde zu gegrilltem Fisch. Ganz besonders schmeckt sie meiner Meinung nach zu fetthaltigem Fisch wie Makrele oder Meerbrasse. Die beiden Geschmacksrichtungen ergänzen sich wunderbar. Nachfolgende Zutaten sollen nur als Anhaltspunkt dienen. Du kannst die Kräuter je nach Verfügbarkeit und Laune variieren.

2 gute Handvoll glatte Petersilie
2 gute Handvoll frisches Basilikum
2 Eßlöffel Kapern (gesalzene Kapern mußt Du eine halbe Stunde lang einweichen und danach abgießen)
3–4 flache Sardellenfilets
eine halbe Knoblauchzehe, geschält
4 Eßlöffel Rotweinessig
10–12 Eßlöffel Olivenöl extra vergine
Meersalz nach Belieben

Zupfe die Blätter von den Kräutern und hacke die Blätter so klein wie möglich. Hacke dann die Kapern, die Sardellen und den Knoblauch klein und vermische sie mit dem Essig und den Kräutern. Gib jetzt so viel Olivenöl dazu, bis die Sauce die gewünschte Konsistenz hat.

Zerstoße nun alles in einem Mörser, um die Zutaten gut zu vermischen. Du kannst dafür auch eine Küchenmaschine verwenden. Die Sauce sollte eine grobsämige Konsistenz haben. Schmecke sie nach Bedarf noch mit Salz, Sardellen, Essig oder Knoblauch ab.

Am besten ist es, die Sauce bei Bedarf zu machen, Du kannst sie aber auch einige Tage in einem verschlossenen Gefäß im Kühlschrank aufbewahren. Zum Konservieren gießt Du noch einige Tropfen Olivenöl darüber.

Traditionell serviert man Salsa verde mit »bollito misto«, einer Art Rindfleischeintopf. Bei uns zu Hause aber haben wir Rindfleisch immer mit Kartoffelbrei und Karotten gegessen.

Liebe Francesca

Yorkshire-Pudding

Yorkshire-Pudding mußt Du auf jeden Fall in einem heißen Backofen backen. Das Problem ist, daß sie 30 bis 35 Minuten gebacken werden müssen und Du ja vermutlich nur einen Ofen hast. Wenn Du sie als Beilage für einen Rinderbraten machst (was ich jetzt einfach mal annehme), nimmst Du den Braten aus dem Ofen, sobald er fertig ist (siehe Seite 250). Bedecke ihn dann mit zwei übereinanderliegenden Stücken Alufolie. Ich lege meistens noch ein sauberes Geschirrhandtuch darüber. Stelle den Braten so verpackt an einen warmen Ort.

Sobald Du den Braten aus dem Ofen nimmst, erhöhst Du die Temperatur und stellst die Yorkshire-Puddings und die Ofenkartoffeln hinein.

Nach ungefähr 25 Minuten kannst Du anfangen, den Braten zu servieren. Wenn dann jeder sein Essen hat, kannst Du die Yorkshire-Puddings reichen. Ich mache mir ein Vergnügen daraus, jedem einen dampfend heißen, perfekt aufgegangenen und in der Mitte noch leicht feuchten Yorkshire-Pudding direkt auf den Teller zu servieren.

75 g Mehl, gesiebt
1 großes Ei aus Freilandhaltung
125 ml fettarme Milch
Meersalz und schwarzer Pfeffer
Bratenfett oder ein neutrales Öl

Vermenge alle Zutaten außer dem Fett in einem Mixer und lasse den Teig ruhen, während Du die Förmchen holst. Ich verwende Muffin-Bleche für zwölf Muffins für einzeln gebackene Puddings. Gib einen Eßlöffel Fett oder Öl in jede Muffin-Ausbuchtung. Stell das Blech in den Ofen, kurz bevor Du den Braten herausnimmst. Als Temperatur stellst Du 220° C/Gas Stufe 7 ein.

Nimm dann das Blech aus dem Ofen und fülle jede Muffin-Ausbuchtung jeweils zur Hälfte mit Teig. Verbrauche den ganzen Teig. Wenn Du Dich nach den Angaben oben richtest, kannst Du mit der Teigmenge ungefähr zehn Puddings machen. Für doppelt so viele Puddings brauchst Du entsprechend mehr Zutaten und ein zweites Muffin-Blech.

Backe die Puddings auf der zweitobersten Schiene ungefähr 25 bis 30 Minuten im sehr heißen Ofen.

Gertrude,
um 1948

Vergiß nicht, daß sie noch aufgehen. Wenn Du also vermeiden möchtest, daß Du selbst (vor Schreck) an die Decke gehst, stell sie nicht auf die oberste Schiene im Ofen, weil sie sonst oben anstoßen!

Wenn Du statt einzelner kleiner einen großen Yorkshire-Pudding machen möchtest, nimmst Du ein Backblech, etwa 30 x 19 cm mit einem 6 cm hohen Rand. Verdoppele die Zutaten und backe den Pudding ungefähr 30 Minuten lang, bis er richtig schön aufgegangen ist.

Pfannkuchen
CRESPELLE

Francesca, Pfannkuchen waren meine Geheimwaffe, als Dein Vater und ich uns kennenlernten. Ich lud ihn unter dem Vorwand, ich wollte ihm Pfannkuchen bakken, zu uns nach Hause ein. Ab meinem siebzehnten Lebensjahr bis zu dem Jahr, in dem wir heirateten, also als ich vierundzwanzig war, machte ich ihm immer wieder mal diese Pfannkuchen. Es dauerte sicher seine Zeit, aber letztlich lohnte sich die Mühe doch, nicht wahr?

Auch wenn Dir manche Leute etwas anderes weismachen wollen: Liebe geht – zumindest bei Männern – durch den Magen.

100 g selbsttreibendes Mehl
300 ml fettarme Milch
2 große Eier aus Freilandhaltung
2 Eßlöffel Kastor- oder Sandzucker
etwas geschmolzene Butter

Siebe das Mehl in eine Schüssel. Gib dann alle Zutaten mit Ausnahme der Butter dazu und verrühre sie mit einem Mixgerät zu einem geschmeidigen Teig. Der Teig muß anschließend ungefähr zehn Minuten stehen.

Pfannkuchen sind nur in einer Pfanne mit guter Antihaftbeschichtung einfach zu machen. Hast Du das Glück, eine gute zu finden, solltest Du sie zu deiner Pfannkuchenpfanne erklären und damit auch wirklich nur noch Pfannkuchen machen.

Gib etwas Butter in die Pfanne. Sobald sie zischend zu schmelzen beginnt, gibst Du einen Schöpflöffel Pfannkuchenteig in die Pfanne, so daß der Boden bedeckt ist. Backe den Pfannkuchen auf niedriger Flamme. Wenden kannst Du den Pfannkuchen, wenn er an der Unterseite dunkler wird und sich an der Oberfläche kleine Bläschen bilden.

Das Wenden ist sicherlich Teil des Vergnügens, birgt aber Risiken. Steht niemand dabei, den Du beeindrucken willst, beschränkst Du Dich vielleicht lieber auf einen Wender und eine geschickte Drehung aus dem Handgelenk. Übung macht den Meister.

Bewahre die fertigen Pfannkuchen zugedeckt an einem warmen Ort auf, während Du den Rest des Teigs verarbeitest. Wir essen sie gerne mit Schlagsahne, Ahornsirup und frischen Beeren. Lecker sind sie auch mit Butter und Zitronensaft.

Mürbeteig
PASTA FROLLA

240 g selbsttreibendes Mehl
90 g nicht raffinierter Kastor- oder Sandzucker
120 g kalte Butter, in Würfel geschnitten
1 Eigelb
1 Eßlöffel kaltes Wasser

Vermische das Mehl und den Zucker in einer großen Schüssel. Nachdem Du die Butterwürfel dazugegeben hast, vermischst Du alle Zutaten, indem Du sie mit den Fingern gut durchknetest. Luftig wird der Teig, wenn Du beim Hineinkneten der Butter das Mehl vom Boden der Schüssel immer wieder mit einmischst. Sobald die Mischung Brotkrümeln ähnelt, gibst Du das Eigelb und das Wasser dazu und vermischst das Ganze mit einem Messer. Bemehle Deine Hände ein wenig und forme den Teig zu einer Kugel. Wickle ihn bis zur weiteren Verarbeitung in Frischhaltefolie ein.

Miss American Pie

Meine geheime Leidenschaft ist Rhabarberkuchen. Bevor wir verheiratet waren, zerstritten Dein Vater und ich uns einmal und sprachen deswegen drei Jahre nicht miteinander. Ich war untröstlich. Den ganzen Tag aß ich, und das jeden Tag. Er war untröstlich. Er arbeitete als Missionar. Ich verbrachte meine Tage damit, zusammengerollt in der Ecke zu sitzen, zu träumen, zu essen und die Musik von Don MacLean zu hören.

Als wir uns dann endlich wiederbegegneten, erkannten wir uns nicht mehr. Er hatte sich einen Bart wachsen lassen und wollte Priester werden. Ich hatte 18 Kilo zugenommen – und eindeutig zuviel American Pie gegessen!

American Pie ist ganz einfach. Am besten schmeckt er, wenn er zwei Tage alt und schon ziemlich fest und zäh ist. Wenn ich dann auch noch in dieser ganz bestimmten nostalgischen Stimmung bin, könnte ich glatt den ganzen Kuchen auf einmal aufessen.

3–4 Stengel Rhabarber (ca. 600 g)
Demerara-Zucker (brauner Rohrzucker)
1 Zitrone
1 Portion Mürbeteig (siehe Seite 216)
1 Eigelb

Heize den Backofen kräftig vor (190° C/Gas Stufe 5).

Wasche den Rhabarber. Entferne die ausgetrockneten Enden und schneide die Stengel in 5 bis 6 cm lange Stücke. Gib ihn dann in einen Topf mit drei bis vier Eßlöffeln Zucker und koche ihn auf niedriger Flamme. Du mußt keine Flüssigkeit dazugeben, der Rhabarber kocht in seinem eigenen Saft. Wenn Du ihn auf niedriger Flamme köcheln läßt, kann er auch nicht anbrennen. Ich gebe immer noch einen Spritzer Zitronensaft dazu, um den Geschmack zu verstärken. Wenn der Rhabarber gekocht ist, probiere ihn und zuckere gegebenenfalls noch ein wenig nach.

Jetzt fettest Du eine Pie-Form mit 25 cm Durchmesser oder einen feuerfesten Teller ein und rollst die Hälfte des Mürbeteigs darauf aus. Nur keine Panik, wenn der Teig beim Ausrollen bricht. Drücke ihn an der Stelle einfach wieder zusammen. Das ist doch das Gute am Backen zu Hause: Alles läuft ganz entspannt ab, und man muß sich dafür nicht mal in Schale werfen.

Ist im Topf mit dem Rhabarber zuviel Flüssigkeit, solltest Du einen Teil abgießen, da der Teig sonst zu sehr durchfeuchtet. Gib den abgekühlten Rhabarber auf den ausgerollten Teig und rolle den Rest des Teigs aus. Du kannst ja vorher

Liebe Francesca

einige Trockenversuche starten, damit die Füllung auch wirklich ganz vom Teig umgeben wird. Zupfe den Teig mit den Fingerspitzen an der Außenseite fest, dann ist der Kuchen auch schön anzusehen.

Bepinsele den Kuchen oben mit etwas Eigelb und backe ihn dann auf Backpapier im vorgeheizten Ofen ungefähr 40 Minuten lang. Der köstliche Saft läuft dabei an den Seiten und auf der Oberfläche des Kuchens aus.

In der Küche riecht es köstlich, und wenn Du dann ein Stück von diesem herrlich klebrig-saftigen Kuchen mit einem großen Klecks Schlagsahne ißt, kann es Dir eigentlich nur gutgehen.

Außer Rhabarber kannst Du natürlich auch andere Früchte verwenden. 600–800 g reichen meistens aus. Du kannst auch ein paar geschälte Äpfel mit etwas Zucker kochen und einen köstlichen Apfelkuchen machen. Auch Aprikosen, Pflaumen oder Stachelbeeren sind einen Versuch wert.

Blätterteig

Am besten verwendest Du fertig gekauften. Es funktioniert ganz perfekt, ist leicht und spart eine Menge harter Arbeit.

Custard

Ich verwende normalerweise Bird's Custard oder Cremola. Ich halte mich dabei ganz an die Packungsanleitung, das heißt ein Eßlöffel Pulver für 600 ml (oder ein Pint) Milch, ich nehme aber anstatt der Milch entrahmte Sahne. Meiner Meinung nach ist es ein guter Kompromiß. Löse das Pulver zuerst in einem Teil der Flüssigkeit auf.

Wenn Du richtigen Custard machen möchtest, gehst Du dabei vor wie bei Vanilleeis (siehe Seite 307). Crema pasticcera (siehe Seite 321) ist eingedickter hausgemachter Custard, der sich hervorragend als Füllung für Kuchen eignet.

Mascarpone-Creme

Ein himmlischer Genuß ist das Ergebnis, wenn Du bei Kuchen und anderen Süßspeisen anstatt Schlagsahne Mascarpone nimmst und ihn noch zusätzlich verfeinerst. Nicht pasteurisierten Mascarpone bekommt man hierzulande selten. Der überall erhältliche pasteurisierte Mascarpone ist durchaus in Ordnung, aber sehr schwer. Du kannst ihn mit etwas Sahne leichter machen und mit ein paar einfachen Zutaten um Welten verbessern.

125 g Mascarpone
1 Eßlöffel Kastor- oder Sandzucker
2 Eßlöffel Marsala
Saft und sehr feingeriebene Schale einer halben Orange
125 ml Schlagsahne

Schlage den Mascarpone und den Zucker mit einem Rührbesen leicht durch. Hebe dann den Marsala, den Orangensaft und die Orangenschale unter. (Vergiß nicht, die Orange gut abzubürsten, da Orangen gewachst werden.) Schlage die Sahne und hebe sie vorsichtig unter den Mascarpone.

Schmecke die Creme gegebenenfalls noch mit etwas Zucker ab.

Baiser
MERINGHE

Francesca, im Leben einer Köchin gibt es immer wieder Momente, in dem sie Eiweiß aufbrauchen muß. Je nachdem, wieviel das Eiweiß wiegt, brauchst Du jeweils die doppelte Menge Zucker. Auf keinen Fall dürfen Spuren von Eigelb im Eiweiß sein. Schlage das Eiweiß in einer sauberen, trockenen Schüssel, bis es sein Volumen verdoppelt hat. Rühre dann nach und nach den Zucker mit ein, bis die Mischung zarte Spitzen zieht.

Gib die Mischung nun löffelweise auf ein mit gefettetem Backpapier belegtes Backblech und backe die Baisers ungefähr eine Stunde im Backofen (140° C/Gas Stufe 1). Ich schalte danach in der Regel den Ofen aus und lasse sie noch ein paar Stunden darin nachtrocknen.

Für Pavlova gehst Du genauso vor. Du verfeinerst die Mischung aber noch ein wenig und gibst Maisstärke dazu, damit sie innen schön locker wird. Du brauchst sechs bis acht Eiweiß, das doppelte Gewicht an Zucker, einen Teelöffel weißen Essig, einen Teelöffel Maisstärke und ein paar Tropfen Vanilleextrakt.

Verteile die Mischung kreisförmig auf einem mit gefetteten Backpapier belegten Backblech und ziehe die Kanten mit einem kleinen Spieß nach oben, um kleine Spitzen zu erhalten. Backe die Pavlova, wie oben beschrieben, etwa eine Stunde.

JAM SESSION

Ich finde, ab und zu ist es durchaus die Mühe wert, Marmelade selbst zu machen. Als ich noch Zeit für solche Sachen hatte, verarbeitete ich schon mal zehn Kilo Früchte. Die Sorge darüber, ob es mir gelingen würde, eine solche Menge zum Gelieren zu bringen, wurde mir aber irgendwann zuviel.

Heutzutage mache ich nie mehr als drei oder vier Gläser auf einmal, und das auch nur, wenn ich mal grade in der Stimmung bin oder im Laden sehr schönes Obst sehe. Mir macht es auch nichts aus, wenn die Marmelade nicht hundertprozentig geliert. Manchmal koche ich die Marmelade auch absichtlich ein wenig kürzer, um den Geschmack der Früchte zu erhalten. Eine halbflüssige, frischfruchtige Marmelade schmeckt um Welten besser als eine durch ordnungsgemäß (recht) langes Kochen gelierte.

Halte Dich beim Kochen von Marmelade an die üblichen Prinzipien: Beschränke Dich aufs Notwendigste und verwende nur gute Zutaten. Ich gehe sehr gerne auf Felder, auf denen man sich die Früchte selbst pflücken darf. Gerade für Kinder ist es ein Riesenspaß, sich zwischen den mit Früchten behangenen Sträuchern herumzutreiben. Es ist schon sehr ungewöhnlich, daß jemand – Kind oder Erwachsener – ohne die verräterisch bunten Spuren auf Mund und Händen nach Hause geht. Auf Spaziergängen im Spätsommer pflücken wir oft Brombeeren, aus denen man herrliche Marmelade machen kann.

Leider gehören Beeren aufgrund ihrer schnellen Verderblichkeit zu den Hauptverdächtigen beim Thema Belastung durch Konservierungsmittel. Sowohl Erzeuger als auch Lieferanten setzen sie gerne ein, um die dadurch bedingten Einnahmeverluste zu minimieren. Früher konnte man Erdbeeren bestenfalls ein paar Tage im Kühlschrank aufbewahren. Heutzutage ist es überhaupt kein Problem, sie acht und mehr Tage dort aufzubewahren. Verdacht geschöpft? Ich kaufe daher, wenn irgend möglich, unbehandelte Früchte.

Du solltest beim Marmeladekochen nur möglichst frische Beeren verwenden. Ich gebe nie Pektin oder Einmachzucker dazu, da beide einen künstlichen Geschmack haben und meiner Ansicht nach im Widerspruch dazu stehen, daß man etwas frisch zubereitet. Ich verwende anstelle des Pektins das Fruchtfleisch und den Saft einer Zitrone. Halbflüssige Marmelade finde ich auch gar nicht schlimm.

Ich fülle die Marmelade in sterilisierte Gläser. Aber da ich ohnehin immer nur kleine Mengen koche, muß sie auch nicht über längere Zeit haltbar gemacht werden. Der ganze Aufwand der Versiegelung entfällt somit.

Der Welt beste Erdbeermarmelade
MARMELLATA DI FRAGOLE

Mary, drei Jahre alt, blickt zu ihrer Schwester Anita, vier Jahre, auf.

Erdbeeren haben einen niedrigen Pektingehalt, und Erdbeermarmelade geliert daher eher schlecht. Etwas weniger Zucker zu verwenden, macht die Sache einfacher. Ich verwende außerdem noch das Fruchtfleisch und den Saft von Zitronen, um den Säuregrad noch ein wenig zu erhöhen.

1,5 kg Erdbeeren aus der Region,
wenn möglich aus biologischem Anbau
1,3 kg unraffinierter Zucker
Saft und Fruchtfleisch von 2 großen Zitronen
ein kleiner Stich Butter

Die Erdbeeren sollten trocken und möglichst noch nicht ganz reif sein. Wasche sie nicht, sondern zupfe nur die Stengel ab und reibe sie mit einem feuchten Tuch ab. Nimm einen Topf, den die Erdbeeren maximal bis zur Hälfte ausfüllen, da Früchte und Zucker beim Einmachen sehr aufkochen. Gib die vorbereiteten Früchte in den Topf und laß sie langsam aufkochen, bis sie weich werden.

Erwärme den Zucker zehn Minuten lang im Backofen (140° C/Gas Stufe 1) und gib ihn dann zusammen mit dem Fruchtfleisch und dem Saft der Zitronen zu den Erdbeeren. Verrühre alles sorgfältig und laß die Marmelade vor sich hin köcheln, bis sich der ganze Zucker aufgelöst hat. Du merkst das daran, daß es beim Umrühren nicht mehr dieses knirschende Geräusch gibt. Sieh auch auf der Rückseite des Kochlöffels nach Spuren von verbliebenen Zuckerkörnchen. Koche die Marmelade jetzt noch zehn Minuten lang so, daß Blasen aufsteigen.

Dann nimmst Du den Topf vom Ofen und gibst einen Teelöffel Marmelade auf einen kalten Teller. Wenn sie abkühlt und Du die Fingerspitze hineinstupst, sollte sich an der Oberfläche eine Delle bilden. Ziemlich sicher hat sie dann lange genug gekocht. Wenn sie Deiner Meinung nach nicht genügend geliert ist, kannst Du sie noch fünf Minuten länger kochen lassen. Wie ich aber schon gesagt habe, ist mir Geschmack wichtiger als perfekt gelierte Marmelade.

Gib jetzt den Stich Butter dazu, um eventuell an der Oberfläche entstandenen Schaum aufzulösen.

Die angegebenen Zutaten ergeben fünf bis sechs Gläser à 450 g, die auf jeden Fall sterilisiert worden sein müssen (Anleitung umseitig).

Himbeermarmelade
MARMELLATA DI LAMPONI

Himbeermarmelade ist, finde ich, wirklich am einfachsten zu kochen, da Himbeeren sehr viel Pektin enthalten und die Marmelade sehr leicht geliert. Fügt man noch etwas Zitronensaft dazu, kann eigentlich nichts mehr schiefgehen.

2 kg Himbeeren aus der Region
2 kg Zucker
Saft und Fruchtfleisch einer Zitrone

Die Himbeeren mußt Du nicht waschen, es reicht, sie nach kleinen Steinchen oder Insekten durchzusehen und diese zu entfernen. Erwärme den Zucker zehn Minuten lang im Backofen (140° C/Gas Stufe 1).

Gib den Zucker und die Früchte in einen Topf, der groß genug ist, daß die Marmelade nicht überkocht. Dann gibst Du den Saft und das Fruchtfleisch der Zitrone dazu. Bringe die Masse langsam zum Kochen, rühre dabei ständig um, so daß sich der Zucker gut auflöst. Auch hier überprüfst Du die Rückseite des Kochlöffels nach Zuckerresten. Sobald der Zucker sich aufgelöst hat, kochst Du die Marmelade auf hoher Flamme zehn Minuten lang.

Um zu testen, ob die Marmelade anfängt zu gelieren, gibst Du wiederum einen Teelöffel davon auf einen kalten Teller und machst die Fingerprobe. Himbeermarmelade geliert einfach, Du solltest damit also keine Probleme haben. Dieses Rezept ergibt ungefähr vier bis fünf Gläser Marmelade à 450 g.

Auf jeden Fall solltest Du die Gläser sterilisieren. Ich wasche sie im Glaswaschgang in der Spülmaschine oder stelle sie eine Stunde bei 90° C/ Gas Stufe fi in den Backofen.

Als Kinder, kann ich mich erinnern, gossen wir uns die gerade gekochte, noch heiße Himbeermarmelade über unser Eis. Herrlich!

Du kannst im gleichen Mengenverhältnis Zucker zu Beeren auch Marmelade aus anderen Beeren machen, wie Brombeeren oder Johannisbeeren.

Marmelade aus Tarocco-Orangen
MARMELLATA DI ARANCE TAROCCO

Orangenmarmelade selbst zu machen, ist eigentlich zuviel der Mühe, und um ehrlich zu sein, gibt es sehr gute Orangenmarmeladen in diversen Variationen zu kaufen: mit oder ohne weiße Haut, mit oder ohne Schale etc.

Marmelade aus sizilianischen Tarocco-Blutorangen aber ist mein Favorit. Sie schmeckt einfach ausgezeichnet. Manchmal bleibt durch das Kochen die rote Farbe nicht erhalten, der Geschmack aber bleibt sehr süß und frisch. Solltest Du im Laden einmal gute Blutorangen sehen, ist es einen Versuch wert, daraus Marmelade zu machen.

1,5 kg Tarocco-Blutorangen
3 l kaltes Wasser
3 kg Zucker
Saft und Fruchtfleisch einer Zitrone

Wenn Du keine unbehandelten Orangen bekommen kannst, mußt Du die Schalen wirklich gut mit seifigem Wasser abbürsten, um das Wachs zu entfernen. Spüle sie danach mit klarem Wasser ab.

Anschließend gibst Du die ganzen Orangen in einen sehr großen Topf mit dem Wasser und läßt sie vor sich hin köcheln, bis Du die Schale leicht einstechen kannst. Das dauert ungefähr eineinhalb Stunden. Dazu nimmst Du die Orangen heraus und läßt sie abkühlen. Das Wasser hebst Du auf.

Sobald die Orangen abgekühlt sind, schneidest Du sie in der Mitte durch, nimmst die Kerne heraus und schneidest die Schale in Streifen. Ich mache das in einer Schale, weil die Orangen jede Menge Saft enthalten, der sonst verlorenginge.

Schneide die Schale in gleichmäßig große Stücke und gib diese zurück in das Wasser. Das ist ein wenig mühsam. Alternativ dazu kannst Du die Schale, schon bevor Du die Orangen kochst, kleinschneiden. Davor müßtest Du dann allerdings die Kerne herausnehmen und in einem kleinen Stoffbeutelchen mitkochen. Das Pektin zum Gelieren der Marmelade steckt nämlich in den Kernen.

Du brauchst nur ein scharfes Messer und ein bißchen Geduld. (Ich habe ersteres, beim zweiten muß ich passen.)

Erwärme den Zucker zehn Minuten lang im warmen Backofen (140° C/Gas Stufe 1). Gib dann den Zucker, die Zitrone (Saft und Fruchtfleisch) und das Fruchtfleisch der Orangen in den Topf. Erwärme die Marmelade langsam und löse dabei den Zucker auf. (Soll die Marmelade richtig fest gelieren, mußt Du die Kerne in einem Stoffbeutelchen mitkochen. Ich persönlich mag sie eher flüssig.) Laß die Marmelade zehn Minuten auf hoher Flamme kochen, bis sie anfängt zu gelieren.

Sobald sich die heiß ersehnte Delle auf dem Teelöffel Marmelade bildet, läßt Du die Marmelade ein wenig abkühlen, damit sich die Schale setzen kann. Fülle sie dann in sterilisierte Gläser. Die zubereitete Menge ergibt ungefähr sechs bis acht Gläser à 450 g.

HEUTE IM ANGEBOT: FRITTIERTES

Kunden und Kinder der Di-Ciacca-Familie vor dem Laden in Cockenzie, um 1930

COCKENZIE, EAST LOTHIAN, SCHOTTLAND, 1950–1970

Mein Vater Johnny arbeitete mit seinem Vater, Cesidio, in dem Eis- und Fish-&-Chips-Laden in Cockenzie. Cesidio schärfte ihm ein, nur die besten und frischesten Zutaten zu verwenden. Seine Philosophie bestand darin, »sich auf das Einfachste zu beschränken«. Er haßte, was er »vertanes Essen« nannte und lehrte mich, die Zutaten, die ich beim Kochen benötigte, zu respektieren. Obwohl er seinen Lebensunterhalt durch das Braten von Fish & Chips verdiente, gab er immer sein Bestes.

Nichts war köstlicher als seine frischen Schellfischfilets, in Teig und heißem Fett ausgebraten, zusammen mit trocken-knusprigen Pommes. Er wickelte sie in sauberes, weißes Pergamentpapier und anschließend in ein Blatt altes Zeitungspapier. Langsam mit diesem frisch gebackenen Fisch die Straße entlangzuschlendern und dabei zu essen, kam dem Himmel gleich.

Eines Nachts war der letzte Kunde ein betrunkener Mann, der sich kaum noch auf den Beinen halten konnte und mit Gewalt aus dem Laden komplimentiert werden mußte, damit mein Vater endlich schließen konnte. Zum Abschluß gab er noch eine Lobrede zum Besten: «Johnny, Du bist einer von uns. Ich könnte Deinen Fisch im Dunkeln essen und hätte keine Sorge auf Erden.« Für Johnny war das ein großes Kompliment.

Vater filetierte den Fisch selbst in einem eigens dafür eingerichteten Raum. Er hatte hohe Stiefel und eine Plastikschürze an, die vom Hals bis zu den Füßen reichte. Während er arbeitete, lief ständig eiskaltes Wasser. Er hielt den Fisch in der einen Hand und trennte mit einer Schere in der anderen die Flossen ab. Er schlitzte den Bauch auf und zog die Innereien heraus. Danach wurde der Fisch mit kaltem Wasser abgespült und auf ein über die Jahre hinweg abgenutztes Holzbrett gelegt. Sein Messer war so dünn wie ein Rapier, scharf und tödlich. Nach vier flinken Drehungen aus dem Handgelenk war der Fisch filetiert, entgrätet und gehäutet. Kopf und Innereien wanderten kurzerhand in eine große Tonne rechts von ihm. Die Filets wurden nochmals mit kaltem Wasser abgespült, nach letzten Gräten durchgeschaut und sorgfältig auf Metalltabletts gelegt, wo sie das Abendgeschäft erwarteten. Er stand jeden Tag vor fünf Uhr morgens auf, um auf dem Markt in Eyemouth Fisch zu kaufen.

Ich erinnere mich, ihn als Dreikäsehoch bei der Arbeit beobachtet zu haben. Es reichte mir schon, einfach zuzusehen und ihm Gesellschaft zu leisten.

Er war ein guter Geschäftsmann und entwickelte mehrere Arten, Pommes frites in Pflanzenöl zu braten. Er verkaufte sie für Threepence die Tüte, gratis dazu gab es ein kleines blaues Tütchen Salz zum Nachsalzen. Jahre später fanden wir Tausende dieser kleinen Tütchen, die noch aus seiner Zeit im Laden übriggeblieben waren.

Er war in Italien geboren, kam aber schon als Zweijähriger nach Cockenzie. Er erzog seine acht Kinder so, wie ein Vater in Italien sie erzogen hätte, immer mit Respekt vor den althergebrachten Traditionen und Gewohnheiten. Gleichzeitig aber war er stolz, von den Einheimischen als »einer von uns«, als »yin i oo« anerkannt zu sein.

Liebe Francesca

Fisch zum Abendessen

Den typischen Geschmack und die Konsistenz von Fisch, den mein Vater in den großen Frittierbecken im Laden zubereitete, wirst Du zu Hause nicht nachahmen können. Jeder Versuch ist zwecklos. Aber Du kannst frischen Schellfisch panieren und in der Pfanne ausbacken. Ein leckeres Abendessen ist so schnell gekocht.

2 frische Schellfischfilets, von einem guten Fischhändler
(oder auch 2 Filets von Kabeljau, Seezunge oder Seelachs)
4–5 Eßlöffel Mehl
2 Eier, verquirlt, gesalzen und gepfeffert
4–5 Eßlöffel frische Semmelbrösel
Mais- oder Sonnenblumenöl zum Braten

Alles immer der Reihe nach: Zuerst wäschst Du den Fisch. Viele Leute mögen keinen Fisch wegen des Geschmacks von abgestandenem Wasser, der an seiner Oberfläche haftet. Eigentlich sollte es klar sein, aber Fisch (und auch Meeresfrüchte) muß man einfach immer vor der Zubereitung in kaltem Wasser waschen und trockentupfen.

Dann gibst Du das Mehl, die verquirlten Eier und die Semmelbrösel separat in drei einzelne, flache Schüsseln.

Anschließend tauchst Du das Fischfilet auf beiden Seiten in das Mehl und schüttelst alles, was nicht haften bleibt, vorsichtig ab. Danach wird der Fisch auf beiden Seiten durch die Eimasse gezogen und abschließend mit den Semmelbröseln paniert. Drücke den Fisch richtig fest in die Semmelbrösel, damit sie gut haften bleiben.

Erhitze jetzt genug Öl, um den Boden einer großen Bratpfanne mindestens 3 cm hoch zu bedecken. Um zu überprüfen, ob das Öl heiß genug ist, tauchst Du das Ende eines Fischfilets hinein. Beginnt es, vor sich hin zu brutzeln, ist die Temperatur gut so. Lege den Fisch in das Öl. Du solltest nie mehr als ein oder zwei Filets gleichzeitig braten. Ist die Pfanne zu voll, wird das Öl kalt, und der Fisch wird fettig statt knusprig. Laß die Pfanne immer gleich hoch eingestellt, so wird der Fisch schnell gar und bleibt knusprig.

Sobald die Unterseite des Filets knusprig und dunkel ist, kannst Du ihn vorsichtig mit einem Wender und einer Gabel wenden. Sind beide Seiten knusprig gebraten, nimmst Du ihn mit dem Wender aus der Pfanne und läßt ihn abtropfen. Ich lege ihn auch noch auf ein Küchenpapier, damit das Fett aufgesogen wird.

Vor dem Servieren salze ich den Fisch gerne noch mit etwas Meersalz und beträufele ihn mit Zitronensaft.

Du kannst Seezunge in fingerdicke Streifen schneiden und wie oben zubereiten. Das Ergebnis sind hausgemachte Fischstäbchen. Servieren kannst Du sie mit Remouladensauce (siehe Seite 211).

Eine vegetarische Version kannst Du mit schräg geschnittenen Auberginenscheiben zubereiten. Tauche sie in Mehl, Ei und Semmelbrösel und backe sie, wie den Fisch, in heißem Öl aus.

Pommes frites

Im Ofen aufgebackene Pommes frites sind sehr gut, aber Francesca, Du hast mich schon öfter um selbstgemachte Pommes frites gebeten. Nachfolgend einige Regeln zum sicheren und gesunden Zubereiten von Pommes frites:

Du solltest immer gutes und frisches Mais- oder Sonnenblumenöl verwenden. Verwende es nur ein- bis zweimal. Danach werden die Substanzen im Öl langsam abgebaut und das Öl sehr ungesund.

Gib nie mehr Öl als bis zur Hälfte der Topfhöhe in den Topf. Sobald das Essen in das Öl gegeben wird und zu braten beginnt, steigt das Öl etwas nach oben und kocht sehr leicht über.

Vergewissere Dich, daß das Öl heiß genug ist, bevor Du mit dem Frittieren beginnst. Wirf zur Probe ein Stück Kartoffel oder ein Stück Brot hinein. Sobald es an die Oberfläche kommt und leise brutzelnd umherschwimmt, ist das Öl heiß genug.

Frittiere nie zuviel gleichzeitig. Das Frittiergut muß sich frei bewegen können. Arbeite also, wenn es sein muß, in mehreren Etappen.

Vergewissere Dich, daß das Frittiergut sehr trocken ist. Wasser und Fett können gefährlich spritzen.

Laß eine Fritteuse oder einen Frittiertopf nie unbeaufsichtigt. Heißes Öl entzündet sich sehr schnell. Sollte es einmal so weit kommen, bedeckst Du das Gerät mit einem feuchten Tuch, um das Feuer einzudämmen. Laß es zum Abkühlen unbedingt auf dem Herd stehen. Versuchst Du, das Gerät oder den Topf woanders hinzustellen, kann das Feuer durch den Luftzug wieder aufflammen. Schütte nie Wasser auf ein durch heißes Öl oder heißes Fett entstandenes Feuer.

Die besten Pommes kannst Du mit mehligen Kartoffeln, wie Irmgard oder Aula, machen. Du schälst sie, schneidest sie in Streifen und legst sie bis zur weiteren Verwendung in eine Schüssel mit kaltem Wasser. Dadurch verhinderst Du, daß die in den Kartoffeln enthaltene Stärke sich schwarz färbt. Vor dem Zubereiten spülst Du die Kartoffeln mit frischem kalten Wasser durch, um die Stärke zu entfernen und tupfst sie gut trocken.

Erhitze das Öl in einer Frittierpfanne oder einer Fritteuse mit Frittiereinsatz. Prüfe die Temperatur des Öls, indem Du ein Stück Kartoffel hineingibst.

Sobald es an die Oberfläche kommt und leise zischend umherschwimmt, ist die Temperatur gut.

Frittiere nur so viel Pommes, wie auf einmal gut vom Öl bedeckt werden können. Ist die Fritteuse zu voll, sinkt die Temperatur des Öls und die Pommes triefen vor Fett. Schüttele den Frittiereinsatz ab und zu gut durch, so daß alle Pommes verteilt werden und gut mit Öl bedeckt sind. Laß die Einstellung auf hoch, so daß das Öl gleich heiß bleibt, überprüfe ab und zu die Pommes und schüttele den Frittiereinsatz immer wieder durch.

Nach und nach werden die Pommes dunkler. Wenn sie schön dunkel geworden sind und nur noch sachte vor sich hin brutzeln, sind sie fertig. Nimm sie nun aus dem Öl und drücke zur Probe eines davon (Vorsicht, heiß!), um zu sehen, ob sie in der Mitte weich sind.

Schüttele sie in eine Schüssel, die mit Küchenpapier ausgelegt ist. Ziehe dann das Papier von unten heraus und salze die Pommes frites großzügig mit Meersalz. Ich liebe selbstgemachte Pommes frites mit frischem Zitronensaft beträufelt.

Pommes frites – und kein schlechtes Gewissen

Nehmen wir mal an, Du möchtest nicht frittieren, hast aber grade Lust auf Pommes. Und zwar große Lust. Alles kein Problem. Schäle einige mehlige Kartoffeln und schneide sie in dicke Streifen. Koche sie zehn Minuten in Salzwasser vor. Gieße sie gut ab und schüttele sie dann im Topf gut durch, um sie außen etwas aufzurauhen. Salze sie mit Meersalz.

Heize den Ofen sehr heiß vor (220° C/Gas Stufe 7).

Gib die Pommes zusammen auf ein großes, eingefettetes Backblech und beträufele sie mit Olivenöl. Backe sie 20 bis 25 Minuten, bis sie knusprig-braun sind – und jeden Pomme-a-holic zum Narren halten würden!

Frittierte Kartoffeln

Immer wenn wir als Kinder besonders brav waren, machte Dein Großvater Johnny uns frittierte Kartoffelscheiben, dicke Scheiben in Teig getaucht und knusprig ausgebraten.

3 Eßlöffel Mehl
250 ml kaltes Wasser
Meersalz und schwarzer Pfeffer
Mais- oder Sonnenblumenöl zum Frittieren
3 große Kartoffeln (wie zum Überbacken geeignet), geschält und in 2 cm dicke Scheiben geschnitten

Verrühre das Mehl und das Wasser mit einer Gabel in einer Schüssel zu einem einfachen Teig. Der Teig sollte ungefähr die Konsistenz von Crème double haben. Dann salzst und pfefferst Du den Teig.

Erhitze das Öl zum Frittieren. Wasche die Kartoffeln und tupfe sie trocken. Tauche sie in den Teig und klopfe sie danach leicht von innen an den Rand der Schüssel, um eventuell überschüssigen Teig abzustreifen.

Brate die Kartoffelscheiben bis sie golden-knusprig sind. Sie brauchen, je nachdem, wie dick die Scheiben sind, drei bis vier Minuten. Man ißt sie mit einer Menge HP-Sauce.

Oder wie wäre es mit göttlich guten Zwiebelringen? Weiche die Zwiebelringe etwa fünf Minuten in Wasser ein, um die milchigen Zwiebelsäfte abzuspülen. Gieße das Wasser ab, trockne die Zwiebelringe und tauche sie in den Teig. Frittiere sie, wie bereits beschrieben.

Liebe Francesca

Johnny im Alter von 24 Jahren. Sehr fesch!

Liebe Francesca

Frittierte Scampi

Zu besonderen Gelegenheiten stellten uns die Fischer eine Kiste lebender Scampi »an die Hintertür«. Das waren wundervolle Langusten, die mein Vater uns, wenn wir sehr, sehr brav gewesen waren, kochte, schälte und in Teig ausbuk. Nichts schmeckte so herrlich. Irgendeinen Vorteil muß es doch haben, in einem Fish & Chipper zu arbeiten!

Schottland gehört weltweit zu den besten Lieferanten von Fisch und Meeresfrüchten. Das meiste davon wird auf den europäischen Märkten verkauft, da wir, die Schotten, es selbst gar nicht essen wollen. Langusten sind die wohlschmekkendsten unter den Schalentieren, aber nur, wenn sie frisch zubereitet werden. Beim Einkauf müssen sie noch leben. Gleich nach dem Tod beginnen sie zu verderben, sie riechen dann schnell und nehmen den Geruch von abgestandenem Ammoniak an. Nicht so lecker! Du solltest sie unbedingt am Tag des Einkaufs verarbeiten.

Die Fischer brachten uns bei, die Rückseite des Panzers aufzubrechen, den Schwanz zu verdrehen und den schwarzen Darm herauszuziehen, der entlang des Rückens verläuft. Du kannst ihn auch nach dem Kochen beim Entfernen der Schale herausnehmen. Der Darm sollte unbedingt vor dem Servieren entfernt werden.

Wenn Du Dir schon die Mühe machst, selbst Scampi zu kochen, solltest Du sie auch mit hausgemachter Remouladensauce servieren (siehe Seite 211). Und so geht's:

20 Langusten
1 Ei
250 ml kaltes Wasser
100 g Mehl
50 g Maisstärke
Mais- oder Sonnenblumenöl zum Frittieren

Bringe einen großen Topf Wasser zum Kochen. Nimm die Languste in die linke Hand und drehe mit der rechten ihren Schwanz, um den schwarzen Darm herauszuziehen, der entlang der Mitte verläuft. Nachdem Du alle Tiere so ausgenommen hast, gibst Du die Langusten zwei bis drei Minuten in kochendes Wasser, bis die Schale nicht mehr blau-rot, sondern rosa ist.

Laß sie anschließend abkühlen. (Sie schmecken übrigens schon jetzt sehr gut, wenn Du sie einfach in Mayonnaise tauchst. Eigentlich müßtest Du sie gar nicht mehr frittieren.) Die Schale entfernst Du, indem Du mit den Fingern draufdrückst, so daß sie entlang des Rückens aufspringt. Drehe die Languste um und lege Deine beiden Daumen in ihrer vollen Länge auf der Unterseite der Languste gegen den Rand des Panzers, um die Schale aufzuziehen. Das wunderschöne Langustenfleisch kommt als Ganzes zum Vorschein. Vergewissere Dich, daß Du den schwarzen Darm aus dem Rücken vollständig entfernt hast und wasche etwaige Überbleibsel mit etwas Wasser ab.

Vermische das Ei und das kalte Wasser und siebe die Stärke und das Mehl dazu in die Schüssel. Mische alles gut mit einer Gabel durch. Der Teig sollte dünn sein, so daß das Fleisch gerade so davon umhüllt wird. Verdünne den Teig gegebenenfalls noch mit ein bißchen Wasser.

Erhitze das Öl zum Frittieren wie bereits beschrieben.

Tauche die Langusten in den Teig, streife eventuell überschüssigen Teig ab und frittiere sie, bis sie knusprig-golden sind. Sie sind in drei bis vier Minuten fertig. Achte darauf, daß beim Frittieren das Öl gleichmäßig heiß bleibt.

Du kannst auch rohe Garnelen ohne Schale, aber noch mit dem Schwanz verwenden, der dann nach dem Frittieren verlockend aus der Teighülle ragt.

In den Sechzigern gab es keinen großen Markt für Seeteufel. Die Fischer verkauften ihn spottbillig an Restaurants, in denen er in Würfel geschnitten, frittiert und mit riesigem Gewinn verkauft wurde. Das nannte man dann »falsche Scampi«. Frittierter Seeteufel ist einen Versuch wert, er schmeckt ganz wunderbar.

FRITTO

Es ist keine große Überraschung, daß die Italiener, als sie in dieses Land kamen, Fish-&-Chips-Läden aufmachten. Die Mehrheit der Einwanderer kam aus dem Süden. Im 19. JJahrhundert herrschte dort bittere Armut. Nur wenige Bauern besaßen eigene Häuser oder gar eigenes Land. Viele lebten in Höhlen, die sie in Hügel gegraben hatten. Sie hatten keine Kochmöglichkeiten, bestenfalls eine einfache Feuerstelle. Diejenigen, die ganz verzweifelten, zogen in Scharen auf der Suche nach Arbeit in die Städte. In Neapel nannte man diese Leute die »disgraziati lazzaroni«, also »erbärmliche Taugenichtse«. Sie schliefen auf der Straße, nahmen jede Arbeit an und überlebten mit Essensresten, die sie auf der Straße kochten. Manche von ihnen bewiesen Geschäftssinn und wurden zu Straßenhändlern, die alle möglichen Speisen verkauften. Sie bereiteten, auf einfachen Feuern oder in Kesseln mit heißem Öl, alles mögliche zu, von Zucchinistreifen, Tintenfisch und Pizzateig bis zu Fleischbällchen. Jede Faser eines geschlachteten Tieres wurde verwertet. Füße und Unterkiefer wurden zusammen mit der Magenwand gedünstet. Buchstäblich: »per'e o' musso« (Fuß und Mund) galt als große Delikatesse und wurde in spitzen Papiertüten verkauft. In Neapel gibt es heute immer noch Stände, die diese Delikatessen verkaufen.

»Fritto« ist ein Standardgericht auf Touristen-Speisekarten. Die Besucher essen frittierte Speisen genauso gern wie die Einheimischen. Wenn das Essen richtig zubereitet und gebraten wird, ist es eine sehr gesunde Art zu essen. Geschmack und Vitamine werden in einer schützenden Kruste erhalten.

In Neapel pflegt man zu sagen »friggendo mangiando« also »Braten während des Essens«. Ich mache das nur für einen kleinen Kreis zu Hause, niemals für viele Leute. Frittieren ist immer mit Geruch verbunden. Wenn Dir das zuviel ist, solltest Du Dir eine Fritteuse zulegen.

4–5 Tintenfische, gesäubert
die Tentakel vom Tintenfisch
5–6 Eßlöffel Mehl
Meersalz und schwarzer Pfeffer
1,5–2 l Mais- oder Sonnenblumenöl
Zitronen

Bitte den Fischhändler, den Fisch für Dich zu säubern. Du brauchst den röhrenförmigen Körper des Tintenfisches, in ungefähr 1 cm dicke Ringe geschnitten. Laß Dir auch die Tentakel mitgeben. Sie sind am zartesten. Wasche sie gut in kaltem Wasser und trockne sie auf Küchenpapier.

Gib das Mehl in eine Schüssel und würze es gut mit Salz und Pfeffer. Erhitze das Öl in einer Frittierpfanne mit Einsatz, wirf ein Stückchen Brot hinein und warte, bis es leise zu zischen beginnt. Wirf die Tintenfischringe in das Mehl und schüttele sie in einem Sieb über dem Waschbecken durch, um überschüssiges Mehl zu entfernen. Frittiere nicht zu viele auf einmal, damit die Tintenfischringe in dem

Liebe Francesca

Öl genug Platz haben. Sind zuviel Mehlreste im Öl, wird es trübe. Du solltest die Tintenfischringe nach dem Einmehlen daher gut schütteln. Frittiere immer in der gleichen hohen Einstellung. Sobald die Tintenfischringe nur noch sachte vor sich hin brutzeln und eine knusprig-goldene Farbe haben, sind sie fertig. Laß das Öl abtropfen und gib die Ringe auf ein Stück Küchenpapier. Halte sie warm, während Du die restlichen Ringe frittierst.

Frittieren kannst Du eigentlich alles. Würze immer gut mit Salz und Pfeffer und achte darauf, daß alles in gleich große Stücke geschnitten ist. Manchmal tauchen wir das Essen auch zuerst in Ei und dann in Mehl. Einen besonderen Geschmack bekommt es, wenn Du in das Ei einige Teelöffel frisches Pesto gibst. Versuch's mal mit:

***Zucchini**, in Stifte geschnitten,*
***roten Paprikaschoten**, entkernt und in Streifen geschnitten,*
***Auberginen**, in Scheiben, und anschließend in Stifte geschnitten.*

GESCHMORTE GERICHTE

Gertrude und Johnny in Alfredos Restaurant

Das Kochen auf niedriger Flamme ist eine der einfachsten Arten, Essen zuzubereiten. Hast Du die Zutaten erst einmal zusammen, was in der Regel schnell erledigt ist, läßt Du das Gericht nur noch mit etwas Flüssigkeit vor sich hin köcheln. Du mußt es nur abwarten können, bis das Fleisch gebräunt ist und Du die restlichen Zutaten dazugeben kannst. Gib nicht zu viele Fleischstücke gleichzeitig in den Topf und bewahre die fertig gebräunten Stücke in einer vorgewärmten Schüssel auf, bis das ganze Fleisch fertig ist. Wenn Du hier richtig vorgehst, macht es im fertigen Gericht einen gewaltigen Unterschied. Richtiges Anbraten schließt das ganze Aroma des Fleisches ein und verleiht der Haut einen sehr guten, karamelisierten Geschmack – was letztlich ein gutes Essen ausmacht.

Für diese Art des Kochens verwende ich gerne eine feuerfeste Kasserolle mit dickem Boden, die ich direkt von der Ofenplatte in den Backofen schieben kann. Normalerweise koche ich ein Stew oder einen Eintopf nur, wenn ich am darauffolgenden Tag viel zu tun habe. Während ich also das Abendessen für den einen Tag koche, kann ich gleichzeitig das Essen für den nächsten Tag vorbereiten. Die meisten Stews schmecken ohnehin am zweiten Tag besser. Ein anderer Vorteil ist, daß Gemüse und Kartoffeln in einem Topf gekocht werden können. Tatsächlich also ist es ein »Ein-Topf-Gericht«!

In der Pfanne gebratenes Huhn mit Rosmarin

Diese Art, Hühnchen zuzubereiten, ist in ganz Italien weit verbreitet. Sie ist sehr einfach, es dauert auch nur etwa 20 Minuten. Ich kaufe meistens Hühnerschenkel und -brust von Tieren aus Freilandhaltung. Ihr Geschmack ist sehr viel besser als der von Hühnern aus Massentierhaltung. Manche Supermärkte führen aus Frankreich importierte Hühnchen. Sie sind teurer, aber ich esse lieber einmal die Woche ein gutes Hühnchen, als jeden Tag geschmacklose Vögel.

Wenn Du ein ganzes Huhn kaufst, schneidest Du Brust und Hühnerbeine mit einem scharfen Messer ab. Den Rest kannst Du für eine Hühnerbrühe verwenden (siehe Seite 84).

4–6 Hühnerstücke (Schenkel, Brust, Flügel) mit Haut
2–3 Eßlöffel Olivenöl extra vergine
2 Knoblauchzehen, geschält und halbiert
Meersalz
2 Zweige frischer Rosmarin
ein Glas trockener Weißwein (80–100 ml)

Wasche das Hühnchen und tupfe es trocken. Schneide überschüssiges Fett, nicht aber die Haut, ab.

Erwärme das Olivenöl langsam in einer Bratpfanne mit dickem Boden, gib anschließend den Knoblauch dazu, so daß das Öl das Knoblaucharoma annehmen kann.

Schichte nun die Hühnerteile mit der Haut nach unten in einer Lage in die

Pfanne. Laß sie gut anbräunen. Brate die Hühnerteile auf hoher Flamme, so daß die Haut gebräunt werden kann.

Sobald die Haut rundum gebräunt ist, würze das Hühnchen mit etwas Meersalz und dem Rosmarin.

Stelle die Flamme ganz hoch und gieße den Weißwein dazu. Laß das Ganze richtig aufkochen, bis der ganze Alkohol verdampft ist. (Das testest Du, indem Du die Nase vorsichtig in den Dampf hältst. Der Alkohol ist verdampft, wenn es nicht mehr in Deiner Kehle kitzelt oder brennt.) Stelle die Flamme niedriger und wende das Hühnchen, so daß es rundherum vom Wein benetzt wird. Lege den Deckel auf die Pfanne und laß das Hühnchen noch 25 Minuten schmoren, bis es durch ist. Der Wein und die Fleischsäfte ergeben eine wohlschmeckende Sauce für das ohnehin saftige Hühnchen.

In der Region Apulien kocht man leichter und geschmacklich feiner als im Norden Italiens. Man verwendet dort sehr wenig Knoblauch, läßt ihn aber beim Anbraten dunkel werden, was ihm eine bittere Note verleiht. Das hier beschriebene Gericht wird dort mit zwei bis drei frischen Lorbeerblättern anstelle des Rosmarins zubereitet. Es ist schon überraschend, wie diese beiden Änderungen den Geschmack des Hühnchens beeinflussen. Versuch es selbst einmal!

Eine andere Variante des Gerichts bekommst Du, wenn Du eine halbe Dose Pizzatomaten, also 200 g Tomaten, und 10 g getrocknete Steinpilze dazugibst. Weiche die Steinpilze zunächst 20 Minuten in warmem Wasser ein. Gieße dann das Einweichwasser durch ein feines Sieb ab und gib es zusammen mit dem Wein zum Hühnchen. Wasche die Steinpilze, schneide sie ganz klein und gib sie zusammen mit den Pizzatomaten dazu. Würze das Huhn mit Thymian oder Rosmarin. Koche das Gericht wie oben beschrieben.

Kalbsleber mit Zwiebeln
FEGATO ALLA VENEZIANA

Kalbsleber esse ich sehr gerne so schnell zubereitet. Versuche sie mal mit viel Kartoffelbrei. Ich koche sie in der Regel nur für mich, da niemand außer mir Leber ißt. Dieses Rezept ist also für eine Person gedacht.

2 Eßlöffel Olivenöl extra vergine
1 Knoblauchzehe, geschält
1 Stück getrocknete Chilischote
1 große rote Zwiebel, geschält und feingeschnitten
2 Scheiben Kalbsleber, ca. 180 g
ein Spritzer Rotweinessig oder Balsamico
Meersalz und schwarzer Pfeffer

Erwärme das Öl, den Knoblauch und die Chilischote langsam in einem kleinen Topf. Brate dann langsam die Zwiebel darin an, bis sie glasig ist. Nur Geduld, das dauert so um die 15 Minuten.

Schneide die Leber mit einem scharfen Messer in Streifen und entferne alle knorpeligen Stellen.

Sobald die Zwiebel glasig ist, stellst Du die Flamme höher und brätst die Leber an. Das dauert nur einige Minuten. Anschließend gibst Du den Essig und die Gewürze dazu und kochst sie auf hoher Flamme noch ein paar Minuten weiter, um die Sauce etwas einzudicken. Zuletzt kommt noch ein Eßlöffel Wasser dazu, um die eingebackenen Säfte vom Topfrand zu lösen. Schmecke die Leber ab und serviere sie mit einem Rucola-Tomatensalat (siehe Seite 275). Die Schärfe des Rucola und die Süße der Tomaten bilden einen perfekten geschmacklichen Hintergrund zur Leber.

Geschmortes Lamm auf italienische Art
STUFATO D'AGNELLO

Francesca, da meine Mutter, also Deine Oma Gertrude, einen irischen Vater und eine italienische Mutter hatte, sprach sie kein Italienisch. Bei ihr zu Hause wurde nur Englisch gesprochen. Was Stew anging, war sie jedoch zweisprachig. Für beide der nachfolgenden Rezepte kannst Du sowohl Rind- als auch Lammfleisch verwenden.

Dieses Rezept eignet sich sehr gut für Lamm. Im Frühling und Sommer koche ich sehr oft schottisches Hochlandlamm. Es zeichnet sich durch einen milden, angenehmen Geschmack aus und ist leicht zuzubereiten. Kaufe Lammfleisch immer bei einem guten Metzger, der Fleisch aus der Region verkauft. Es macht wirklich einen Unterschied. Dieses Rezept ist ganz einfach. Die Kartoffeln und roten Paprika werden zusammen mit dem Lamm in einem Topf gekocht. Das Ganze ist schon nach einer Stunde fertig.

Babys essen sehr gerne zerdrückte Kartoffeln mit der Sauce und ein kleines Stück von dem zarten Lammfleisch. So ein Essen ist genau das Richtige für sie, sobald sie an fester Nahrung Interesse zeigen.

2–3 Eßlöffel Olivenöl extra vergine
1 Knoblauchzehe, geschält
2 Zwiebeln, geschält und sehr feingeschnitten
1 kg Lammkotelett vom Schenkel (mit Knochen) oder Lammschulter
Meersalz und schwarzer Pfeffer
1 400-g-Dose Eiertomaten, grob zerkleinert
1 frisches Lorbeerblatt
2 Zweige frischer Thymian
6–8 neue Kartoffeln, geputzt
1 rote Paprikaschote, ohne Kerngehäuse und in Streifen geschnitten

Erwärme das Olivenöl in einem Topf mit dickem Boden und gib den Knoblauch dazu, damit das Öl sein Aroma annehmen kann. Gib dann die Zwiebeln dazu und brate sie, bis sie anfangen, weich zu werden.

Schneide das Fleisch in Stücke und entferne dabei überschüssiges Fett. Würze es gut mit Salz und Pfeffer. Nimm die Zwiebeln und den Knoblauch aus dem Öl. Stelle auf eine höhere Flamme und gib das Fleisch in Etappen dazu. Wende es, so daß es von allen Seiten gut bräunt, und nimm es danach wieder aus dem Topf. Sobald das ganze Fleisch angebraten ist, gibst Du alles Fleisch, den Knoblauch und die Zwiebeln wieder zurück in den Topf.

Rühre nun die Dosentomaten hinein und bringe alles zum Köcheln. Jetzt gibst Du die Kräuter dazu. Bedecke den Topf mit einem gut schließenden Deckel und laß alles ungefähr eine halbe Stunde langsam vor sich hin köcheln. Es kann, abhängig vom Alter des Lamms, auch ein wenig kürzer oder länger dauern. (Du kannst das Ganze auch in einen mittelhoch beheizten Backofen – 180° C/Gas Stufe 4 – schieben.) Nach einer halben Stunde gibst Du die Kartoffeln und die Paprikastreifen dazu, schmeckst den Eintopf ab und gießt gegebenenfalls eine Tasse heißes Wasser (etwa 200 ml) dazu. Die Paprika geben etwas Flüssigkeit ab, die aber

Liebe Francesca

von den Kartoffeln aufgesogen wird. Lege dann den Deckel wieder auf den Topf. Weitere 25 Minuten später erwartet Dich ein perfekt fertiges Abendessen.

Dieses Rezept kannst Du auch mit Steak für Eintöpfe oder mit Huhn zubereiten.

Irish Stew

Dieses Rezept folgt dem gleichen Prinzip, nach dem zuerst der Geschmack des Fleisches eingeschlossen und es dann über niedriger Flamme fertiggekocht wird. Du solltest, wie sonst auch, nur die beste Qualität an Fleisch kaufen, die Du bekommen kannst. Ich kaufe im Winter gerne Aberdeen-Angus-Steak, das gut für Eintöpfe geeignet ist. Das Rindfleisch sollte gut abgehangen sein. Mein Metzger empfiehlt als Mindestzeit 21 Tage. So wird es beim Kochen sehr zart.

2–3 Eßlöffel Sonnenblumen- oder Maisöl
2 Zwiebeln, geschält und geschnitten
1 kg Steak für Eintöpfe oder Lammkoteletts, in Stücke geschnitten
Meersalz und schwarzer Pfeffer
1 Zweig frischer Rosmarin
3 Karotten, geschält und in Scheiben geschnitten
3–4 kleine junge Steckrüben oder eine halbe große Steckrübe, geschält und gewürfelt
5–6 neue Kartoffeln, geputzt

Erwärme das Öl in einem Topf mit dickem Boden und brate die Zwiebeln, bis sie glasig und weich sind. Entferne überschüssiges Fett vom Fleisch und schneide es in mundgerechte Stücke. Würze es gut mit Salz und Pfeffer.

Nimm die Zwiebeln aus dem Topf, stelle die Flamme hoch und brate nun das gewürzte Fleisch an. Brate immer nur soviel Fleischstücke, wie auf einer Lage in den Topf passen und nimm das gebräunte Fleisch dann aus dem Topf. Wenn alles gebraten ist, gibst Du die Zwiebeln und das Fleisch wieder zurück in den Topf und fügst den Rosmarin dazu. Gieße soviel kochendes Wasser in das Stew, daß alles gerade so bedeckt ist, aber nicht »darin schwimmt«.

Schiebe das Stew jetzt entweder in den mittelhoch beheizten Backofen (180° C/Gas Stufe 4) oder laß es auf dem Herd ungefähr 45 Minuten bedeckt vor sich hin köcheln. Gib dann die Karotten, die Steckrüben und die Kartoffeln dazu.

Rühre alles gut um und gieße eventuell noch etwas Wasser dazu. Schmecke das Ganze ab und koche es bei geschlossenem Deckel eine weitere halbe Stunde, bis alles durch ist.

Schmeckt garantiert!

Steak and Kidney Pie

Das Rezept meiner Mutter für Steak and Kidney Pie gehört hier auch irgendwie mit dazu. Als ihr Catering-Betrieb auf Hochtouren lief, machte sie bis zu 600 Portionen davon pro Woche. Geholfen haben ihr dabei Janet und Etta.

Schon ab dem zarten Alter von neun oder zehn Jahren mußten wir nach der Schule beim Catering aushelfen. Aufgereiht wie ein menschliches Fließband bestückten wir große weiße Teller nacheinander mit Erbsen, Rosenkohl, Kartoffelbrei, Stew oder Teigplatten. Die Kleineren bekamen die niedrigeren Arbeiten zugeteilt. Beförderung bedeutete damals, innerhalb der »Nahrungskette« von den Erbsen zu den Kartoffeln und schließlich zu den Teigplatten aufzurücken. Mir ist schleierhaft, warum das Verteilen der Kartoffeln verantwortungsvoller war als das von Erbsen. Das Verteilen von 250 Löffeln mit Erbsen auf sich schnell bewegende Teller, ohne daß die Hälfte davon auf den Boden kullert, erscheint mir doch eine recht anspruchsvolle Aufgabe!

1 kg sehr gutes Steak (für Eintöpfe geeignet)
100 g Ochsenniere
1 Eßlöffel Mehl, gut mit Salz und Pfeffer gewürzt
1–2 Eßlöffel Sonnenblumenöl
1 Eßlöffel Worcestershire-Sauce
1 Teelöffel Suppenextrakt, in kaltem Wasser aufgelöst
500-g-Packung gefrorener Blätterteig, aufgetaut
etwas Milch und/oder verquirltes Ei

Richtig zart wird das Stew, wenn das Rindfleisch gut abgehangen ist. Ich verwende auch hier Fleisch vom Aberdeen-Angus-Rind oder vom Hochlandrind. Zerteile das Fleisch in 3 bis 4 cm große Stücke. Schneide die Niere in Würfel und entferne alle weißen Fasern. Wälze das Rindfleisch in dem vorbereiteten Mehl.

Liebe Francesca

Erwärme das Öl in einer Kasserolle mit dickem Boden und bräune das Fleisch in Etappen. Brate immer auf hoher Flamme, um den Geschmack des Fleisches gut einzuschließen. Einige Fleischstücke und etwas Mehl werden am Topfrand festkleben. Das macht aber nichts, weil sie sich später in der Sauce ablösen.

Du kannst gegebenenfalls noch ein wenig Öl dazugeben, ich persönlich versuche aber immer, möglichst wenig Öl zu verwenden.

Johnny (ganz rechts), Marietta (zweite von links) und ihre Angestellten im Catering-Betrieb, um 1960

Sobald Du alle Fleischstücke angebraten hast, gibst Du alles wieder in den Topf zurück. Du kannst jetzt einen Spritzer Worcestershire-Sauce dazugeben. Gieße dann so viel kochendes Wasser dazu, daß das Fleisch gerade so bedeckt ist. Kratze mit dem Holzlöffel die eingebackenen Reste vom Topfrand; sie verdicken die Sauce und geben ihr zusätzlich Geschmack. Gib jetzt die Niere dazu. Dann läßt Du das Stew ungefähr eine Stunde vor sich hin köcheln oder schiebst es für den gleichen Zeitraum in einen mittelhoch beheizten Backofen (180° C/Gas Stufe 4), bis alles durch ist. Der Topf muß mit einem dicht schließenden Deckel bedeckt sein, damit keine Flüssigkeit entweicht und das Fleisch nicht trocken wird.

Schmecke das Stew ab und gib noch etwas Wasser dazu, wenn die Sauce zu dick ist. Meine Mama hat die Sauce immer mit Suppenextrakt angedickt, den sie in kaltem Wasser auflöste.

Laß das Stew ein wenig abkühlen, bevor Du den Pie machst. Gut geeignet ist eine Auflaufform, in der das Stew nach dem Einfüllen nach oben hin noch 3 bis 4 cm Platz hat. Rolle jetzt den Blätterteig aus.

Bestreiche die Seiten der Auflaufform mit etwas Milch und bedecke das Stew mit dem ausgerollten Teig. Ich setze immer einen kleinen schwarzen Keramikraben auf die Teigmitte, der von oben mit seinem Schnabel in den Teig sticht, so daß der Dampf entweichen kann. Wenn Du so etwas nicht hast, schneidest Du einfach ein kleines Kreuz oben in die Teigmitte. Das erfüllt den gleichen Zweck.

Schneide nun den überstehenden Teig ab und drücke ihn an den Rändern fest. Zupfe den Teig zwischen Daumen und Zeigefinger hoch, um den Rand zu verzieren. Drücke Dreiecke in die Teigoberfläche und bestreiche sie mit Milch oder verquirltem Ei, bevor Du den Pie in einem heißen Backofen (220° C/Gas Stufe 7) 20 Minuten bäckst. Reduziere danach die Temperatur (180° C/Gas Stufe 4) und backe den Pie weitere 15 bis 20 Minuten. Vergiß nicht, daß der Pie dampfend heiß sein muß, ganz besonders, wenn Du ihn am Tag vorher gemacht hast. Sobald der Teig aufgegangen und golden gebräunt ist, legst Du ein Stück Alufolie oder Pergamentpapier darüber, damit er nicht zu dunkel wird.

Langsam geschmorte Lammkeulen

Langsam geschmorte Lammkeulen sind mein Favorit unter den geschmorten Gerichten. Das Fleisch wird dadurch so unendlich zart, daß es einem schier auf der Zunge zergeht. Die Sehnen und das Fett um den Knochen ergeben einen cremigsüßen Geschmack, der nur durch das Knochenmark übertroffen wird, das man ganz zwanglos aus dem Knochen saugen kann.

Eine Lammkeule kostet nie mehr als ein paar Pfund. Damit ein Festmahl aus ihr wird, brauchst Du auch noch ungefähr eine halbe Flasche guten Weißwein, aber selbst das wird Dich nicht in den finanziellen Ruin stürzen.

Aus Lammkeulen kannst Du übrigens auch eine gute Brühe machen. Du befolgst dafür das Rezept für Rinderbrühe auf Seite 82 oder das Rezept für die dicke Suppe mit Perlgraupen (siehe Seite 81). Sind die Keulen sehr lang, bittest Du den Metzger einfach, sie Dir zu halbieren. (Sonst passen sie nämlich nicht in den Topf.)

2–3 Eßlöffel Olivenöl extra vergine
2 Schalotten, geschält und in sehr kleine Würfel geschnitten
1 Karotte, geschält und in sehr kleine Würfel geschnitten
2 Stangen Sellerie, geschält und in sehr kleine Würfel geschnitten
4 kleine Lammkeulen
Meersalz und schwarzer Pfeffer
500 ml trockener Weißwein
3–4 Zweige Thymian
2 frische Lorbeerblätter

Erwärme das Olivenöl in einer großen, schweren und feuerfesten Kasserolle. Brate darin langsam die Schalotten, die Karotte und den Sellerie an. Schneide überschüssiges Fett von den Lammkeulen, wasche und tupfe sie ab. Bräune die Keulen dann auf hoher Flamme von allen Seiten. Wenn die Lammkeulen sehr groß sind, mußt Du sie möglicherweise in zwei Etappen bräunen. Versuche, das Soffritto des Gemüses nicht zu verbrennen. Nimm das Gemüse aus dem Topf, wenn es zu stark bräunt.

Sobald alle Lammkeulen angebräunt sind, würzt Du sie gut und gibst den Wein (und das Gemüse, falls Du es herausgenommen hast) dazu. Koche alles auf hoher Flamme, damit der Alkohol verdampft. Wenn der Dampf nicht mehr in der Kehle kitzelt, ist es soweit. Gib die Kräuter dazu, bedecke den Topf mit einem gut schließenden Deckel, so daß keine Flüssigkeit entweichen kann, und laß alles auf sehr niedriger Flamme eineinhalb Stunden vor sich hin köcheln. Ich schiebe die Kasserolle meistens in einen niedrig beheizten Backofen (160°C/Gas Stufe 3).

Sobald die Keulen gekocht sind, schmeckst Du die Sauce ab und gibst noch frisch gemahlenen schwarzen Pfeffer dazu. Ist Dir die Sauce zu fett, kannst Du ein wenig von dem Fett abnehmen. Ich sauge das Fett manchmal mit einem Stück Küchenpapier ab.

Servieren kannst Du die Lammkeulen mit Gremolata (siehe nächstes Rezept).

Ich esse dieses Gericht aber auch gerne mit weicher Polenta (siehe Seite 277) oder Kartoffelbrei, also etwas, was die köstliche Sauce aufsaugen kann.

Du kannst gegen Ende der Kochzeit auch einen Eßlöffel zuvor in Wasser eingeweichter, gesalzener Kapern und einen Eßlöffel entsteinter schwarzer Oliven, ganz oder kleingeschnitten, dazugeben, um einen intensiveren Geschmack zu erreichen, wenn Du diese Geschmacksrichtung magst.

Gremolata

Gremolata ist ein Dressing aus Zitrone und Kräutern, das normalerweise mit »osso buco«, einem Eintopf mit Kalbshachse, serviert wird. Auch mit den Lammkeulen schmeckt es ganz wunderbar.

½ Knoblauchzehe, geschält
2 Teelöffel feingeriebene Schale einer gewaschenen, ungewachsten Zitrone
1 Eßlöffel feingehackte, glatte Petersilie
1 Eßlöffel feingehackte Minze
Meersalz

Hacke den Knoblauch sehr fein. Gib dann die Zitronenschale und die gehackten Kräuter dazu und vermische alles gut. Würze mit etwas Meersalz nach. Streue ein wenig von dem Dressing über die Lammkeulen, bevor Du sie servierst.

Zampone, Linsen und Mostarda di Frutta

Zampone ist in vielerlei Hinsicht das Äquivalent zum schottischen Haggis. Diese Spezialität stammt aus Modena. Mageres Fleisch von eigens dafür aufgezogenen Schweinen wird mit Muskat, Zimt und Nelken verfeinert und gut gewürzt. Ein Schweinefuß (mit drei noch intakten Zehen und Zehennägeln) wird mit der Mischung gefüllt und gekocht. Die Ursprünge dieses Gerichts reichen sehr weit zurück. Diese Zubereitungsart ist nicht, wie man vielleicht glauben möchte, eine Art Resteverwertung. Im Gegenteil, im Laufe der Jahrhunderte hat man gelernt, nur das beste Fleisch dafür zu verwenden. Wie bei der Zubereitung von Haggis auch, werden die Rezepte von Generation zu Generation weitergegeben und ihr Geheimnis sorgfältig gehütet.

Heutzutage kann man Zampone oder seinen einfacheren Verwandten Cotechino bei einem der großen italienischen Schweinefleischanbieter küchenfertig im Plastikbeutel verpackt kaufen. Zampone muß nur noch in kochendem Wasser aufgewärmt werden, bis es dampfend heiß ist. Das Schweinefleisch ist sehr zart und von charakteristisch süßem Geschmack.

In unserer Familie essen wir Zampone mit köstlichen Castelluccio-Linsen aus

Norcia immer zu Neujahr. Diese köstlichen grau-grünen Linsen mußt Du nicht einweichen. Sie behalten beim Kochen auch ihre schöne Form. Serviert wird dieses Gericht mit Mostarda di Frutta (siehe Seite 261).

1 küchenfertiges Zampone oder Cotechino
225 g Castelluccio oder Puy-Linsen
2 Eßlöffel Olivenöl extra vergine
1 Knoblauchzehe, geschält und in Scheiben geschnitten
ein Stück getrocknete Chilischote, zerbröselt
eine halbe, scharfe Fonteluna-Wurst (150 g), in Scheiben geschnitten
½ 400-g-Dose italienische Eiertomaten
1 Zweiglein Rosmarin
Meersalz
1 Eßlöffel gehackte glatte Petersilie
Mostarda di Frutta (Senffrüchte) zum Servieren

Gib die Linsen in eine Schüssel mit kaltem Wasser und fische die heraus, die an die Oberfläche steigen. Spüle die Linsen durch und gib sie in einen Topf. Bedecke sie mit kaltem Wasser. Bringe das Wasser zum Kochen und laß die Linsen auf niedriger Flamme vor sich hin köcheln, bis sie durch sind. Dann gießt Du sie ab. Erwärme das Öl in einer großen Bratpfanne. Brate dann langsam den Knoblauch, die Chilischote und die scharfe Fonteluna-Wurst darin an. Gib die Tomaten und den Rosmarin dazu. Danach kochst Du die Linsen ungefähr 20 Minuten in dieser Sauce. (Falls Du ein Stück Parmigiano-Rinde hast, kannst Du es waschen und mit in die Sauce geben. Sie bekommt dadurch zusätzlich Geschmack.) Salze die Linsen und bestreue sie mit Petersilie.

Mache das Zampone oder das Cotechino gemäß der Packungsanleitung warm.

Bereite eine weiche Polenta (siehe Seite 277) oder einen cremigen Kartoffelbrei zu und serviere die Linsen mit zwei bis drei Scheiben Schweinefleisch und einigen saftigen Stücken Mostarda di Frutta.

BRATEN

Marietta und Cesidio nach ihrer Ankunft in Cockenzie

Meine Großeltern hatten in Italien nur einen Topf über einer einfachen Kochstelle zum Kochen. Den Teig für Brot oder Pizza trugen sie immer zum Backofen des Dorfes. Rotwild, Wildschweine, Hasen oder die eine oder andere Forelle aus dem Bergfluß wurde über einem offenen Feuer gebraten. Ob etwas fertig war, beurteilten sie nach Gefühl, Duft und Aussehen.

Die modernen Herde sind im Vergleich dazu der pure Luxus, in mancher

Hinsicht aber eher ein Hindernis. Kochrezepte in Büchern legen Ofentemperaturen und Kochzeiten oft sehr streng fest. Meiner Ansicht nach aber haben diese Anweisungen unseren angeborenen Instinkt, selbst zu urteilen, eingeschränkt. Bedenke immer, daß ein Kochrezept nicht alle Faktoren berücksichtigen kann: die Temperatur der rohen Zutaten, die Art der Temperaturmessung in einem Ofen, die Dicke der Speisen und das Material des Kochbehälters. Ein guter Koch verliert in der Küche nie das Vertrauen in seinen gesunden Menschenverstand. (Ich korrigiere meine Aussage insofern, als ein nüchterner Koch niemals das Vertrauen verliert. Nach einem Glas Schampus vor dem Mittagessen passiert es mir schon mal, daß ich den Überblick verliere.) Es wäre schön, wenn auch Du zu einer gewissen Eigenständigkeit beim Kochen finden könntest.

Versuche Dir Ofentemperaturen im Hinblick auf die Wärme, die sie liefern, vorzustellen. Soll etwas schnell anbraten und der Geschmack eingeschlossen werden, erreiche ich das durch kurzes Backen im heißen Ofen. Ein Braten muß gewogen und daraus die Kochzeit ermittelt werden. Wichtig ist aber auch, daß Du während des Bratens regelmäßig nach dem Fleisch schaust. Der Bratvorgang wird nicht dadurch beendet, daß Du den Braten aus dem Ofen holst. Eine kurze Ruhezeit, in der der Braten langsam auskühlen kann und die Fleischfasern wieder weich werden können, ist immer gut. Dabei bleibt die Saftigkeit erhalten und die Fleischsäfte können sich wieder ins Innere des Fleisches zurückziehen, was den Geschmack sehr verbessert.

Langsames Köcheln bei Eintöpfen und Kasserollen erreichst Du in einem mittelhoch beheizten Backofen.

Behutsam zu backende Kekse, Baiser und gebackene Custards schiebst Du am besten in einen niedrig beheizten Backofen. Die Anweisungen zu Temperaturen und Backzeiten müssen beim Backen schon fast mit wissenschaftlicher Exaktheit befolgt werden. Gleichzeitig aber solltest Du Dich auf die Erfahrungen mit Deinem Ofen verlassen. Vergiß nicht, daß gerade Kuchen und Brot für die ersten zwei Drittel der Backzeit ungestört aufgehen können müssen.

Ich habe einen Heißluftofen, mit dem ich sehr viel effizienter und schneller als mit einem herkömmlichen Ofen backen kann. Gleichzeitig aber kenne ich jede Menge sehr guter Köche, die ihren Heißluftherd nur widerwillig benutzen.

Bei allem Respekt für die Anweisungen eines Kochrezeptes solltest Du Deinen gesunden Menschenverstand nicht außer acht lassen: beobachte, probiere und teste die Konsistenz. Sehr wichtig ist es, regelmäßig abzuschmecken. Geschmack entwickelt und verändert sich ständig, und Gewürze sind für den Erfolg oder Mißerfolg eines Gerichts entscheidend. Sobald Du Dich einmal von der Tyrannei der Kochrezepte befreit hast und anfängst, »aus dem Bauch heraus« zu kochen, wird es Dir sehr viel mehr Spaß machen, und ich wette, daß Du auch besser kochen wirst.

Die verschiedenen Temperaturbereiche im Ofen sind: sehr niedrig, niedrig, mittel oder medium, ziemlich heiß und sehr heiß. Am häufigsten verwende ich beim Gasherd die Stufen 4, 6 und 7. Wenn Du einen Heißluftherd hast, ziehst Du von den angegebenen Temperaturen jeweils ca. 10 Prozent ab.

Temperaturbereich	**Celsius**	**Gas-Stufe**
Sehr niedrig	110° C	¼
Sehr niedrig	120° C	½
Kühl	140° C	1
Kühl	150° C	2
Mittel	160° C	3
Mittel	180° C	4
Ziemlich heiß	190° C	5
Ziemlich heiß	200° C	6
Heiß	220° C	7
Sehr heiß (für Braten)	230° C	8
Extrem heiß	250° C	9

Rinderbraten

Man kann gar nicht oft genug betonen, daß das Fleisch für einen Rinderbraten aus einer guten Zucht stammen und gut abgehangen sein muß. Ich wähle immer Aberdeen-Angus- oder Angus-Rindfleisch, weil ich in Schottland lebe. Suche nach einem vertrauenswürdigen Metzger oder einem Bauern auf einem Wochenmarkt und frage ihn, welche Rinderrasse er verkauft und warum. Devon Red, Hereford, Galloway und Longhorn sind Rinderrassen, die es schon lange gibt.

Die Rasse ist aber nur ein Aspekt, auf den Du achten solltest: Ein guter Metzger läßt das Fleisch zwei bis drei Wochen abhängen. Das Muskelgewebe wird dadurch weicher und das Fleisch zarter. Das Fleisch sollte eine kräftige rote Farbe haben und von weiß-marmorierten Fettadern durchzogen sein. Während der Zeit, in der es abhängt, verliert das Fleisch bis zu 15 Prozent seiner Feuchtigkeit (also an Gewicht), was sich auch auf den Gewinn auswirkt. Das ist einer der Gründe dafür, daß gut abgehangenes Rindfleisch immer teuer ist.

Wenn ich vorhabe, Rinderbraten zu machen, gebe ich meinem Metzger immer ungefähr eine Woche vorher Bescheid. Er wählt dann ein gutes Stück aus und hängt es für mich ab.

Rinderbraten schmeckt so köstlich, wenn er außen karamelisiert und knusprig, innen aber noch leicht rosa und saftig ist. Nur anhand des Gewichts kannst Du bei einem großem Braten die erforderliche Bratzeit ermitteln. Nach drei Vierteln der Garzeit solltest Du das Fleisch mit Fett beträufeln und nachsehen, wie weit es durch ist. Dazu stichst Du das Fleisch an der dicksten Stelle mit einem Spieß ein. Dann ziehst Du den Spieß heraus und drückst ihn gegen die Einstichstelle. Achte auf den austretenden Fleischsaft. Ist er rot und blutig, ist das Fleisch noch roh. Ist er klar, ist es ganz sicher durch. Bei mir muß der Saft noch rosa sein, wenn ich den Braten herausnehme. Wenn Du ihn dann noch eine Weile an einem warmen Plätzchen läßt, wird er noch ein wenig nachgaren, und das Fleisch wird noch zarter werden. Wenn Du es dann zum Servieren aufschneidest, sollte der Braten perfekt sein.

Vergiß nicht, daß das Fleisch außen immer durchgebratener ist als innen. Serviere also die äußeren Stücke den Essern, die ihr Fleisch gut durchgebraten möchten, und spare den besten und saftigsten Teil für die anderen auf. Dieser Braten reicht für ungefähr acht bis zehn Esser.

3–4 kg hohe Rippe vom Rind
Meersalz
1 Eßlöffel Mehl

Ich bitte den Metzger immer, das Fleisch am Knochen zu lassen, es aber von unten zu lösen, damit es beim Servieren leichter aufgeschnitten werden kann. Nimm das Fleisch eine Stunde vor der Zubereitung aus dem Kühlschrank.
Würze das Fleisch, indem Du es gut mit einer Mischung aus Salz und Mehl einreibst.

Ich lege den Braten gerne in der Fettpfanne auf einen Rost, damit der Bratensaft und das Fett aufgefangen werden. Ich schöpfe das Fett während der Bratzeit mehrmals ab, um damit später die Yorkshire-Puddings zu machen. In der Fettpfanne mit den köstlichen, eingebackenen Fettresten mache ich dann die Ofenkartoffeln. Zum Schluß kann man auch noch aus den herausgekratzten Resten eine Sauce zaubern (siehe Seite 211).

Heize den Ofen sehr heiß (230° C/Gas Stufe 8) vor und schiebe das Fleisch in den Ofen, damit sich die Poren schließen. Reduziere nach 15 Minuten die Hitze (190° C/Gas Stufe 5). Als Bratzeit rechnest Du pro 450 g rohem Fleisch 15 Minuten. Möchtest Du das Fleisch »medium« habenn, rechnest Du noch eine Viertelstunde dazu. Nach dieser Zeit mußt Du einfach regelmäßig nachschauen. Meiner Ansicht nach mußt Du nicht warten, bis der Bratensaft klar ist. Das Fleisch bleibt in der Mitte noch bis zu einer Stunde warm, nachdem Du es aus dem Ofen genommen hast. In dieser Zeit setzt sich der Garvorgang fort. Wartest Du also, bis der Bratensaft klar ist, kann es Dir passieren, daß das Fleisch zu trocken wird.

Eine halbe Stunde vor dem voraussichtlichen Ende der Bratzeit beträufele ich den Braten in der Regel mit der Sauce aus der Fettpfanne und prüfe, wie weit das Fleisch ist. Entspricht es dem Zeitplan, werfe ich die vorgekochten Kartoffeln und ein paar ganze Frühlingszwiebeln (oder eine rote, fünfmal grob durchgeschnittene Zwiebel) mit dazu und rühre sie gut in das Fett ein.

Wenn der Braten dann aus dem Ofen kommt, heize ich den Ofen schnell auf (220° C/Gas Stufe 7), schiebe die Yorkshire-Puddings auf die zweitoberste Schiene und backe die Ofenkartoffeln fertig. Bedecke den Braten in der Zwischenzeit mit Alufolie und stelle ihn auf eine Kochplatte, bis die Kartoffeln fertig sind.

Für das Fleisch brauchst Du ein wirklich scharfes Messer. Ich verwende immer ein elektrisches Messer, das mir meine Freundin Brenda vor Jahren mal geschenkt hat. Das Rindfleisch muß auch unbedingt auf vorgewärmten Tellern serviert werden. Hast Du im Backofen mit all dem Geschiebe keinen Platz mehr, stellst Du die Teller einfach im Nachspülgang in die Spülmaschine. Das wirkt Wunder.

Ich finde Sandwiches mit kaltem Braten und Meerrettichsauce einfach lecker. Bleibt etwas vom Braten übrig, so ist das also ganz in meinem Sinn. Rindfleisch, das noch leicht rosa und roh ist, schmeckt unendlich viel besser und saftiger als Fleisch, das zu lange im Rohr war.

Liebe Francesca

Gebratene Lammkeule

Ich persönlich bevorzuge Hochland-Lamm. Es konnte unter idealen Bedingungen aufwachsen, sein Geschmack ist zart und aromatisch. Für mich ist es natürlich naheliegend, Lammfleisch aus Schottland zu kaufen. Wo auch immer Du bist, solltest Du Dich für Fleisch aus Deiner Region entscheiden. Mein Favorit ist Frühlingslamm, das es hier ab Mai zu kaufen gibt. Hier oben haben wir Glück, weil man Shetland-Frühlingslamm nicht vor August oder September bekommt. Die nördliche Lage bringt es mit sich, daß die Schafe hier sehr viel später werfen.

Reibe den Braten gut mit Salz und Olivenöl ein. Schneide das Fleisch mehrmals ein und stecke ein kleines Scheibchen frischen Knoblauch und einen kleinen Zweig frischen Rosmarin in jeden Einschnitt. Du kannst auch kleine Sardellenstücke nehmen. Sparsam eingesetzt verbessern sie das zarte Aroma des Lammfleisches. Als Bratzeit rechnest Du ungefähr 16 Minuten pro 500 g Fleisch, wenn das Fleisch noch blutig sein soll. Brate das Fleisch zunächst 15 Minuten lang in einem sehr heißen Ofen (230° C/Gas Stufe 8) an, bis sich die Poren schließen. Für die weitere Bratzeit stellst Du den Ofen mittelhoch (200° C/Gas Stufe 6) ein.

Diese Werte sind, wie alle anderen Angaben auch, nur als grobe Richtwerte gedacht. Sieh regelmäßig nach dem Braten und stich ihn ungefähr 25 Minuten vor Ende der Bratzeit an. Ich mag Lammbraten eher rosa. Vergiß nicht, daß der Braten gut durch ist, wenn der Bratensaft richtig klar ist. Es ist am besten, den Braten schon vorher aus dem Ofen zu nehmen. Decke ihn, genau wie Rinderbraten, rundherum mit Alufolie ab und laß ihn noch 20 Minuten an einem warmen Ort ruhen, bevor Du ihn zum Servieren aufschneidest.

Da der Knochen durch den Lammbraten verläuft, ist das Aufschneiden nicht ganz einfach. Verwende ein scharfes Messer, beginne auf der dicksten Seite und schneide dann weiter in Richtung Knochen. Halte das Lamm am Knöchel fest und drehe es, während Du schneidest. So gehst Du ganz methodisch und der Reihe nach vor.

Ich mache Lammbraten oft auf einem eigenem Rost in der Fettpfanne, um die Bratensäfte aufzufangen. Darin kannst Du dann Ofenkartoffeln mit frischem Rosmarin und Schalotten machen. Nachdem Du den Lammbraten aus dem Ofen genommen hast und abgedeckt ruhen läßt, beträufelst Du die Kartoffeln gut mit Balsamico oder Sherry-Essig, schiebst sie auf die höchste Schiene des Ofens und drehst die Hitze richtig hoch. Die knusprig-goldenen, süß-aromatischen Kartoffeln schmecken köstlich zu dem saftigen Lamm.

Liebe Francesca

Lammbraten mit Kräutern

Nichts ist einfacher als dieses Rezept für Lammbraten, das obendrein noch himmlisch schmeckt.

1,5 kg Keule vom Frühlingslamm
3–4 Eßlöffel Olivenöl extra vergine
2–3 neue Knoblauchzehen, mit dem Messerrücken zerstoßen
(Schälen ist nicht notwendig)
2–3 Zweige frischer Rosmarin
4–5 Zweige frischer Thymian
Meersalz und schwarzer Pfeffer
ein halbes Glas Weißwein (ungefähr 100 ml)

Bitte den Metzger, das Lamm mit dem Knochen in 4 bis 5 cm große Stücke aufzuschneiden. Die meisten Teile werden ein Stück Knochen haben. Schneide überschüssiges Fett ab, aber in der Regel ist Lammfleisch nicht sehr fett. Lege das Fleisch in eine Schüssel und wende es in dem Olivenöl. Gib dann den Knoblauch und die Kräuter dazu, und würze das Fleisch gut mit Salz und Pfeffer. Bedecke es und laß es im Kühlschrank einige Stunden oder über Nacht durchziehen.

Nimm das Lammfleisch eine Stunde vor dem Kochen aus dem Kühlschrank. Heize den Backofen heiß vor (220° C/Gas Stufe 7).

Schiebe das Fleisch zusammen mit dem Öl und den Kräutern in einer Fettpfanne in den Ofen. Gib den Wein dazu und brate das Fleisch, bis es außen schön gebräunt, innen aber noch rosa ist. Das dauert nur ungefähr 20 Minuten. Das meiste von dem Wein wird im Ofen verdampfen. Aus dem Bratensaft, der Öl-Kräutermischung und dem Wein entsteht aber eine schnelle und wirklich feine Sauce. Es geht nichts über das Abknabbern des Fleisches vom Knochen – ganz damenhaft, versteht sich.

War das Lamm schon älter, dauert das Braten ungefähr 30 Minuten länger. In diesem Fall kannst Du in der Fettpfanne auch gleich die Ofenkartoffeln mitrösten. Koche sie in Salzwasser ungefähr 15 Minuten vor. Schüttele sie im heißen Topf trocken und gib sie mit in die Pfanne, so daß sie gut mit Öl bedeckt sind, bevor Du den Wein dazugibst.

Liebe Francesca

Brathähnchen

Brathähnchen ist eines der einfachsten Gerichte überhaupt. Kaufe auf jeden Fall ein Huhn aus guter Aufzucht. Freilandhaltung ist ein Schlüsselwort, idealerweise auch noch mit Futter aus Bio-Anbau oder mit Körnerfutter gefüttert. Ein solches Tier durfte sein Leben genießen. Und das merkt man an den Knochen und am Fleisch, an Konsistenz, Geschmack und Aroma.

Die Anatomie eines Huhns lädt geradezu dazu ein, es zu füllen. Die Möglichkeiten sind schier grenzenlos. Auch hier sind die einfachsten Lösungen die besten.

Nimm das Huhn eine Stunde vor der Zubereitung aus dem Kühlschrank. Vergiß nie, es innen und außen gründlich zu waschen. Schneide überschüssiges Fett um die Schwanzöffnung herum weg. Tupfe es mit Küchenpapier ab. Reibe es mit Olivenöl oder Butter ein und würze es gut mit Meersalz und schwarzem Pfeffer. Vergiß nicht, das Huhn auch innen zu würzen.

Fülle das Huhn nun mit einer der beschriebenen Füllungen. Nimm ein Stück Haut am Hals zwischen Daumen und Zeigefinger und stich mit einem Spieß durch die entstandene Falte und durch den linken Flügel. Das wiederholst Du und gehst dann mit dem rechten Flügel genauso vor, der ebenfalls zweimal an der Halsfalte »festgenäht« wird. Früher hat es mir richtig Spaß gemacht, ein Huhn mit einer großen Nadel zuzunähen. (Man hat mir nie beigebracht, mit Nadel und Faden zu hantieren, beim Zunähen eines Huhns aber macht mir keiner mehr etwas vor.) Heutzutage verwende ich auch Zahnstocher, kleine Metallspieße – oder verlasse mich einfach auf mein Glück. Nicht immer binde ich auch die Beine zusammen, aber wenn Du Dir die Mühe machen willst, kannst Du ein Stück Faden um jedes Bein legen und die beiden so zusammenziehen.

Ein Huhn mit einem Gewicht von 1 bis 1,5 kg bäckst Du ungefähr eine Stunde in einem recht heißen Backofen (200° C/Gas Stufe 6). (Du rechnest pro 500 g Gewicht ungefähr 18 Minuten, plus 15 Minuten, damit die Haut schön knusprig wird.) Ich muß aber zugeben, daß ich nie die Zeit für ein Brathuhn berechne. Ich backe es einfach so lang, bis die Haut sich leicht aufbläht und sich eine goldgelbe Kruste gebildet hat, es lecker riecht und nach mir ruft, daß ich es aus dem Ofen nehme.

Brathuhn muß immer ganz durch sein. Stich zur Probe mit einem Spieß in die dickste Stelle im Fleisch, die zwischen der Brust und dem Schenkel liegt. Der Bratensaft muß ganz klar sein. Ist er noch leicht rosa, muß das Huhn noch ungefähr zehn Minuten im Ofen bleiben.

Zitronenfüllung

Die wohl einfachste, aber doch sehr spektakuläre Art, ein Huhn zu füllen, sind zwei bis drei ganze, ungewachste Zitronen. Du wäschst die Zitronen gründlich und stichst die Haut überall mit einem Spieß an. Danach füllst Du das Huhn damit. Dann gibst Du noch einige ungeschälte, zerdrückte Knoblauchzehen und ein paar Zweige frischen Rosmarin oder Thymian dazu. Bestreiche das Huhn außen mit jeder Menge Butter und backe es wie vorher beschrieben. Die buttrigen, zitronensauren Säfte sind die perfekte Ergänzung für das saftige, knusprige Huhn.

Mariettas Ei- und Ricotta-Füllung

250 g frischer Ricotta
ein Ei, verquirlt
3 Eßlöffel gehackter, geräucherter Pancetta (nach Belieben)
50 g Parmigiano Reggiano, frisch gerieben
1–2 Eßlöffel feingehackte, glatte Petersilie
1 Eßlöffel Sultaninen (nach Belieben)
ein Spritzer Zitronensaft
1 Eßlöffel frische Semmelbrösel
Meersalz und schwarzer Pfeffer

Verrühre alle Zutaten in einer Schüssel. Gib genau so viel Semmelbrösel dazu, wie nötig ist, um alle Zutaten gut miteinander zu verbinden. Würze die Masse kräftig mit Salz und Pfeffer. Die Füllung muß fest genug sein, damit sie nicht herausfällt. Das Ei macht sie aber beim Kochen noch etwas fester.

Vergiß nicht, das Huhn auch innen zu waschen und trockenzutupfen. Würze es innen und außen und fülle es mit der Ricotta-Ei-Mischung. Nähe beide Enden gut zu. Reibe das Huhn mit Olivenöl ein und würze es. Backe es dann wie bereits beschrieben.

Die Füllung wird herausgenommen, in Scheiben geschnitten und mit dem Huhn serviert. Du kannst mit der Füllung auch Sandwiches belegen.

Liebe Francesca

Füllung mit Fenchel und Butter

Wasche und putze zwei Fenchelknollen, schneide den Wurzelansatz ab und teile sie der Länge nach in Viertel. Beträufele sie mit Olivenöl, salze sie mit Meersalz und röste sie im Backofen (200° C/Gas Stufe 6), bis sie weich und glasig sind. Laß sie abkühlen und fülle sie zusammen mit einem großzügigen Stich Butter und einigen Zweigen Estragon in das vorher gewürzte Hühnchen. Bestreiche das Huhn oben gut mit Butter und lege noch einige Scheiben Speck darauf.

Backe das Huhn wie vorher beschrieben, nimm aber nach der Hälfte der Backzeit den Speck weg, damit die Haut schön knusprig werden kann. Laß es Dir schmecken!

POZZUOLI, ITALIEN, 1957

Francesca, Dein Vater war erst vier Jahre alt, als er zum ersten Mal seine Oma Annunziata in Neapel besuchte. Wie andere kleine Kinder auch, machte er alles nach, was er sah. Er spielte mit seinen Cousins und sprach auch bald neapolitanisch-wild gestikulierend wie die Einheimischen. Er zottelte Annunziata hinterher, fasziniert von ihrer zierlichen Gestalt, ihren langen schwarzen Röcken und den hochgeschnürten, hochhackigen Stiefeletten, die sie an ihren winzigen Füßen trug.

Annunziata hielt hinter dem Haus einige Hühner. Es waren ungefähr ein Dutzend Hühner, die in dem einfachen Hühnergehege gackerten und auf dem Boden scharrten. Ein hochmütiger Hahn stolzierte hin und her, der alle Nachbarn mit seinem launischen Gekrähe am Morgen aufweckte.

Immer wenn Annunziata Eier brauchte, ging sie zum Hühnergehege und holte sich, was sie brauchte. Die dürren Hühner pickten an ihren Knöcheln, der Hahn scharrte zu ihren Füßen. Philip war fasziniert von den flauschigen, süßen Küken, die sich um ihn tummelten, wenn er in ihre Nähe kam. Ganz ohne Furcht lernte er bald, selbst die Eier für sie zu holen.

»Fili! Prendi due uova per Nonna!«

»Si, Nonna«

Philip trottete dann zu den Hühnern hinunter und kam mit zwei glänzenden, braunen Eiern wieder.

Liebe Francesca

Bei Annunziata gab es Huhn nur zu besonderen Anlässen wie Ostern oder Weihnachten. Wenn aber Carlo mit seinem Sohn zu Besuch war, war das für sie ein besonderer Anlaß. Sie schlachtete also ein Huhn. Sie ging zum Hühnergehege, nahm das fetteste Huhn, das sie die letzten Wochen über gemästet hatte, und drehte ihm, ohne mit der Wimper zu zucken, den Hals um. Dann rupfte sie es, nahm es aus und bereitete es zum Kochen vor. Philip schaute fasziniert zu. Sie wollte es braten und mit einer Ricotta-Ei-Mischung füllen.

Philip, der Hühnerschreck, im Alter von vier Jahren in Italien

»Fili! Prendi due uova per Nonna!«

»Si, Nonna.«

Sie wartete länger als sonst. »Fili. Fili!« Dann lauter »Filippo! Forza!« Wo steckte der Junge nur? Aufgeregt eilte sie hinunter, um die Eier selbst zu holen.

Was für ein Aufruhr! Sie hörte ein elendes Gackern, Quietschen und aufgeregtes Umherrennen. Was war denn nun schon wieder mit diesem Hahn los? Als sie um die Ecke zum Hühnergehege kam, warf sie entsetzt die Arme hoch. Da stand der kleine Philip mit einem halben Dutzend Küken, alle bereit für den Kochtopf! Bereits im zarten Alter von vier Jahren zeigte er große Eigeninitiative. Ganz nach dem Vorbild der Oma hatte er ihnen allen den Hals umgedreht.

Junges Huhn, nach Orvieto-Art mit Kartoffel-Oliven-Füllung

Annunziata dachte nicht im Traum daran, ein junges Huhn zu essen. Ihrer Ansicht nach war es unwirtschaftlich, ein so kleines Huhn zu essen, wo man es doch noch ein paar Monate länger mästen und danach ein schön fettes Huhn essen konnte.

Ich bereite gerne junge Hühner zu, da sie schnell fertig sind. Pro Person kann man ein Huhn rechnen: die Brust, die zarten kleinen Schenkel, die sehr leckere Füllung und die Knochen, die zum Abnagen einladen. Gute Esser vertilgen schon mal ein Huhn alleine, ich teile meins in der Regel mit Olivia. Diese Füllung kannst Du für Perlhuhn oder auch für ein ganz normales Huhn verwenden.

4 junge Hühner
Olivenöl extra vergine
2 Knoblauchzehen, ungeschält, leicht mit dem Messerrücken zerdrückt
1 Fenchelknolle, geschält und geschnitten
3 mehligkochende Kartoffeln, geschält und grobgeschnitten
1 Eßlöffel schwarze, entsteinte Oliven
etwas feingehacktes Fenchelkraut
Meersalz und schwarzer Pfeffer
4 kleine Zweige frischer Rosmarin
150 ml trockener Weißwein

Heize den Ofen heiß vor (220° C/Gas Stufe 7).

Bereite nun die Füllung vor. Erwärme zwei Eßlöffel des Olivenöls in einer breiten Pfanne und laß darin den Knoblauch langsam glasig werden, so daß das Öl sein Aroma annehmen kann. Gib dann den Fenchel und die Kartoffeln dazu und koche diese weitere fünf bis zehn Minuten, bis sie anfangen, dunkel zu werden, weich sind und aromatisch duften. Nimm dann den Knoblauch aus der Pfanne, gib die Oliven und das gehackte Fenchelkraut dazu, und würze großzügig mit Salz und Pfeffer.

Wasche nun die jungen Hühner gründlich innen und außen und tupfe sie trokken. Fülle jedes Huhn mit der Füllung und stecke am Schluß ein Zweiglein Rosmarin hinein. Verschließe die Öffnungen mit ein paar Zahnstochern. Reibe die Haut mit Meersalz und etwas Olivenöl ein. Richte die Hühner in einer Fettpfanne an und brate sie ungefähr 25 Minuten lang. Nimm sie aus dem Ofen und gieße den Wein dazu. Bestreiche sie mit dem Bratensaft. Falls etwas von der Füllung übrig geblieben ist, gibst Du sie mit in die Pfanne und kochst sie mit, damit sie knusprig wird.

Brate die Hühner noch weitere 15 Minuten, bis sie golden-knusprig sind. Sie müssen auf jeden Fall gut durch sein. Das trifft auch auf die Füllung zu. Stich mit einem Spieß in den dicksten Teil des Fleisches zwischen Brust und Schenkel, um sicherzugehen, daß der austretende Bratensaft wirklich klar ist.

Laß die Hühner ein wenig ruhen. Serviere sie lieber warm als dampfend heiß. Sie laden dazu ein, mit den Fingern gegessen zu werden … genehmigt!

Hast Du mal nicht so viel Zeit, reibst Du die jungen Hühner einfach gut mit Olivenöl und Salz ein, füllst sie mit etwas Rosmarin und einer halben Zitrone und brätst sie 35 bis 40 Minuten.

Junge Hühner werden meistens in Plastik eingeschweißt verkauft. Nimm sie zu Hause sofort aus der Verpackung, wasche sie und tupfe sie trocken, bevor Du sie in einem luftdichten Behälter in den Kühlschrank stellst. Wenn Du sie erst in ein oder zwei Tagen verarbeiten möchtest, schneidest Du sie entlang des Brustbeins auseinander. Entferne dann überschüssiges Fett oder Haut. Reibe das Fleisch rundum mit Olivenöl, Zitronensaft und Meersalz ein und bewahre es in einem luftdichten Behälter im Kühlschrank auf. Das Öl hält Luft und Bakterien vom Fleisch fern, aromatisiert es aber auch und läßt es saftig bleiben. Nimm die Hühnchen eine gute halbe Stunde vor der Zubereitung aus dem Kühlschrank und brate sie dann 15 Minuten lang auf jeder Seite im heißen Grill. Schön scharf werden sie, wenn Du sie mit jeder Menge schwarzem Pfeffer einreibst.

Hühnerstäbchen für Kinder und jede Menge Spaß

Auch hier solltest Du Hühnchen aus Freilandhaltung kaufen. Auf keinen Fall solltest Du bei den Zutaten Kompromisse machen, nur weil Du für Kinder kochst.

2 Packungen Hühnerflügel oder Hühnerschenkel
3 Eßlöffel Sonnenblumenöl
2 Eßlöffel klarer Honig
2 Eßlöffel Sojasauce
1 Eßlöffel Dijon-Senf
schwarzer Pfeffer

Bereite aus dem Öl, dem Honig, der Sojasauce und dem Senf eine Paste, die Du noch mit schwarzem Pfeffer würzt. Probiere und würze gegebenenfalls nach. Reibe alle Hühnerteile damit ein und laß sie einige Stunden im Kühlschrank durchziehen. Nimm sie eine halbe Stunde vor dem Braten aus dem Kühlschrank.

Heize den Ofen ziemlich heiß vor (200° C/Gas Stufe 6). Lege die Hühnerteile auf einen feuerfesten Teller und backe sie 25 bis 30 Minuten lang. Laß sie ein wenig abkühlen. Sie werden mit den Fingern gegessen.

Hühnerflügel und -schenkel

Wenn Du nur für ein oder zwei Kinder kochen mußt, reibst Du vier Hühnerschenkel und eine Handvoll Hühnerflügel mit Olivenöl und Salz ein und schiebst sie mit einem Zweig Rosmarin und einer zerdrückten Knoblauchzehe in einer kleinen Fettpfanne den Ofen. Nach 25 Minuten – Zeit genug, um nebenbei Kartoffeln zu kochen – sind sie fertig. Kinder essen Hühnchen gerne mit der Hand und verdrücken immer alles auf einen Schlag. Diese Art der Zubereitung dauert kaum länger als Chicken Nuggets und ist – wenn ich mir die Bemerkung erlauben darf – sicherlich gesünder.

Krustenbraten vom Schwein

Ich liebe diese Art, Schwein zu essen – mit saftigen Stücken Mostarda di frutta. Mostarda ist ein großartiges italienisches Produkt, das endlich auch hierzulande langsam bekannt wird. Ganze Früchte wie Birnen, Kirschen, Feigen und Clementinen werden in einem zuckrigen Sirup eingelegt, dem Senf eine angenehme Schärfe verleiht. Das Resultat ist süß, scharf und würzig, die ganzen, noch festen, glänzenden Früchte sind zum Anbeißen lecker. Sie eignen sich perfekt als Beilage zu Krustenbraten oder als Füllung. Du kannst sie aber auch wunderbar zu Weihnachten zum Truthahn servieren. Dieses Rezept reicht für sechs bis acht Personen.

2 kg Rollbraten vom Schwein, mit der Schwarte
1 Eßlöffel Olivenöl extra vergine zum Einreiben des Fleisches
Zitronensaft
Meersalz

SALBEIPESTO

2–3 Knoblauchzehen, geschält
2 Eßlöffel grobes Meersalz
2 Eßlöffel Olivenöl extra vergine
5 große Handvoll frischer Salbei (auf keinen Fall getrockneter Salbei)
1 Teelöffel schwarze Pfefferkörner

Bitte den Metzger, die Schwarte für Dich einzuschneiden. (Wenn Du das selbst zu Hause machst, solltest Du dafür ein kleines, sehr scharfes Messer verwenden und darauf achten, die Schwarte nur ein- und nicht bis zum darunterliegenden Fleisch durchzuschneiden.)

Das Pesto kannst Du in einem Mörser oder in einer Küchenmaschine machen. Zerdrücke den Knoblauch zusammen mit dem Meersalz. Gib dann die anderen Zutaten dazu, so daß eine grobe Paste entsteht.

Breite das Schweinefleisch aus und reibe die Innenseite mit dem Pesto ein. Rolle es dann ein und umwickele es mit dickem Faden, den Du am Ende verknotest. Du beginnst dabei an einem Ende und schlingst den Faden jeweils im Abstand von zwei Fingerbreit um die Rolle. Binde dann einen zweiten Faden der Länge nach – wie bei einem Paket – über die Rolle. Reibe das Fleisch nun außen mit Olivenöl und noch etwas Salz ein. Es wird dadurch besonders knusprig. Laß es 24 Stunden im Kühlschrank durchziehen. Wickele es gut in Alufolie ein, damit der Kühlschrank nicht nach Knoblauch riecht.

Nimm das Fleisch eine halbe Stunde vor der Zubereitung aus dem Kühlschrank. Heize den Backofen sehr heiß vor (230° C/Gas Stufe 8). Brate das Fleisch 20 Minuten lang bei dieser Temperatur, damit sich die Kruste bildet. Reduziere anschließend die Temperatur (190° C/Gas Stufe 5) und brate das Fleisch fertig. Pro 500 g rechnet man 25 Minuten Bratzeit. Prüfe mit einem Spieß, ob das Fleisch fertig ist, das heißt der Bratensaft klar ist. Du stichst den Spieß dabei in die Mitte der Rolle, nicht durch die Kruste. Schweinefleisch muß immer gut durch sein.

Ich streiche das Schweinefleisch im Ofen in der Regel noch mit etwas Öl oder mit Zitronensaft ein, damit es knuspriger wird. Du solltest ungefähr eine Viertelstunde vor der errechneten Zeit prüfen, wie weit das Fleisch ist. Schweinefleisch muß zwar immer durch sein, wird aber durch zu langes Braten trocken. Bedenke, daß ein Braten noch weitergart, nachdem er aus dem Backofen genommen wird.

Entferne den Faden, bevor Du den Braten mit einem scharfen Messer aufschneidest. Ich nehme immer ein Sägemesser, da ich damit gut durch die Kruste schneiden kann.

Du kannst den Braten mit etwas Mostarda di Frutta servieren und außerdem etwas von dem Bratensaft aus der Fettpfanne darüberträufeln. Ich serviere ihn gerne auf einem Bett aus weicher Polenta (siehe Seite 277), aber auch Ofenkartoffeln sind eine gute Beilage. Meiner Ansicht nach verlangt ein Braten nach grünem Gemüse als Beilage, wie scharf gewürztem, blanchiertem Spinat oder Endivien mit

Liebe Francesca

einem Hauch von Chilischote, der dem Mostarda di Frutta an Schärfe durchaus das Wasser reichen kann.

Kalbskoteletts
COTOLETTA ALLA MILANESE

Kalbfleisch gibt es nicht bei vielen Metzgern. Wenn Du aber mal fündig wirst, ist dies eine klassische und absolut köstliche Zubereitungsart. Ich serviere die Koteletts ganz einfach auf einem Bett aus grünem Salat, angemacht mit Essig und Öl, und träufele jede Menge Zitronensaft darüber. Auf diese Weise kannst Du auch Schweine- oder Lammkoteletts zubereiten.

4 Kalbskoteletts, mit Knochen, ungefähr 1,5 cm dick
etwas Mehl
Meersalz und schwarzer Pfeffer
2 Eier, leicht verquirlt
ungefähr 2 Eßlöffel frische Semmelbrösel
200 g Butter
Olivenöl
2 Zitronen

Entferne überschüssiges Fett von den Koteletts. Schneide die Fettränder alle 2 cm mit einem scharfen Messer ein, so daß sie beim Braten flach bleiben. Lege jedes Kotelett zwischen zwei Blätter Pergamentpapier und klopfe es mit einem Fleischklopfer oder dem Ende eines Nudelholzes weich.

Bereite nun drei flache Schüsseln vor: eine Schüssel mit Mehl, gewürzt mit Salz und Pfeffer, die zweite mit den gewürzten, verquirlten Eiern und die dritte mit Semmelbröseln.

Wende jedes Kotelett zunächst im Mehl, überschüssiges Mehl schüttelst Du ab. Dann wendest Du es in der Ei-Gewürzmischung. Abschließend drückst Du es kräftig in die Semmelbrösel. Klopfe es leicht mit den Fingerspitzen, um sicherzugehen, daß die Panade auch hält. Ich lege die Koteletts manchmal noch für eine Weile in den Kühlschrank, damit die Panade ein wenig fester wird.

Erhitze nun die meiste Butter in einer großen Bratpfanne, bis sie sprudelt, und gib noch etwas Olivenöl dazu, damit sie nicht verbrennt. Lege nun die ersten zwei oder drei Koteletts in die Butter und brate sie auf hoher Flamme, bis sie beidseitig knusprig-golden sind, was ungefähr drei bis vier Minuten dauern sollte.

Vorher heizt Du den Backofen an (190° C/Gas Stufe 5).

Lege die gebräunten Koteletts auf ein Backblech und gib einen guten Stich Butter darüber.

Halte sie im Ofen warm, während Du die anderen Koteletts durchbrätst. Meiner Ansicht nach verbessert es den Geschmack, wenn Du sie ungefähr zehn Minuten im Ofen läßt. Serviere sie dann mit jeder Menge Zitronensaft.

Lege, während die Koteletts zusammen mit der Butter im Ofen warmgehalten werden, noch drei bis vier frische Salbeiblätter darauf. Salbei, Butter und Kalbfleisch ergänzen sich geschmacklich einfach wunderbar.

Anstatt das Fleisch weichzuklopfen, kannst Du es waagerecht einschneiden und die entstandene Tasche mit einer Scheibe Fontina-Käse füllen. Paniere es dann, wie oben beschrieben, und brate es an.

Ich bereite eher Lammkoteletts als Kalbskoteletts zu, da man sie einfach überall bekommt. Entferne das meiste, nicht aber das ganze Fett. Paniere sie, wie bereits beschrieben, und brate sie leicht an. Backe sie dann im einem mittelhoch beheizten Backofen ungefähr 25 Minuten lang. Das Fett des Fleisches macht die Panade saftig und ergibt einen vorzüglichen Geschmack. Wenn ich sie so mache, lege ich während der ersten 15 Minuten Alufolie darüber, damit sie nicht austrocknen.

Geschmacklich interessanter wird es, wenn Du gehackte Kräuter in die Ei-Gewürz-Mischung gibst. Petersilie, Minze oder Rosmarin sind eine gute Ergänzung für Kalb- oder Lammfleisch.

Falls mal Kinder zu Besuch sind, bereite ich für sie Hühnerbrüstchen zu. Ich klopfe sie mit einem Nudelholz dünn, dann sind sie auch rasch durch. Danach backe ich sie, wie oben beschrieben, im Ofen.

Gebratener Seeteufel mit Tomaten-Wein-Sauce

Seeteufel ist ein auffallend häßlicher Fisch, den die Fischer bis vor kurzem eher zurück ins Meer warfen oder billig an einen skrupellosen Restaurantbesitzer verkauften, der ihn dann als Scampi »verkleidet« (paniert) seinen Gästen servierte.

Heutzutage ist das anders. Man schätzt seine vielseitige Einsetzbarkeit und den guten Geschmack, was sich natürlich auch auf seinen Preis ausgewirkt hat. Auch heute schmeckt er gut, wenn man ihn wie Scampi zubereitet (siehe Seite 232).

Schwanz vom Seeteufel, ca. 1 kg
2 Knoblauchzehen, geschält und in Scheibchen geschnitten
Olivenöl extra vergine
Meersalz und schwarzer Pfeffer
16 süße Kirschtomaten
(Versuche, Pacchino-Tomaten zu bekommen, sie sind wirklich lecker)
einige kleine Zweige frischer Thymian
ein Schuß Weißwein (ca. 150 ml)
ein paar frische Basilikumblätter

Der Backofen muß richtig heiß sein (230° C/Gas Stufe 8). Du kannst den Seeteufel aber auch grillen oder in der Pfanne braten.

Bitte den Fischhändler, den Fisch für Dich zu häuten und den Mittelknochen herauszutrennen. Wasche den Fisch wie immer gut unter kaltem fließenden Wasser ab, um abgestandenes Wasser abzuspülen. Schneide das dicke Fleisch mit einem scharfen Messer in etwa 4 cm große Würfel. Schneide jedes Fischstück ein und schiebe in die entstandene, kleine Tasche ein Knoblauchscheibchen. Reibe es mit dem Olivenöl ein und salze mit dem Meersalz.

Lege die Fischwürfel in eine Fettpfanne. Gib die Kirschtomaten und den Thymian dazu und beträufele das Ganze mit Olivenöl. Salze ein wenig nach und backe den Fisch ungefähr 15 Minuten im vorgeheizten Backofen, bis er zu bräunen beginnt.

Gieße dann einen guten Schuß Weißwein dazu, damit der Fisch beim Fertigbacken nicht austrocknet. Der Wein ergibt zusammen mit dem Bratensaft aus dem Fisch eine natürliche Sauce.

Streue zum Schluß noch frisch gemahlenen Pfeffer und die frischen Basilikumblätter darüber. Zerdrücke die zerkochten Tomaten mit dem Löffelrücken und träufele die köstliche Sauce aus der Pfanne vor dem Servieren über den Fisch.

Gebratene Seezunge (mit Gräten)

Jetzt, meine liebe Francesca, muß ich ein wenig Kritik loswerden. Im Laufe der Jahre haben Dein Vater und ich für Dich ein Vermögen in Restaurants ausgegeben. Fischstäbchen oder auch panierter Schellfisch mit Pommes waren Dir nicht gut genug. Statt dessen hattest Du immer eine Vorliebe für das mit Abstand teuerste Gericht auf der Karte, die gegrillte Seezunge.

Andererseits bist Du die einzige junge Dame, die ich kenne, die es beherrscht, einen Fisch wirklich gekonnt zu entgräten. Geradezu ein Muß für eine junge Dame mit Stil.

Gräten haben schon viele Leute davon abgehalten, Fisch zu essen. Wird ein gekochter Fisch nicht richtig entgrätet, wird das Fleisch zerpflückt und das Essen zur Qual. Aber es ist ganz einfach, Fisch richtig zu entgräten. Man muß sich dafür nur mit einem scharfen Messer und einem Teller bewaffnen und immer schön der Reihe nach vorgehen (siehe Seite gegenüber).

eine Seezunge (ausgenommen, aber noch mit Gräten)
Olivenöl extra vergine
Meersalz
Zitronensaft

Heize den Ofen sehr heiß vor (230° C/Gas Stufe 8).

Wasche den Fisch gut in kaltem Wasser und tupfe ihn trocken. Schneide die dunkle, farbige Haut oben drei- oder viermal mit einem scharfen Messer leicht ein, um sie etwas zu öffnen. Fette ein Backblech, in dem der Fisch schön Platz hat, dünn ein. Reibe den Fisch rundum mit Olivenöl ein und salze ihn mit Meersalz.

Brate den Fisch im vorgeheizten Backofen 15 bis 20 Minuten, bis die Haut knusprig-golden ist. Prüfe, ob das Fleisch an den eingeschnittenen Stellen durch ist.

Du erkennst das daran, daß das Fleisch weiß und undurchsichtig ist. Öffne den Fisch an der dicksten Stelle in der Nähe des Rückgrats mit einer Gabel und einem Messer, um zu sehen, ob er auch dort durch ist. Es darf kein Blut mehr zu sehen sein, das Fleisch muß sich ganz einfach lösen. Haftet es noch am Knochen, ist der Fisch noch nicht ganz durch. Schiebe ihn dann einfach nochmal fünf Minuten in den Ofen.

Allerdings darf der Fisch nicht zu lange im Ofen sein, da er sonst trocken wird

Liebe Francesca

und seinen Geschmack verliert. Hebe ihn mit einem breiten Pfannenwender auf einen vorgewärmten Teller. Gieße den Bratensaft über den Fisch. Dekoriere die Seezunge vor dem Servieren mit großen Zitronenschnitzen.

MIT ODER OHNE GRÄTEN?

Beim Entgräten mußt Du einfach der Reihe nach vorgehen. Du verwendest ein kleines, scharfes Messer und stellst Dir zwei Teller bereit: einen Teller für die Gräten, und einen vorgewärmten Teller für das Fischfilet.

Zuerst ziehst Du ganz vorsichtig die Flossen auf jeder Seite weg, um so die damit verbundenen Gräten herauszuziehen. Schiebe dann das Messer unter die obenliegende Haut und ziehe sie ab, so daß zwei Hälften weißes Fischfleisch zum Vorschein kommen. Achte auf herausstehende Gräten. Schiebe nun das Messer unter das Fleisch und löse es vorsichtig von den darunterliegenden Gräten. Lege dieses Filet auf den vorgewärmten Teller.

Jetzt sollte es ganz einfach sein, den Kopf und das ganze Skelett des Fisches anzuheben. Schiebe das Messer vom Schwanzende her unter die Gräten. Du kannst das Skelett jetzt in einem Stück entfernen, so daß das darunterliegende Fleisch freiliegt. Du kannst das Filet von der Haut lösen und auch auf den Teller legen. Wie für alles andere auch, brauchst Du für das Entgräten eines Fisches Übung. Wenn Du es aber erstmal kannst, macht es richtig Spaß.

Übung macht den Meister!

Gebratener Seebarsch

Die meisten Fischarten kannst Du, wie die Seezunge, als Ganzes zubereiten. Versuch es mal mit Seebarsch oder Meerbrasse. Sie haben ein saftiges, kräftiges Fleisch, sind allerdings ein wenig teurer. Beide werden von der Seite her ausgenommen, wodurch ein Leerraum entsteht. Und der lädt geradezu ein, lecker gefüllt zu werden. Streue etwas Meersalz darüber und stecke einige Zweige Rosmarin und Thymian, oder auch Zitronenschnitze hinein.

Schneide die Haut an einigen Stellen ein und reibe sie mit Meersalz und Olivenöl ein. Ein Schuß Weißwein macht sich auch gut.

Brate den Seebarsch auf einem gefetteten Backblech im heißen Ofen ungefähr 20 bis 25 Minuten, bis die Haut golden-knusprig ist. Prüfe an der dicksten Stelle am Rückgrat, ob der Fisch durch ist. Beträufele den Fisch vor dem Servieren mit dem Bratensaft.

Das Entgräten geht einfacher, wenn Du vorher die Zitronenschnitze und die Kräuter wegnimmst und den Kopf wegziehst. Schneide die Gräten entlang des Rückgrats weg und entferne dann die Haut über dem obenliegenden Filet. Wie zuvor auch, kommt das weiße Fischfleisch zum Vorschein. Hebe es vorsichtig von den Gräten weg, lege es auf dem Teller ab und ziehe das verbliebene Skelett weg, so daß das darunterliegende Fleisch sichtbar wird.

Gebratene Sardinen

Wenn Dein Fischhändler mal frische Sardinen oder Heringe hat, bitte ihn, sie für Dich auszunehmen und zu schuppen. Wasche sie gründlich innen und außen und tupfe sie mit Küchenpapier trocken. Bestreue sie mit Meersalz und fülle die seitliche Tasche mit einem Bund Thymian oder Zitronenthymian. Schiebe dann ein paar Zitronenschnitze hinein und lege die Fische auf ein Backblech. Beträufele sie mit Olivenöl und brate sie, wie oben angegeben, 15 Minuten im heißen Backofen, bis sie ganz knusprig und etwas verbrannt sind.

Beträufele sie vor dem Servieren nochmal mit Zitronensaft und mache einen leckeren grünen Salat dazu. Das ist ganz billig und einfach.

Langusten in Knoblauchbutter

Dieses Gericht gehört sicherlich zu den Verwöhngerichten, die Du zu Hause machen kannst. Wenn Du es einmal raus hast, ist es auch ganz einfach. Ich kaufe immer nur lebende Langusten oder Dublin Bay Garnelen. Das ist die einzige Garantie für frische Ware. Selbstverständlich sollten sie am Tag des Einkaufs gegessen werden. Pro Person brauchst Du mindestens zehn Langusten. Kaufe lieber zu viele als zu wenige.

Lege die Langusten auf die Küchenplatte, so daß der runde, hintere Rücken zu Dir zeigt. Setze mit einem scharfen Messer genau unterhalb des Kopfes an und schneide dann von oben nach unten durch den Panzer. Lege dann die Daumen auf beide Seiten des Panzers und ziehe ihn in der Mitte wie einen Schmetterling auseinander.

Entlang des Rückens verläuft der schwarze Darm. Wasche die Garnele aus, um den Darm zu entfernen, und spüle sie noch nach. Vergiß nicht, auch die dunkelgrüne Flüssigkeit auszuwaschen, die sich manchmal hinter dem Kopf ansammelt. (Ich drehe meistens den Schwanz heraus, bevor ich den Panzer aufschneide, siehe dazu Seite 232.) Du machst es aber einfach so, wie es Dir am liebsten ist.

Marietta (links) mit einer Fischersfrau aus Cockenzie, um 1950

Bereite nun aus 125 g weicher Butter, zwei geschälten und sehr feingeschnittenen Knoblauchzehen und drei Eßlöffeln sehr feingehackter, glatter Petersilie eine Knoblauchbutter für 20 Garnelen zu. Vermische die Zutaten gut miteinander, so daß eine cremige Paste entsteht. (Für 40 Garnelen verdoppelst Du einfach die Zutaten.) Drücke etwas von der Knoblauchbutter in jede Garnele und lege sie danach auf einen Rost im Backblech oder auf den Grill, so daß das Fleisch mit der Butter darauf nach oben zeigt. Im Panzer sammeln sich die geschmolzene Butter und der Bratensaft – einfach herrlich!

Brate die Garnelen im sehr heißen Backofen (230° C/Gas Stufe 8) oder im sehr heißen Grill. Je nachdem, welche Temperatur Du einstellst, ist das Fleisch nach ungefähr 10 bis 15 Minuten glänzend weiß, die Panzer sind leicht geschwärzt und die Knoblauchbutter zu einer köstlich-süßen Sauce geschmolzen.

Serviere sie mit Zitronenschnitzen – und einem Lätzchen. Am besten schmekken sie mit Freunden oder Liebhabern. Du mußt einfach den leckeren Saft aus dem Kopf und dem Panzer aussaugen, um die Garnelen in ihrer ganzen Köstlichkeit genießen zu können.

Liebe Francesca

Gebratenes Gemüse

Eine der großen Entdeckungen des späten 20. Jahrhunderts in Großbritannien war, daß gebratenes Gemüse viel besser schmeckt als gekochtes. Das Rätsel besteht eigentlich nur darin, warum niemand vorher drauf gekommen war.

Du kannst Kartoffeln, Pastinaken, junge Steckrüben, Kürbis, rote Zwiebeln, junge Karotten, Zucchini, Paprika, Spargel, Tomaten, Auberginen, Rote Bete, Pilze, Fenchel und vieles mehr braten.

Wasche und putze das Gemüse und schneide es in gleichmäßig große Stücke, nicht größer als 3 cm.

Schäle die Gemüse, bei denen Du es für notwendig hältst. Die Haut von Gemüse schmeckt allerdings oft nach dem Braten erst recht gut.

Koche die sehr harten Gemüsearten wie Kartoffeln, Steckrüben oder Pastinaken kurz vor. Du gibst sie dazu in kochendes Salzwasser und läßt sie darin fünf Minuten köcheln. Gieße sie gut ab.

Heize den Backofen sehr heiß vor (230° C/Gas Stufe 8). Ohne hohe Temperaturen wird es nichts mit dem Braten.

Bepinsele das Gemüse mit einem aromatischen Öl. Ich verwende Olivenöl, da es bei den hohen Temperaturen nicht verbrennt.

Würze gut mit Meersalz. Pfeffer kommt erst später dazu, um den Eigengeschmack der Gemüse zu erhalten.

Zusätzliches Aroma erreichst Du mit ein paar ganzen Knoblauchzehen, die Du mit dem Messerrücken zerdrückst, ein paar ungeschälten, ganzen Schalotten, einigen kleinen Zweigen Rosmarin oder Thymian oder ein paar Lorbeerblättern.

Widerstehe der Versuchung, zu viele Gewürze zu verwenden. Ein oder zwei Hauptgewürze reichen vollkommen aus.

Brate das Gemüse nun etwa 20 bis 25 Minuten. Richtig geröstetes Gemüse schmeckt süßlich, saftig und ist an den Rändern leicht geschwärzt.

Serviert wird das Gemüse am besten auf Raumtemperatur abgekühlt. Träufele die Flüssigkeit, die sich auf dem Backblech gesammelt hat, oder etwas Olivenöl darüber.

Mit etwas feingehackter, glatter Petersilie oder einigen grob zerpflückten Basilikumblättern bekommt das Gemüse geschmacklich seinen letzten Pfiff.

Du kannst auch Rotweinessig oder Balsamico über das fast fertige Gemüse träufeln. Das verleiht ihm ein zusätzliches, süßliches Aroma.

SALATE

»Pe' condi bene l'insalata ce vanno quattro persone: un sapiente pe' mettece er sale un avaro l'aceto, uno sprecone l'ojo, e un matto che la mischi e che la smucini.«
»Man braucht vier Leute, um einen guten Salat zu machen: einen Weisen, um ihn zu salzen, einen Geizhals, der den Essig zugibt, einen Verschwender für das Öl und einen Verrückten, der alles gut vermengt.«

Hugh Hilley hielt sich durch regelmäßiges Training fit.

So lange ich denken kann, haben wir jeden Tag Salat gegessen. Zutaten waren oft die mittleren, hellgrünen Blätter der Endivie, Chicorée, kleingeschnittene Karotten und Sellerie. Angemacht wurde er buchstäblich in der letzten Minute in einem ewig gleichbleibenden Ritual. Eine gute Prise Meersalz, ein Spritzer Rotweinessig, eine großzügige Dosis Olivenöl. Ich weiß nicht mehr, welcher Verrückte zum Anmachen einsprang, der Salat wurde auf jeden Fall immer mit einem großen Besteck aus Edelstahl vermengt.

Heute gibt es so viele verschiedene Salatsorten und für Salat geeignetes Blattgemüse, daß man kaum weiß, für welche man sich entscheiden soll. Die küchenfertig angebotenen Beutel mit Salat sind sehr praktisch, aber ich verwende sie nur gelegentlich. Denn wenn ich ehrlich bin, ist ein frisch zubereiteter Salat aus gerade ausgezupften Blättern einfach um Welten besser. (Die küchenfertig angebotenen Blätter solltest Du übrigens immer vorher waschen, auch wenn sie nach der Packungsaufschrift küchenfertig sind. Sie können trotz allem ein paar häßliche Keime beherbergen.)

Solltest Du es Dir zur Gewohnheit machen, jeden Tag Salat zu machen, ist es eine gute Idee, ein paar verschiedene Sorten zu kaufen und in der untersten Schublade des Kühlschranks aufzubewahren. Du kannst dann nach Bedarf ein paar Blätter abzupfen. Abgesehen davon, daß es billiger ist, bleibt der Salat dort auch frischer und knackiger.

Außerhalb der Supermärkte findest Du eher richtig gute Salate. Gute Adressen sind vermutlich der Gemüseladen um die Ecke, Schrebergärten oder Wochenmärkte. Versuche, Römersalat, Eichblattsalat, Frisée, belgischen Endiviensalat oder Chicorée, bitteres Grüngemüse oder krausen Endiviensalat zu bekommen. Ich verwende immer nur zwei bis drei Sorten gleichzeitig. Zupfe die Blätter, die Du brauchst, aus jedem Salat, wasche sie und erfrische sie ungefähr zehn Minuten in Eiswasser. Schleudere sie in einer Salatschleuder trocken, wenn Du eine hast. Es geht aber auch mit einem Sieb.

Aus meiner Kindheit weiß ich noch, daß die Salatblätter damals jede Menge Fliegen und Schnecken beherbergten. Wir legten sie deshalb in Salzwasser, so daß die Insekten an die Wasseroberfläche kamen. Dann ließ man das Wasser mit den Insekten ab und wusch die Blätter einzeln. Heutzutage gibt es kaum noch Ungeziefer im Salat, verdächtig, nicht wahr? Vor kurzem gab es auch Schlagzeilen über Pestizidrückstände im Salat. Wenn möglich solltest Du Produkte aus Bio-Anbau kaufen. Wasche den Salat immer gut, der Trick mit dem Salz funktioniert super.

Kräuter verbessern Salat um Welten. Etwas gehackter Schnittlauch, einige Petersilien- oder Korianderblätter machen einfach einen Unterschied. Ein paar Stengel wilde Rauke bringen Leben in einen Salat. Ich persönlich mag keine rohen Zwiebeln im Salat. Wenn man sie aber vorher mehrmals in frischem kalten Wasser einweicht, schmecken sie nicht mehr so scharf.

Im Grunde genommen ergibt jede Kombination aus Salatblättern, Kräutern und rohem Gemüse einen guten Salat. Laß Dich einfach beim Einkaufen inspirieren und mach es Dir zur Gewohnheit, jeden Tag Salat zu essen. Das trifft ganz besonders für den Winter zu. Ich serviere Salat oft auf einem Teller zusammen mit gegrilltem Fleisch oder Huhn.

Liebe Francesca

Der Bratensaft vermischt sich dann mit der Salatsauce – eine einfache und sehr leckere Angelegenheit.

Salatdressing

Meersalz
1 Eßlöffel Balsamico oder Rotweinessig
3 Eßlöffel Olivenöl extra vergine

Wasche die Salatblätter und schleudere sie gut trocken. Richte sie in einer schönen großen Schüssel an. Streue zwei bis drei Prisen Salz darüber. Gieße dann – nach Augenmaß gleich aus der Flasche – ungefähr einen Eßlöffel Essig und anschließend das Olivenöl darüber und vermenge alles gut mit einem Salatbesteck.

Schmecke den Salat ab. Er sollte gleich nach dem Anmachen gegessen werden, da die Blätter sonst welk und labberig werden.

Dieses Dressing reicht für einen Salat für zwei Personen.

Roher Zucchinisalat

eine Handvoll Rucolablätter
4 kleine Zucchini, gekühlt, gewaschen, trockengetupft und in dünne Scheiben geschnitten
Meersalz und schwarzer Pfeffer
Olivenöl extra vergine
Zitronensaft
hauchdünne Scheiben Parmigiano Reggiano

Wasche den Rucola und brich die Stengelansätze ab. Schleudere ihn trocken. Fülle die Zucchinischeiben und Rucolablätter in eine ausreichend große Schüssel. Gib Meersalz, zwei bis drei Eßlöffel natives Olivenöl und einen großzügigen Spritzer Zitronensaft darüber. Vermenge alles gut, so daß sich das Dressing überall verteilt.

Streue zum Abschluß großzügig Parmigiano-Scheiben und frisch gemahlenen schwarzen Pfeffer darüber. Serviere den Salat sofort.

Liebe Francesca

Wintersalat aus sardischen Camone-Tomaten

Camone-Tomaten sind relativ klein, noch ein wenig grün und haben eine dicke Haut. Sie sind aber erstaunlich knackig und im Geschmack sehr süß. Man bekommt diese Verwöhntomaten kurz vor Winterende. Ich serviere sie mit jungem sardischen Pecorino, der geschmacklich für einen köstlichen Gegensatz zu den Tomaten sorgt.

250 g Camone-Tomaten
Olivenöl extra vergine
Meersalz
junger Pecorino, idealerweise aus Sardinien
frische Basilikumblätter

Wasche die Tomaten und schneide sie in Viertel. Richte sie auf einer Platte an, beträufele sie mit Olivenöl und salze sie. Vermenge das Ganze.

Schneide den Pecorino in dünne Scheiben und entferne die Rinde. Verteile die Scheiben auf den Tomaten, träufele nochmal Olivenöl darüber und dekoriere alles mit einigen Basilikumblättern.

Geschmacklich gute Tomaten sollten immer so angemacht werden. Ich verwende manchmal auch noch zusätzlich ein paar Blätter Friséesalat und einen Spritzer Balsamico.

Sommersalat aus Nerino-Tomaten

Im Sommer werden die wohlschmeckendsten Tomaten für Salat aufgehoben. Die Nerino-Eiertomaten aus Sardinien haben alle Eigenschaften, die eine rohe Tomate haben sollte: Sie sind knackig, süß und haben einen charakteristischen, vollen Geschmack. Sie werden einfach in längliche, dünne Scheiben geschnitten und mit Salz und Olivenöl angemacht. Hier sind sie schwer zu bekommen. Kleine Erzeuger bauen aber manchmal auch sehr wohlschmeckende Tomaten an. Suche Dir aus den verschiedenen Sorten einfach die aus, die Dir am besten schmeckt. Mit Sicherheit werden Dir die winzigen Kirschtomaten vom Strauch schmecken.

Ich mache Tomaten mit Meersalz, Olivenöl und einer Prise Oregano oder frischen Basilikumblättern an.

Liebe Francesca

Ich bewahre meine Tomaten übrigens in der Obstschale auf. Sie können dort schön nachreifen und ihr Geschmack verbessert sich dadurch. Im Kühlschrank haben sie nichts zu suchen.

Rucola- und Tomatensalat

ein großer Bund wilder Rucola
Meersalz
Balsamico
Olivenöl extra vergine
4–5 wohlschmeckende Tomaten, geviertelt

Wasche den Rucola und entferne alle zu langen Stengel oder angewelkten Blätter. Schleudere ihn in der Salatschleuder oder trockne ihn in einem Geschirrtuch. Gib Meersalz, einen Spritzer Essig und großzügig Olivenöl darüber. Vermenge alles, so daß alle Blätter mit Dressing bedeckt sind. Schmecke das Ganze ab und würze gegebenenfalls nach.

Gib nun die geviertelten Tomaten dazu und mische alles gut durch, so daß die Zutaten vom Dressing bedeckt werden. Serviere den Salat gleich anschließend. Er schmeckt sehr gut zu gegrilltem Fleisch oder gegrillter Leber. Probiere dazu auch das Leberrezept von Seite 238 aus.

Salat aus geraspelten Karotten

4–5 unbehandelte Karotten
2–3 Eßlöffel Olivenöl extra vergine
Meersalz
Zitronensaft

Je einfacher, desto besser. Schäle und raspele die Karotten in lange Streifen.

Mache sie mit dem Olivenöl, dem Salz und einem Spritzer Zitronensaft an.

TRADITIONEN, FESTE UND FASTENZEITEN

Francesca (rechts) mit ihren Cousinen Daniela und Natascia

Selbst nach einem Jahrhundert in der Fremde halten die italienischen Immigranten in Schottland an ihren Traditionen und Feiern fest. Noch in der zweiten, dritten und vierten Generation bereiten sie die gleichen Speisen und Rezepte zu, die sie aus Italien mitbrachten. Darunter sind viele, die schon seit vielen Jahrhunderten auf die gleiche Weise zubereitet werden. Viele gibt es nur an Feiertagen, wenn die Familien, wie damals schon, zusammenkommen, gemeinsam picknicken und Familienfeste, Geburtstage oder Weihnachten feiern.

Heutzutage können die Rezepte sogar wieder viel authentischer zubereitet werden als in der ersten Zeit, als die ersten Immigranten versuchten, sie in Schottland zu kochen.

Die modernen Transportverbindungen zum europäischen Festland machen es möglich, daß italienische Zutaten heute auch hier erhältlich sind. Die Rezepte und Gewürze haben sich auch in Großbritannien ihren Platz in der Küche erobert, und das nicht nur bei den Bewohnern italienischer Herkunft: Pizza, Frittata und Polenta gehören hier zum Alltag. Ursprünglich waren dies Speisen, die zu besonderen Anlässen und in Fastenzeiten zubereitet wurden. Manchmal frage ich mich, ob unseren Urgroßeltern und Großeltern, die mit Tausenden ihrer Landsleute in dieses Land kamen, um ein neues Leben zu beginnen, bewußt war, daß sie die Eßkultur dieses Landes so entscheidend beeinflussen würden …

FASTENZEIT

Francesca, ich kann mich nicht erinnern, jemals in meiner Kindheit Polenta gegessen zu haben. Ich vermute, daß sie unsere Familien an die Armut und Entbehrungen vergangener Zeiten erinnerte und deshalb zu Hause nicht zubereitet wurde. Vielleicht habe ich recht, denn bei den Crollas wird Polenta auch heute noch zu religiösen Fastenzeiten, »Il Pranzo del Purgatorio«, also dem Läuterungsessen, gekocht.

Seitdem Dein Vater und ich verheiratet sind, schickt seine Mutter Olivia ihm am Aschermittwoch und Karfreitag immer eine Schüssel Polenta mit grünem Gemüse und einen Teller Baccalà mit Pflaumen. Das soll ihm zweifellos helfen, die Entbehrungen der Fastenzeit zu überstehen. Es spielt dabei überhaupt keine Rolle, daß beide Gerichte seine absoluten Lieblingsessen sind.

Seine Entbehrung besteht darin, daß seine Mutter sie ihm nicht jeden Tag kocht. Und an diesen Tagen wird er schmerzvoll daran erinnert, was ihm dadurch entgeht. Beide Rezepte sind von der Familie Crolla aus Fontitune überliefert.

Wenn Du Deinen armen Vater eines Tages fasten siehst, mußt Du ihm diese beiden Gerichte kochen.

Weiche Polenta mit grünem Gemüse
TORDIGLIONE

In der Gegend um Fontitune wurden römische Münzen mit der Prägung der Römischen Republik aus der Zeit 509 v. Chr. bis 30 n. Chr. gefunden. Münzen wurden auch in den Gewässern von Canneto, in der Nähe des Monte Meta gefunden, wo Hannibal und die Karthager im Jahr 216 n. Chr. gegen die römischen Legionen kämpften.

Die kleinen Dörfer I Ciacca und Fontitune gab es vermutlich auch schon zu dieser Zeit. Jahrhundertelang lebten die Bewohner dieser entlegenen Dörfer ungestört von Verwaltung und Behörden. Diesem Umstand ist es zu verdanken, daß Latein dort als Sprache des goldenen römischen Zeitalters ohne Einflüsse von außen erhalten blieb. Auch in dem noch heute gesprochenen italienischen Dialekt finden sich klare Hinweise auf den lateinischen Ursprung vieler Begriffe. Anfang des vorletzten Jahrhunderts sprachen viele der Frauen, die das Dorf selten verließen, kein Wort Italienisch, sondern nur den vom Lateinischen geprägten Dialekt.

Auch im kulinarischen Bereich weisen viele Indizien auf Wurzeln aus römischen Zeiten hin. Manche der in diesen Dörfern gebrauchten Begriffe können direkt zu den lateinischen Wurzeln zurückverfolgt werden. »Fressora« zum Beispiel, eine Bratpfanne, heißt auf Lateinisch »frixoria«. Auf Italienisch heißt Bratpfanne »padella«. »Sisimegle« heißt bei uns in der Gegend ein Kuchen, auf Lateinisch heißt er »sesaminus«. Auf Italienisch wiederum »torta«. In Fontitune bezeichnet man Polenta als »tordiglione«. Das lateinische Wort »tortilion« wird bei Plinius Secundus im Jahr 79 n. Chr. als »grüne« Polenta erwähnt. Auf Italienisch spricht man davon heutzutage einfach als »polenta verde«. Für hunderte anderer Begriffe gibt es diese faszinierende Verbindung. Dein netter Onkel Dominic und Dein genialer Onkel Victor Crolla, die Söhne von Maria und Alfonso, haben sich viele Jahre lang damit befaßt und klare Anhaltspunkte dafür gefunden, daß es einen Bezug zwischen dem Dialekt und den überlieferten Rezepten und der römischen Zeit gibt.

Bei der ursprünglichen Zubereitung der Tordiglione wird die Polenta mit Wasser und Salz gemischt. Sobald daraus ein weicher Brei entstanden ist, wird ein Soffritto aus Knoblauch, Olivenöl, Chilischote und bitterem Wildgemüse eingerührt. Vermutlich wurde sie auf den Holztisch gestellt und daraus ein grüner »Hügel« geformt, der dann fest wurde. Die Männer, die mit ihren Schafherden auszogen, nahmen nach dem Abkühlen Polentastücke als Proviant mit.

Heute nehmen die Männer, also Dein Vater und sein Bruder, der »junge« Victor, sie mit, wenn sie in den Laden gehen.

Liebe Francesca

1,8 l kaltes Wasser
Meersalz
220 g grobkörnige Polenta (Bramata, nicht die Instant-Polenta)

DAS GEMÜSE

500 g grünes Gemüse (Endivie, Cime di Rapa, Grünkohl oder Spinat)
4-5 Eßlöffel Olivenöl extra vergine
2-3 Knoblauchzehen, geschält und feingeschnitten
getrockene Chilischote, zerbröselt

Für die Polenta erwärmst Du das Wasser in einem großen, schweren Topf. Gib Salz dazu. Laß die Polenta dann langsam in das Wasser einrieseln und rühre dabei gegen den Uhrzeigersinn mit dem Schneebesen um. Ganz ähnlich wie bei Porridge sollen die Körner sich gleichmäßig im Wasser verteilen und aufquellen, so daß die Polenta sämig wird und nicht klumpt. Gibst Du die ganze Polenta auf einmal hinein, sinkt die Wassertemperatur und die feinen Körner verbinden sich zu einem großen Klumpen.

Rühre immer weiter. Sobald die Polenta die Konsistenz von Porridge annimmt, ist es geschafft. Schon fast wie ein Vulkan spritzt und blubbert sie leise vor sich hin. Paß auf, daß Du Dich nicht verbrennst. Drehe die Flamme herunter und rühre immer wieder mal durch, bis sich die Polenta vom Topfrand löst. Wenn sie zu dick wird, gibst Du einfach noch ein wenig heißes Wasser dazu.

Putze und wasche das Gemüse in mehrmals gewechseltem kalten Wasser, um allen Sand und kleine Steinchen zu entfernen. Schneide es in breite Streifen. Ist das Gemüse sehr dickfaserig, mußt Du es zehn Minuten lang in kochendem Salzwasser vorkochen. Gieße es anschließend ab und drücke überschüssiges Wasser heraus. Gemüse mit sehr zarten Blättern, wie Endivie oder Spinat, kannst Du nach dem Waschen gleich im Öl anbraten.

Erwärme das Olivenöl in einer großen Pfanne.

Gib den Knoblauch und vier bis fünf Stückchen der getrockneten Chilischote dazu und brate sie leicht in dem Öl an, damit es Aroma annehmen kann. Bei dem Duft allein könnte einem glatt das Wasser im Munde zusammenlaufen. Gib dann das abgegossene Gemüse in das Öl und lege den Deckel auf. Stelle die Flamme niedriger und laß das Gemüse langsam weichkochen. Schmecke es mit Salz ab.

Die Polenta sollte nach dem Kochen sehr weich und cremig sein. Rühre das gekochte Gemüse mit dem aromatisierten Öl hinein. Diese Art der Zubereitung ist sehr traditionell, ganz besonders, wenn Du bittere Gemüsearten verwendest. Sobald man sich aber einmal an den Geschmack gewöhnt hat, schmeckt es köstlich.

Ganz entgegen der Tradition gibt meine Schwester Carina vier bis fünf gehäufte Eßlöffel grob geriebenen Fontina-Käse aus Südtirol im Nordosten Italiens dazu. Das Gericht erhält dadurch ein cremig-reichhaltiges Aroma, möglicherweise ganz im Sinne der reichen Römer.

Die Polenta kann mit einer Tomatensauce (siehe Seite 148) oder dem Fontina-Käse und etwas Parmigiano, den Du in der letzten Minute hineinrührst, serviert werden.

Du kannst die Polenta – mit oder ohne grünem Gemüse – fest werden lassen. Verteile sie dazu auf einem flachen Teller und bedecke sie mit Frischhaltefolie oder Pergamentpapier, damit sie abkühlt und fest wird. (In Schottland hat man das auch mit Porridge gemacht, das in eine Küchenschublade gefüllt wurde. Es wurden dann Scheiben davon abgeschnitten und den Männern zum Mittagessen mitgegeben.)

Die Polentascheiben kannst Du in einer Pfanne oder im heißen Ofen braten. Wenn Du sie mit etwas Olivenöl beträufelst, werden die Scheiben wunderschön knusprig, behalten innen aber eine cremige, luftige Konsistenz. Servieren kannst Du sie zum Beispiel mit dem gerösteten Gemüse (siehe Seite 270) oder mit den angebratenen Pilzen (siehe Seite 196).

Eingesalzener Kabeljau mit Pflaumen
BACCALA CON PRUGNE

Dieses Gericht gehört auch zu den traditionellen Fastengerichten. Es wird am Tag vor einem Fastentag zubereitet.

Baccalà oder eingesalzener Kabeljau war in den Berggegenden im Winter eine wertvolle Proteinquelle. Er wurde sehr wahrscheinlich gegen Pecorino, Ricotta oder Schaffelle eingetauscht, wenn die Schafhirten ihre jährliche Wallfahrt an die Küste machten, an der die jungen Lämmer geboren wurden.

Es gab in der katholischen Kirche strenge Regeln zum Verzicht auf Fleisch an Freitagen und in der Fastenzeit vor Ostern und Weihnachten. Kritische Stimmen meinen, dies könnte aber mehr mit der Steuerung des Nahrungsangebots und den Fischereirechten als mit Religion zu tun gehabt haben. Aufzeichnungen zufolge

Liebe Francesca

Olivia und Carlo bei einem italienischen Tanzabend, um 1953

gab es auch zu Zeiten des Römischen Reiches Vorschriften, an welchen Tagen Fleisch gegessen werden durfte und an welchen nicht. Die Römer hatten das Einsalzen und Konservieren von Fisch mit Hilfe verschiedener Gewürze und stark wirkender Kräuter perfektioniert. Im Jahr 200 n. Chr. erwähnte der römische Geschichtsschreiber Athanäus bereits an die 200 verschiedenen Arten zur Konservierung von Fisch. Offizielle Beamte in den entlegenen Regionen des Römischen Reichs baten oft um mehr Vorräte. Von einem Beamten ist folgende Bitte überliefert: »Wenn Du nach Byzanz kommst, bring ein Stück eingesalzenen Schwertfisch, aus dem Rücken, ganz nah am Schwanz geschnitten, mit.«

Eingesalzener Kabeljau oder Dorsch ist auch in Norwegen bekannt. Durch die Wikinger gelangte diese Zubereitungsart in den Norden Schottlands, wo es auch eine lange Tradition zum Einsalzen und Konservieren von Fisch gibt. Der Fisch wurde dabei eingesalzen und wie Wäsche auf eine Leine zum Trocknen gehängt. Hoch oben im Norden und auf den Inseln vor der schottischen Küste macht man das heute noch. Es gibt ein tolles schottisches Rezept, »hairy tatties«, bei dem eingesalzener Kabeljau in Wasser eingeweicht und dann mit Kartoffeln zubereitet wird.

Eingesalzener Kabeljau muß vor der Zubereitung mindestens 48 Stunden in mehrmals gewechseltem Wasser eingeweicht werden, um das Salz herauszuspülen und das Fleisch wieder saftig zu machen. Am einfachsten geht das, wenn Du den Fisch in einer Schüssel mit kaltem Wassers unter einen tropfenden Wasserhahn legst und das Wasser zwei- bis dreimal wechselst.

Der Geschmack von eingesalzenem Kabeljau ist nicht mit dem von frischem Fisch zu vergleichen. Er ist salzig-scharf, kräftig und gewöhnungsbedürftig. Nach dem folgenden Rezept kochte Maria eingesalzenen Kabeljau, als sie nach Schottland gekommen war. Vermutlich war sie entzückt, diese regionale Speise auch in ihrer neuen Heimat zu finden.

300 g Baccalà (eingesalzener Kabeljau)
3 Eßlöffel Olivenöl extra vergine
1 mittelgroße Zwiebel, geschält und feingeschnitten
1 Stück getrocknete Chilischote
4–5 Eiertomaten aus der Dose
8 entsteinte Backpflaumen (weniger stark getrocknete Pflaumen sind saftiger und müssen nicht eingeweicht werden)
etwas gehackte, glatte Petersilie

Weiche den Kabeljau mindestens zwei Tage in kaltem Wasser ein, das Du mehrmals wechselst.

Erwärme das Olivenöl und brate darin langsam die gehackte Zwiebel und die Chilischote an, bis die Zwiebel glasig ist. Gib die Tomaten dazu, zerdrücke sie und laß sie 20 Minuten mitköcheln.

Wasche den Fisch ab und taste mit den Fingern nach eventuell verbliebenen Gräten. Laß die Haut intakt, da sie verhindert, daß der Fisch beim Kochen auseinanderfällt. Schneide ihn lediglich in fünf bis sechs Stücke. Lege ihn auf das Bett aus Tomatensauce, gib die Pflaumen dazu und dünste den Fisch im zugedeckten Topf, bis er gar ist. Das dauert keine 15 Minuten.

Schmecke den gekochten Fisch ab. Salz wird er vermutlich nicht brauchen, aber Du kannst noch ein wenig feingehackte, glatte Petersilie über den Fisch und die Sauce streuen.

PICKNICK UND MARIÄ HIMMELFAHRT

PICINISCO UND ALVA GLEN, ITALIEN UND SCHOTTLAND, AM 15. AUGUST

Die Himmelfahrt der Jungfrau Maria wird am 15. August gefeiert. In Italien ist dieser Tag ein Feiertag. Und an diesem Tag feierst Du, liebe Francesca, Deinen Geburtstag.

Nach der Messe am Morgen finden Straßenfeste statt, in jedem Dorf und in jeder Stadt werden sogenannte »scampagnata«, Straßenfeste mit Picknicks, veranstaltet. Lange, auf Böcken stehende Tische werden auf den Straßen aufgestellt, riesige Töpfe mit heißem Wasser vorbereitet, um – so kommt es einem zumindest vor – riesige Mengen an Pasta zu kochen. Es werden Hühner gebraten und Spanferkel auf Spießen gegrillt. Es gibt Pizza »pastone« (Pie mit Schinken und Ei), und der Wein fließt in Strömen.

Zu Beginn des Festes wird die Jungfrau Maria auf einem Gestell aus Holzstangen aus der Kirche getragen. Der Zug marschiert, begleitet von der örtlichen Kapelle, durch die Straßen des Orts.

Das Humptadumpta der Hörner und Trompeten zusammen mit dem melodischen Swing der Dudelsäcke ergibt ein buntes Potpourri aus traditionellen Melo-

Margaret mit Joanna, Anita, Kevin, Mary und Cesidio beim Festzug im Ort

dien, Verdi-Arien, faschistischen Parteimärschen und populären Liedern der fünfziger Jahre.

Die Einwanderer in Schottland erhielten die Tradition ihrer Heimatdörfer am Leben, indem sie einmal im Jahr in Alva Glen eine »scampagnata« veranstalteten. Aus allen Orten in Schottland mit einem Fish-&-Chips-Laden oder einem italienischen Eiscafé kamen Busse und Autos. Bei dem Fest feierten manchmal bis zu vier Generationen zusammen. Der überwiegende Teil der Familien stammte ursprünglich aus Picinisco, Fontitune oder I Ciacca. Kinder und Enkelkinder sahen einander verdächtig ähnlich, verhielten sich ähnlich und waren durch sehr enge Freundschaften miteinander verbunden.

Aus jedem Bus und aus jedem Auto kamen Unmengen von Festtagsspeisen zum Vorschein, alle nach den überlieferten Rezepten und Traditionen Italiens zubereitet: Pizza, Pastone, Crespelle und Frittata, Salami, Chilischoten, große Stücke Pecorino und viele, viele Flaschen Chianti. (Chianti war über viele Jahre der einzige italienische Wein, den man überall in Schottland problemlos bekommen konnte.)

Nach dem Essen fanden die beliebten Rennen und Fußballspiele statt. Die Kinder traten gegeneinander an, die Großväter krempelten ihre Hosenbeine und Hemdsärmel hoch und liefen, ihre Sommerhüte wackelig auf dem Kopf balancierend, um die Wette. Bei den abendlichen Tanzabenden in der Festhalle des Orts fand dann so mancher Verkuppelungsversuch des Vorjahres seinen Abschluß oder ein neuer wurde unterschwellig angeregt.

Der einzige Unterschied zwischen der »scampagnata« in Schottland und in Picinisco bestand darin, daß in Italien garantiert immer die Sonne schien.

Pie aus Schinken und Ei
PASTONE

Ohne Pastone, einem bröseligen Blätterteig, der mit Ricottakäse und einer scharf gewürzten Wurstmasse gefüllt ist, ist ein Picknick kein Picknick.

2 250-g-Packungen gefrorener Blätterteig
2 Eiweiß (vom Zubereiten der Füllung übriggeblieben), leicht verquirlt

FÜR DIE FÜLLUNG

4 Bio-Eier
250 g Ricotta, aus dem Laden oder selbstgemacht (siehe Seite 115)
50 g Pecorino, frisch gerieben
Meersalz und schwarzer Pfeffer
75 g geräucherten Pancetta, kleingeschnitten
75 g Fonteluna-Wurst, gehäutet und kleingeschnitten
2 Eigelb
2 frische Lorbeerblätter

Verquirle für die Füllung die Eier leicht mit einer Gabel und brösele den Ricotta hinein. Vermenge beide Zutaten vorsichtig miteinander. Hebe dann den geriebenen Pecorino unter und würze das Ganze gut mit Salz und frisch gemahlenem schwarzen Pfeffer.

Fette eine runde Backform mit 23 cm Durchmesser und einer Höhe von ungefähr 5 cm leicht ein. (Du kannst auch eine Kastenform mit 31 x 21 cm und einer Höhe von etwa 3 cm nehmen.)

Heize den Ofen heiß vor (220° C/Gas Stufe 7).

Rolle nun eine Blätterteigplatte dünn aus und kleide die Backform damit aus, so daß sie an den Kanten noch leicht überlappt. Rolle auch die andere Platte aus, sie wird zum Abdecken des Pies benötigt.

Fülle nun den Pie mit der Hälfte der Ricottamischung und streue den aufgeschnittenen Pancetta und die Fonteluna-Wurst darüber. Gib die zwei Eigelbe auf die Mischung, und zwar so, daß jeweils ein Eigelb auf einer Seite des Pie liegt. Zerbrich die Lorbeerblätter in jeweils zwei oder drei Stücke und verteile sie über den Pie. Verteile dann den Rest der Ricottamischung möglichst gleichmäßig auf dem Pie.

Bestreiche die Kanten des Teigs mit dem verquirlten Eiweiß und lege die zweite Teigplatte auf die Füllung. Drücke den Teig rundherum mit den Fingerspitzen fest, so daß der Pie nirgendwo mehr offen ist. Bestreiche die Oberfläche mit dem Eiweiß. (Soll der Pie beim Backen eher goldgelb werden, kannst Du statt Eiweiß auch ein ganzes Ei nehmen.)

Schneide den Pie oben mit einem diagonalen Muster ein und steche dabei an einigen Stellen Löcher in den Teig. Durch die entstandenen Öffnungen im Blätterteig kann die heiße Luft entweichen. Backe ihn im vorgeheizten Backofen ungefähr 35 bis 40 Minuten lang, bis er leicht gebräunt ist.

Schneide mit einem Messer an der Außenseite entlang, damit der Pie beim Herausnehmen nicht festklebt, und stürze ihn auf einen flachen Teller oder ein Drahtgitter. Schiebe den Pie zurück in die Backform, so daß der Boden nach oben zeigt, und backe ihn weitere 15 Minuten, damit auch die Unterseite gebräunt wird. Laß den Pie auf dem Gitter abkühlen. Du kannst ihn warm oder kalt servieren.

Ich verdoppele oft die Zutaten, um eine größere Pastone zu machen.

PIZZA RUSTICA

Alle Frauen machen ihre eigene Version dieser köstlichen Pizza, bei der Endivien (Escarole) oder Spinat in Olivenöl und Knoblauch angedünstet und zwischen zwei Lagen Pizzateig gebacken werden.

Bereite den Pizzateig nach dem Rezept auf Seite 294 zu und laß ihn an einem warmen Ort aufgehen.

In der Zwischenzeit kannst Du die Endivien (siehe Seite 193) oder den Spinat (siehe Seite 204) zubereiten. Wenn Du Spinat nimmst, solltest Du das Wasser, das beim Kochen austritt, gut ausdrücken.

Fette ein Backblech mit etwas Olivenöl ein. Rolle die Hälfte des Teigs zu einem Rechteck der Größe 26 x 16 cm aus, so daß es ungefähr der Dicke von Pizza entspricht. Drücke die Ränder mit den Fingern ein, damit der Teig sich nicht einrollt. Streiche etwas verquirltes Ei auf die Ränder. Verteile die gedünsteten Endivien oder den Spinat auf dem Pizzateig. Rolle dann den Rest des Teigs zur gleichen Größe wie den Boden aus und lege ihn auf das Gemüse. Drücke den Teig an den Rändern mit dem Daumen fest, damit er dicht ist. Träufele etwas Olivenöl darüber und salze ihn mit etwas Meersalz.

Backe die Pizza 20 bis 25 Minuten auf einem heißen Backblech in einem sehr heißen Ofen (230° C/Gas Stufe 8), bis sie knusprig und durch ist. Wende die Pizza und backe sie weitere 15 Minuten auf der anderen Seite, damit auch die Unterseite knusprig wird. Die Pizza kannst Du warm oder kalt, in Vierecke geschnitten, servieren.

Wenn Du für den nächsten Tag etwas aufhebst, solltest Du die Pizza nur in Folie einwickeln, aber nicht im Kühlschrank aufbewahren.

Mozzarella in der Kutsche
MOZZARELLA IN CARROZZA

Das ist schlichtweg genial. Du legst den Mozzarella in zwei leckere Brothälften, legst noch eine Sardelle drauf, wendest alles in Ei und brätst das Ganze goldknusprig in einem fruchtigen Olivenöl. Das Gericht kann warm oder kalt gegessen werden. Das Rezept reicht für eine Person.

3–4 Eßlöffel Milch
2 Eßlöffel Mehl
1 Ei, verquirlt
Meersalz und schwarzer Pfeffer
2 Scheiben Mozzarella
2 Scheiben krustiges Brot
1 Sardellenfilet, aufgeschnitten
Sonnenblumen- oder Olivenöl extra vergine

Zunächst bereitest Du einen Teller mit der Milch, einen mit dem Mehl und einen Teller mit dem verquirlten Ei vor, in denen Du den Mozzarella der Reihe nach wendest. Würze das verquirlte Ei mit Salz und Pfeffer.

Lege den Mozzarella auf eine Scheibe Brot und gib einige Sardellenstücke dazu. Keine Angst. Es wird nicht nach Fisch schmecken, sondern gibt dem ansonsten eher unauffälligen Mozzarella nur mehr Geschmack. Lege jetzt die zweite Scheibe Brot darüber und drücke sie fest.

Erwärme das Öl in einer Bratpfanne.

Tauche das Sandwich in den Teller mit der Milch. Ziehe es nur kurz durch, so daß es sich nicht vollsaugen kann. Wende es dann in dem Mehl, und anschließend in dem Ei, so daß das Brot gut von beiden Seiten bedeckt ist. Das ist eine ziemliche Schweinerei, macht aber Spaß.

Das Öl sollte jetzt gerade richtig heiß sein. Brate das Sandwich darin, bis es leicht gebräunt ist. Wende es, und brate die andere Seite. Laß es auf einem Stück Küchenpapier abtropfen und serviere es warm.

Du kannst alles Mögliche »in carrozza« machen. Versuch es mal mit gekochtem Schinken und Emmentaler oder Fontina.

Goldbraun gebratene Zucchini und Paprikaschoten zwischen knusprigem Brot schmecken so zubereitet ebenfalls köstlich.

Auberginen und Mozzarella in der Kutsche
MELANZANE E MOZZARELLA IN CARROZZA

Schneide eine Aubergine in Scheiben. Bestreiche jede Scheibe mit etwas Pesto und lege darauf eine Scheibe Mozzarella und eine zweite Scheibe Aubergine mit der Pestoseite nach unten. Drücke die Scheiben aufeinander und tauche sie, wie bereits beschrieben, in die Milch-Mehl-Ei-Mischung. Brate sie dann in der Pfanne und schiebe sie noch fünf Minuten in einen mittelhoch beheizten Backofen (180° C/ Gas Stufe 4), bis der Käse schmilzt.

Du kannst die Auberginen mit Salsa verde (siehe Seite 212) und einem knackigen grünen Salat servieren. So hast Du ein leckeres, nicht zu schweres Abendessen.

Liebe Francesca

Carlos Mozzarella ohne Kutsche
CARLO'S MOZZARELLA SENZA CARROZZA

Carlo ist ein überzeugter Nicht-Kocher. Seine Mutter, Annunziata, kochte für ihn jeden Tag sein Lieblingsgericht. Als er verheiratet war, kochte ihm Olivia jeden Tag sein Lieblingsgericht. Sie erweiterte ihren eigenen Kochstil der Abruzzen mit Hilfe ihrer Schwiegermutter durch Rezepte der neapolitanischen Küche.

Nachdem ich dann verheiratet war, mußte ich antreten, wenn einmal jemand gebraucht wurde, um ihm sein Lieblingsessen zu kochen. Francesca, ich hoffe, Du bist vorbereitet. Sieht fast so aus, als wärst Du als nächste an der Reihe.

Wenn es mal keine Pommes frites mehr gab, hat Carlo sich zu den fünf Gelegenheiten, an denen, bedingt durch Geburten, Todesfälle oder Hochzeiten, niemand von uns in der Nähe war, ein Omelette gemacht. Er sagt, es sei ein richtiger »Mozzarella in carrozza«, aber ohne Kutsche, so wie sie ihn in Neapel machen.

etwas Olivenöl extra vergine
5 Bio-Eier
Meersalz und schwarzer Pfeffer
eine Kugel sehr frischer Mozzarella, ca. 200 g

Fette den Boden einer Pfanne mit Antihaftbeschichtung leicht mit Olivenöl ein. Schlage die Eier in eine Schüssel, verquirle sie ein wenig und würze sie gut mit Salz und Pfeffer. Gieße das Wasser aus dem Mozzarella ab und schneide ihn mit einem sehr scharfen Messer recht dünn auf.

Gib die verquirlten Eier in die Pfanne und brate sie auf mittlerer Hitze. Lege dann die Mozzarellascheiben darauf. Schüttele die Pfanne ganz sachte ein wenig, damit die Eier gleichmäßig garen. Während der Mozzarella schmilzt, verbindet er sich mit dem Ei zu einer luftigen Masse.

Wende das Omelette kurz bevor das Ei fest wird, und brate es noch ein paar Minuten von der anderen Seite.

Carlo bei der Polizei, um 1948

Liebe Francesca

FRITTATA

Frittata ist ein perfektes Picknick-Essen. Ach, was sage ich, es ist *das* perfekte Picknick-Essen. Es ist leicht zuzubereiten und paßt zu jeder Tageszeit. Wir essen Frittata zum Frühstück, in einem Panino als Zwischenmahlzeit so gegen 11 Uhr vormittags, aufgewärmt mit einem leichten Salat als Mittagessen oder mit gekochten Kartoffeln und grünem Gemüse als Abendessen.

Für ein Picknick machen wir eine riesige Frittata aus zwölf Eiern, Kartoffeln und Fonteluna-Wurst, lassen sie kalt werden und schneiden sie nach dem Abkühlen in Scheiben auf.

Karfreitag, am Tag der Enthaltung und des Fastens, machte Flora immer eine Frittata aus 33 Eiern, das heißt einem Ei für jedes Jahr im Leben unseres Herrn.

Dieses Gericht ist sehr einfach zuzubereiten und vielseitig einsetzbar. Du solltest nach Möglichkeit Bio-Eier verwenden und Dich auf die einfachsten Gewürze beschränken. Ich würze die Eier meistens nur mit zwei oder drei Gewürzen.

Du brauchst eine gute, schwere Pfanne mit Antihaftbeschichtung und so viele Eier, daß die Pfanne gerade voll wird. Die Frittata wird so schön dick und brät langsam vor sich hin. Ich habe eine tolle kleine Pfanne mit Antihaftbeschichtung, ungefähr 20 cm Durchmesser, die perfekt für eine Zwei-Personen-Frittata ist. Es passen genau fünf Eier hinein. Die nachfolgende Version mit Kartoffeln und Zwiebeln ist ein gutes Beispiel für dieses Gericht.

2 Eßlöffel Olivenöl extra vergine und ein guter Stich Butter
2 mittelgroße Zwiebeln, geschält und sehr feingeschnitten
2–3 Kartoffeln vom Vortag, in Würfel geschnitten
5 Bio-Eier
Meersalz und schwarzer Pfeffer

Erwärme das Olivenöl und die Butter und brate darin die feingeschnittenen Zwiebeln an, bis sie weich und an den Rändern dunkel sind. Gib dann die Kartoffeln in das Öl, wärme sie auf und stelle dann die Flamme höher, damit sie an den Rändern knusprig werden.

Verquirle die Eier und würze sie gut mit Salz und Pfeffer. Schalte die Flamme auf mittelhoch und verteile die verquirlten Eier über die Kartoffeln und Zwiebeln, so daß alles bedeckt ist. Laß die Frittata nun langsam fertig braten.

Sobald sie unten fest wird, neigst Du die Pfanne leicht, damit sich das noch flüssige Ei darunter verteilen kann. Ansonsten überläßt Du die Frittata einfach sich selbst.

Wenn die Frittata fast ganz durch und an der Oberfläche trocken ist, legst Du einen großen Teller über die Pfanne. Stürze sie auf den Teller und laß sie, mit der Unterseite nach oben, wieder in die Pfanne gleiten. Brate sie weitere fünf Minuten, bis auch die Unterseite fertig ist. Fertig! Serviert wird eine Frittata warm oder kalt, aber niemals dampfend heiß.

Frittata mit Zucchini, Pecorino und Minze: *Schneide zwei mittelgroße Zucchini fein auf und brate sie in Butter und Öl an, bis sie an den Rändern dunkel werden. Gib dann die verquirlten Eier, drei bis vier Eßlöffel geriebenen Pecorino und einen Teelöffel feingehackte Minze dazu.*

Frittata mit Fonteluna-Wurst und Kartoffel: *Enthäute die Wurst, indem Du sie mit einem scharfen Messer seitlich aufschneidest und dann die Haut abziehst. (Ist die Wurst sehr trocken, hältst Du sie unter warmes Wasser. Die Haut läßt sich dann ganz einfach lösen.) Schneide die Wurst klein und brate sie in Butter und Öl an. Gib ein paar vom Vortag übriggebliebene, kalte Kartoffeln dazu und brate sie, bis sie dunkel werden. Gib dann die Eier dazu und brate das Ganze wie bereits beschrieben.*

Frittata mit frischen Kräutern: *Gib in die verquirlten Eier jede Menge gehackter Petersilie, Minze und Basilikum und 4 Eßlöffel frisch geriebenen Pecorino oder Fontina-Käse. Vermenge alles und brate die Frittata, wie bereits beschrieben. Du kannst auch Gruyère oder einen anderen Käse verwenden, der zum Überbacken geeignet ist.*

Gemüsefrittata: *Diese Frittata schmeckt besonders gut, wenn man sie warm und mit viel Salat serviert.*

Du brauchst dafür zwei Zucchini, eine rote Paprikaschote, eine halbe Aubergine und zwei kleingeschnittene Tomaten. Schneide das Gemüse in richtig kleine Würfel und brate es in der Pfanne an, bis die Ränder dunkel werden. Du kannst auch natives Olivenöl darüberträufeln und das Gemüse 15 Minuten im heißen Ofen rösten. Würze das Gemüse gut. Eine feingehackte Zwiebel verleiht dem Gemüse ein süßes Aroma. Laß das gebratene Gemüse ein wenig abkühlen. Schlage die Eier in einer Schüssel auf, verquirle und würze sie gut. Gib das Gemüse dazu und brate die Frittata wie gehabt.

Zia Filomenas Peperol Panini

Zu einem Picknick ohne Zia Filomenas »Peperol Panini« brauchte man eigentlich gar nicht erst erscheinen.

Sie röstete ganze rote Paprikaschoten in einer großen Bratpfanne mit jeder Menge Knoblauch, Olivenöl und Gewürzen. Sobald sie weich, saftig und eingefallen waren und an den Rändern leicht verkohlt aussahen, nahm sie sie zum Abkühlen heraus. Mit einer schnellen Drehung aus dem Handgelenk entfernte sie das Samengehäuse mitsamt den Samen. Die ausgetretenen süßen Säfte fing sie auf. Sie schnitt die Paprika in Streifen und belegte leicht zähe, weiße Panini damit. Zum Picknick brachte sie sie dann sorgfältig in Alufolie gewickelt mit. Man konnte sicher sein, daß es für jeden vier Panini gab.

Francesca, Zia Filomena war einfach die Beste! Ihr gilt mein besonderer Dank, weil sie Deinen Vater für mich reserviert hat. Diese Paprika waren einfach ein Killer. Kein Mädchen mit gesundem Menschenverstand hätte beim Tanzen jemals Deinen Vater geküßt.

GLASGOW PIZZA

Wenn Du an einem Sonntagabend eine meiner Omas besucht hättest, hätten Dich riesige Backbleche mit Pizza erwartet, belegt mit Tomaten, glänzendem Mozzarella und Oregano. Jeder schnitt sich eine Scheibe ab und trank dazu ein Glas Chianti Ruffino – welch eine angenehme Art, den Abend zu verbringen.

Pizza wird nach dem Abkühlen geschmacklich intensiver, der Teig leicht zäh und lecker. Sie eignet sich daher perfekt für Picknicks oder als Pausensnack für die Schule.

Erdrücke die Pizza nicht mit zu vielen Gewürzen. Zwei bis drei reichen vollkommen aus. Du weißt ja, weniger ist oft mehr.

Nur in einem sehr heißen Backofen wird der Pizzaboden wirklich knusprig. Normalerweise werden sie ja in nur sechs Minuten in einem Holzofen gebacken, in dem eine viel größere Hitze herrscht als in einem normalen Backofen. Ein vorgewärmter Pizzastein kann den Teig schön knusprig machen. Mir ist solcher Krimskrams aber zu viel Aufwand, und ich verwende ein ganz normales Backblech.

Ich finde Instanthefe sehr praktisch für Pizzateig. Frische Hefe ist natürlich besser, aber mit Instanthefe kann einfach nichts schiefgehen.

Pizzateig

700 g Bio-Mehl
420 ml handwarmes Wasser
2 Beutel Instanthefe
2 Teelöffel Tafel- oder Meersalz, in einem Mörser gemahlen
Olivenöl extra vergine

Achte darauf, daß es in der Küche warm ist und nicht zieht. Brot- und Pizzateige mögen es gerne warm und kuschelig, da sie sonst nicht aufgehen.

Stell das Mehl für ein paar Minuten zum Aufwärmen in den vorgewärmten Backofen (150° C/Gas Stufe 2).

Miß das Wasser ab. Handwarm ist übrigens wärmer, als Du vielleicht denkst, nämlich ungefähr so warm wie Badewasser. Nach so einem Bad würdest Du ein rosiges Gesicht haben. (Versuch es mal nur so als Anhaltspunkt mit 30° C im Sommer beziehungsweise 40° C im Winter.)

Vermenge die Hefe und das Salz mit dem Mehl, gieße das warme Wasser hinein und rühre dabei mit dem Griff eines hölzernen Kochlöffels um. Der fertige Teig muß sich gut vom Schüsselrand lösen.

Knete den Teig zehn Minuten mit der Hand durch (oder gib ihn in eine Küchenmaschine), bis er schön geschmeidig ist. Laß ihn dann in der Schüssel, träufele etwas Olivenöl darüber und decke ihn mit Frischhaltefolie ab. Lege ein feuchtes Geschirrtuch darüber und stelle die Schüssel an einen warmen, geschützten Ort, wo der Teig aufgehen und sein Volumen verdoppeln kann. Der beste Platz für den Teig ist in einem Küchen- oder Trockenschrank, da er dort am besten aufgeht, wo es keine Luftbewegung gibt. Gönne dem Teig ungefähr eine Stunde zum Aufgehen.

PIZZA MARINARA

Das nachfolgende Rezept ist der ursprüngliche Pizzabelag – Brot und Tomaten des armen Mannes.

eine Menge Pizzateig (Rezept siehe oben)
1 Dose italienische Pizzatomaten oder 400 g reife Kirschtomaten, halbiert

Olivenöl extra vergine
Meersalz
2 Knoblauchzehen, geschält und aufgeschnitten
frisch getrockneter Oregano

Wenn Du Dosentomaten verwendest, schneide sie grob durch und gieße etwas von der Flüssigkeit ab. Rühre einen Eßlöffel natives Olivenöl dazu und salze großzügig mit Meersalz. Wenn Du frische Kirschtomaten verwendest, wäschst Du sie, gibst sie in ein Sieb und zerdrückst sie ein wenig mit den Händen. Gieße die ausgetretene Flüssigkeit ab. Verrühre die Tomaten dann mit etwas nativem Olivenöl und Meersalz in einer Schüssel.

Olivia genießt eine Pizza.

Wenn der Teig fertig ist, heizt Du den Ofen vor. Sei mutig und stelle ihn auf die höchstmögliche Temperatur, das heißt 230 bis 240° C/Gas Stufe 8 bis 9.

Heize den Ofen mindestens 20 Minuten lang auf. Schiebe in dieser Zeit ein Backblech in den Ofen, damit Du das Pizzablech auf eine heiße Oberfläche stellen kannst.

Wirf die Teigkugel auf die Arbeitsfläche, klopfe sie mit den Händen flach und ziehe den Teig dann in die gewünschte Form. Der Teig reicht für zwei runde Pizzen oder eine große, längliche Pizza.

Träufele auf das (oder die) Backblech(e) etwas Olivenöl und lege den Teig darauf. Ziehe ihn mit den Fingern an den Rändern hoch.

Verteile nun die Tomatenmasse mit einem Löffel auf dem Teig und laß dabei rundherum einen Rand von ungefähr 2 cm. Beträufele die Tomaten mit etwas Olivenöl und streue Knoblauchscheibchen und frisch getrockneten Oregano darüber.

Die Pizza muß in einem normalen Backofen ungefähr 15 Minuten gebacken werden. Wenn sie fertig ist, sollte der Boden knusprig, die Pizza an den Rändern braun gesprenkelt und der Belag schön durch und saftig sein.

Liebe Francesca

PIZZA MARGHERITA

Du bereitest diese Pizza genau wie die vorhergehende zu, ersetzt aber den Oregano durch frische Basilikumblätter. Belege die Pizza außerdem mit zwei bis drei Scheiben frischem Mozzarella aus Büffelmilch oder »fior di latte«. Der Mozzarella zerschmilzt zu einer saftigen Köstlichkeit! Einfach perfekt!

Andere Pizzabeläge

Beim Pizzabelag sind der Phantasie keine Grenzen gesetzt. Die einfachsten Kombinationen sind – ausgezeichnete Zutaten vorausgesetzt – allerdings immer die besten. Laß Dich einfach beim Einkaufen inspirieren. Du solltest nur frischen Basilikum oder frisch getrockneten Oregano verwenden, niemals beides zusammen. Bereite die Tomaten so vor, wie in dem Rezept für Pizza marinara (siehe Seite 294).

Du kannst die Tomatenunterlage auch mit Fontina-Käse und scharf-würziger italienischer Wurst sowie Mozzarella und frischen Basilikumblättern belegen.

Kürbis ist ebenfalls sehr gut zum Belegen einer Pizza geeignet. Du schneidest etwa 500 g Kürbis in Scheiben – wie eine Melone. Entferne die Schale und die Samen. Während der Teig aufgeht, bestreichst Du die Kürbisstücke mit Olivenöl und salzt sie mit Meersalz. Dann röstest Du sie im sehr heißen Ofen (200° C/Gas Stufe 6), bis sie weich sind, sich aber noch nicht dunkel färben. Wenn der Teig fertig ist, gibst Du eine dünne Lage Tomaten, drei oder vier Scheiben Fontina-Käse oder Mozzarella darauf und legst den gerösteten Kürbis zusammen mit einigen frischen Basilikumblättern darüber. Das Ganze beträufelst Du mit Olivenöl. Backe die Pizza im heißen Ofen wie bereits beschrieben.

Pizza mit Rucola und Fontina ist wirklich lecker. Beträufele den Pizzateig mit Olivenöl und belege ihn mit einigen zerdrückten Kirschtomaten. Darauf kommen dann drei oder vier Scheiben Fontina. Die Pizza wird , wie sonst auch, im heißen Ofen gebakken. Fünf Minuten bevor die Pizza fertig ist, nimmst Du sie aus dem Ofen und bestreust sie mit einer Handvoll gewaschener und trockengeschleuderter Rucolablätter. Beträufele sie mit etwas Olivenöl, damit sie nicht verbrennen, und backe die Pizza in weiteren fünf Minuten fertig.

Du mußt nicht immer Tomaten verwenden. Meine Lieblingspizza zum Beispiel wird einfach mit Zwiebeln belegt. Du machst einen ganz normalen Pizzateig. Dann

Liebe Francesca

Von links: Alex, Anna, Johnny und Carmela, um 1925

schneidest Du eine rote Zwiebel in ganz feine Ringe, die Du in ein paar Eßlöffeln Olivenöl brätst, bis sie weich werden. Du kannst sie auch in Öl wenden und beim Vorheizen des Backofens für die Pizza mit in den Backofen schieben. Danach schneidest Du einen Mozzarella aus Büffelmilch in dünne Scheiben, verteilst sie auf den zwei Pizzaböden und legst die Zwiebeln darauf. Bestreue sie mit frischem Thymian und Meersalz. Beträufele sie noch mit etwas Olivenöl und backe die Pizza im heißen Ofen, bis die Ränder knusprig sind.

Kinder lieben es, ihre Pizza selbst zu machen. Gib ihnen den Teig (oder laß sie ihn unter Deiner Anleitung selbst machen) und überlaß ihnen die Entscheidung, womit sie ihn belegen wollen: Tomaten, Mozzarella, Schinken, scharf-würzige Wurst, Oliven oder Pilze. Sie können dabei ganz kreativ sein. Wie wäre es mit einer Koch-Geburtstagsparty, bei der die Kinder ihren eigenen Teig und anschließend ihr eigenes Mittagessen machen? Idealerweise sollten sie aber nicht gleich alles verschlingen, wenn es gekocht ist.

Gebratene Pizza
PIZZA FRITT'

Gib niemandem, der abnehmen möchte, dieses Gericht. Es ist die reine Sünde!

eine Menge Pizzateig (siehe Seite 294)
natives Olivenöl extra
2 Knoblauchzehen, geschält und kleingeschnitten
frischer Rosmarin
englisches Meersalz

Die meisten Häuser im Dorf hatten keinen eigenen Backofen. Der Pizzateig wurde daher oft ausgebraten. Das geht schnell und schmeckt sehr gut. Dafür teilst Du den Teig in acht Kugeln. Forme aus jeder Kugel eine Scheibe.

Erwärme das native Olivenöl in einer großen Bratpfanne und brate darin einige Scheibchen Knoblauch und einen kleinen Zweig Rosmarin an, um ihm Aroma zu verleihen. Brate die Pizzascheiben in dem aromatisierten Öl vier bis fünf Minuten auf jeder Seite.

Tupfe das Öl von den Pizzen und salze sie mit Meersalz. Sie werden, wie sie sind, aus der Hand gegessen.

OBST

Cesidio (links) und seine Brüder in Picinisco, um 1915. Sie alle emigrierten im Laufe der Jahre.

Wir essen nach jeder Mahlzeit frisches Obst. Ich stelle nach dem Essen eine große Schale mit einem Obst der Saison in die Mitte des Tisches: Kirschen, Pfirsiche, Pflaumen, Aprikosen, Trauben und Birnen und im Winter Zitrusfrüchte. Das geht manchmal ganz schön ins Geld, denn wenn das Obst gut ist, verputzen wir alles davon. Ganz selten, das heißt zu besonderen Gelegenheiten, essen wir süße Nachspeisen. Wenn wir nach dem Essen noch Hunger haben, essen wir reifen Käse zum Obst. Auch der muß frisch und von ausgezeichneter Qualität sein.

Liebe Francesca

Sommerlicher Obstsalat
INSALATA DI FRUTTA D'ESTATE

Du kannst für diesen Salat die verschiedensten Beeren aussuchen. Am besten kaufst Du sie beim Obsthändler um die Ecke oder in einem Bioladen.

100 g Himbeeren
100 g Brombeeren
100 g Blau- oder Heidelbeeren
eine halbe, reife Melone und ein kleines Stück Wassermelone
Puderzucker
Zitronensaft

Sieh die Beeren auf Insekten und Schimmel durch, aber wasche sie nicht. Schäle die Melonen und schneide sie in Würfel.

Vermenge alles und gib gesiebten Puderzucker und einen großzügigen Spritzer Zitronensaft über das Obst. Serviere den Salat gekühlt.

Orangensalat
INSALATA D'ARANCE

Du brauchst ungefähr sechs Orangen. Navel-Orangen sind dafür am besten, sie haben im Januar und Februar Saison. Presse eine Orange aus. Schäle die anderen Früchte, entferne die weiße Haut und die Kerne, und filetiere die einzelnen Orangenscheiben mit einem scharfen Messer. Serviere sie in einer großen Schüssel mit dem Saft der ausgepreßten Orange und einem Spritzer Zitronensaft. Vor dem Servieren solltest Du den Salat kühlen.

Wenn Dir das einmal zuviel Aufwand sein sollte, schneidest Du die Orangen einfach in Viertel oder Sechstel und stellst sie auf einem Teller in die Mitte des Tisches. Besonders nach scharfen Speisen schmecken sie herrlich erfrischend.

Flora servierte immer Orangenscheiben in ihren Salaten, ganz gewöhnlich mit Olivenöl und Essig angemacht.

Liebe Francesca

Winterlicher Obstsalat
INSALATA DI FRUTTA D'INVERNO

Es ist keine große Kunst, im Sommer viel frisches Obst zu essen, wenn es ein riesiges, verlockendes Angebot an erfrischendem Obst gibt. Gerade im Winter aber, wenn wir genau diesen Vitamin-C-Schub bräuchten, gehen wir oft leer aus. Es gibt aber jede Menge Trockenfrüchte und intensiv schmeckende tropische Früchte.

1 reife Mango, geschält und in Würfel geschnitten
1 knackiger Apfel, gewaschen, entkernt und in dünne Scheiben geschnitten
1 Banane, geschält und geschnitten
1 reife Papaya, geschält und in Würfel geschnitten
1 Kiwi, geschält und aufgeschnitten
Saft einer halben Zitrone
Saft von 3 Orangen

Du mußt auf einem sauberen Schneidebrett oder Teller arbeiten, damit Du den Fruchtsaft, der beim Schneiden austritt, verwenden kannst. Schneide die Früchte in gleichmäßig große Stücke. Träufele zuerst den Zitronensaft darüber, damit sie nicht braun werden. Gieße dann den Orangensaft darüber.

Diese Früchte sind alle sehr süß, Du mußt also keinen Zucker darübergeben. Probiere aber zur Sicherheit. Der Obstsalat wird gekühlt serviert.

Geröstete Kastanien
CASTAGNE ARROSTO

Francesca, es ist gar nicht unwahrscheinlich, daß Dein Urgroßvater, also Mariettas Vater, um 1880 in London heiße Kastanien verkaufte. Wer weiß das schon? Viele Immigranten kauften auf ihrem Fußmarsch durch Frankreich Kastanien, die sie dann in London verkauften.

Sie sind ganz einfach zuzubereiten. Kaufe die großen Maronen, die es im November und Dezember gibt. Gare sie in kochendem Wasser ein paar Minuten vor, um ihre Schale ein wenig aufzuweichen. Manchmal sind sie auch schmutzig, daher spüle ich sie immer noch einmal kurz durch.

Heize den Backofen gut vor (200° C/Gas Stufe 6).

Lege die Maronen auf ein Backblech und röste sie ungefähr 15 bis 20 Minuten.

Du mußt sie schälen, wenn sie noch heiß sind, da Du sonst die papierdünne Haut unter der Schale nicht abbekommst. Nur Mut!

Beschwipste Kirschen
CILIEGE SOTTO SPIRITO

Man muß Dich sicher nicht eigens ermuntern, diese Kirschen zu probieren. Mach sie im Juni, wenn Kirschen Saison haben und nimm die besten, die Du finden kannst.

1 kg reife Kirschen, möglichst unbeschädigt
500 g Granulatzucker
3–4 Nelken
ein Stück Zimtstange
500 ml 100-prozentiger Alkohol oder guter Wodka

Wasche die Kirschen nicht, sondern wische sie nur mit einem feuchten Tuch ab. Verwende nur die saftigsten Früchte, die nicht beschädigt sind. Fülle die Kirschen in ein sterilisiertes 1-l-Glas, ohne die Stiele abzunehmen. Zuckere die Früchte schichtweise und gib die Nelken und den Zimt dazu. Fülle das Glas anschließend mit dem Alkohol auf.

Verschließe das Glas und stelle es mindestens zwei Wochen an einen dunklen Ort. Der Alkohol wird von den Kirschen aufgesogen, Du mußt daher möglicherweise noch Alkohol nachgießen. Laß das Glas ungestört in einem dunklen Küchenschrank stehen. Weihnachten werden sie köstlich schmecken.

Pfirsiche und Wein
PESCE CON VINO

Am Ende des Essens, wenn alle Kinder den Tisch verlassen haben und die Frauen in der Küche den Abwasch erledigen (jaja, ich weiß), entspannen sich die Männer, vor sich die noch halbvollen Weingläser.

Stelle eine große Schüssel mit reifen Pfirsichen auf einem Bett aus Eis auf den Tisch. Mit einem Sägemesser mit Plastikgriff schneidest Du das Fruchtfleisch vom Stein und verteilst die Pfirsichstücke auf die Weingläser. Sie absorbieren den Geschmack des Weins und werden im Laufe des Nachmittags gegessen.

Walderdbeeren
FRAGOLINE DI BOSCO

Die winzigen, tiefroten Walderdbeeren wachsen immer noch im Süden Italiens. Sie werden auch eigens angebaut und haben einen ganz außergewöhnlich intensiven Geschmack. Wenn Du sie einmal siehst, solltest Du sie, oder unsere heimischen Gärtner-Erdbeeren, mit etwas Zitronensaft und Zucker probieren. Der Zitronensaft verstärkt den unschlagbaren Erdbeergeschmack.

Feigen
FICHI

Frische, reife Feigen sind einfach köstlich. Verschwende Dein Geld nicht für die trockenen, langweilig schmeckenden und obendrein teuren Feigen, die als Viererpack in Plastikfolie eingeschweißt angeboten werden. In Italien kann man grüne oder lilafarbene erntereife Feigen von August bis in den Herbst direkt vom Baum essen. Schäle ihre weiche Haut ab und das saftige, rosafarbene Fruchtfleisch kommt zum Vorschein. Du kannst die ganze Frucht auf einmal essen. Die natürliche, sonnengewärmte Temperatur der Frucht unterstreicht ihren intensiven, saftigsüßen Geschmack ganz wunderbar.

Persimonen
CACHI

Ein üppig mit Früchten behangener Persimonenbaum ist wunderschön. Der Anblick ist phantastisch: Unter der Last hunderter golden-oranger runder Früchte biegen sich die Äste. Im späten Herbst sehen die Bäume an den Bergen in der

Nähe von Picinisco im Licht der Abenddämmerung wie Laternen aus dem Märchen aus.

Italienische »cachi« (ausgesprochen Caki) sind viel süßer und fleischiger als die Persimonen, die wir hier in Großbritannien als Kaki oder Sharon Fruit bekommen, und sollten nur richtig reif gegessen werden. Unreife Früchte hinterlassen ein wolliges, rauhes Gefühl auf der Zunge, was nicht besonders angenehm ist. Wenn sie weich und saftig, also schon fast überreif sind, können sie mit einem Löffel gegessen werden. Du schneidest sie oben auf und saugst das wundervoll süße und saftige Fruchtfleisch heraus oder löffelst es mit einem Teelöffel aus.

Wassermelone
COCOMERO/ANGURIA

Nichts ist erfrischender als eine riesige, runde Scheibe Wassermelone, mindestens 25 cm im Durchmesser und 6 cm dick und, wie im Süden Italiens üblich, mit Messer und Gabel serviert. In der Mitte schmeckt sie bei weitem am süßesten und intensivsten. Wassermelone ißt man gekühlt, aber nicht zu kalt.

KUCHEN UND ANDERE LECKEREIEN

Johnny und sein Eiscremewagen, um 1936

COCKENZIE, EAST LOTHIAN, SCHOTTLAND, 1965–1985

Wir wuchsen im Obergeschoß des Cafés in Cockenzie auf, in dem alles drunter und drüber ging.

Francesca, Dein Großvater Johnny machte einfach das beste Eis. Er bereitete die »Mischung« dafür im Sommer täglich, im Winter zweimal die Woche zu. Der süße Duft von heißer Milch, Vanille und Zucker zog durch das ganze Haus. Nachdem die Mischung »gekocht« wurde, lief die dampfende, cremige Flüssigkeit durch glänzende Edelstahlröhren unten im Kühlgerät und kam wie durch ein Wunder oben aus dem Gerät wieder heraus. Einem Wasserfall aus Milch gleich, lief sie an dem geschwungenen, kalten Stahl entlang und wurde in Stahleimern aufgefangen und gekühlt. Die Mischung wurde dann in einem Gefriergerät mit riesigen, eingebauten, stahlglatten Rührblättern durchgerührt. Diese durchschnitten die Eiscrememasse in alle Richtungen, bis sie langsam fester und cremiger wurde und schließlich verkaufsbereit gefroren war.

Immer wenn die Sonne schien oder zumindest die Absicht hatte zu scheinen, wurde die Eiscreme in tragbare Kühlgeräte umgepackt, die an umgebauten Fahrrädern befestigt waren, und an eishungrige Touristen an der Küste von East Lothian verkauft. Bei einer seiner ersten Tätigkeiten in Edinburgh nutzte Carlo seine handwerklichen Fähigkeiten, indem er Fahrräder umbaute. Für Johnny baute er in Cockenzie zwei Fahrräder um, überraschenderweise in der Form von Booten.

Als ich um die fünfzehn Jahre alt war, hatte Johnny einige extra für den Straßenverkauf gebaute Kioske. Sie wurden an seinen Lieferwagen gehängt, der dann mit ihnen die Küste entlangfuhr. Ich mußte mich um den Kiosk auf dem hinteren Parkplatz, ungefähr drei Meilen vom Laden entfernt, kümmern. Bei schönem Wetter standen die Leute den ganzen Tag Schlange. Ich verkaufte enorme Mengen an Eiscreme, Sliders, Black Man, »99 Cones« und hausgemachten Kartoffelchips. Papa kam alle paar Stunden vorbei, um meine Eiscremevorräte aufzufüllen. Abends nahm er den Kiosk, die Tasche mit den »Einnahmen« und mich mit zurück zum Laden. Man muß vermutlich nicht erwähnen, daß ich das meiste Eis selbst verdrückt hatte.

Liebe Francesca

Di Ciaccas Vanilleeis

Leider wird unser Familieneis nicht mehr hergestellt. Zu seinen Hochzeiten galt es als das beste Eis weit und breit.

Für ein traditionell auf Custard-Basis hergestelltes Eis brauchst Du zu Hause eine Eismaschine.

600 ml Vollmilch
1 Vanilleschote, aufgeschnitten
8 Eigelb von Bio-Eiern
250 g unraffinierter Sandzucker
300 ml Schlagsahne, leicht geschlagen

Gib die Milch und die Vanilleschote in einen Topf. Bringe die Milch dann zum Kochen, schalte den Herd aus und laß das Ganze ungefähr eine halbe Stunde lang durchziehen.

Schlage das Eigelb und den Zucker mit dem Schneebesen, bis sie schaumig sind. Gieß die Milch ab und rühre sie mit dem Schneebesen in die Ei-Zuckermischung. Schabe das Innere der Vanilleschote aus und gib es in die Mischung.

Erhitze die Creme dann auf niedriger Flamme im Wasserbad und rühre dabei, bis eine leichte, cremige Masse entstanden ist, die anfängt einzudicken. Sie ist fertig, wenn sie am Rücken des Holzlöffels haftet.

Fülle das Waschbecken mit Eiswasser und stelle die Schüssel mit dem Custard hinein, damit er schnell abkühlt. Hebe die Schlagsahne unter. Danach gibst Du die Creme in die vorgekühlte Eismaschine und frierst das Eis entsprechend der Gebrauchsanweisung ein.

Du bekommst Kaffee-Eis, wenn Du 50 ml starken Espresso anstelle der Vanille nimmst.

Ich habe auch schon einen Teelöffel Aceto balsamico tradizionale dazugegeben – unglaublich!

Für Schokoladeneiscreme mit intensivem Schokogeschmack läßt Du 30 g einer Schokolade mit 70 % Kakaoanteil langsam schmelzen und gibst sie zusammen mit 30 g echtem Kakaopulver zum Durchziehen in die Milch.

Liebe Francesca

Zabaglione-Eis

Ich glaube, das ist mein Lieblingseis. Der Marsala hat einen ganz charakteristischen, irgendwie nostalgischen Geschmack.

6 Eigelb aus Bio-Eiern
120 g unraffinierter Sandzucker
feingeriebene Schale einer ungewachsten oder saubergebürsteten Zitrone
6 Eßlöffel Marsala-Dessertwein
das Innere einer Vanilleschote
250 ml Schlagsahne

Auch hier mußt Du eine feuerfeste Schüssel mit der Mischung auf niedriger Flamme in ein heißes Wasserbad stellen.

Gib das Eigelb und den Zucker in die Schüssel und schlage sie mit dem Schneebesen, während das Wasser auf niedriger Flamme köchelt, bis die Mischung anfängt einzudicken. Die Masse sieht dann blaßgelb und cremig aus. Die Creme ist fertig, wenn sie am Rücken des Holzlöffels haften bleibt.

Rühre dann den Marsala, die Zitronenschale und das Innere der Vanilleschote dazu. Stelle die Schüssel in das zur Hälfte mit kaltem Wasser gefüllte Waschbecken, um die Creme abzukühlen.

Schlage die Schlagsahne leicht und hebe sie vorsichtig darunter. Friere die Creme in einer Eismaschine. Wegen ihres Alkoholgehaltes ist diese Eiscreme sehr weich und sollte daher rasch gegessen werden.

HOKEY-POKEY MAN

Hokey-Pokey Man, so nannte man die ersten Italiener, die auf den Straßen Londons mit ihren selbstgebastelten, von Hand geschobenen, später auf geschickt umgebauten Fahrrädern transportierten Eiscremewagen unterwegs waren. Manchmal hatten sie einen Affen dabei, um Passanten auf sich aufmerksam zu machen, oder sie lockten potentielle Kunden an, indem sie sie an ihrem »Probierglas« lecken ließen, auf das sie eine kleine Kostprobe Eiscreme gestrichen hatten. Mit der Einladung »ecco un poco«, also »Hier ist ein bißchen«, reichten sie das Glas von

Liebe Francesca

Passant zu Passant und wischten es nach jedem Gebrauch mit einem Lappen sauber. Zu Recht gebot die Gesundheitsbehörde diesem sicherlich unhygienischen Treiben schließlich ein Ende.

»Black Man«

2 flache Schokowaffeln
3 Kugeln Vanilleeis

Lege die erste Schokowaffel auf ein kleines Stück Pergamentpapier und setze die Vanilleeiskugeln auf die Waffel. Dabei gibst Du erstmal zwei Kugeln direkt auf die Waffel, und setzt die dritte Kugel dann von oben dazwischen. Lege die zweite Schokowaffel auf das Eis und drücke sie leicht an.

»99«

Ein »99« ist eine Waffeltüte mit zwei Kugeln Vanilleeis, in die ein Cadbury Flake-Schokoröllchen gesteckt wird. Wenn Du in der Fastenzeit auf Süßes verzichten mußt, versteckst Du die Schokolade unter dem Eis in der Eiswaffel.

Slider

Ein Slider sind zwei Kugeln Eiscreme zwischen zwei Waffeln. Traditionell wurde die untere Waffel auf einen Edelstahlhalter gelegt, die Eiscreme mit dem Löffel daraufgegeben und mit einem flachen Löffel gekonnt seitlich glattgestrichen, damit der Slider größer aussah.

Basher

Ein Basher ist ein Slider mit einem Schneeball aus hausgemachter Sahne auf den Eiskugeln.

Cesidio mit seinem vom Pferd gezogenen Eiscremewagen, der Hokey Pokey Man, um 1930

Liebe Francesca

HUGH HILLEY UND FLORA, GLASGOW, SCHOTTLAND, 1920–1930

»I eat Antipasto twice, just because she is so nice,
Angelina, the waitress at the Pizzeria.
I eat soup and minestrone just to be with her alone,
Angelina, the waitress at the Pizzeria.
If you'll be-a, my cara mia
Then I'll join in matrimony, with the girl who serves spumone, and
Angelina will be mine!«
Louis Prima

Hugh Hilley war ein Held. Er wurde im letzten Jahr des 19. Jahrhunderts als eines von elf Kindern in den Slums am East End von Glasgow geboren. Dort herrschte bittere Armut. Elend und Armut in der Stadt ist viel entmutigender und entwürdigender als auf dem Land. Hochhäuser, in denen große Familien auf engstem Raum leben, der Gestank der Kanalisation und die feuchten Behausungen sind fürchterlich deprimierend.

Hughs bestand lediglich aus seiner strengen südirischen Erziehung, bei der er schnell mal eins hinter die Löffel bekam, und seinem frommen und tief empfundenen katholischen Glauben.

Aber das war kein Problem für Hugh. Er war ein verwahrlost aussehender, schlaksiger Jugendlicher mit einem wunderbaren Sinn für Humor und einem großen Lebenshunger. Wie bei allen hyperaktiven Menschen war seine Energie grenzenlos. Er verbrachte seine Jugend auf den Straßen, wo er herumkletterte, Fußball spielte und sich phantastische Geschichten zusammenreimte, was ihm oft Ärger einbrachte.

Zehn Jahre zuvor war der Glasgow Celtic Football Club gegründet worden. Eine Gruppe von Geschäftsleuten und ein Maristen-Priester, Bruder Walfrid, machten sich Sorgen wegen der extremen Armut und der Entbehrungen, unter denen die katholische Bevölkerung des East End lebte. Sie beschlossen, dieses Problem anzugehen, und gründeten mit einfachsten Mitteln den Football Club, um den jungen Männern auf den Straßen ein wenig Hoffnung und Perspektive zu geben. Dafür machten sie sich auf die Suche nach talentierten und engagierten Jungen und stellten im Jahr 1888 die erste Mannschaft zusammen.

Hugh, ein drahtiger Teenager, der wußte, was er wollte, wurde rasch von den Talentsuchern für den Celtic Football Club verpflichtet. Bereits im Alter von 21 Jahren spielte er als Verteidiger im besten Fußballteam des Landes. Seine Mannschaftskollegen waren Berühmtheiten in der Welt des Sports, wie Willie McStay und Patsy Gallacher. Er weigerte sich, der Underdog zu sein, seine wilde Entschlossenheit machte ihn zu einem exzellenten Verteidiger. Er war verbissen und wollte ungedingt gewinnen.

Als Kinder faszinierten uns seine großartigen Geschichten vom Spielfeld. Er erzählte uns von den Zeiten, in denen Celtic Spitzenreiter war, und von seinen brillanten Spielzügen und Angriffen, die oft einen Spieltag gerettet hatten. Seine krumme und verwachsene Nase diente ihm als Beweis dafür, daß allein sein Einsatz der Mannschaft zu vielen Siegen verholfen hatte. Er erzählte uns nie von seinem Leben außerhalb des Spielfelds, und wir erfuhren auch erst lange nach seinem Tod von seiner harten Kindheit.

Er nahm das Training sehr ernst. Nach den Anweisungen seines Trainers trainierte er am Morgen und ruhte sich an den Nachmittagen aus. Er war diszipliniert, pflichtbewußt und genoß im Club hohes Ansehen.

Als Gewohnheitstier kaufte er sich nach dem Training immer ein Eis in einem italienischen Café. Er glaubte an den Werbespruch im Fenster »Eiscreme ist gut für die Gesundheit«. Schon damals war er ein berühmter Fußballspieler und daran gewöhnt, daß viel Rummel um seine Person gemacht wurde. Er freute sich immer darauf, mit Flora, die hinter der Theke bediente und es ausgezeichnet beherrschte, Rummel um ihn zu machen, ein paar Worte zu wechseln.

Flora war die Tochter einer Immigrantenfamilie aus Settefrati, einem Dorf, das auf der anderen Seite des Berges von Picinisco lag. Ihre Familie war in Glasgow sehr etabliert und erfolgreich. Wie alle Kinder von Einwandererfamilien arbeitete sie von früh bis spät hinter der Theke. Der kleine, enge Laden war immer voller Kunden, manchmal reichte die Schlange bis hinaus auf die Straße.

Floras Vater beobachtete die Annäherung zwischen seiner jüngsten Tochter und dem irischen Fußballspieler mit Argwohn. Milde ausgedrückt fand er es nicht in Ordnung. Die Einwanderer pflegten überwiegend untereinander Kontakt und erwarteten, daß ihre Kinder ihresgleichen heirateten. Sie kamen aus abgelegenen Bergdörfern und waren Außenseitern gegenüber mißtrauisch. Um die von diesem irischen Rabauken ausgehende Versuchung einzudämmen, wurde Flora kurzerhand zurück nach Settefrati geschickt.

Liebe Francesca

Doch die Trennung ließ ihre Liebe nur noch stärker werden, und bald waren sie über beide Ohren ineinander verliebt. Hugh schrieb einen Brief nach dem anderen, um in Kontakt mit seiner Liebsten zu bleiben. Die Briefe mit dem eindeutigen Poststempel aus Glasgow, die in dem abgelegenen italienischen Dorf ankamen, konnten aber von ihrer Familie leicht abgefangen und vernichtet werden. Flora bekam sie nie zu Gesicht. Sie war untröstlich, weil er ihr nicht schrieb. Ihr Vater hatte also recht. Er war ein Emporkömmling.

Als er keine Antwort auf seine Briefe bekam, wurde Hugh mißtrauisch. Er vertraute Flora. Er wußte, daß sie ihn liebte. Sie hätte doch geschrieben.

Dann hatte er eine geniale Idee. Er fing an, Flora den »Glasgow Herald« zu schicken. Zeitungen aus Schottland gaben keinen Anlaß zur Sorge. Das Mädchen las sie gerne. Es war gut, daß sie ihr Englisch nicht verlernte. Ihre Zensoren erkannten nicht, daß es Hugh war, der sie schickte. Er markierte, versteckt im Sportteil, einzelne Buchstaben und Wörter, so daß Flora eine Nachricht nach der anderen entziffern konnte. Wie aufregend. Er liebte sie noch immer. Er hatte einen genialen Angriff abgeblockt. Er vermißte sie schrecklich. Er wartete auf sie. Sobald sie zurückkam, würden sie durchbrennen und heiraten.

Hugh und Flora Hilley als Liebespaar

Da Hugh ein tiefgläubiger Katholik war und die Gebote der Kirche befolgen wollte, sprach er mit dem Priester in St. Mungo und erhielt seine Erlaubnis. Es war völlig in Ordnung, daß ein erfolgreicher irischer Celtic-Fußballspieler mit einem beträchtlichen Vermögen auf der Bank seine Verlobte in sein Elternhaus brachte und dort heiratete. Sie konnte zwar nicht im weißen Kleid heiraten. Mit Gottes Gnade aber konnte sie eine diskrete Hochzeit feiern.

Zum Entsetzen ihrer sie anbetenden Eltern also, die glaubten, daß der irische Emporkömmling das Interesse verloren hatte, brannte sie, sobald sie zurück nach Glasgow kommen durfte, mit ihm durch.

»Scandalosa!«

Sie heiratete am 15. Juni 1925 in einem schlichten, grauen Kostüm in der

Anwesenheit ihrer neuen irischen Verwandten. Beide waren über beide Ohren verliebt und sollten es für die Zeit ihrer Ehe bleiben.

Nach ungefähr einem Jahr versöhnten sich Hugh und Flora mit Floras Eltern. Er war so charmant und so ein guter katholischer Junge, daß er ihr Lieblingsschwiegersohn wurde. Mithilfe seines irischen Geschäftssinns kaufte er ihnen schließlich ihren Laden ab und setzte Flora dorthin, wo er sie gefunden hatte: hinter die Theke der Eisdiele.

Als er seine Fußball-Karriere beendete, war Hugh ein reicher Mann. Er machte eine Eiscremefabrik auf. Sein erstes Produkt, Hilley's Choc Bar, bestand aus einem Riegel Eiscreme, umhüllt von einer Schokoladenschicht, der einzeln verpackt war. Es war genau das, was sich die unzähligen Kinobesucher wünschten, die in ihrem »Flohkino« um die Ecke ein Weilchen der Realität entkommen und den amerikanischen Traum träumen wollten.

Flora und Hugh hatten drei Töchter – Mary, Gertrude, meine Mutter, und Pat – sowie einen Adoptivsohn, Michael. Hugh ging mit 50 in den Ruhestand und verbrachte den Rest seines Lebens damit, in seiner Kirche jeden Morgen an der Messe mitzuwirken. Er wurde der älteste Meßdiener des Landes. Die Nachmittage verbrachte er auf dem Golfplatz oder in Parkhead, wo er seinem Team zujubelte. Flora und Hugh führten ein mondänes Leben, sie reisten nach Irland, Amerika und Monte Carlo, waren zu Gast in den besten Hotels und kleideten sich wie Hollywood-Stars.

Kein schlechtes Leben für einen Jugendlichen aus den Slums und seine »Kellnerin aus der Pizzeria«.

Hilley's Choc Bar

Pan di spagna aus 3 Eiern, 90 g Sandzucker und 75 g Mehl (siehe Seite 319)
500 g Vanilleeis (siehe Seite 307) oder ein gutes, gekauftes Eis
Strega oder Amaretto
Schokoladensauce (siehe unten) und geröstete Mandeln

Du brauchst sechs oder sieben kleine Förmchen, mit ungefähr 7 cm Durchmesser. Lege in jedes etwas Frischhaltefolie, so daß nichts darin festklebt, und darauf eine

Schicht von dem Biskuitboden, schneide ihn zurecht und drücke ihn ein wenig zurecht, so daß er sich der Form gut anpaßt. Träufele den Likör großzügig darüber. Fülle Vanilleeis auf den Biskuitboden und streiche es oben glatt. Wenn Du magst, kannst Du darüber noch ein Stück Biskuitboden legen. Friere die Förmchen ungefähr eine Stunde ein, bis das Eis fest wird.

Kurz vor dem Servieren nimmst Du das Eis vorsichtig aus den Förmchen. Wenn sie länger als eine Stunde im Gefrierfach waren, legst Du sie noch fünf Minuten in den Kühlschrank, damit sie etwas weicher werden.

Übergieße das Eis mit reichlich heißer Schokoladensauce und streue ein paar geröstete Mandeln darüber.

Heiße Schokoladensauce

225 g Kakao (70 % Kakaoanteil) oder ein Riegel Cadbury Dairy Milk
1 Eßlöffel Brandy
1 Eßlöffel Espresso
300 ml Crème double

Gib alle Zutaten in eine feuerfeste Schüssel im heißen Wasserbad. Während die Zutaten schmelzen, verrührst Du alles zu einer verboten guten Schokoladensauce.

CAPPUCCINO SEMIFREDDO

Diese Speise ist wirklich leicht zu machen, weil Du dafür keine Eismaschine brauchst. Der Nachteil ist allerdings, daß sie rohe Eier enthält und daher nichts für Kleinkinder, ältere Leute und Schwangere ist.

2 große Eier, Eigelb und Eiweiß getrennt
75 g unraffinierter Kastor- oder Sandzucker
50 g feine Schokolade (Valrhona, Green and Black's 70%), geschmolzen
2 Teelöffel starker Espresso
300 ml Crème double
ein paar zerdrückte Amarettikekse, in 2 Eßlöffel Kahlua eingeweicht

Verquirle das Eigelb mit einem normalen Küchenmixer, bis sie blaßgelb und cremig sind. Gib dann den Zucker, die geschmolzene Schokolade und den Espresso dazu.

Schlage das Eiweiß zu Eischnee und hebe sie unter die Mischung. Schlage die Sahne, bis sie schön luftig ist, und hebe auch sie unter.

Kleide eine 450-g-Kuchenform mit Frischhaltefolie aus und fette sie ein. Lege die in Likör eingeweichten Kekse auf den Boden und den Rand der Form. Gieße die Mischung darüber, bedecke sie mit Folie und friere sie vier bis fünf Stunden ein.

Schneide das Eis vor dem Servieren in Scheiben. Wenn Du das Messer vor dem Aufschneiden in einen Krug heißes Wasser tauchst, geht das wie von selbst.

»Hol mich ab«
TIRAMISU

Francesca im Alter von drei Jahren beim Füttern der Gänse

Das ist – nur zur Erinnerung – Dein absoluter Lieblingsnachtisch, also aufgemerkt!

2 große Bio-Eier aus Freilandhaltung,
Eigelb und Eiweiß getrennt
4–5 Eßlöffel Puderzucker, gesiebt
4 Eßlöffel Marsala oder Kahlua
400 g Mascarpone
100 ml starker Espresso
½ Packung Löffelbiskuit
etwas geriebene Schokolade zum Bestreuen

Schlage das Eigelb schaumig und rühre dann drei Viertel des Puderzuckers ein. Gib einen Eßlöffel des Likörs dazu, damit die Eimischung etwas Geschmack bekommt. Rühre die Mischung dann mit einem Schneebesen in den Mascarpone ein. Wenn Du immer nur wenig dazugibst, wird er lockerer und einfacher zu verarbeiten. Nachdem alles verrührt ist, schlägst Du das Eiweiß in einer anderen Schüssel auf und hebst sie unter die Ei-Mascarpone-Mischung. Probiere, ob die Masse süß genug ist und schmecke sie gegebenenfalls ab.

Vermische nun den Kaffee und den Rest des Likörs in einem flachen Teller und tauche die Biskuits kurz darin ein, damit sie saftiger werden. Lege den Boden einer flachen Form mit einer Lage Biskuits aus. Gib die Hälfte der Mischung darüber und lege dann die zweite Schicht der Biskuits darauf. Verteile den Rest der Mischung darüber. Streue Schokoraspel darüber und stelle das Tiramisu für zwei bis drei Stunden in den Kühlschrank. Tiramisu sollte noch am gleichen Tag gegessen werden.

Ich habe grade Mamas Originalrezept herausgesucht. Sie verwendet anstelle der rohen Eier 250 ml leicht aufgeschlagene Sahne. Das wäre besser, falls Kinder mitessen. Sag bloß niemandem, daß Du das von mir hast, aber ich würde auch bei dieser Version den Likör und den Kaffee drinlassen.

Toffeeäpfel

Marietta machte für die Tausenden von Touristen, die in den Ferien in Port Seton und Cockenzie einfielen, den ganzen Sommer über Toffeeäpfel. Sie kamen in Scharen bis aus Glasgow und Hamilton. Das Geschäft lief gut, und die Toffeeäpfel waren eine begehrte Leckerei.

6 knackige, etwas saure, nicht gewachste Äpfel (Pink Lady, Braeburn, Cox's Orange Pippins etc.)
Butter
750 g unraffinierter Granulatzucker
750 ml kaltes Wasser

Wasche und trockne die Äpfel ab. Stoße einen Stab für Toffeeäpfel, ein Eßstäbchen oder eine Gabel in jeden Apfel, direkt ins Kernhaus.

Lege eine Backform oder ein Backblech mit gut gefettetem Backpapier aus.

Gib den Zucker und das Wasser in einen Topf mit dickem Boden und rühre alles über einer niedrigen Flamme durch, bis der Zucker sich vollständig aufgelöst hat. Bring den Sirup zum Kochen und laß ihn richtig aufkochen, bis das Toffee an den Rändern dunkel wird. Rühre es nicht um, sondern schüttele den Topf leicht in kreisförmiger Bewegung, damit auch das Toffee in der Mitte des Topfes dunkel wird.

Nachdem das ganze Toffee dunkel geworden ist, nimmst Du den Topf vom

Herd. Halte ihn leicht gekippt, tauche jeden Apfel in den Sirup und drehe ihn, so daß er rundum bedeckt wird. Lege die Toffeeäpfel dann auf das Backpapier, damit sie abkühlen und fest werden können.

Wenn Du Toffee übrig hast, kannst Du es in eine gefettete Kuchenform gießen und fest werden lassen. Sobald es fest ist, legst Du es zwischen zwei Lagen Backpapier und zertrümmerst die Schicht mit einer Nudelrolle. Die Karamelstückchen kannst Du für Kekse und Eiscreme verwenden.

Wenn Du Pistazien in das Toffee gibst, wird daraus Nußkaramel.

Du kannst die Toffeeäpfel auch in getrockneten Kokosflocken wälzen.

Jeannie Herriot's Shortbread Fingers

Jeannie Herriot war die Frau eines Fischers, die für meine Mama arbeitete. Sie brachte ihr bei, Shortbread zu backen, und dieses Rezept wurde unzählige Male im Café und im Catering-Betrieb zubereitet.

300 g weiche Butter
100 g weiche Margarine
200 g feiner Zucker, zusätzlich Zucker zum Bestreuen
480 g Mehl
200 g Maismehl

Heize den Backofen mäßig vor (160° C/Gas Stufe 3). Die Butter und die Margarine müssen unbedingt Raumtemperatur haben. Verwende nur Butter, wenn das Shortbread einen intensiven Buttergeschmack haben soll.

Verrühre Butter, Margarine und Zucker in einer Küchenmaschine, bis die Mischung Spitzen zieht. Gib dann das gesiebte Mehl und das Maismehl dazu und verrühre alles zu einem Teig. Beim Mischen fliegt das Mehl überall herum, Du solltest also, wenn Deine Küchenmaschine keine Abdeckung hat, ein sauberes Geschirrtuch darüberlegen, nachdem Du das Mehl dazugegeben hast.

Fülle den Teig in eine gefettete Backform der Größe 28 x 18 cm und einer Höhe von 3 cm. Stich mit einer Gabel gerade Linien hinein. Durch die Löcher kann der Dampf entweichen, und außerdem sieht es schön aus. Backe den Teig im vorgeheizten Ofen 30 Minuten, drehe die Temperatur dann herunter (140° C/ Gas Stufe 1) und backe das Shortbread noch eine weitere Stunde.

Schneide das noch warme Shortbread mit einem Messer fingerbreit ein. Laß es dann ein wenig abkühlen. Bevor es ganz abgekühlt ist, streust Du etwas Sandzucker darüber, schneidest die Finger mit einem Palettenmesser ab und legst sie auf ein Gitter zum Abkühlen. Bewahre sie in einer luftdichten Keksdose auf.

Der schwierigste Teil bei Shortbread ist das Backen. Es muß langsam gebacken werden, sollte aber, wenn es fertig ist, noch hell sein.

Achte beim Backen auch auf den Geruch, laß es nicht dunkel werden, weil es sonst verbrennt. Immer wenn ich Shortbread in einem neuen Backofen backe, muß ich experimentieren. Wenn Shortbread fertig gebacken ist, fühlt es sich, wenn Du mit den Fingern darauf drückst, fest an, obwohl es eigentlich noch hell ist.

Du kannst Shortbread auch ganz traditionell in einer Backform aus Holz machen. Das Shortbread ist dann dünner und deshalb auch schneller fertig. Backe es 25 bis 30 Minuten in einem mittelheißen Ofen (160° C/Gas Stufe 3).

Bei einer anderen Variante machst Du mit der Hälfte der Zutaten einen Teig, den Du dünn, wie für Kekse, ausrollst. Stich mit einem kleinen Glas oder einer Plätzchenform Kreise aus. Backe die dünnen Kekse dann in einem mittelheißen Ofen (160° C/Gas Stufe 3) 25 Minuten, bis sie knusprig, aber noch hell sind. Streue anschließend feinen Zucker darüber.

Ich mache nach diesem Rezept kleine Törtchen, für die ich kleine Teigkreise in Papierbackformen lege und dann eine Mulde in den Teig drücke. Nach dem Erkalten fülle ich sie mit Sahne und Erd- oder Himbeeren.

Biskuit
PAN DI SPAGNA

Nach diesem Rezept wird in ganz Italien Biskuit gemacht. Es ist ganz einfach und kann für Kuchen, süße Nachspeisen und Biskuitrollen verwendet werden. Leichtigkeit ist die geheime Zutat, mit der der Teig ganz wunderbar gelingt. Schlage alles ganz leicht mit dem Schneebesen durch und gib das Mehl gut gesiebt dazu, so daß möglichst viel Luft in den Teig kommt.

5 große Bio-Eier, Eigelb und Eiweiß getrennt
150 g feiner Zucker, zusätzlich Zucker zum Bestreuen
1 Teelöffel Vanillezucker oder 2–3 Tropfen Vanilleextrakt
sehr feingeriebene Schale einer ungewachsten Zitrone
125 g Mehl
Prise Salz

Heize den Ofen mittelheiß vor (180° C/Gas Stufe 4). Du brauchst eine ausgekleidete und gefettete Backform mit 25 cm Durchmesser. (Ich finde die fertig zugeschnittenen Backpapiere toll, die Idee ist einfach genial.)

Schlage das Eigelb und den Sandzucker zu einer leichten, luftigen und cremigen Masse, bis sie ihr Volumen verdreifacht haben. Füge dann den Vanillezucker oder den Vanilleextrakt und die geriebene Zitronenschale dazu.

Schlage in einer anderen Schüssel die Eiweiße zu einer leichten, luftigen Masse. Hebe sie mit einem großen Metallöffel vorsichtig unter die geschlagene Eigelbmasse und achte darauf, daß es möglichst luftig wird.

Siebe dann das Mehl in die Mischung, salze die Masse und hebe auch das Mehl mit einem großen Metallöffel unter. Nimm Dir dafür Zeit, um sicherzugehen, daß Du das Mehl auch wirklich vollständig einarbeitest.

Gieße die Mischung in die Kuchenform und backe sie im vorgeheizten Ofen 25 Minuten, bis sie auf Druck leicht nachgibt und zwischen Teig und Backform ein kleiner Abstand entstanden ist. Laß den Kuchen ein wenig abkühlen und stürze ihn auf ein Drahtgestell.

Bestreue den noch warmen Kuchen mit etwas feinem Zucker.

Traditionell wird dieser Kuchen drei- oder viermal horizontal durchgeschnitten und die Schichten mit dicker, likörversetzter Crema pasticcera bestrichen (siehe unten). Dann werden sie wieder zusammengesetzt.

Du kannst den Kuchen auch einmal horizontal durchschneiden und, mit einer Schicht selbstgemachter Marmelade dazwischen, wieder zusammensetzen (siehe Seiten 220–224). Bestreue ihn dann oben mit Puderzucker.

Du kannst den Kuchen auch horizontal durchschneiden und mit Schlagsahne und Erdbeeren füllen.

Du bekommst einen Schokoladenkuchen, wenn Du ein Viertel des Mehls durch Kakaopulver ersetzt. In dem Fall läßt Du die Zitronenschale weg.

Liebe Francesca

Bei Tiramisu kannst Du anstelle der Löffelbiskuits auch Biskuitboden verwenden. Laß ihn über Nacht austrocknen, so daß Du ihn aufschneiden und mit dem aromatisierten Kaffee tränken kannst. Ich verwende Biskuit als Boden für Trifle.

Dicker Custard
CREMA PASTICCERA

425 ml Vollmilch
1 Vanilleschote, aufgeschnitten
2–3 Streifen ungewachste Zitronenschale
5 Eigelb
100 g Kastor- oder Sandzucker
2 gestrichene Eßlöffel Mehl
1 gestrichener Eßlöffel Maismehl

Aromatisiere zuerst die Milch. Gib die Milch, die aufgeschnittene Vanilleschote und die Zitronenschale in einen Topf und bringe sie zum Kochen. Nimm dann die Vanilleschote und die Zitronenschale heraus. Kratze das Innere der Vanilleschote heraus und gib es in die Milch.

Schlage das Eigelb und den Zucker zu einer luftigen, leichten Masse. Siebe das Mehl und das Maismehl in die Mischung und hebe sie unter.

Rühre die Milch mit einem Schneebesen in die Ei-Mehl-Mischung und gieße alles in eine Schüssel, die gut in einen anderen Topf paßt. Fülle diesen Topf zur Hälfte mit kochendem Wasser und lasse die Mischung langsam darin köcheln, bis sie dick wird. Laß Dir dabei viel Zeit und achte darauf, daß der Custard nicht anbrennt oder gerinnt.

Nachdem der Custard eingedickt ist, nimmst Du ihn vom Herd. Lege Frischhaltefolie darüber und laß ihn fest werden.

Festtagskuchen

»Pan di Spagna« wird zu Taufen, Geburtstagsfeiern, Hochzeiten, Erstkommunion oder Firmung, bestandenen Prüfungen oder Verlobungen, kurzum zu jedem Anlaß, der auch nur annähernd Grund zum Feiern gibt, gebacken. Der Kuchen wird mit extra viel Alkohol getränkt und mit Profiteroles dekoriert. Dann wird er mit jeder Menge Crema pasticcera gefüllt und mit geschmolzener Schokoladensauce beträufelt. Für eine große Geburtstagsparty machst Du einfach zwei Kuchen (siehe Seite 319) und schneidest sie jeweils horizontal durch, was vier Schichten Biskuitboden ergibt.

Bereite zwei Portionen Crema pasticcera zu (siehe Seite 321).

Zum Zusammensetzen der Schichten träufelst Du Strega oder einen anderen Likör Deiner Wahl auf jede Schicht. Bestreiche dann jede der Schichten mit Crema pasticcera und setze sie wieder zusammen.

Bestäube den Kuchen oben mit Kakaopulver. Gut schmeckt er aber auch mit leicht geschlagener Sahne.

Profiteroles

125 ml kaltes Wasser
50 g kalte Butter, in kleine Stücke geschnitten
1 Teelöffel Kastor- oder Sandzucker
75 g Mehl, gesiebt
2 Bio-Eier

Heize den Ofen heiß (220° C/Gas Stufe 7) vor.

Gib das kalte Wasser, die Butter und den Zucker in einen mittelgroßen Topf und erwärme alles, bis die Butter geschmolzen ist. Nimm den Topf vom Herd und schütte alles Mehl auf einmal dazu. Rühre die Mischung kräftig durch, bis eine Art weiche Kugel entstanden ist, die sich vom Topfrand löst.

Verquirle die Eier und gib sie schrittweise, das heißt nicht zuviel auf einmal, in die Mischung.

Nur keine Panik! Zunächst wird die Mischung durch die Eier ganz seltsam klebrig. Rühre einfach weiter und Du wirst sehen, daß eine wunderbar cremige Paste entsteht.

Fette ein Backblech ein und halte es unter kaltes fließendes Wasser. Schüttele das Wasser herunter, so daß einzelne Tropfen auf dem Blech hängen bleiben. Dadurch entsteht im Ofen eine feucht-warme Atmosphäre, in der die Profiteroles leichter aufgehen können.

Setze mit zwei Teelöffeln vorsichtig kleine walnußgroße Teighäufchen auf das gefettete Backblech. Die angegebenen Zutaten reichen für ungefähr zehn solche Häufchen.

Backe sie zehn Minuten auf der obersten Schiene im Backofen und stelle die Temperatur dann herunter (190° C/Gas Stufe 5). Backe sie weitere 15 Minuten, bis sie ganz luftig aufgegangen und gold-knusprig sind.

Nimm sie aus dem Ofen und lege sie auf ein Drahtgitter zum Abkühlen. Stich alle einmal mit einem Spieß auf, damit der Dampf entweichen kann. Schneide die abgekühlten Profiteroles auf und fülle sie mit Crema pasticcera oder Schlagsahne. Sie können einfach so gegessen oder als Dekoration für Kuchen verwendet werden.

»Buon Natale« CRUSTOLE

Maria und Marietta machten beide zu Weihnachten »crustole«, das heißt in heißem Fett ausgebackenes Gebäck. Beide buken sie auf die exakt gleiche Weise, jahrelange Erfahrung ließ sie mit leichter und geübter Hand arbeiten. Maria beträufelte ihr Gebäck mit Honig, Marietta ihres mit Sandzucker.

Ich und meine Mama, um 1958

Der Name dieses Gebäcks ist ein weiteres Wort, das nur in unserem regionalen Dialekt verwendet wird und direkten römischen Ursprung hat. Crustole bedeutet »Gebäck«, die lateinische Bezeichnung dafür ist »crustolae«. Auf Italienisch heißen sie, wie auch in vielen Regionen des Landes, »chiacchiere«. In der Villa Silvestri in Arca di Far Sabina findet sich in einer uralten Inschrift eine sehr deutliche Referenz auf »crustulum«. Sie stammt vom Forum der untergegangenen römisch-sabinischen Stadt Curi. Das »crustulum« oder »clustrum« war eine Feiertagsspeise, die bei den Römern zusammen mit »mulsum«, also mit Honig versetztem Wein, an den wichtigen Feiertagen von Dezember bis Januar gegessen wurde. Waverley Root meint in seinem faszinierendem Buch »The Food of Italy«, daß es sich um eine Art Bruschetta handelte, die mit Olivenöl der neuen Saison beträufelt wurde. Mir gefällt der Gedanke, daß es eigentlich süßes Gebäck war, wie es eine meiner Großmütter zubereitete und das mit Honig beträufelt wurde. Wer weiß das schon?

Früher half ich meiner Oma Marietta immer, wenn sie Crustole machte. Ich mußte die Gebäckstücke beim Braten in Öl wenden. Bestimmt war ich damals nicht älter als neun oder zehn Jahre. Ich bin sicher, daß sie alles von Hand machte. Auch an eine Nudelmaschine kann ich mich nicht erinnern, nur an einen sehr langen, dünnen Pastastock. Wenn Du Dein Glück versuchen und sie auch zubereiten möchtest, brauchst Du vor allem Geduld. Der Teig muß sehr leicht sein und ist daher möglicherweise schwierig zu verarbeiten. Die angegebenen Zutaten reichen für ungefähr 15 bis 20 Stück.

1 großes Bio-Ei aus Freilandhaltung
1 Eßlöffel unraffinierter Kastor- oder Sandzucker
1 Teelöffel leichtes Olivenöl (sie verwendete immer Schweineschmalz)
1 Teelöffel Strega oder Marsala
3–4 Eßlöffel gesiebtes Mehl
leichtes Olivenöl oder Sonnenblumenöl zum Braten
Sandzucker oder flüssiger Honig zum Servieren

Verquirle das Ei mit dem Zucker und rühre das Olivenöl und den Strega hinein. Gib dann Schritt für Schritt Mehl dazu, bis die Mischung trocken genug ist, um verarbeitet zu werden.

Rolle immer ein kleines Stück Teig in der Nudelmaschine als dünne Bahn aus. Der Teig klebt gerne mal fest, deshalb solltest Du ihn immer wieder gut bemehlen. Du kannst den Teig auch mit der Hand ausrollen. Mach ihn so dünn, wie Du Dich traust.

Schneide nun mit einem Teigschneider lange Streifen, 15 cm lang und 2 bis 3 cm breit. Forme daraus jeweils eine Acht und drücke die Enden zusammen.

Du mußt das Gebäck sofort ausbacken, da es zusammenfällt, wenn Du es länger liegenläßt. Erwärme das Öl in einer breiten Pfanne. Das Gebäck verdoppelt beim Ausbacken sein Volumen.

Liebe Francesca

Teste, ob das Öl die richtige Temperatur hat, indem Du etwas Teig hineingibst. Er sollte zischend umherschwimmen, aber nicht verbrennen.

Backe immer zwei bis drei Crustole gleichzeitig und wende sie, sobald sie goldbraun werden. Sie sind nach ein bis zwei Minuten fertig. Laß sie nicht im Öl verbrennen oder zu dunkel werden.

Nimm sie aus dem Öl, lege sie auf Küchenpapier und anschließend auf eine große, flache Schale.

Bestreue sie beim Abkühlen mit Kastor- oder Sandzucker oder träufele flüssigen Honig darüber. Wie durch ein Wunder bleiben sie zwei bis drei Tage knusprig. Wir knabbern das Gebäck nebenher zu Weihnachten.

DAS SPIEL NACH TISCH

Scopa, ein Kartenspiel, das am Küchentisch gespielt wird

Wenn man abends zusammensitzt, sei es auf der Piazza, im Winter am Kamin oder im Ladeninneren in Erwartung der ersten hungrigen Gäste aus dem Pub, kann man den Tag am besten mit einem Espresso, einem Sambuca und einer Runde Scopa (einem Kartenspiel aus Neapel) ausklingen lassen. Marietta flirtete für ihr Leben gern. Sie saß immer mit den Männern zusammen und ließ sich umwerben. Und das bei ihrer strengen Erziehung. Sie genoß unbeirrt jede Minute davon. Sie hatte den Ruf einer gewieften Spielerin und bestand immer darauf, auf einem bestimmten Stuhl am Tisch zu sitzen.

Sie hatte eine Schublade mit einer Auswahl an Trumpfkarten unter dem Tisch versteckt, von der ihre Mitspieler nichts wußten. Sie bediente sich geschickt daraus und ließ die Karten, wenn es kritisch wurde, wieder verschwinden. »Furba!«

Marietta brachte mir die Regeln von Scopa und das Flirten bei. Und das Mogeln …

Liebe Francesca

Scopa ist ein Kartenspiel, das man im ganzen Süden Italiens an Küchentischen und in Bars spielt. Sein besonderer Charme liegt in der Kombination von freundschaftlichem Wettkampf und Kameradschaft. Auch ein gewisses Talent zur Dramaturgie gehört dazu. Der Ausruf »scopa« muß von überlegenem Gestikulieren begleitet werden. Schlechte Karten werden ganz stilvoll mit einer Drehung aus dem Handgelenk und einem abwertendem Grunzen auf den Tisch geworfen.

Das Spiel gewinnt, wer zuerst 11 oder 21 Punkte erreicht. Die jeweils zu erreichende Punktezahl wird bei Spielbeginn vereinbart. Um das Spiel zu gewinnen, mußt Du versuchen, möglichst viele Karokarten zu bekommen, um die »settebello«, die goldene Sieben, zu bekommen. Wenn nichts mehr geht, hilft nur noch mogeln!

Die neapolitanischen Karten sind wunderschön anzusehen mit ihren uralten, fremdländischen Symbolen. Es gibt keine Achter, Neuner oder Zehner. Wenn Du keine neapolitanischen Karten hast, kannst Du auch normale Spielkarten verwenden und diese Karten heraussortieren. Die Dame, in der Regel durch einen Jungen oder Knappen dargestellt, hat den Wert 8. Der Bube, ein tapferer Kämpfer zu Pferde, hat den Wert 9, und der König den Wert 10.

Das »settebello«, das heißt die Karo Sieben und Sechs, die wertvollsten Karten im Spiel

Die Karten mit dem goldenen Sonnensymbol entsprechen den Karokarten. Die Karokarte mit der Zahl 7, die »settebello«, hat im Spiel den höchsten Wert.

Am Ende der Runde erfolgt die Auswertung.

Ein »scopa« erhält einen Punkt.

Der Spieler mit den meisten Karten erhält einen Punkt.

Der Spieler mit den meisten Karos erhält einen Punkt.

Der Spieler mit dem »settebello« erhält einen Punkt.

Der »primiera« erhält einen Punkt. Das ist der Spieler mit den meisten Siebenern und Sechsern, wobei die Sieben Priorität hat.

Der Spieler mit den meisten Jokern, Königen oder Damen erhält einen Punkt.

»Buona fortuna!«

Liebe Francesca

Die Leben meines Großvaters und des Großvaters Deines Vaters waren eng miteinander verbunden. Sie kannten sich, sie kannten die Familie des anderen in Italien, und sie halfen sich gegenseitig, als sie nach Schottland kamen, um dort zu leben.
Als Großvater Alfonso dann 1934 in Edinburgh mit einem Lebensmittelimporteur vom europäischen Festland zusammenarbeitete und die Valvona & Crolla Ltd. gründete, war Nonno Cesidio der erste, der ihm Glück wünschte. Ich lernte keinen dieser Männer kennen, habe sie aber nach den vielen Erzählungen und Geschichten, die über sie in der Familie erzählt werden, liebengelernt.
Diese großartigen Männer waren Deine Urgroßväter. Ich hoffe, daß auch Du sie bei der Lektüre dieses Buches liebengelernt hast.

Mit aller Liebe
Mami

Liebe Francesca

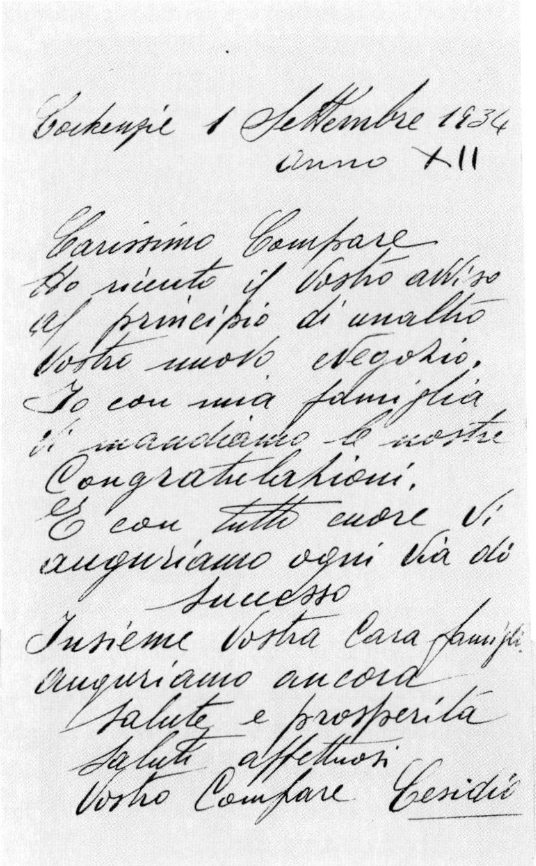
Cockenzie 1 Settembre 1934
anno XII

Carissimo Compare
Ho ricevuto il Vostro avviso
al principio di un altro
Vostro nuovo negozio.
Io con mia famiglia
vi mandiamo le nostre
Congratulazioni.
E con tutto cuore vi
auguriamo ogni via di
successo
Insieme Vostra Cara famigli
auguriamo ancora
salute e prosperità
Saluti affettuosi
Vostro Compare Cesidio

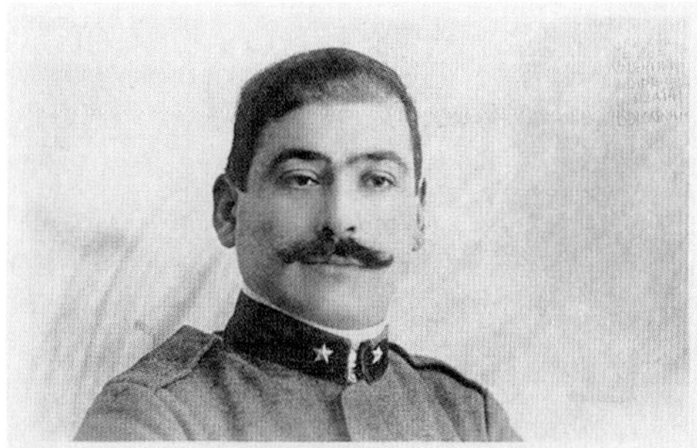

Die zwei Urgroßväter: Alfonso Crolla in Uniform, um 1920 (oben) und Cesidio Di Ciacca, um 1922 (unten)

Cockenzie, am 1. September 1934

Mein lieber Freund,

ich habe Deine Nachricht erhalten, daß Du einen anderen Laden eröffnest. Ich und meine Familie senden Dir von Herzen unsere besten Wünsche. Mögen Du und Deine Familie auf dem Weg in eine erfolgreiche Zukunft sein.

Von ganzem Herzen,
Dein Freund Cesidio

Die Familie beim Essen – auch heute noch essen wir gerne gut.

REZEPTVERZEICHNIS

A
Anchovis (frische), in Olivenöl mariniert *64*
Aromatische Spaghettini *135*
Artischocken *62*
Auberginen *176*
Auberginen, süß-sauer *176*
Auberginen und Mozzarella in der Kutsche *288*

B
Baiser *219*
Basher *309*
Béchamelsauce *209*
Biskuit *319*
»Black Man« *309*
Blumenkohl *187*
Blumenkohl mit Béchamelsauce *188*
Bohnen, frische Cannellini und Borlotti *180*
Bohnen, frische, geschmorte Cannellini *180*
Bohnen, getrocknete *178*
Bohnen, grüne *181*
Bok Choy (oder Pak Choi) *182*
Brathähnchen *255*
Bratensauce *211*
Brokkoli *182*

C
Cappuccino semifreddo *315*
Chinesische Nudelsuppe *93*
Cone, »99« *309*
Crustole *323*
Custard, dick *321*

E
Ei- und Ricottafüllung *256*
Erdbeermarmelade *221*
Escarole- oder Endiviensalat *193*

F
Feigen *303*
Fenchel *194*
Fenchel- und Butterfüllung *257*
Festtagskuchen *321*
Fettuccine mit Sahne und Butter *141*
Fisch, frittierter *227*
Frittata *291*
Fritto *234*

G
Gemüse, gebratenes *270*
Gnocchi, Annunziatas »Bleiklößchen« *125*
Gremolata *246*

H
Hackfleischklößchen *158*
Hackbraten *160*
Hausgemachte Nudeln *111*
Hausgemachter Ricotta *115*
Hilleys Choc Bar *314*
Himbeermarmelade *222*
Huhn mit Rosmarin, in der Pfanne gebraten *237*
Hühnerbrühe *86*
Hühnercremesuppe *89*
Hühnerflügel und -schenkel *261*
Hühnerstäbchen *260*
Hühnersuppe mit Lauch *91*
Hühnersuppe mit Nudeln *86*

I
Irish Stew *241*
Italienisches Landweißbrot *49*

J
Junges Huhn, nach Orvieto-Art mit Kartoffel-Oliven-Füllung *258*

K
Kabeljau, eingesalzen mit Pflaumen *280*
Kalbskoteletts *263*
Kalbsleber mit Zwiebeln *238*
Karotten mit Oregano und Essig *186*
Karotten, pürierte *187*
Karottensalat *275*
Kartoffelbrei *202*
Kartoffeln, frittierte *230*
Kartoffelsalat *204*
Kartoffelsuppe mit Nudeln *93*
Kastanien, geröstete *301*
Kichererbsensuppe mit Nudeln *102*
Kirschen, beschwipste *302*
Kohl *185*
Kohlsuppe à la Fontitune *101*
Krustenbraten vom Schwein *261*

L
Lamm, geschmort auf italienische Art *239*
Lammbraten mit Kräutern *254*

Liebe Francesca

Lammkeule, langsam geschmorte 244
Lammkeule, gebratene 253
Langusten in Knoblauchbutter 268
Lasagne al Forno 162
Luftgetrocknetes Rindfleisch, Wilde Rauke und Parmesan 74
Legierte Suppe 87

M
Mangold 206
Marinierter Wildlachs 70
Mascarpone-Creme 219
Mayonnaise 210
Minestrone 97
Mozzarella in der Kutsche 287
Mozzarella ohne Kutsche 289
Mürbeteig 216
Muscheln 105

N
Neapolitanische Paprikasauce 199
Nudeln mit Butter und Salbei 139
Nudeln mit Ricotta und Zitrone 139
Nudelsuppe 82

O
Obstsalat, sommerlicher 300
Obstsalat, winterlicher 301
Ofenkartoffeln 202
Orangenmarmelade 223
Orangensalat 300
Orecchiette mit Artischocken 134

P
Pak Choi (oder Bok Choy) 182
Paprikaschoten, süß-sauer 199
Pastina Carbonara 146
Penne mit Tomaten-Butter-Sauce 149
Penne mit Zucchini und Sahne 143
Persimonen 303
Pesto 136
Pfannkuchen 215
Pfifferlinge mit Kartoffeln 196
Pfirsiche und Wein 302
Pie aus Schinken und Ei 285
Pilze, angebratene 196
Pizza, gebratene 298
Pizza Margherita 296
Pizza Marinara 294
Pizza rustica 286
Pizzateig 294
Polenta mit grünem Gemüse 277
Pommes frites 228
Profiteroles 322
Puntarelle mit römischer Anchovissauce (Salat) 66

R
Räucherschellfischsuppe 104
Ragu 161
Rhabarberpie 216
Ricottaravioli 117
Rinderbraten 250
Risotto (Grundrezept) 168
Rosenkohl 184
Rouladen 160
Rucola- und Tomatensalat 275
Ruote mit Artischocken, Erbsen und Sahne 144

S
Safranrisotto 171
Salat »Buona Salute« 65
Salatdressing 273
Salsa Verde 212
Sardinen, gebratene 268
Saubohnen 177
Scampi, frittierte 232
Schokoladensauce, heiße 315
Selleriestangen und Olivenöl 61
Seebarsch, gebratener 267
Seeteufel, gebraten mit Tomaten-Wein-Sauce 264
Seezunge, gebratene 266
Shortbread 318
Slider 309
Sommersalat aus Nerino-Tomaten 274
Spaghettini mit Knoblauch, Öl und Peperoncino 129
Spaghettini mit Muscheln 131
Spaghettini mit Parmesan und Butter 138
Spaghettini mit Pfifferlingen 130
Spaghettini mit Zucchini 133
Spargel 175
Spargelrisotto 171
Spinat 204
Spinatrisotto 171
Spinatcremesuppe 99
Steak and Kidney Pie 242
Steinpilz-Kartoffel-Suppe 96
Sugo aus frischen Tomaten 148
Sugo aus frischen Tomaten mit Ricotta und Pecorino 150
Sugo mit Schmorfleisch 154
Suppe mit Perlgraupen 81

T
Tagliarini mit Gorgonzola 140
Tattie Stovies 203
Tintenfischsalat 71
Tiramisu 316
Toffeeäpfel 317
Tomatenrisotto 172
Tomatensuppe 95

U
Überbackene Nudeln 165

V
Vanilleeis 307

W
Walderdbeeren 303
Wassermelone 304
Wintersalat aus sardischen Camone-Tomaten 274

Y
Yorkshire-Pudding 213

Z
Zabaglione-Eis 308
Zampone, Linsen und Mostarda di Frutta 246
Zia Filomenas Peperol Panini 293
Zitronenfüllung 256
Zucchini 189
Zucchini, eingelegte 190
Zucchinirisotto 171
Zucchinisalat 273

Dank

Ich möchte allen danken, die mir geholfen und mir so oft Mut gemacht haben.

Vielen Dank an die Mitarbeiter von Ebury Press, ganz besonders an Fiona MacIntyre, Denise Bates und Sarah Bennie. An Susan Fleming für ihre wertvollen Ratschläge und das Lektorat, und an Vanessa Courtier für ihre genialen Gestaltungsideen.

An meinen Agenten, Giles Gordon, und an Nicky Stonehill bei Colman Getty.

Ein weiteres Dankeschön an Gertrude Di Ciacca, Olivia Contini, Carina Contini, Carrie Anne Baxter und Pina Trano für ihre Ratschläge und die Unterstützung beim Testen der Rezepte. An Cesidio Di Ciacca, Joe Conetta, Mary Conetta, Carlo Contini und auch Winnie Tyrrell im People's Palace in Glasgow für die Bereitstellung der Photographien. An Mitch Jenkins für die Bilder von unserem Familienfest. An Jonathan Boles für seine geduldige Mithilfe beim Lektorieren. Ganz besonders auch an meinen Onkel Tricky Vicky, der mir seine Unterlagen und Dokumente zur Familiengeschichte überließ.

Und am meisten natürlich an meine Töchter Francesca und Olivia, und meinen Mann Philip, mit all meiner Liebe.

Bibliographie

Colpi, Terri: *Italians Forward,* Mainstream, 1991; Colpi Terri: *The Italian Factor*, Mainstream, 1991; Field, Carol: *Celebrating Italy*, Harper Perennial, 1997; Gray, Patience: *Honey From A Weed,* Prospect Books, 1986; Lawrence, D. H.: *The Lost Girl,* 1921; Root, Waverly: *The Food of Italy,* Vintage, 1971; Shepard, Sue: *Pickled, Potted & Canned,* Headline, 2000.

Valvona & Crolla Ltd.
19 Elm Row, Edinburgh EH7 4AA, Tel. 0044 (0)131 5 56 60 66
www.valvonacrolla.com